兒童發展與輔導

Child Development and Guidance

郭靜晃◎著

序

發展心理學於一八八二年成為一門專門研究人類行為變化的以應用科學方法求證理論的學科,其研究主題為個體行為發展的過程,尤其是個體隨著年齡改變而產生的變化。而發展心理學主要即是探究發展變化的因素、過程及發展的時間表。發展心理學是討論畢生的發展(development through life),更是探討個體由受孕至老年之人類發展研究的概括介紹。本書主要涉及兒童發展之內涵,故將年齡層設定在自受孕至十二歲,共分為六個階段中的身體、智力、社會、人格及情緒的發展,本書另一重點更是討論此六階段中的問題行為之輔導,以及預防此類行為發展的保育。

本書主要探討的內容是從個體受孕到十二歲的生命歷程,對於個體隨年齡增長所產生的身體、心理、認知、語言、情緒、社會、動作等方面的成長與變化,以瞭解兒童及少年發展的順序和各階段的發展特徵及模式,提供關心兒童及少年成長與發展的父母,以及從事實務工作者一個重要的參考資訊,並在兒童及少年成長的歷程中給予適時的協助,使他們能更健全的成長。

本書將個體以年齡來區分,從生命的起源開始到十二歲為止的各個階段的成長與發展,分為胎兒期、嬰兒期、嬰幼兒期、幼兒期、學齡期,再分述各時期發展歷程的生長與保育。本書共分為八部分:一、兒童發展與保育的意涵(一章);二、胎兒期(一章);三、新生兒期(一章);四、嬰兒期(共二章);五、嬰幼兒期(共二章);六、幼兒期(共二章);七、學齡期(共二章);總共十一章。

第一部分主要探討兒童發展的意義、原則、理論及相關兒童發展與保育的研究方法;第二部分在探討遺傳、產前環境的影響、胎兒的發展特徵和保育;第三部分探討分娩、新生兒的發展與保育;第四部分則在探討

嬰兒的身體、動作、認知、語言、情緒、社會發展與輔導；第五部分是探討嬰幼兒的身體、動作、認知、語言、情緒、遊戲、社會發展與輔導，以及營養攝取和發展遲緩兒童的早期療育服務；第六部分在探討幼兒的身體、動作、認知、語言、道德、情緒、社會、遊戲和社會化的發展與輔導；第七部分探討學齡兒童的身體、動作、認知、語言、道德、情緒、社會、性發展與輔導。

　　本書得以順利出版，要感謝揚智文化事業股份有限公司葉總經理忠賢，在葉總經理的誠懇及堅持不懈地邀請與期盼之下，為本書付梓提供各種協助，才能使本書順利交稿，在此表達誠摯的謝意。

　　個人能將自己所學貢獻給整個社會，為學界盡一分心力，感到無比榮幸。雖已竭盡所能，但個人學識有限，恐有錯漏、不盡妥善之處，望請各位先進能多予體諒，並不吝指正為感。

郭靜晃　謹識

二〇一二年十二月

目 錄

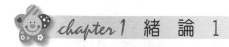

chapter 1

緒　論

生活是複雜的，而我的世界注定要隨之改變。

——Loren Eiseley [1]

世界本無恆，除了改變。

——Heraclitus [2]

[1] Eiseley, L. (1975). *All the Strange Hours: The Excavation of a Life*. New York: Charles Scribner's Sons.
[2] Heraclitus，二千五百年前的希臘哲人，其至理名言："There's nothing permanent except change."

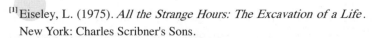

🛒 第一節　前　言

　　兒童發展為全人發展（life-span development）的一環，更是人類行為的詮釋。在探索千變萬化的人類行為之前，應去瞭解「發展」（development）這個名詞。發展的基本概念是行為改變（behavior change），不過並非所有的行為改變都具有發展性，諸如中了樂透，或車禍，對人類而言，這是一種意外事件，更是一種周遭環境的改變而影響過去固定的生活模式（life pattern）。

　　每個人帶著個人獨特的遺傳結構來到這個世界，並隨之在特定的社會文化與歷史背景展露（upholding）個人的特質，而形成個體的敘事（narrative）及生活形態。就如同Loren Eiseley所主張：「人類行為是在於歷史的特定時間內與他人傳說之互動中逐漸模塑成形的。它受個體之生理、心理及所受環境之社會結構和文化力之相互作用，逐漸形成其人生歷程（life course）。」從社會學的觀點來看，人生歷程是穿越時間而進展（Clausen, 1986），也就是說，隨著時間的推移而產生行為的改變。因此，個體除了生物性的成長改變，也必須隨著社會變遷而改變，以迎合更穩定的社會結構、規範和角色。生命只有兩種選擇，改變或保持現狀。誠如二千五百年前的希臘哲人Heraclitus所言：「世界本無恆，除了改變」社會學家Émile Durkheim也以社會變遷與整合來分析社會的自殺行為，他說：「一個人愈能與其社會結構相整合，愈不可能選擇自殺。」

　　從心理社會的觀點（psychosocial perspective）來看，人生歷程指的是工作以及家庭生活階段順序之排列的概念。這個概念可用於個體生活史的內容，因為個人生活史體現於社會和歷史的時間概念之中（Atchley, 1975; Elder, 1975）。每個人的生活過程皆可喻為是一種人生的適應模式，是每個人對於在特定時間階段所體驗到的文化期望，所衍生的人生發展任務、資源及所遭受障礙的一種適應。

　　綜合上述，人類的發展是終其一生持續性的變化，每個人的成長及變化是持續並隱含於每個發展階段之中，全人發展意指人類在有生之年，內在成長與外在環境之動態交互作用中產生行為的變化，而變化最能代表發展之涵義。本書是以人類生命週期（發展階段）與全人發展的觀點，呈現個人的成長變化、發展與行為。基於本書定名為兒童發展與輔導，故是以兒童為主要的探討年齡層，換言之，本書也就是探討個人的發展由孕育至十二歲所具有的行為特徵及其改變方式。兒童發展之書籍有從年齡階段作為撰寫的內容，也有從行為的特徵為敘述之主體，本書採用後者的方式為主體架構，並在每一章節中增加焦點議題作為相關章節的議論題材，以豐富本書的內容，作者希冀本書能增進並豐富我們對兒童發展與輔導的瞭解。

第二節　人生歷程與發展之意涵

　　Atchley（1975）提出一種在職業和家庭生活歷程中，與年齡聯繫在一起所產生變化的觀點（**圖1-1**）。從**圖1-1**，我們將可看到生命歷程中，工作與家庭生活之間可能的結合形式。例如，某一女性青年結婚前曾在工作職場待過，在結婚生子之後，因要撫養子女而退出就業市場，待孩子長大又重返勞動市場，她必須重新受訓。對她而言，職業生涯可能會產生很大的變化，例如，從全職工作退居到兼差，或從在大企業工作轉到小企業，甚至到個人工作室。對於那些結婚、生育子女、再結婚、再生育子女的人而言，家庭生活在其個人之觀點及體驗是有所不同的。這也可解釋為何婦女就業之職場與工作轉換，與其是否有孩子、孩子數目及孩子年齡層有關。而有關本章兒童福利與兒童發展之關係則分為兩個層面，一是父母在其發展階段所面臨之環境與角色和社會對其的期望，另一層面則是父母及其家庭對兒童所產生的影響。

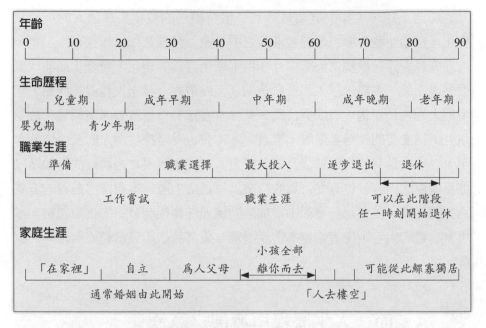

圖1-1 年齡、生命歷程、職業生涯和家庭生涯之間的關係

資料來源：改自Atchley, R. C. (1975), p. 264.

生命歷程模式受歷史時代的影響。生活於一九○○至一九七五年的人，其生命歷程可能就不同於生活於一九二五至二○○○年的人。人們可能在不同人生階段，面對著不同的機遇、期望和挑戰而經歷那同樣的歷史年代。職業機遇、教育條件和同族群人數的差異，是可能影響生活經歷模式的三個族群因素（Elder, 1981）。最近，日本學者將一九五五年之前出生者歸之為舊人類，一九五五年之後出生者稱之為新人類。而這些新人類在一九六五年之後出生者稱之為X世代（X generation），一九七五年之後出生者為Y世代，及一九八五年之後出生者謂之為Z世代。這些世代歷經了社會變遷、教育模式及不同境遇，也衍生了不同的價值觀，甚至形成了特定的次文化（subculture）。換言之，處於不同世代的父母，因受社會變動因素之影響，而有不同之機遇及別人對其角色的期望，而產生此世代的個別經驗及知覺。應用於兒童福利（尤其是托

育服務），此世代之父母對於養育子女的觀念及需求也會異於不同世代之父母，加上父母因需求之滿足或個人境遇之變化（例如，離婚家庭或外籍配偶家庭），對子女管教與輔導產生差異，進而對子女發展產生不同之影響。

　　儘管生命歷程與事件的時間順序密切相關，但有一種觀點認為，處於不同年齡階段的人對事件有不同的看法。人們並不是簡單地在各個事件之中埋頭忙碌，他們會進行選擇。有的人在選擇時比別人更為小心、更為明智；他們接受某些職責，拒絕其他職責；而有些人則比其他人承擔更多的責任。

　　人們對角色的興趣或重要性有著不同的看法。他們認為，有些角色是重要的，有些角色則是次要的。他們從某種過去經驗中吸取教訓，增加他們在某些角色中的效果。例如，在成年早期，有關母親和父親的回憶可能關係到一個人結婚或生育子女方面的決定。在中年期，隨著人們在社會組織中接觸到職業生涯管理或領導的任務，人們對手足或學校同儕經歷的懷念會更加明顯（Livson, 1981）。

　　然而，不管什麼時候，每一個人的早期經驗都將影響其當前的選擇，個人特點也將由此而形成。在研究生命歷程時，我們不僅對經驗的時間順序感興趣，而且還很關注在成人努力於適應中不斷變化，且有時此變化是相互衝突的角色要求時所出現的心理成長。

　　在生命歷程中，適應模式的整體面貌應包括：年齡增長的生理過程及其他生物歷程的概觀，這其中又包括：生育子女、更年期停經、荷爾蒙分泌的減少、慢性疾病，以及死亡（Katchadourian, 1976）。適應模式的總體概觀還應包括各種因素，例如，發展任務、心理社會危機及種種經歷，包括：職業、婚姻、養育子女等生活的各個方面（Feldman & Feldman, 1975）。它應包括規範性的、針對各個年齡的期望、發展期望和角色期望方面的背景。它應包括一個廣泛的涉及經濟危機、戰爭、飢荒、政治變革和社會運動等的社會歷史背景。對於一個特定的年齡群體來說，這些方面都會改變某些行為的涵義（Erikson, 1975; Miernyk, 1975）。事

實上，大多數有關生命歷程的研究並沒有做到如此全面。這些研究往往只是單獨涉及對心理社會事件的適應，或只是注重與年齡相關聯之期望的背景（Brim, 1976）。

人的全人發展的起點是從個體受孕開始，一直到終老死亡為止。發展改變（change）的過程是有順序的、前後連貫的、漸進的，及緩慢的，其內容包含有生理和心理的改變，此種改變和遺傳、環境、學習、成熟相關。而人類行為是由內在與外在因素之總和塑造而成，藉著社會規範所給予個人的方向與指引，因此有些人類行為是可預期的且規律的。例如，在吾人社會中，依時間前後排序的年齡，時常會隨著地位和角色轉換而產生改變，文化上也相對地規範在「適當的」時間中展開上托兒所、學才藝、上學、約會、開車、允許喝酒、結婚、工作或退休。當在這些特殊生活事件中存在相當的變異性時，個人將「社會時鐘」（social clock）內化，並時常依照生命歷程的進行來測量他們的發展進程，例如，某些父母會（因他們兩歲的小孩尚未開始說話，或是一近三十歲的已成年子女並未表現出職業發展方向，或一近三十五歲結婚女性尚未生育子女等行為）開始擔心他們子女是否有問題。問題是與「在某段時間之內」有關，會因此受內在情緒強度所掌握，此種社會規範的影響是與特定生活事件所發生的時間有關。

社會規範界定社會規則，而社會規則界定個體之社會角色。若社會角色遭受破壞，那他可能會產生社會排斥。例如，過去的傳統社會規範「女性無才便是德」，女性被期待在她們青少年晚期或二十歲初結婚，再來相夫教子並維持家務。至於選擇婚姻及家庭之外的事業，常被視為「女強人」，並被社會帶著懷疑的眼光視之，而且有時還會視為「老處女」或「嫁不出去的老女人」。又如現代之父母育兒觀：「望子成龍，望女成鳳」，孩子在小時候被期望學習各種智能及才藝，甚至要成為超級兒童（super kids）。

人生全人發展常令人著迷，有著個別之謎樣色彩，相對地，也是少人問津的領域。想去理解它，就必須弄清楚在發展各個階段上，人們是怎

樣將他們的觀念與經歷統合，以期讓他們的生命具有意義，而這個生命歷程就如每個人皆有其生活敘事，各有各的特色。

由人類發展的涵義來看，它包括四個重要觀念：

1. 從受孕到老年，生命的每一時期各個層面都在成長。
2. 在發展的連續變化時程裡，個體的生活表現出連續性和變化性；要瞭解人類發展，必須要瞭解何種因素導致連續性和變化性的過程。
3. 發展的範疇包含身心各方面的功能，例如，身體、社會、情緒和認知能力的發展，以及它們相互的關係。我們要瞭解人類，必須要瞭解整個人的各層面發展，因為個人是以整體方式來生存。
4. 人的任何一種行為必須在其相對的環境和人際關係的脈絡中予以分析，因為人的行為是與其所處的脈絡情境有關，也就是說人的行為是從其社會脈絡情境中呈現（human behavior nested in the social environment），故一種特定的行為模式或改變的涵義，必須根據它所發生的物理及社會環境加以解釋。

人生歷程將生命視為一系列的轉變、事件和過程，發生在人生歷程中任何一階段，皆與其年齡、所處的社會結構和歷史變革有關。然而，Rindfuss、Swicegood及Rosenfeld等人（1987）卻指出：人生事件並非總是依照預期中的順序發生，破壞和失序在穿越生命歷程中均隨時可能會發生。例如，不在計畫中、不想要的懷孕、突然發生的疾病、天災（九二一地震、風災或SARS）、經濟不景氣被裁員等，都會造成生命事件中那個時間段落中的失序和破壞，甚至衍生了壓力，此種壓力的感受性通常是依個人與家庭所擁有的資源及其對事件詮釋而定（Moen & Howery, 1988）。

持平而論，個人的人生歷程是本身的資源、文化與次文化的期待，社會資源和社會暨個人歷史事件的綜合體，深受年齡階段、歷史階段和非規範事件所影響（**圖1-2**），茲分述如下：

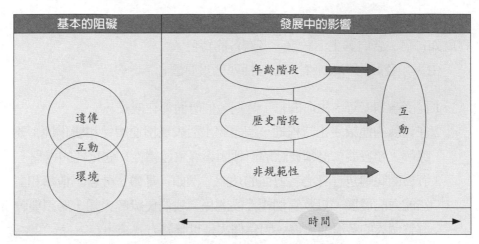

圖1-2　人生歷程中之影響因素

資料來源：陳怡潔譯（1998），頁173。

一、年齡階段的影響

　　人類行為受年齡階段之影響（age-graded influences），是那些有關於依照時間進程的年齡（例如，出生、青春期），以及特定的年齡期待（例如，學業、結婚生子、退休）。在發展心理學的Sigmund Freud的心理分析論、Eric Erikson的心理社會論、Jean Piaget的認知發展論及L. Kohlberg的道德發展論皆指明，人類行為根植於生命歷程中各年齡階段的行為改變（下節中會有詳細的介紹）。

　　人類行為會因個體的成熟機能所表現出不同的行為結構，加上這些事件上許多文化期待的規範性和預期性的形態而產生預期社會化的行為（Hagestad & Neugarten, 1985）。預期的社會化過程規範個人在文化中所假定的扮演角色行為。例如，在某些文化，要求青少年獨立自主，並會安排家務或其他雜務給子女，並視此種獨立及幫忙家務是為日後職業生涯之價值及工作取向做準備。

　　年齡階段之影響是由文化性與歷史性所定義，例如，在二十世紀初

期，童工在貧窮與中等階級的家庭中是必要的人力資源；但至二十世紀中葉通過童工法和補習教育，兒童被期望接受教育並爲日後提升經濟生活做準備。

二、歷史階段的影響

歷史階段的影響（history-graded influences）意指由歷史事件帶來的各項社會變遷，例如，人口統計學上的更動、能力技巧的改變和就業率；與出生年代和分享歷史背景經驗的人稱爲「族群」（cohort）。如前面所述的舊人類和新人類的X、Y、Z世代。族群的概念在解釋人生歷程中不同時間點上所受之歷史階段影響，它會受歷史階段或同儕相互影響而形成一種特殊的行爲模式。例如，最近台灣的經濟不景氣即是一歷史事件，此事對失業的青壯年及其家庭生活造成衝擊。幾十萬人無法找到工作且承受著經濟不景氣及通貨膨脹的痛苦。結果，造成他們在工作、節約和經濟消費行爲的信念改變。工作不再是事求人、唾手可得的，因此，經濟上的節約變得相當重要。對那些原本就貧窮的人而言，他們會經歷到「比原本更困苦」的沮喪；而對那些富有的人而言，這只是一段困苦的時間，並非原本就必須要承受的災難，或許暫時咬緊牙關，忍耐一陣就會否極泰來。

三、非規範性的影響

非規範性的影響（non-normative influences）係指在行爲上的各種事件是無法預測及始料未及的事件，例如，天災（火災、地震、風災、水災、SARS）或失業，突然喪偶或爆發疾病。這些事件與歷史上的推移關聯甚少，而且時常比預期中的生命事件具有更大的壓力及影響。

第三節 兒童發展的意義、分期與原則

一、發展的意義

　　發展的意義牽連甚廣，要如何界定，端賴學者以何種角度切入，Gesell（1952）認為發展是一種有順序的、前後連貫方式做漸進的改變。Hurlock（1968）認為發展是一個過程，在這個過程，內在的生理狀況發生改變，心理狀況也受到刺激而產生共鳴，使個體能夠應付未來新環境的刺激。Anderson（1960）亦強調：發展不僅是個體大小或比例的改變，也不只是身高的增加，或能力的增強，發展是統合個體許多構造與功能的複雜過程。朱智賢（1989）認為發展係指一種持續的系列變化，尤指有機體在整個生命期的持續變化，這種變化既可是由於遺傳因素，也可局限於出生到青春期這一段時間。張春興（1991）將發展分為廣義與狹義，就廣義而言，係指出生到死亡的這段期間，在個體遺傳的限度內，其身心狀況因年齡與習得經驗的增加所產生的順序性改變的歷程；至於狹義的定義，其範圍則縮短至由出生到青年期（或到成年期）的一段時間。在以上兩界說中，雖然均以「自出生」作為研究個體發展的開始，而事實上目前多從個體生命開始（受孕）研究發展。黃志成（1999）在其所著《幼兒保育概論》一書中，則將發展的意義界定如下：係指個體自有生命開始，其生理上（如身高、體重、大腦、身體內部器官等）與心理上（如語言、行為、人格、情緒等）的改變，其改變的過程是連續的、緩慢的，其改變的方向係由簡單到複雜、由分化到統整，而其改變的條件，乃受成熟與學習以及兩者交互作用之影響。

　　綜觀上述各家之言，發展之意義可歸納出下列幾點：

　　1.發展的起點應為個體受孕開始；而其終點就廣義而言，應到死亡為

止；就狹義而言，則約到青年期爲止。

2.發展爲個體的改變，其改變的過程是有順序的、前後連貫的、漸進的、持續的。

3.發展的內容應包含生理和心理的改變。

4.發展的改變與遺傳、環境、學習、成熟有關。

5.發展不單是量的變化，也是質的變化。

6.發展的方向是由簡單到複雜，由分化到統整。

二、兒童的分期

前已述及，兒童發展是前後連貫的、漸進的，故實難爲兒童的生長過程分期，然爲研究、瞭解之方便，學者專家總是大略將它分爲若干階段，例如，盧素碧（1993）將之分爲：(1)胚胎期：自受精至誕生；(2)初生期：大約指出生後的十天或一個月；(3)嬰兒時期：大約指初生後十天或一個月至一歲多的期間；(4)幼兒期：指一歲多到滿六歲的期間；(5)兒童期：自六歲至滿十二歲；(6)青年期：自十二歲到成熟。黃志成、王淑芬（1995）以年齡爲標準，將兒童期劃分爲：(1)產前期：從受精至出生前爲止；(2)嬰兒期：從出生至滿週歲；(3)幼兒期：約從一至六歲；(4)兒童期：從六至十二歲。張春興（1992）在《現代心理學》一書中，將兒童期分爲：(1)產前期：從受孕到出生；(2)嬰兒期：指出生至兩歲；(3)前兒童期：二至六歲；(4)後兒童期：六至十三歲。Erikson（1963）的心理社會性階段，將兒童分爲以下四期：(1)嬰兒期：指出生至一歲；(2)學步期：指二至三歲；(3)幼兒期：指三至六歲；(4)兒童期：指六歲至十二歲。

Newman和Newman依據Erikson之心理社會發展理論，將兒童期分爲：(1)胚胎期：自受精至出生；(2)嬰兒期：從出生至二歲；(3)學步期：指二至四歲；(4)幼兒期：指四至六歲；(5)學齡兒童期：指六至十二歲。此外，因青少年（大約始於性成熟，終於文化）之發展特殊性，又分爲青

少年前期（約十至十八歲）及青少年後期（十八至二十四歲止）（郭靜晃、吳幸玲譯，1993）。

(一)胚胎期

胚胎期又稱為產前期，自受精到出生前為止，約二百六十六天，此發展階段可以分為三個三月期（trimester）之分期，又可稱為受精卵期、胚胎期及胎兒期，在發展及保育的需要上，以優生保健最為重要，此外，媽媽的健康、胎教以及文化的觀點及對孕婦的支持，都會直接、間接的影響胎兒的健康與孕育。

(二)嬰兒期

自出生至二週為新生兒，二週至二歲為嬰兒期，此期是人生發展最快及最重要的階段，在生命中的第一年裡，體重可成長至出生時的三倍，兩歲時，運動、語言、概念形成的基礎已具備。在此時期的發展與保育、營養衛生保健、疾病預防及給予依戀（attachment）及信任是必需的，此外，適當的教育也是相當重要的。

(三)學步期

學步期又稱嬰幼兒期，自二歲到四歲左右，在此階段的幼兒總是不停活動、好問問題、幻想。在此階段的發展與保育，主要是預防意外產生、營養衛生保健、親情與教育的提供等。

(四)幼兒期

從四歲到六歲，此階段的幼兒已受到複雜的社會所影響，在此階段的幼兒大都會去托育機構（幼兒園或K教育），台灣在四歲至五歲左右托育率約有80%，而五至六歲的幼兒則有96%是在托育機構受到照顧與教育。除家庭與托育機構外，同儕團體、鄰里環境及電視對幼兒期的自我概念也產生具體之影響，在此時期的發展與輔導的需要上，安全、營養、衛生及生活自理能力的培養也是相當重要的。

(五)兒童期

　　從六歲至十二歲，又稱學齡兒童期或兒童後期，此時期對於日後適應社會能力的培養相當重要，例如，親子關係、同伴友誼及參與有意義的人際交往，對於日後因應青少年期的挑戰是必要的。此時期的兒童大都是快樂、充滿活力及有學習意願。此時期的發展與輔導的需要上，以教育及培養技能為最優先的要務。

(六)青少年前期

　　從生理的突然衝刺到生殖系統成熟，出現第二性徵，在此時期的少年歷經思春期的變化，約在十歲至十八歲。除了生理的變化，還有明顯的認知成熟及對同伴關係特別敏感。這一階段的特點是確定對家庭的自主性及發展個人認同。在此階段的發展與輔導，著重在性教育及獨立生活的培養，以及在同儕互動中產生正向之自我評價。

三、發展改變的類型

　　兒童發展上的改變，包括生理的、心理的兩大類，其改變的內容，Hurlock（1978）曾提出在發展上變化的類型（type of change）如下：

(一)大小的改變

　　在兒童期，無論是身高、體重、頭圍、胸圍，以至於內部的器官，都一直不斷的在增長中，以體重為例，剛出生的嬰兒約三點二公斤，至四個月大時，再成長一倍，至週歲時，其體重再增一倍，約近十公斤。

(二)比例的改變

　　兒童不是成人的縮影，在心理上不是如此，於生理上亦同。以頭部和身長的比例而言，在胚胎期，頭與身長的比例約為1：2，出生時約為1：4，而長大成人後約1：7（或1：8）。

(三)舊特徵的消失

在兒童期的發展過程中,有些身心特徵會逐漸消失。在生理上,如出生前胎毛的掉落;在嬰兒期,許多反射動作自然消失;在幼兒後期,乳齒的脫落等皆是。在心理上,如自我中心語言逐漸減少,轉向較多的社會化語言;對父母的依賴慢慢減少,轉向同儕。

(四)新特徵的獲得

兒童身心之若干新的特徵,是經由成熟、學習和經驗獲得的。在生理上,如六歲左右,恆齒的長出;在兒童後期,青春期的到來,男女兩性在主性徵及次性徵的變化。在心理上,例如,語言的使用、詞類愈來愈多、認知層次愈高、興趣愈廣泛等皆屬之。

四、發展的一般原則

兒童發展雖有個別差異,但大致仍遵循一些普遍的原則,有助於吾人對兒童的瞭解,說明如下:

(一)早期的發展比晚期重要

人類的發展,以愈早期愈重要,若在早期發展得好,則對日後有好的影響,反之則不然。例如,在胚胎期可能因一點點藥物的傷害,而造成終身的殘障;Erikson(1963)也認為在嬰兒期如果沒有得到好的照顧,以後可能發展出對人的不信任感;Sigmund Freud為精神分析學派的心理學者,此學派的理論重點也主張人類行為均受到早期經驗的影響,可見早期發展的重要性。

(二)發展依賴成熟與學習

兒童發展依賴成熟,成熟為學習的起點,生理心理學派即持此一觀點,例如,六、七個月的嬰兒吾人無法教他學習走路,因為還未成熟到學習走路的準備度(readiness),但到了十一、十二個月時,因為生理上的

成熟,嬰兒即有學習走路的動機,因此,嬰兒會走路的行為端賴成熟與學習。

(三)發展有其關鍵期

所謂關鍵期(critical period)係指兒童在發展過程中,有一個特殊時期,其成熟程度最適宜學習某種行為;若在此期未給予適當的教育或刺激,則將錯過學習的機會,過了此期,對日後的學習效果將大為減少。例如,語言的學習,其關鍵期應在幼兒期,此期學習速度較快,效果也好,過了此期再學效果較差,許多人到了青少年期,甚至成年期,開始學習第二種語言或外語,常發現發音不正確的現象即是一例。一般所謂學習的關鍵期是針對較低等層次的動物行為,例如鴨子看移動物體而跟著它,對於人類則對本能成熟之發音及爬行較能解釋,對於學習高等層次之思考行為則較無法用學習的關鍵期來做解釋。

(四)發展的模式是相似的

兒童發展的模式是相似的,例如,嬰幼兒的動作發展順序為翻滾、爬、站、走、跑,次序不會顛倒。也因為如此,吾人在教養兒童時,掌握了發展的預測性,依循關鍵期的概念,更能得心應手。

(五)發展歷程中有階段現象

有些學者認為人的發展是一個階段接著一個階段的,當一個兒童由一個階段邁向一個更高的階段時,即會有定性的變化(qualitative change)。例如,當兒童的認知發展由一個階段邁向一個更高的階段,表示他們的思維方式有顯著的定性變化(馬慶強,1996)。

(六)發展中有個別差異

兒童發展雖有其相似的模式,但因承受了不同的遺傳基因,以及後天不同的家庭環境、托育環境、學校環境、社區環境等因素,故在發展上無論是生理特質、心理特質仍會有個別差異。此種差異並未違反「發展模

式相似性」的原則，因為在此所謂的差異是指發展有起始時間的不同、發展過程中環境的不同，而造成個體的差異。

(七)發展的速率有所不同

兒童發展並非循固定的速率發展，各身心特質的進程，在某些時候較快，某些時候則較慢。例如，在幼兒期，淋巴系統、神經系統是快速成長，而生殖系統則進展緩慢，直到進入青春期時，才快速發展。

(八)發展具有相關性

兒童身心發展相輔相成，具有相關性。生理發展良好，可能帶動好的心理、社會發展。反之，有些生理障礙的兒童，如視覺障礙、聽覺障礙、肢體障礙、身體病弱的兒童，其心理、社會發展常受到某些程度的影響。

第四節　兒童發展的理論

當我們檢驗兒童發展時，重要的是能夠從發展模式的一般性看法轉入對特殊變化過程的解釋。心理社會理論為我們探究人的發展提供了概念保護傘，但是我們也需要其他理論在不同的分析層次上來解釋行為。如果我們要說明一生中的穩定性和可變性，我們就需要有理論構想，來幫助說明全面演化的變化、社會和文化的變化，以及個體的變化。我們也需要有種種概念，解釋生活經驗、成熟因素，以及一個人的經驗結構對生理、認知、社會、情緒和自我發展模式之作用。

本節將介紹影響兒童個體行為改變理論之基本概念：成熟理論、行為理論、心理動力論、認知理論等。

理論乃是指針對觀察到種種現象與事實（facts），以及其彼此之間的關係所建構出之一套有系統的原理原則。理論是整合與詮釋資料的一種架構，主要的功能是用於探究兒童的成長與行為，對於所觀察到的行為提出

一般性的原則並加以詮釋，它指出了在兒童遺傳的結構上和環境條件下，哪些因素影響兒童的發展和行為改變，以及這些要素如何產生關聯。

一、成熟理論

成熟理論（maturation theory）主張人類之發展過程主要是由遺傳所決定。人類之行為主要受內在機制，以有系統之方式，且不受環境影響的情況下指導著發展的進行，進而影響個體組織的改變。

在遺傳上，兒童在成熟的時間產生行為逐漸展露的過程。成熟理論學派認為當一些行為尚未自然出現時，即予以刻意誘導是不必要的，甚至造成揠苗助長。被強迫性地要求達到超過其成熟現狀發展的兒童，他們的發展不僅效率低而且須經歷低自我與低自我價值，但兒童的發展情況若不符期望中的成熟程度，則產生低學習動機，則需要予以協助與輔導。

被視為兒童發展之父的Granville Stanley Hall，其觀點影響了兒童心理學與教育學之領域，他的學生Arnold Gesell更延續Hall的論點，將其論點以現代的科學研究加以運用。

(一)Granville Stanley Hall

Granville Stanley Hall（1844-1924）在哈佛大學跟隨心理學家William James，取得博士學位，又轉往德國跟隨實驗心理學派（亦是心理學之父）Wilhelm Wundt研究，回到美國後，便將實驗心理學之知識應用於兒童發展的研究，並且推展至兒童輔導之應用。

Hall的研究發展雖然採用不合科學系統研究之嚴謹要求，其論點反映發展是奠基於遺傳。兒童行為主要是受其基因組合之影響，其研究是招募一群對兒童有興趣的人來進行實地觀察（field observation），大量蒐集有關兒童的資料，企圖顯示不同階段兒童之發展特質。

Hall的研究工作反映出Charles Robert Darwin進化論的論點，其深信：人類每一個體所經歷的發展過程都類似於個體發展的順序，即是「個體重複種族演化的過程」（ontogeny recapitulates phylogeny）。兒童行為從進

化的原始層面脫離出來，透過成熟，帶來兒童的行為及自然的活動。

(二)Arnold Gesell

Arnold Gesell（1880-1961）以更有系統的方式延續Hall的研究，他待在耶魯大學的兒童臨床中心（Yale University Clinic of Child Development）近四十年的歲月，研究兒童的發展。他藉由觀察並測量兒童各種不同領域：生理、運動、語言、智力、人格、社會等之發展。Gesell詳細的指述從出生至十歲兒童發展的特徵，並建立發展常模。

Gesell的發展理論強調成熟在兒童發展之重要性，他與Granville Stanley Hall不同之處是其不支持發展的進化論，但是其相信兒童發展是取決於遺傳，並且人類發展之能力及速率是因人而異，故在兒童輔導上要尊重每個人與生俱來的個人特質。環境對改變兒童行為僅扮演次要的角色，為因應人類內在具有的本質，應配合兒童發展的模式，故教育更要配合兒童發展的基調，壓迫與限制只會造成兒童負面之影響（Thomas, 1992）。

成熟理論多年來在兒童發展領域深深地影響兒童托育。成熟理論學派之哲學觀點與Rousseau之浪漫主義相符，支持「以兒童為本位」的教育觀點。因為後天環境對於個體的發展影響不大，所以，企圖擴展超越兒童之天賦能力，只會增加兒童的挫折與傷害，甚至揠苗助長。配合兒童目前的能力提供學習經驗，是較符合兒童發展與人性（本）之教育理念，同時亦是美國幼兒教育協會（National Association for the Education of Young Children, NAEYC）所倡導的「適齡發展實務」（Developmentally Appropriate Practice, DAP）的重要依據。基於這個觀點，兒童之教保員被要求本於兒童的「需求與興趣」來設計教學計畫，課程要配合兒童發展，並以遊戲為主要的教學設計原則。

此論點同時也導引出學習準備度的概念。假使兒童被評定為尚無能力學習某些事，則教師必須等待兒童進一步成熟，這種準備度之觀點尤其在閱讀教學的領域更為明顯。成熟理論學派對於幼兒早年學習所持有之取向是依賴個體之成熟機能，不同於往年教育學者所採用之介入論者

（interventionist）的取向。後者針對失能兒童（disabled children）或處於危機邊緣之兒童（children at risk）所設計，主要是依據行為主義之觀點，利用特殊介入模式來協助兒童符合學習的期望。

二、行為理論

行為理論（behavioral theory）影響心理學的理論發展已超過一世紀之久，行為理論基本上是一種學習理論，同時也一直被當作是一種發展理論，其提出了解釋由經驗而引起的相對持久的行為變化的機轉（mechanism）。它與成熟理論學派持有不同看法，此學派認為除了生理上的成熟之外，個體的發展絕大部分是受外在環境的影響。人類之所以具有巨大的適應環境變化的能力，其原因就在於他們做好了學習的充分準備，學習理論之論點有四：(1)古典制約；(2)操作制約；(3)社會學習理論；(4)認知行為主義，茲分述如下：

(一)古典制約

古典制約（classical conditioning）的原則，由Ivan Pavlov所創立的，有時又稱Pavlov制約。Pavlov的古典制約原則探究了反應是由一種刺激轉移到另一種刺激的控制方法，他運用唾液之反射作用作為反應系統。

古典制約模型由**圖1-3**可見，在制約之前，鈴聲是一中性刺激（Neutral Stimulus, NS），它僅能誘發一個好奇或注意而已，並不會產生任何制約化之行為反應。食物的呈現和食物的氣味自動地誘發唾液分泌（是一反射作用），即非制約反應（Unconditioned Response, UR）（流口水）的非制約刺激（Unconditioned Stimulus, US）（食物）。在制約試驗期間，鈴聲之後立即呈現食物。當狗在呈現食物之前已對鈴聲產生制約而分泌唾液，我們則說狗已被制約化。於是，鈴聲便開始控制唾液分泌反應。僅在鈴聲響時才出現的唾液分泌反應稱作制約反應（Conditioned Response, CR）。此一原則先對動物實驗，再由John B. Watson（1878-1959）應用到名為Albert的小男孩，將新的刺激與原先的刺激聯結在一

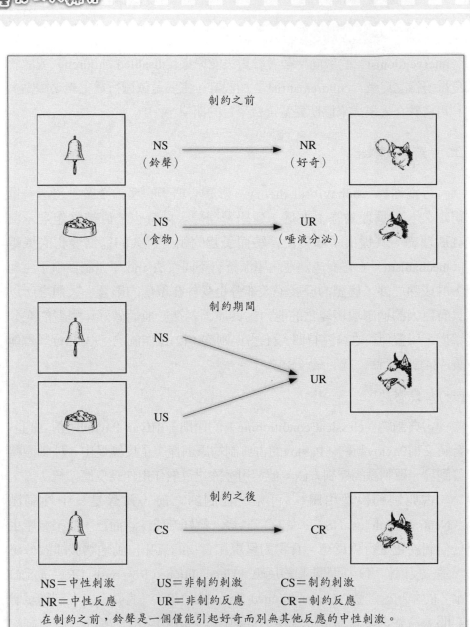

NS＝中性刺激　　　US＝非制約刺激　　CS＝制約刺激
NR＝中性反應　　　UR＝非制約反應　　CR＝制約反應
在制約之前，鈴聲是一個僅能引起好奇而別無其他反應的中性刺激。
隨著鈴聲與食物的多次配對，鈴聲就變成一個能引起制約性唾液分泌反應
的制約刺激。

圖1-3　古典制約

資料來源：郭靜晃、吳幸玲譯（1993），頁114。

起，對新刺激所產生的反應方式類似於其對原先刺激所做出的反應。

　　古典制約可以說明人一生中出現的大量的聯想學習。當一個特殊信號與某個表象、情緒反應或物體相互匹配之後，該信號便獲得了新的意義。在嬰兒期和幼兒期，隨著兒童依戀的發展，各種正性和負性的情緒反應便與人物和環境建立了制約作用，目標的恐懼也能成為古典制約的作用，許多人可能回憶出一次恐怖經驗，如被蛇咬、溺水、挨打等，此恐懼反應可能與特定目標相聯結，而造成此人一生會逃避那目標，正如俗語所言，一朝被蛇咬，十年怕草繩。

(二)操作制約

　　Edward L. Thorndike（1874-1949）採用科學方法來研究學習，他嘗試由聯結刺激與反應的過程來解釋學習，又稱為操作制約（operant conditioning）學習，強調學習中重複的作用和行為的結果。Thorndike利用貓逃出迷籠的行為，觀察貓是利用嘗試錯誤（trial and error）的學習過程，在學習過程中，貓的盲目活動愈來愈少，行為愈來愈接近正確解決之方法。他發展出一組定律來說明制約過程，其中最主要為效果律（law of effect），說明假如一個刺激所引起的反應是愉快、滿足的結果，這個反應將會被強化；反之，這個反應會被削弱。另一定律為練習律（law of exercise），主張個體經歷刺激與反應鍵之聯結次數愈頻繁，則聯結將會愈持久。第三個定律為準備律（law of readiness），則說明當個體的神經系統對於行動容易產生反應的話，則學習將更有效果。

　　Thorndike之效果律實為增強概念及操作制約概念之先驅，亦是B. F. Skinner之行為主義取向之基礎。Skinner對學習心理學與發展理論的貢獻在於其巧妙地將學習理論應用到教育、個人適應以及社會問題上。Skinner相信欲瞭解學習必須直接觀察兒童在環境改變的因素下所產生的行為改變。其認為兒童表現出來的大部分行為，都是透過工具制約學習歷程所建立的。換言之，行為的建立端賴於行為的後果是增強或處罰而定，是受制於環境中的刺激因素。增強與處罰正是行為建立或解除的關鍵，增

強被用於建立好的行為塑化（shaping good behavior），而處罰被用於移除不好的行為聯結（removal of bad behavior）。

增強物（reinforcement）有兩種，分為正增強或負增強。對兒童而言，食物、微笑、讚美、擁抱可令其產生愉悅的心情，當它們出現時，正向之行為反應連續增加，稱之為正增強物。反之，負增強物，如電擊、剝奪兒童心愛的玩物，當它們被解除時，其正向行為反應便增加。另一個觀點是處罰，是個體透過某種嫌惡事件來抑制某種行為的出現。有關正增強、消弱、負增強及處罰之區別請參考**圖1-4**。

(三)社會學習理論

社會學習理論（social learning theory）認為學習是由觀察和模仿別人（楷模）的行為而來（Bandura & Walters, 1963），尤其在幼兒期，模仿（imitation）是其解決心理社會危機的核心，此外，青少年也深受同儕及媒體文化所影響，漸漸將其觀察的行為深入其價值系統，進而學習其行為，這也就是兒童在生活周遭中，透過觀察和模仿他人來習得他們大部分的知識，而成人及社會也提供兒童生活中的榜樣（model），換言之，也是一種身教。如此一來，兒童便習得了適應家庭和社會的生活方式。

Bandura（1971, 1977, 1986）利用實驗研究方法，進行楷模示範對兒童學習之影響，結果表現兒童喜歡模仿攻擊、利他、助人和吝嗇的榜樣，這些研究也支持了Bandura之論點：學習本身不必透過增強作用而習

	愉快的事物	嫌惡的事物
增加	**正增強** 小明上課專心給予記點，並給予玩具玩	**處罰** 小明上課不專心，給予罰站
剝奪	**消弱** 小明上課不專心，而不讓他玩所喜歡的玩具	**負增強** 小明取消罰站的禁令，因而增加上課的專心

圖1-4　正增強、消弱、負增強和處罰的區別

得。社會學習的概念強調榜樣的作用，也就是身教的影響，榜樣可以是父母、兄弟姊妹、老師、媒體人物（卡通）、運動健康，甚至是政治人物。當然，學習過程也不只是觀察模仿這般簡單而已，一個人必須先有動機，並注意到模仿行爲，然後個體對行爲模式有所記憶、儲存他所觀察到的動作訊息，之後再將動作基模（訊息）轉換成具體的模仿行爲而表現出來（郭靜晃等，2001）。換言之，行爲動作之模仿學習是透過注意（attention）→取得訊息的記憶（retention）→行爲產出（reproduction）→增強（reinforcement）的四種過程。

(四)認知行爲主義

過去的行爲主義以操作與古典制約強調環境事件和個體反應之間的聯結關係，卻忽略個體對事件的動機、期望等的認知能力。Tolman（1948）提出個體之認知地圖（cognitive map），作爲刺激與反應聯結中的學習中介反應的概念，此概念解釋個體在學習環境中的內部心理表徵。Mischel（1978）認爲要解釋一個人的內部心理活動，至少要考量六種認知因素：認知能力（cognitive competency）、自我編碼（self-encoding）、期望（expectancy）、價值（value）、目標與計畫（goal and plan），以及自我控制策略（self-control strategy）（**圖1-5**）。「認知能力」是由知識、技巧和能力所組成；「自我編碼」是對自我訊息的評價和概念化；「期望」是一個人的操作能力、行爲結果和環境事件的意義和預期；「價值」是由一個人賦予環境中行爲結果的相對重要性；「目標與計畫」是個人的行爲標準和達到標準的策略；「自我控制策略」是個體調節其自我行爲的技術。所有這四種學習理論都對洞察人類行爲有所貢獻（**表1-1**），也說明人類行爲習得的過程。古典制約能夠說明信號與刺激之間形成的廣泛的聯想脈絡、對環境的持久的情緒反應，以及與反射類型相聯繫的學習的組織。操作制約強調以行爲結果爲基礎的行爲模式的習得。社會學習理論增加了重要的模仿成分。人們可以透過觀察他人學習新的行爲。最後，認知行爲主義認爲，一組複雜的期望、目標和價值可以看作是

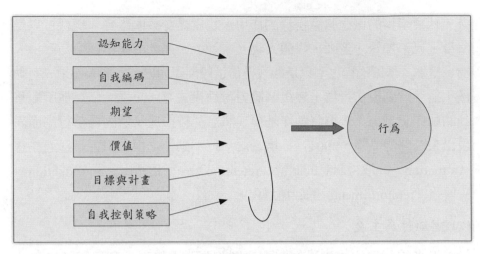

圖1-5　影響行為的六個認知向度

資料來源：郭靜晃、吳幸玲譯（1993），頁114。

表1-1　四種學習過程

古典制約	操作制約	社會學習理論	認知行為主義
當兩個事件在非常接近的時間內一起出現時，它們就習得了相同的意義並產生相同的反應。	隨意控制的反應既可以加強，也可以消除，這取決於和它們相聯繫的結果。	新的反應可以透過對榜樣的觀察和模仿而習得。	除了新的反應以外，學習者還習得了關於情境的心理表徵，它包括對獎賞和懲罰的期望、適當的反應類型的期望，以及反應出現的自然和社會環境的期望。

資料來源：郭靜晃、吳幸玲譯（1993），頁125。

行為，它們能夠影響操作。訊息或技能在被習得之時並不能在行為上表現出來，除非關於自我和環境的期望允許它們表現。這種觀點強調了個人指導新的學習方向的能力。

三、心理動力論

心理動力論（psychodynamic theory）如同認知論學者，Piaget、Kohlberg對兒童發展及兒童教育領域有廣大的影響，他們皆認為兒童隨年齡成長，機體成熟有其不同階段的發展特徵及任務（**表1-2**），如同認識發生論（epigenetic）般，個體要達到機體成熟，其學習才能達到事半功倍。

(一)心理分析理論

Sigmund Freud的心理分析理論集中於個人之情緒與社會生活的人格發展，他更創立性心理發展。雖然該理論大部分已被修正、駁倒或扼殺，但許多Freud的最初假設仍存留於現代之人格理論中。Freud集中研究性慾和攻擊驅力對個體心理活動之影響，他認為強而有力的潛意識生物性驅力（drive）促成了人的行為（尤其是性與攻擊驅力）。Freud的第一個假定：人有兩種基本的心理動機——性慾和攻擊，他認為人的行為都源自個體之性慾和攻擊衝動的表現；第二個假定是：人具有一種叫作潛意識（unconscious）的精神領域。它是無法被察覺到，且是強大的、原始的動機儲存庫。無意識動機和有意識動機會同時激發行為。Freud將此種假定應用到個人之心理治療（psychotherapy），而個人之精神問題源自於童年（尤其前五年）影響個人行為和情緒的潛意識衝突。Freud認為活動個人之意識和潛意識需要心理能量，稱為原慾（libido），其集中於性慾或攻擊衝動的滿足，個體基本上的行為是追求快樂，避免失敗與痛苦，故心理能量激發個體兩種行為本能：生的本能（eros）及死的本能（thanatos）。而隨著個體生理的成熟，性本能透過身體上不同的區域來獲得滿足，他稱之為個體之性心理發展階段（stage of psychosexual development）。Freud發展獨特的心理治療模式，他稱之為精神分析（psychoanalysis），讓患者主述其過去的歷史以及目前的狀況，其利用夢的解析（dream interpretation）及自由聯想（free association）等技術，協助患者面對其潛意識的害怕與矛盾，其心

表1-2　各理論的發展階段對照表

生理年齡及分期	性心理發展階段（S. Freud）	心理社會發展階段（E. Erikson）	認知發展階段（J. Piaget）	道德發展階段（L. Kohlberg）
0歲（乳兒期）	口腔期	信任◄────►不信任	感覺動作期	
1歲（嬰兒期）				避免懲罰
2歲	肛門期	活潑自動◄────►羞愧懷疑		服從權威
3歲（嬰幼兒期）			前運思期	
4歲（幼兒期）	性器期	積極主動◄────►退縮內疚		
5歲				
6歲				現實的個人取向
7歲（學齡兒童期）	潛伏期	勤奮進取◄────►自貶自卑		
8歲			具體運思期	
9歲				
10歲				
11歲				和諧人際的取向
12歲			形式運思期	
13歲（青少年前期）	兩性期	自我認同◄────►角色混淆		
14歲				
15歲				
16歲				
17歲				社會體制與制度取向
青少年後期（18歲~22歲）	※		※	
成年早期（22歲~34歲）	※	親密◄────►孤獨疏離	※	基本人權和社會契約取向
成年中期（34歲~60歲）	※	創生◄────►頹廢遲滯	※	
成年晚期（60歲~70歲）	※		※	
老年期（70歲~死亡）	※	自我統合◄────►悲觀絕望	※	普遍正義原則

※代表與青少年前期相同的發展階段

理分析理論廣泛影響了心理學家、精神病醫師與精神分析師的思想，甚至也影響了日後的遊戲療法。

　　此外，Sigmund Freud將人格結構分為三種成分：本我（id）、自我（ego）及超我（superego）。本我是本能和衝動的源泉，是心理能量的主要來源，更是與生俱來的。本我依據唯樂原則（pleasure principle）表現其生物性之基本需要，此種思維稱作原始過程思維（primary process thought），其特點是不關心現實的制約。自我是個人與環境有關的所有心理機能，包括：知覺、學習、記憶、判斷、自我察覺和語言技能。其負責協調本我與超我之間的衝突。自我對來自環境的要求做出反應，並幫助個人在環境中有效地發揮作用。自我依據現實原則（reality principle）來操作個體與環境互動及協調個人生物性之需求，在自我中，原始過程思維（即本我）要配合現實環境之要求，以更現實的取向來滿足個人的本我衝動，所以此思維為次級過程思維（secondary process thought）。次級過程思維即是一般我們在與人談論中所用的一般邏輯、序列思維，其必須要透過現實來體驗。超我包括一個人心中的道德格言──良心（conscience）以及個人成為道德高尚者的潛在自我理想（ego ideal）。超我為一個人的觀念，如哪些行為是適當的、可接受的、需要追求的，以及哪些是不適當的、不可接受的，提供一個良好的衡量，它也規定一個人要成為一個「好」人的志向和目標。兒童則是透過認同（identification）與父母、社會互動，在愛、親情和教養的驅使下，兒童積極模仿他們的重要他人，並將社會準則內化，成為他們日後的價值體系及理想的志向。

(二)心理社會發展理論

　　Eric Erikson是出生於德國的心理分析家，他擴展了Sigmund Freud的精神分析論，並修正Freud的性心理發展，是以社會化之概念解釋一般人（不限於病態人格）並擴及人一生的生命歷程發展的心理社會發展理論（psychosocial development theory）。Erikson主張個體在其一生的發展乃透過與社會環境互動所造成，成長是經由一連串的階段進化而成的

（Erikson, 1968）（**表1-2**）。在人的一生發展中，由於個人身心發展特徵與社會文化要求不同，每一階段有其獨特的發展任務與所面臨的轉捩點（即心理危機），雖然這個衝突危機在整個人生中多少會經歷到，但此一時期特別重要，需要透過核心過程（central process），例如幼兒期的模仿或認同，學齡兒童期之教育來化解心理社會發展危機，進而形成轉機，以幫助個體的因應能力，那麼個體行為則能獲得積極性地適應社會環境的變化，以促進個體的成長，更能順利地發展至下一個階段。Erikson之心理社會發展強調解決社會之衝突所帶來的心理社會危機，而非如Freud強調性與攻擊的衝突，因此，個體必須能掌控一連串的社會衝突，方能達到個體成熟（Erikson , 1982），衝突則是由於個體在文化上以及社會上所經歷的處境所致。

心理動力論強調人際需要與內在需要在塑造人的人格發展中的重要性。Sigmund Freud強調個人的性和攻擊衝動的滿足，而Erikson則強調個人與社會互動中的人生發展，前者較著重童年期對成人行為之影響，而後者則強調個人一生中各個階段的成長。心理動力論則認為兒童期的發展非常重要，同時也體察到如果我們冀望幼兒能成長為一健全的成人，則在幼兒階段便須幫助他們解決發展上的衝突，而且成人與社會應扮演重要的角色，此理論也深深影響兒童心理、教育及福利工作之實務者。

四、認知理論

認知（cognition）是經驗的組織和解釋意義的過程。解釋一個聲明、解決一個問題、綜合訊息、批判性分析一個複雜的課題皆是認知活動。而認知理論在一九六〇年代之後除了一致性研究兒童的智力發展的建構論點，此研究也持續進行，而理論也不斷修正，進而形成更周延的建構理論（constructivist theory）。建構理論主張個體是由處理其從經驗中所獲得的資訊，而創造出自己的知識。建構理論乃是針對理性主義和經驗主義兩者間對立之處提出的一種辯證式解決之道。這兩種理論的論點皆是探索個

體是如何知悉世界萬物的方法。理性主義者（rationalism）視理性（即心智）為知識的來源，而經驗主義者（empiricism）視經驗為知識的來源。建構主義者自一九六〇年代之後才開始影響美國兒童發展和教育領域，其中以Jean Piaget、Lev Semenovich Vygotsky及Jerome S. Bruner為代表人物，其論點分述如下：

(一)Jean Piaget

Jean Piaget（1896-1980）乃是認知發展建構理論的先驅。他利用個案研究方法，長期觀察其女兒而建立其認知發展階段理論（**表1-2**）。除此之外，他長期蒐集一些不同年齡層的兒童解決問題、傳達夢境、道德判斷及建構其他心智活動之方法與資訊。Piaget主張兒童的思考系統是透過一連串階段發展而來，而且這些發展階段在各種文化中適用於所有的兒童。

Piaget假定，認知根植於嬰兒天生的生物能力（又稱之為反射動作），只要在環境提供充分的多樣性和對探索（遊戲）的支持，智力則會系統地逐步發展。Piaget的發展理論有三個重要的概念：基模（schema）、適應（adaptation）和發展階段。

◆基模

依Piaget的觀點，兒童是經由發展基模來瞭解世間萬物的意義。基模乃是思考世間萬物之要素的整合方式。對嬰兒而言，基模即行動的模式，在相似的情境當中會重複出現，例如嬰兒具有吸吮（sucking）和抓握（grasping）的基模，稍後隨基模逐漸分化及練習而發展出吸吮奶瓶、奶嘴和乳房的不同方式，或抓握不同物品的動作基模。基模是透過心理調節過程而形成的，它隨著個體成長與環境的各個層面的反覆相互作用而發展，人終其一生皆不斷地產生並改變基模。

◆適應

適應是兒童調整自己以適應環境要求的傾向。Piaget擴充演化論之適應概念，提出「適應導致邏輯思維能力的改變」（1936/1952: 7-8）。

　　適應是一個兩方面的過程，也是基模的連續性與改變。此過程是透過同化（assimilation）及順應（accommodation）。同化是依據已有的基模解釋新經驗，也是個體與外在互動造成過去基模的改變，同化有助於認識的連續性。例如有一幼兒小明認為留長鬍子的男性都是壞人。當小明遇到男性，他留著長長的鬍子，小明預料（認知）留鬍子的這位男性是壞人。

　　適應過程的第二方面是順應，這是為說明物體或事件顯露出新的行為或改變原有基模，換言之，也是個體改變原有的基模以調適新的環境要求。例如小明如果與那位留鬍子的男性相處的時間更久些，或與他互動，小明可能發現，這位男性雖留著鬍子，但他很熱情、親切並且很友善。日後，小明就瞭解並非每個留鬍子的男性都是壞人。兒童即透過這兩個歷程增加其對世界的瞭解並增進個體認知的成長。在一生中，個體透過相互關聯的同化和順應過程逐漸獲得知識。為了得到新的觀點與知識，個體必須能夠改變其基模，以便區分新奇和熟悉的事物。個體之同化與順應之過程造成適應的歷程，也造成個體的心理平衡的改變。平衡（equilibrium）是在個人與外界之間，以及個人所具有的各個認知元素之間，求取心理平衡的一種傾向。當個體無法以既有的認知結構處理新經驗時，他們會組織新的心理形態，以回復平衡的狀態（郭靜晃等，2001）。

◆發展階段

　　Piaget的興趣在於理解人是如何獲得知識。認識（knowing）是一種積極過程，一種構造意義的手段，而不是瞭解人們知道哪些特定內容。Piaget的研究則集中在兒童探索經驗方式之基礎抽象結構，他對兒童如何瞭解問題的答案，比對答案本身更感興趣。基於這個觀點，他不斷觀察兒童如何獲知問題的答案過程，而創立了認知發展的基本階段理論，共分為四個階段：感覺動作期（sensorimotor stage）、前運思期（pre-operational stage）、具體運思期（concrete operational stage）和形式運思期。Piaget認為個體透過此四種認知成熟的基本模式成長，發展個體的邏輯推理能力。

因此，他所指述的階段包含著能夠運用於許多認知領域的抽象過程，以及在跨文化條件下，在實際年齡大致相同的階段中觀察到的抽象思維過程。一九六〇年代之後，許多研究兒童發展的學者除了受Piaget理論之影響，也深入探究其理論，也有些人駁斥Piaget的理論並修正其理論而成為新皮亞傑理論（Neo-Piagetian theory）。

(二)Lev Semenovich Vygotsky

Lev Semenovich Vygotsky（1896-1934）是一位蘇聯的心理學家，也是一位建構心理學的理論家，他原先是一位文學教師，非常重視藝術的創造，日後轉而效力發展心理學和精神病理學的研究。

Vygotsky認為人同時隨著兩種不同類型的發展——自然發展（natural development）和文化發展（cultural development）來獲得知識。自然發展是個體機體成熟的結果；文化發展則是與個體之語言和推理能力有關。所以，個體之思考模式乃是個體在其成長的文化中，從他所從事的活動中獲得的結果。此外，進階的思考模式（概念思想）必須透過口頭的方式（即語言發展）來傳達給兒童。所以說，語言是決定個體學習思考能力的基本工具，也就是說，透過語言媒介，兒童所接受正式或非正式的教育，決定了其概念化思考的層次。

Vygotsky提出文化發展的三階段論，一個階段又可再細分為一些次階段（Thomas, 1992）（**表1-3**）。Vygotsky認為兒童的發展是透過他們的「近似發展區」（zone of proximal development）或他們不以孤立自己來運作。在這個區域中，兒童從比他們更成熟的思考者（如同儕或成人）提供協助，猶如建築中的鷹架（scaffolding）一般，支持並促使兒童發揮功能及學習新的能力。從Vygotsky的觀點，學習指導著發展，而非先發展再有學習。Vygotsky的理論近年來引起廣大的注意，尤其是那些對Piaget理論有所質疑的兒童發展與教育學者，Vygotsky的理論在語言及讀寫能力之教育應用上已有研究的雛形。

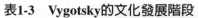

表1-3　Vygotsky的文化發展階段

階段	發展內涵
階段1	思考是無組織的堆積。在此階段，兒童是依據隨機的感覺將事物分類（且可能給予任何名稱）。
階段2	利用複合方式思考，兒童不僅依據主觀印象，同時也是依據物體之間的聯結，物體可以在兒童心中產生聯結。兒童脫離自我中心思考，而轉向客觀性的思考。在複合思考中，物體是透過具體性和真實性來進行思維操作，而非屬於抽象和邏輯的思考。
階段3	兒童可從概念思考，也發展了綜合與分析能力，已具有抽象和邏輯思考能力。

資料來源：Thomas (1992), pp. 335-336.

(三)Jerome S. Bruner

Jerome S. Bruner（1915-）如同Vygotsky般，關心兒童的思考與語言，他提出三個認知過程：(1)行動模式（enactive mode）；(2)圖像模式（iconic mode）；(3)符號模式（symbolic mode）。行動模式是最早的認知階段，個體透過動作與操作來表達訊息，大約在零至二歲的嬰兒期，嬰兒透過行動來表達他的世界，例如用手抓取手搖鈴表示他想說，或用吸吮物體表示他的飢餓。

圖像模式約在二至四歲的幼兒期，兒童藉由一些知覺意象來表達一個行為，如用視覺的、聽覺的、觸覺的，或動態美學的方式來表達其心中的圖像或其所目睹的事件。符號模式發展在五歲之後，由於兒童語言的擴增，可幫助其表達經驗並協助他們操作及轉化這些經驗，進而產生思考與行動，故語言成為兒童思考與行動的工具。之後，理解力得以發展。故兒童的認知過程始於行動期，經過了圖像期，最後到達符號期，如同個體對事物的理解力般，一開始是透過動手做而達到瞭解，進而藉由視覺而獲得瞭解，最後是透過符號性的方式表達個體意念。建構主義對幼兒發展的解釋，也影響日後幼兒發展及兒童福利。Piaget的理論已被廣泛地運用於幼兒的科學與數領域的認知模式之托育，而近年來，Vygotsky及Bruner之理論已影響到幼兒閱讀與語言領域之幼兒發展，尤其在啟蒙讀寫之課程運作。

五、生態系統理論

　　生態系統理論（ecological system theory）視兒童整個人為其周遭的環境系統所影響，此理論可應用解釋到兒童輔導及兒童福利。此理論相對於個體之成熟理論，是由Urie Bronfenbrenner（1917-2005）所倡導的。他認為人類發展的多重生態環境，是瞭解活生生的、成長中的個體如何與環境產生互動關係，他依照環境與人的空間和社會的距離，分別連環成包含四種系統的圖層——即微視、中間、外部和鉅視等系統（**圖1-6**）。個人被置於核心，個人受其個人的原生能力及生物基因的影響，以及日後受環境互動中所形成個人的經驗及認知，稱之為微視系統（microsystem），而與個體最密切的家庭或重要他人，如照顧者、保母與個人互動最直接與頻繁，故影響最直接也最大。中間系統（mesosystem）是各微視系統（如家庭、親戚、同儕、托育機構、學校、宗教機構等）之間的互動關係，兒

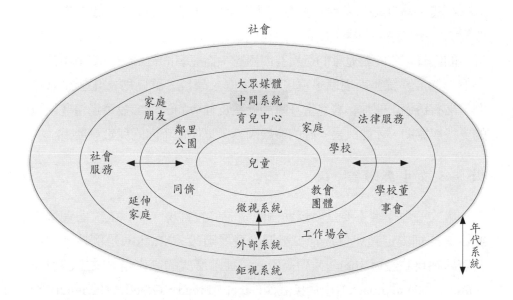

圖1-6　生態系統理論之系統組合

童最早的發展即是透過與這些微視系統所組成之居間系統的接觸而達成社會化，進而瞭解最早的周遭環境。外部系統（exosystem）是指社會情境直接影響其中間系統的運作，間接地影響兒童的發展，例如父母的工作情境、學校的行政體系、政府的運作、社會制度或民間團體等等。最後的系統是鉅視系統（macrosystem），是直接受到各個社會文化的意識形態和制度模式所影響，例如社會文化、社會意識形態和價值觀，直接影響外部系統、中間系統及微視系統的運作，再間接影響個體的發展。

在Bronfenbrenner理論中，人類發展最重要的本質是透過與環境互動來增加個體適應社會的能力。年小的兒童因個人之成熟性不夠，受微視系統影響最大，而隨著年齡的成長，其微視系統擴大，個體可從家庭、托育機構、學校、社區或宗教組織，甚至擴大個人生活圈與同儕接觸及多媒體之影響。就此理論運用到兒童托育、個體之發展受個人天生之基因遺傳、家庭及托育環境（空間、玩物、課程）、同儕機構之行政與社會對托育價值之影響。

生態系統理論著重兒童對於周遭環境的詮釋，以及這些詮釋是如何改變的。所以兒童發展工作者在解釋兒童行為時，必須先瞭解兒童身處情境中的知覺，才能對兒童的行為有所體認。而兒童的行為深受環境中任何一個環節（系統）所衝擊，環境中之家庭、學校、社區與文化皆息息相關，唯有透過正面地影響兒童身處的社區及社會的改善，並透過這些環境的支持與協助，才能改善不好的發展因素，以促進正向的兒童發展。

六、人文主義理論

人文心理學家主要是要幫助個體完成自我實現。所以人文心理學家並沒有詳細去定義兒童及青少年期的發展階段。Maslow是例外，因為其定義在自我發展中的一系列高原。這種階層式的高原是人文主義取向（humanistic approach）中最接近如Piaget、Freud、Gesell及Havighurst的理論。

　　Maslow和Buhler區分兩個變化的層次：兒童及青少年期。Buhler以生物學的角度，以十五歲當作零至二十五歲間的分界點。在兒童期零至十五歲是持續的生理成長而無生育能力。從十五至二十五歲青少年至青年階段，是持續的成長及開始有生育力。心理學上的發展也分出兒童及青少年兩階段，但是沒有像生物學的領域一樣清楚分界。小孩需要時間及經驗來變得成熟、理性。但有很多青少年及成人仍沒有達到心理學上的成熟。所以從兒童進入青少年期提供了一個變得成熟的「機會」，但是成熟並非自動發生的。Buhler認為子孩在二至四歲時，開始出現自我意識，而一個小孩表達自我意識的方式，因基因及環境的不同而有很大的個別差異。

(一)動機的傾向

　　在小孩十至十二歲左右，Buhler認為有幾個動機傾向會對小孩的個別性產生永久影響力。一個傾向是建設─破壞的層面，這包含一個人對生命的基本態度。這態度可以是正向的人際對未來正向的計畫，或是破裂的人際關係對未來的絕望。這樣的傾向最明顯的是小孩和父母互動的方式，尤其小孩和父母的衝突是被解決了或是擴張了。第二個傾向是成就動機，一個小孩多努力及想達到什麼成就，在青春期後較明顯。高峰經驗（peak experience）是生命中最美妙的經驗、最快樂的時刻，累積這些經驗是人類發展的重要目標。不過青少年的人生目標仍是模糊不定的，只有少數傑出青少年會問人生是什麼。青少年階段自覺增加，在尋找價值觀、目標及對值得的事忠誠。它是一個困惑的階段。Erikson說青少年階段是認同危機期。Maslow認為美國很多成人本身的價值觀不確定，使青少年生活在「青少年的價值觀」下。總之，大部分的人文心理學家認同兒童期及青少年期是兩個不同的人格發展階段，但他們並沒有對這兩階段做詳細、有系統的討論。

(二)高原階層

　　Mahrer提出人格成長的五個高原順序同時連接年齡層次。他認為沒有任何內外在因素把一個小孩從一個階段移動至另一個階段，而是人，包

括個體本身、家人、個人居住的團體、重要的陌生人等則具有影響力。第一個高原，出生後的原始人格，在此階段小孩無自我意識，他的自我認同完全取決於別人怎麼看他。如果周圍對他有影響力的人對他不好，他可能一生都留在原始人格階段，永遠依賴外界世界當他人格的鏡子。如有適當的養育，個體進入第二高原自我浮現。Mahrer估計有些在兒童期早期發生，但大多數在六至十二歲，有些在青春期或成年期，或永遠不會。在第二階段是一點一滴慢慢發生的。在第三高原，小孩不再被環境操控，他主動想像或利用周圍環境來完成自己的目的。在第四個高原，個體發展出更新更複雜的技巧，使個體的經歷更深入、更複雜。第五個高原，也是最理想的高原，是一個自我整合、自我實現的個人，這只是少數人能達到。Mahrer指出這些階段代表三種掙扎的過程，首先是在嬰幼兒及兒童期取得自我感與自我認同，接著抵抗變遷的環境壓力維持個人認同，最後失去自我感以達到最高境界的自我成熟。

　　人文主義學者一般而言，並不提出成長階段的理論，而是成長方向的理論。為了確認一個孩子是否真的往一個適當的方向發展，我們應定義所需要的最終產物或發展所追求的目標。Maslow定義健康的發展有兩條路，一是一般性，另一是比較特定的。一般性的定義，一般人都有動機要發展成持續實現潛能、能力及天賦，當作任務的完成。不過許多人覺得Maslow這樣的定義很含糊，所以他又條列了健康發展的一系列特質。

　　1.對現實的超高感受。

　　2.對自我、別人及大自然增加接受度。

　　3.自發性增加。

　　4.問題解決能力增加。

　　5.自主性增加。

　　6.分離感增加，希望有隱私。

　　7.豐富的情緒反應。

　　8.較高頻率的高峰經驗。

9.對人有較高的認同感。

10.改變的（臨床醫學者會說「改善的」）人際互動關係。

11.較民主的特質結構。

12.大大增加創造性。

13.在價值系統裡的某些改變。

其他的學者根據Maslow的理論提出發展應該遵行的方向。如Combs認為健全的人格應該是：(1)能愛人也感覺被愛；(2)開放接受新經驗；(3)高度贊同他人，所以他能以高度負責、值得信任的方式對人；(4)消息靈通視野廣闊。Carl Rogers認為合理的發展是從僵硬變成有彈性，從穩定生活到改變過程的生活，從依賴到自主，從可預測到不可預測的創造性，從防衛到自我接受。

(三)健康成長與偏差行為

取代正常與不正常的用語，Maslow提及健康與生病或成熟和不成熟發展。不成熟必須要包含時間因素，在童年期因個體身體羸弱，缺乏能力，所以發展較不成熟，但是正常的；不過，當相同症狀在成人時被發現，他被認為是不健康，因為成年個人必須已經變強壯、有智慧、有良好的整合能力，且對他的價值與目標是清楚的。

偏差行為就是和其他人不同或不符合標準規範。事實上，在表現自己的才能和跟隨自己內在的方向行為，被Maslow視為成就自我實現的必須條件，假如個人採用傳統文化的行為或規範，將阻礙其內在天性與人格的核心表現，然而其在適當發展的意義上或健康的模範上不被認為是正常的。

(四)天性與養育

一般人文主義的定位在遺傳—環境問題，小孩被生下和繼承的潛力——因為藉追求積極的使命來成長與自我實現——但是這些潛力不會開花結果，除非他從兒童起成長期間被重要他人適當的養育。當討論Maslow

觀點已經建議，遺傳在人格的發展有一個重要的角色。小孩變成人本質的種類是建立在自己獨特遺傳的結構，包含潛在天賦與興趣，然而環境決定的自我特性或認知逐漸成長與發展。所以當人文主義理論認為天生潛力的顯著性為人格的種子，他仍然非常強調社會環境功能在產生兒童成長的人格。所以，自我幾乎全部是被建立（be established），有充足的證據顯示當缺少其他人時，沒有相似自我被建立。人們發現他們自我的概念是從多種生活經驗而來——非從告訴，而是經驗。

七、符號互動理論

符號互動理論（symbolic interaction theory）的一些重要概念如下：

(一)符號（symbolic）

符號到處都是，無所不在，包括語言、文字、手勢、肢體動作、表情及各種符號等都是，如紅綠燈代表交通號誌。因為符號本身並無意義，它所代表的意義是社會或人與人互動所賦予他的。因此，在不同文化下，同樣的符號可能代表不同的意義，例如，在國內代表關心與禮貌的問候語「吃飽了沒？」，你可不能隨便用在你的美國朋友身上。

(二)自我（self）

自我並非與生俱來，而是與他人互動的結果。自我指個體所意識到自身存在的實體，其中包括軀體的與心理的，各種特徵以及由之發生的各種活動和心理歷程。因而，個人透過各種符號的運用，在與他們的互動過程中，產生了自我概念（self-concept），它是瞭解個人行為和社會互動的最基本概念之一。自我概念是指個人對自己性格、能力、興趣、慾望的瞭解，個人與他人和環境的關係，個人對處理事務的經驗及對生活目標的認識與評價等。

(三)社會化（socialization）

社會化是指個人由完全無知無助的嬰兒起，就經由與他人的互動、

交往而受到他人行為的影響，使得個人逐漸學到符合社會要求的行為。

(四)角色（role）

角色是指某一地位有關之社會期待。社會上對每一種角色，均賦予某些期待性的行為特徵，例如，在家庭中為人父、人母該做什麼，就是一種角色，這種角色也是透過生活中的符號而習得。

(五)情境定義（definition of situation）

當人面臨問題情境時，通常會經過一個自我檢討與考慮的階段，一方面考慮本身條件背景，一方面檢視自己所處的情境因素，此兩項考慮交互影響，以界定個人的行為。所以面臨問題時對所處環境的檢視，稱為情境定義。因此一個人，在不同情境中面臨問題，採取的措施可能不同。也就是說，個人會依環境本身透露出的符號訊息，採取行動。

(六)角色取替（role taking）

指憑個人的想像，以「設身處地」的方式去推敲、扮演別人的角色，個人若有這種能力，則能以他人的觀點想像他人所顯示符號的意義，而將想像所得變成為自身行動的依據。

符號互動理論強調社會化及社會互助（social interaction），因而重點在於人與人之間的互動性質、互動過程、互動時的社會符號及個人意義。因此，人與人的互動行為中，個人總會先將別人所傳達出的符號和訊息加以吸收和解釋，然後再決定如何反應。

八、社會交換理論

社會交換理論（social exchange theory）是一九六○年後由社會學家Homans、Blau、Thibaut、Kelley等人共同建構而成。主張人類行為是透過一連串的交換的結果，例如家庭中子女年齡還小，母親放棄工作來換取節省保母費支出及妥善照顧子女。社會交換理論的主要假設及概念如下：

(一)社會交換理論的基本假設

◆對「人性」的假定

1.人都追求酬賞（rewards），而避免懲罰（publishment）。

2.個人在與他人的互動過程中，會尋求最大利益（profits）與最少成本（costs）。縱然有時不可能預先知道真正的酬賞與成本，個人也會用期望的酬賞與成本來引導行為。

3.人是理性動物，因此他們在行動前，會利用有限的訊息計算酬賞、成本，並考慮替代方案。

4.用來評估酬賞、成本的標準人人不同，而且這些標準也會隨時間而改變。

5.在與他人的關係中，個人認定他人行為的重要性因人而異，而且會隨時間改變。

6.當酬賞遠高於個人的期望時，再次得到時，個人對同樣的酬賞評價會較低。

◆對「關係」的假定

1.社會交換的特質是相互依存的（interdependence），獲得利益者，通常也是利益提供者。

2.現存關係的經驗會引導繼起的交換：即在一個人所做過的一切行為裡，若其中某一特定行為時常得到酬賞，那麼該行為會重複出現。

3.社會交換受制於互惠規範：當交換為單向，其模式會停止。

4.社會交換受制於公平規範：當交換不公平時，交換模式會停止。

5.互動關係的變動或穩定，是依據關係中參與者的吸引與依賴的結果。

(二)社會交換理論的主要概念（**圖1-7**）

1.酬賞（rewards）：酬賞的種類繁多，包括物質的、精神的，如金

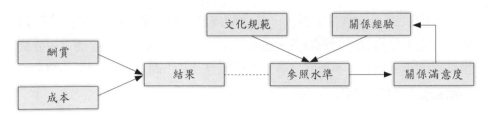

圖1-7　關係滿意度的中介變項

錢、禮物等屬於物質層的酬賞，而社會認同、自主權、榮譽、名聲、安全等則屬於精神層面的酬賞。得到酬賞通常會有愉悅、滿足喜樂的感覺。

2.成本（cost）：成本包括三項，分別為投資成本、直接成本及機會成本。投資成本指個人為得到某種期望的結果所付出的時間及努力；直接成本指的是在交換的過程中直接給予他人的資源；機會成本指當我們利用某種資源來完成某件工作、目標或需求的同時，也減少了該資源未來的可用性。

3.利益（profits）：利益指酬賞大於成本。

4.交換結果（outcome）：「交換結果＝酬賞＋成本」，當結果是正時，表示得到的酬賞高於付出的成本；結果若是負，則表示成本高於得到的酬賞。

5.參照水準（comparison level）：個人以過去的經驗及期望所建立的標準，用來評估交換結果滿意與否，例如，參照水準高者，雖然在交換過程中獲利了，但由於過去的經驗及預期的期望太高，在獲利不如想像的高時，不免大失所望，而不覺滿意。當然，個人在訂定參照水準時受到文化規範及個人在關係存在中經驗的影響。

6.互惠規範（norm of reciprocity）：在人與人的互動中，互惠是一很重要的準則，在長期的互動過程中，如果有一方認為自己永遠在付出，而沒有獲得適當的回饋，則「不公平感」就會產生，使得原先維持的互動關係結束。

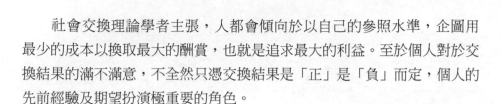

社會交換理論學者主張，人都會傾向於以自己的參照水準，企圖用最少的成本以換取最大的酬賞，也就是追求最大的利益。至於個人對於交換結果的滿不滿意，不全然只憑交換結果是「正」是「負」而定，個人的先前經驗及期望扮演極重要的角色。

九、家庭系統理論

家庭系統理論（family systems theory）源自一般系統理論（general system theory）；系統理論首為德國生物學家Ludwig von Bertalanffy所提出來。在一九七九年，Broderick和Smith提出一般系統理論中所主張的概念可以用來解釋家庭中的各種行為與現象。家庭系統理論在解釋家庭現象時，主要是以個人與家庭成員間的互動來討論家庭動機、組織及過程。其主要概念如下：

(一)系統（system）

家庭系統理論的主要概念就是「系統」，Bowen（1978）將系統定義為「由互動組合的一個整體」，因而一個系統指的是持續、重複的模式及系統中各個部分的互動。在家庭系統中，家庭被視為一個有生命的有機體，這個生物體由許多相互依賴的成員組成，這些成員關係密切也相互影響，成員間不停地互動，因而形成一個系統，而系統之操作原則根源於自然（nature）家庭人員之間的互動，尤其是個人的情緒功能（emotional functioning）。

(二)整體性（wholeness）

整體性是一個系統的整合，在家庭系統中，整體的家庭系統並不等於家庭成員的總和而已，更包括成員與成員間的自然互動，如果沒有互動關係，就沒有所謂的系統。

(三)次系統（subsystem）

家庭中比家庭小的系統稱為次系統。一般而言，家庭中最持久的次

系統爲夫妻、親子、手足三個系統。家庭中的次系統彼此關係、互動，互動的結果不僅是影響該次系統，而且也可能影響到未介入互動的次系統。如夫妻吵架不只是夫妻系統會出問題，進而會影響親子關係、手足關係等。當然，家庭離不開社會，所以當家庭被視爲一個系統，而夫妻、親子、手足被界定爲次系統時，則社會就被視爲超系統（supra system）（圖1-8）。

(四)關係（relations）

家庭中任何系統與次系統都是由連結家人之間的關係所構成，每個家庭成員間都有某種關係存在，如婚姻關係、親子關係，因此運用家庭系統理論分析家庭時必須注意成員間的不同關聯、互動方式，以洞悉其複雜的互動網路。

(五)家庭規則（family rules）

家庭是一個規則管理的系統，因此有許多管理的規則，這些規則中有些是公開的，如子女們應在幾點前回家；有些規則是隱藏的，雖不說家人知道，如小孩「有耳無嘴」。每個人在家庭中都要學習什麼是被允許的、被期待的，而什麼是被禁止、被控制的。

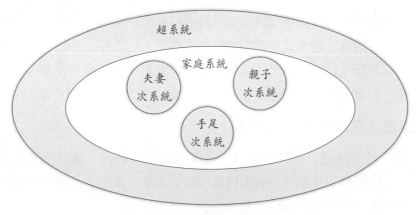

圖1-8　家庭系統圖

(六)界域（boundaries）

界域是指維護家庭功能完整性及凝聚力的一種象徵性保護膜，它能使家庭系統免於外在環境或壓力的侵擾，同時也能調節系統內外平衡的功能。在家庭系統中，界域至少有三種意義：(1)界定家庭的次系統；(2)界定物理界限；(3)界定家庭成員。

十、家庭壓力理論：ABC-X模式（ABC-X model）

(一)壓力事件——A因素

凡會對家庭系統中界域、結構、目標、角色、過程、價值等的改變都稱為壓力事件。所謂家庭系統的改變可能為正向的改變，也可能為負向的改變，或兼具正負向影響。家庭的壓力事件可分成可預期（predictable）與不可預期（unpredictable）兩種。

可預期的壓力事件是日常生活的部分，如子女結婚、生命的死亡等等。這些可預期的壓力事件，雖然常在期待中到來，但仍會給靜止的家庭系統帶來正面或負面的衝擊，而使得家庭系統失去原有的平衡。例如，家庭中新生命的誕生，雖給家庭帶來無限的喜悅，但也常造成家人的手忙腳亂與摩擦。

不可預期的壓力事件也包括自然的災害、失業等，這些不可預期的壓力事件常給家庭造成比可預期的壓力事件更大的衝擊，而使得家庭系統失去平衡狀態。例如，家人失業，立即造成家庭生活困難，甚至不得不搬離家園；但也可能因失業而更積極自我充實，找到更滿意的工作。

(二)家庭擁有的資源——B因素

在家庭中當壓力事件產生時，若家庭成員有足夠、適當的資源去面對壓力，則壓力事件就較不會困擾這個家庭系統；反之，則家庭系統容易失去平衡而陷入混亂。家庭資源又分成三種：

1. 個人資源（personal resources）：如個人的財務狀況、經濟能力；影響問題解決能力的教育背景；健康狀況；心理資源，如自尊等。

2. 家庭系統資源（family system resources）：指家庭系統在應付壓力源的內在特質，如家庭凝聚力、調適及溝通。愈是健康的家庭系統，愈有能力應付家庭壓力。

3. 社會支持體系資源（social support resources）：指提供家庭或家庭成員情緒上的支持、自尊上的支持及其他支持網絡。社會資源的支持網路，可提供家庭對抗壓力或協助家庭從壓力危機中復原。

(三)家庭對壓力事件的界定——C因素

家庭對壓力事件的處理，除了上述兩個因素以外，也受到家庭及家庭成員對壓力事件界定的影響。壓力事件發生時，家庭若以樂觀處之，則可以澄清問題、困境與任務，可更容易面對壓力源；減少面對壓力源事件的心理負擔與焦慮的強度；激勵家庭成員完成個人任務，以提升成員的社會及情緒的發展，因此，常常可以把事件處理得當，將壓力降到最低。

因而，家庭壓力是一個中立的概念，它不一定是正向也不一定是負向。家庭壓力對家庭產生壓迫，給家庭帶來的結果是有益的還是有害的，多半依賴家庭對此情境的認定和評價。簡言之，家庭壓力的意義是改變對家庭系統平衡狀態帶來波折與改變。

(四)壓力的高低程度或危機——X因素

危機的界定有三：

1. 一個平衡狀態的嚴重失序。

2. 非常嚴重（severe）的壓力。

3. 非常劇烈的改變，以致家庭系統面臨障礙、喪失機動性，且失去能力。

當一個家庭處於危機狀態時，至少會有一段時間內失去功能、家庭

界域無法維持、家庭角色和職責不再完成、家庭成員也無法處於最佳的身心狀況。

　　壓力事件是否形成危機要看前三個因素（ABC三項）互動的結果，如果家庭成員認知到問題確已嚴重性的威脅到家庭系統成功的運作，那麼壓力事件強到家庭系統無法因應時危機就會產生。

第五節　兒童發展研究的演進

一、早期的哲學思潮

　　研究兒童的發展與教育是從何時開始呢？雖然沒有確切的答案，但從有歷史文獻的記載以來，兒童已接受照顧與教育，不過直到近代才有專門教育與照顧幼兒的學校。幼兒教育到十九世紀才獨立出來，但早在希臘時代，就有教育哲學家（例如Plato）關心幼兒的教育，並寫下有關教養幼兒的著作。

　　之後，在一六二八年，捷克的John Amos Comenius出版了兩本書：《嬰兒學校》（*The School of Infancy*）及《圖片中的世界》（*The World in Picture*），分別說明六歲前兒童的教育方法，因兒童認知能力尚未成熟，在學校應用模型及圖片來教育兒童，而六歲前兒童應學習所有的基本知識（Osborn, 1991）。

　　一世紀之後，歐洲許多著名的教育思想家，如英國的John Locke（1632-1704），法國的Jean Jacques Rousseau（1712-1778）、瑞士的Heinrich Pestalozzi（1746-1827）、德國的Friedrich Fröbel（1782-1852）等，提供有關兒童行為本質之看法，也深深影響日後對兒童心理與教育的思潮。

　　英國的John Locke提出「白板論」（Tabula Rasa）之概念，認為嬰兒

如同一張白紙，學習之行為有如筆般將白紙塗抹，兒童的行為需要嚴格的訓練與紀律來塑造（日後此學說也影響行為主義的論點），唯有經過一番寒徹骨，才有良好的行為本質，以及奠定日後成為有理性及節制的公民。

　　法國教育家Jean Jacques Rousseau是極端的自然論者（naturalism），其於一七六二年寫了一本探討幼兒教育價值的經典之作《愛彌兒》（*Emile*），Rousseau提出「自然」（Laissez-faire）之概念，以Emile從零歲到二十五歲的生活，闡明其教育思想與方法，他特別強調兒童自然的發展，不贊成用教導來使得幼兒社會化，以及為了其未來的人生而做準備，此學說影響日後的成熟理論的觀點。

　　「……自由，並非權力，才是人生發展至為重要的。人能渴望做其有能力做的事，做其想做的事，這才是真正的自由，也是我的基本原則。將此原則應用至兒童，則所有的教育準則由此應運而生。」（Rousseau, 1911: 48）。Rousseau認為兒童本性善良，天生具有均衡發展的能力，教育應順應兒童的本性，儘量少干涉，兒童自然可以發展為社會上之優良人才。而且他也視個體之感官知覺能力為人類知識之基礎，此一理念也影響日後Robert Owen於一八一六年成立的嬰兒學校（infant school）及Maria Montessori的兒童之家（casa dei bambini）及當代之幼兒教育課程。

二、兒童發展之科學研究

　　在這些哲學教育家之學說啟蒙之後，對兒童研究是應用實地觀察方法，觀察個別兒童之行為，對象大都為自己的子女，觀察地點大都在其家庭內，所有的記錄方法是日記，例如一七四四年Pestalozzi發表觀察其幼子前三年的紀錄，這也是有史以來第一個觀察兒童行為的紀錄。在一世紀之後，德國生理學家及心理學家William T. Preyer於一八八二年出版《兒童的心靈》（*The Mind of the Child*）一書，書中對出生至三歲兒童的感覺與智力的發展，有很精細的觀察與記錄，這也是兒童心理學史上第一個用觀察與實驗方法研究兒童心理，也使兒童心理學正式成為科學的一門。

　　個別兒童行為的觀察發源於歐洲大陸，但二十世紀在美國如風起雲湧的發揚光大。真正奠基兒童心理科學研究的是美國心理學家Granville Stanley Hall，其使用問卷法對兒童的行為、反應、興趣做廣泛及系統調查，並掀起「兒童研究運動」（child study movement），尤其Hall發表《兒童心靈的內容》（*The Contents of Children's Minds on Entering School*），是依據系統研究大多數兒童的心智反應。雖然他的問卷方法不符合現代科學研究的標準，但在當時也是劃時代的曠世之作，同時他又組織兒童心理研究學會，對於發展心理學之發展貢獻甚巨，後人尊稱他為發展心理學之父。他的學說更為他的弟子Arnold Gesell發揚光大。

　　之後，在二十世紀，Alfred Binet（1857-1911）與Theophile Simon（1873-1961）編製了世界上第一套標準化之智力測驗，使用新的測量工具來測量及鑑別兒童的智力。此學說與研究智力的發展一直影響發展心理學之研究至一九三○年代。之後，美國掀起許多生長研究（growth study），如Gesell對嬰兒進行長期觀察研究，做出詳細紀錄，並拍成電影，最後制定出嬰幼兒「發育常模」（development norm），為診斷嬰幼兒的發育水準提供了依據。日後，美國的哈佛大學、加州大學等學術機構，皆以縱貫式之成長研究頗負盛名（Bayley, 1969）。這些研究之內容不限於智力的發展，尚擴大包括身體及生理的發展。

　　一九四○及一九五○年代，成為行動主義的天下，其創始人 J. B. Watson依據Thorndike及Pavlov之聯結論，創立刺激—反應（S→R）理論，客觀研究兒童許多外顯之行為，特別在情緒方面做了許多條件反射實驗。一九六○年代，則是Piaget的天下，研究認知發展的興趣與日俱增，也促進了一九八○年代社會認知（social cognition）領域的蓬勃發展。

　　至於還有其他尚未提列的一些心理學家，如Sigmund Freud、Eric Erikson，也為科學心理學之誕生與建設做了許多奠基的工作，讀者可參閱下一節及本書其他章節中較詳細的介紹。

三、近代兒童發展研究的趨勢

(一)遺傳與環境的爭論

　　「某一行為是先天決定還是後天決定的」是發展心理學關心的一個課題，「先天」的本質就是基因，而基因之展現與環境卻不可分，而個體的發展受制於基因與環境的互動。過去之兒童科學研究因生長研究的盛行，無形中使兒童發展的研究偏向於生物科學，尤其是腦神經及基因之作用，如何影響個體之心智能力。而環境之研究重點便集中在智力的穩定性與變異性，可否藉教育之歷程而改變，或嬰幼兒動作技巧之訓練結果。

(二)幼兒時期的重要

　　一九三〇及一九四〇年代，深受Sigmund Freud之心理分析論的影響，兒童研究再度轉變，側重在父母教養方式，親子互動對於兒童人格與適應之影響，例如，兒童斷奶、如廁訓練對於兒童之影響，以及轉變日後成人人格之影響，一九五〇年代之後，理論上擺脫了心理分析之牽制，轉以行為理論解釋，尤其研究兒童行為社會化及人格發展，社會學習理論變成發展心理學之寵兒。

(三)認知發展之研究

　　自一九六〇年代之後，瑞士心理學家Jean Piaget之認知發展理論變成研究發展心理學的主流。此理論雖在一九三〇年代問世，但在一九六〇年代才逐漸被重視。發展心理學家受了Piaget之影響，研究的方向遂逐漸轉向兒童的認知、記憶、思考、解決問題、概念形成以及創造力的發展。而一九七〇年代，由個人之認知概念轉向對人的人際關係及社會推理過程的興趣，促進這些學者研究自我概念、角色取替能力及道德發展與推理能力的研究。

(四)嬰兒社會情緒的研究

除了對個人之認知能力及認知起源的研究興趣，加上科技進步，許多複雜精緻的研究儀器應運而生，也促使許多學者對嬰兒的行為特徵及潛能的研究，例如嬰兒知覺、語言發展、學習，在一九七〇年代，更有不少學者受Thomas及Chess之影響，如Ainsworth及Bowlby致力研究嬰兒氣質（temperament）及社會情緒的發展，與母親建立依戀關係及對日後人格發展之影響（蘇建文等，1991）。

第六節　兒童發展研究法

近代發展心理學最重要的特徵是方法的科學化（張欣戊等，2001）。科學方法使我們創立一個知識體系。事實上它是一種發展蘊含訊息的方法，這方法有保證訊息正確的程序。進一步來說，科學研究是人類追求知識或解決問題的一種活動，藉由科學研究的活動，使人類能瞭解事實真相，進而解決問題，而使人類生活素質得以提高。

兒童發展既是一項實務工作，也是一門對於科學研究結果加以應用的學問。兒童發展研究最主要目的在於瞭解兒童發展的連續性以及對於變化模式加以描述和解釋，而幼兒發展研究之主要目的在於瞭解幼兒發展上的順序和預期的模式。兒童發展最常見的一個變項（variable）就是年齡，那是其他心理學所沒有的。研究年齡變化之設計有四種：(1)回溯研究（retrospective study）；(2)橫斷研究（cross-sectional study）；(3)縱貫研究（longitudinal study）；(4)族群輻合研究（the sequential design）。

一、回溯研究

使用回溯研究的研究者常會要求受試者回憶並描述他們早期的經驗。許多探討兒童教養的研究，利用父母對育兒經驗的追憶來評估兒童行

為的模式。Freud問有神經症狀的成人的早期生活經驗，並從中嘗試找出早期經驗與其成年神經病症之關聯性。而研究家庭婚姻滿意感的研究者嘗試問結婚三十年的夫妻，他們在結婚二十年時、十年時及剛結婚時的互動情形，或他們對婚姻的滿意情況。這種方法可獲得一個人對過去事件所保留的記憶的材料，但我們不能確信這些事件是否確實像他們所記憶那般的情形；因為時間的轉移，有可能會使我們對往事意義的記憶產生變化；或因我們認知成熟度的增加而影響我們的態度或對往事的記憶（Goethals & Frost, 1978）。

二、橫斷研究

橫斷研究，是在一個固定時間觀察數組不同年齡的兒童；同時，此種設計也可應用到不同社會背景、不同學校或不同社會團體的人來進行研究。這種設計可普遍地應用於研究兒童的發展，研究者可以比較不同身心水準或不同年齡的兒童，瞭解兒童特定的身心發展領域是如何隨著年齡之不同而有所差異；此外，研究者也可比較各種不同社經水準的家庭，探討其育兒方式有何差異。如圖1-9所示，是於二○○四年觀察十、十五及二十歲等三組兒童（他們分別出生在一九九四、一九八九及一九八四年），此研究設計是橫斷研究法。

出生年 觀察年	1994	1989	1984	
2004	10	15	20	➡ 橫斷研究
2009	15	20	25	
2014	20			

縱貫研究

圖1-9　橫斷研究與縱貫研究

三、縱貫研究

　　縱貫研究，係指在不同時期的反覆觀察。觀察間隔可能是短暫的，例如出生後的立即觀察或間隔幾天再觀察；觀察間隔也可能是一段長時間（**圖1-9**），若在二○○四、二○○九及二○一四年十年內，分三次重複觀察某組出生於一九九四、一九八九及一九八四年的兒童（此組兒童在三次觀察時年齡分別為十、十五及二十歲），此種研究設計是為縱貫研究。

　　縱貫研究的優點是在於使我們能對一組個體的發展歷程做追蹤式重複，並從中瞭解個體隨著年齡的成長而產生身心行為的變化。縱貫研究很難完成，尤其是受試者必須參與涵蓋相當長的年齡階段，如兒童時期到成年期。在這個階段中，參試者可能退出研究，造成受試者的亡失（mortality）；也有可能是調查者失去經費，或對研究計畫失去興趣，或者實驗方法已落伍了，或者曾經是很重要的問題，現在已不再重要了，這些都可能是縱貫研究難以繼續或完成的原因。

四、族群輻合研究

　　族群輻合研究也稱為連續研究，乃是將上列橫斷和縱貫兩種設計方法合為一種的研究方法（Schaie, 1965）。參與者的各組受試者，叫作同族群（cohort group），這些受試樣本是經抽樣過程選定的（**圖1-10**），這些受試者在年齡上相差一定的歲數，吾人在二○○四年進行研究時，選取十歲（一九九四年出生）、十五歲（一九八九年出生）及二十歲（一九八四年出生）的受試者，這是謂橫斷研究；然後每隔五年針對某一族群進行訪談，直到十歲的成長到二十歲，這是謂縱貫研究；當某一族群的年齡超過二十歲時則退出青少年研究，而再一次抽取新的族群（研究時剛好是十歲），到了西元二○○九年時，只剩下十五歲及二十歲組，因此研究者必須再抽取十歲（一九九九年出生），此時才能構成第二組的十歲、十五歲及二十歲組青少年，進行第二次的橫斷研究。而當二○○四年

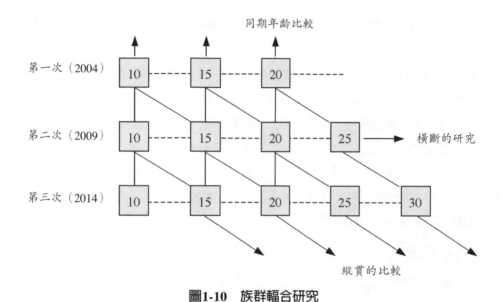

圖1-10　族群輻合研究

是十歲（一九九四年出生）及二○○九年是十歲（一九九九年出生），還有二○一四年也是十歲（二○○四年出生）是同期年齡的比較。族群輻合研究設計的各成分列於**圖1-10**。

　　族群輻合研究是橫斷比較和縱貫比較的聯合，它是一種非常強而有力的發展研究方法。它不但可產生立即橫斷的比較，而且在五年或十年之後也可以產生縱貫的比較，此外也可以有相同年齡的族群比較（cohort comparison）。使用這種方法不僅可以瞭解年齡的成長改變，還可以瞭解社會和歷史的因素造成的差異。

五、其他研究法

　　發展的改變雖然千變萬化，但其研究方法仍是萬變不離其宗的，所以仍是以橫斷研究和縱貫研究為基礎（張欣戊等，2001）。此外，研究的方法有很多種，每一種皆有它的優點和缺點，所以研究者所選擇的任何研究方法或設計必須適合研究者所要研究的問題。社會行為研究的方法有許

多不同的分類，任何一種都可用在兒童發展的研究上。應用最廣泛的兩種分類爲計質（qualitative）研究和計量（quantative）研究。計質研究方法是針對非數據性的觀察、面談或是書面資料的分析，最具知名的爲應用在深度（in-depth）訪談中，用以對瞭解兒童解決問題的策略和認知思考，此種方法也適用於研究道德發展、人際關係的發展和社會行爲等。而大部分兒童發展的研究是計量研究，此種研究是針對數據的測量與分析。這兩種分類的方式並非用來解釋研究設計的最好分類方法。接下來將介紹五種常用的兒童發展的研究方法：(1)觀察法；(2)實驗法；(3)調查與測驗法；(4)個案研究法；(5)訪談法。

(一)觀察法

　　觀察研究乃是研究者基於研究之目的，客觀地記錄兒童在家庭或學校中的行爲。這是一種研究兒童發展最古老的方式之一。Jean Piaget在他的認知理論的形成中，就是對他自己的孩子進行自然觀察。現今有些觀察者也將此種方法應用到家庭、學校、托育中心或托兒所進行觀察；也有的觀察者請受試者在人爲的實驗情境中來進行觀察，以便進行人爲的控制。前者稱爲直接觀察法，或自然情境觀察（natural settings observation）；後者稱爲控制觀察法或實驗情境觀察（artifical laboratory settings observation）。這種研究是在檢查各種有關的行爲，其優點是：(1)能夠隨時獲得自然發生的反應；(2)可讓正在發生的實際行爲啓發研究者瞭解爲何產生。其缺點是：(1)究竟發生什麼行爲，不同觀察者之間常常也難取得一致意見。因此當有兩個或兩個以上觀察者記錄同一情境時，爲了證實他們的記錄是否具有一致性，我們還要評估其一致性的程度（degree of agreement），或進行評分者間信度（interrater reliability）考驗；(2)有些環境中活動過於頻繁，因而很難全部予以精確觀察。因此，研究者必須掌握一些工具，如抽樣系統或錄影技術來幫助我們進行兒童行爲觀察。

　　錄影技術提供我們一個有效觀察的工具，它既適合實驗情境，也適合自然情境的觀察。另外一個抽樣系統可分爲時間取樣（time sampling）

與事件取樣（event sampling）。時間取樣是事先設定的時間內，以規律性間隔或隨機性間隔，觀察和記錄所選擇的行為。時間取樣中研究者要確定所觀察行為是否具有代表性是很重要的。研究者可決定時間間距（time interval），例如以十五秒、三十秒或一分鐘為單位，在這段時間以外所發生的行為和事件則不加以記錄。另一種方法是事件取樣，它是以事件發生為重點，而時間取樣是以時間為重點，兩者之間的步驟和結果都大不相同。事件取樣只選擇某一特定之事件作為記錄的對象。事件是指某特殊範圍的行為，例如兒童的攻擊行為或社會戲劇遊戲。當觀察這些特定行為時，我們必須先確定這些行為是否合乎操作型定義（operational definition），如果是，那麼就代表行為具有吾人想研究的屬性，再進行整個研究觀察與記錄。除了上述時間抽樣法及事件抽樣法外，觀察記錄法還可分為採樣記錄法、日記式記錄法、軼事記錄法、檢核表法及量表法等。

(二)實驗法

實驗法主要是讓研究人員可以推論獨立變項（independent variable）與依變項（dependent variable）之間的因果關係。這是因為實驗法可以讓研究人員操弄（manipulate）、應用或引入獨立變項（或處遇變項），並觀察依變項的變化的研究設計。例如研究人員想要知道不同的壓力情境（獨立變項）是如何影響兒童的適應行為（依變項），則可以用實驗設計來進行。

在實驗設計中，一組受試者通常會接受另一組不同的經驗或訊息〔通常稱為處遇（treatment）〕。接受處遇的受試組稱為實驗組（experimental group）；而不接受處遇的受試組則為控制組（control group）。這兩組在接受任何處遇之前，分派到實驗或控制組是根據隨機（即沒有順序、規則或形態的原則）選定（抽樣）及隨機分派的原則，換言之，各組的受試者在沒有接受處遇之前，假設他們之間是沒有差異的，之後，這兩組行為上的差異就歸因於處遇的不同（這稱為組間控制，樣本為獨立）。另一種實驗設計則是只對一組受試者（沒有所謂實驗組及控制

組之分），在接受處遇之前與之後，或在各處遇之間比較其行為的差異。這種處遇前後行為的差異是來自實驗處理的安排，這種設計稱為組內控制，樣本為相依。

　　實驗法的優點是具有解釋變項之間的因果關係，但其限制乃是在於控制的應用；換言之，我們不能確定在實驗室的人為控制情境如何應用到真實世界的自然情境。例如吾人把實驗控制的依戀行為（母親是否在場或陌生人是否在場時，孩子的行為反應）應用到家中，或教育機構時，孩子的行為可能會有所不同。

　　兒童發展的許多研究是採用準實驗法的方法（quasi-experimental method），也就是說，研究者也是研究他們所感興趣的因果關係的研究或變項，但他們並不實際操控它，例如我們研究我們所抽取的樣本，其本身在抽樣時已包含了不同的家庭形態（例如單親或雙親家庭），或不同的父母教養態度（民主、權威或放任式的教養態度），對兒童、青少年或成人之影響。

(三)調查與測驗法

　　調查研究主要的目的是探索變項其表面意義所隱含的事實，或描述變項在特定群體的分配，例如普查的研究就是以描述為目的。當研究者想瞭解全國兒童的生活狀況而進行調查是一普查的行為，而且是以描述為目的。調查研究是從大量樣本蒐集特定的訊息，其方法可分為問卷調查、電話訪談及親自訪談等。例如內政部對全國兒童進行其家庭的訪查，調查內容則是針對成人對待兒童的行為。調查的方法可以用來蒐集有關態度的訊息（你認為老師可以對學生進行體罰嗎？）；關於現有生活行為和習慣的訊息（你每天可以自由運用的時間是多少？）；關於知覺的訊息（你的父母是如何與你溝通？）。

　　調查的問題可按標準形式準備好，對回答也按事先設定好的一系列類別進行登錄；這種方式是結構型的問卷，通常是以紙筆測驗方式進行。一份設計良好的調查問卷，問題陳述清楚，備有可選擇的答案，這些選擇

答案不是模稜兩可或內容重複。另外調查的問題也可使用開放式的問題，讓受試者自由回答，再經研究者深度（in-depth）的探索（probing）以達到研究者的目的，這種問題及方式是屬於非結構式的問卷。也有結構式的問題加上非結構式的問題合併成為半結構式的問卷。如果研究是讓受試者直接回答調查問題，受試者必須具備讀寫能力，否則要讓研究者讀出調查的問題讓受試者瞭解，以便他們能回答。調查法也可和觀察法合併，是讓研究者直接觀察受試者以得到研究問題的答案。

測驗法在形式上與調查法相似。通常測驗被設計來測量某一種特殊的能力或行為特質，如智力、成就能力，是以一組標準化（standardize）的問題來給兒童作答；或以一些作業或工作（task）讓幼兒來操作，從中評定幼兒的特質。

測驗必須是可信的（reliable）和有效的（valid）。當對同一受試者的每次測量都能得到幾乎同樣的分數或診斷時，則此測驗是可信的。所謂測驗有信度的意義是指測量結果的誤差小。測量信度可被區分成兩類：(1)穩定性（可參考再測信度、複本信度、評分者內信度等）；(2)一致性（可參考折半信度、KR-20信度、α信度、評分者間信度等）。該測驗若能測得本身所真正要測量的內容時，則此測驗是有效的。設計測驗的人必須規定什麼是研究者想測量的，他們也必須提供證據，證明測驗確實測量了此一建構（Messick, 1989）。效度種類很多，主要目的是找出其測量的適當性，請參考相關的效度內容，如內容效度、邏輯效度、效標關聯效度、建構效度等（郭靜晃、徐蓮蔭譯，1997）。

(四)個案研究法

個案研究是對個人、家庭或社會群體做更深入的描述。其目的在描述特定的人或群體的行為，通常用於描述個體經歷或考察與理論預見不一致的現象。目前日漸趨之若鶩的質化研究也常常應用此種研究設計。

個案研究可以各式各樣的訊息來源作為依據，包括：訪談、治療過程的對話、長期觀察、工作紀錄、信件、日記、回憶錄、歷史文獻等。

　　發展研究也常使用個案研究，如心理分析學派大師Sigmund Freud曾用此方法澄清某些精神障礙疾病的起因。其女兒Anna Freud描述一群孤兒（社會群體）的依戀發展，該研究描述在第二次大戰期間生活在集中營裡的一群孤兒彼此的依戀，以及日後重返正常社會環境中，相互維持情感的策略。此外，Jean Piaget對其女兒長期觀察並透過訪談技巧，建立兒童的認知結構概念。

　　個案研究被批評為不太科學。因為個體不能代表大規模群體，而從一個案要去概論（generalize）其他個體或群體時，必須更加小心謹慎。另外，個案研究也被批評缺乏可靠性，因為不同的研究者對同一受試者進行研究，也可能因事件或對事件的詮釋不同而造成相異的觀點。

　　符合科學觀察標準的個案研究必須有明確的研究目的和蒐集資料的系統方法，同時真實的記錄及令人信服的個案資料，才能刺激兒童發展的理論和實務。

(五)訪談法

　　訪談法也可以和上述的研究方法共同使用，其主要是以與個案者面對面的談話為依據。這個方法適用於個案研究，也適用於群體推論的研究。同時，訪談法可以是結構式或開放式的口頭調查。應用到兒童發展的研究時，研究者可將想得到的資料（基於研究目的）與父母、保育兒在兒童家中或保育機構中面對面的溝通，以達到瞭解幼兒行為或進行幼兒行為矯治工作。

　　一個人的回答極易受訪談者的影響。訪談者可利用微笑、點頭、皺眉或看別處，故意或無意地表示贊成或不贊成，以在建立親密關係和影響回答之間保持一微妙的界限。

　　以上五種研究兒童發展常用的方法及其優缺點，概要地列在**表1-4**。

表1-4　兒童發展常用的五種方法之優缺點

方法	定義	優點	缺點
觀察法	行為的系統描述。	記載不斷發展中的行為；獲得自然發生、沒有實驗干預的材料。	耗費時間，故需要仔細訓練觀察者；觀察者會干擾正常發生的事物。
實驗法	將其他因素保持恆定，通常改變一些條件而控制其他條件以分析其中的因果關係。	可檢驗因果關係假設，可控制和分離特殊變量。	實驗室的結果不一定適合其他環境；通常只注意單向因果關係模式。
調查與測驗法	對大群體問一些標準化問題。	可從大樣本中蒐集資料；不大要求訓練；使用非常靈活方便。	修辭和呈現問題的方式會影響作答；回答可能與行為無密切關係；測驗可能不適於學校或臨床環境。
個案研究法	對個人家庭或群體的深入描述。	注重個人經驗的複雜性和獨特性。	缺乏普遍性；結果可能帶有調查者的偏見，難以重複。
訪談法	面對面的交談，每個人都可充分闡明他（她）的觀點。	提供複雜的第一手資料。	易受調查者成見的影響。

資料來源：郭靜晃、吳幸玲譯（1993），頁27。

焦點議題

遺傳vs.環境孰重之爭辯

　　關於影響兒童發展之因素不外乎有基因遺傳、個體成熟、外在環境之刺激與增強、關鍵期等因素，其中又以遺傳與環境之因素更為發展心理學所關心。到底行為是先天（本性）還是後天（教養）所決定的，從過去先天後天之二分法（which one），到有多少比率（how much），以及到現在是由兩個因素之交互影響（interaction）的觀點（Thomas, 1992）。

　　俗語有云：「龍生龍，鳳生鳳，老鼠生的會打洞。」、「牛牽到北京還是牛」、「狗改不了吃屎」，這些論點都較持先天之影響，或許人性本

善，但孟母要三遷，以免孟子受到不好環境所影響，這些論點其實都是在談先天vs.後天之問題。

「先天」最根本的物質就是基因，而基因之展現，立即與環境不可分，兩者缺一，都不可能形成一個個體（張欣戊等，2001）。遺傳學最被探討的是如何透過基因對後代之個體特質，如生理特徵、動作、智力與語言之發展速率、順序及個體基因之異常遺傳。從發展有其順序，例如，七坐八爬，剛出生的嬰孩會哭、吃、喝、動、睡等本能行為，這些行為是有固定行為組型，有一定順序，而且是不經後天訓練而習得的。雖然，這些行為可能會出現速率快慢的區別，但其發展是依循一定的順序。此外，遺傳最被人提及是其基因，基因決定了發展的生物基礎，其基本單位就是「去氧核醣核酸」（deoxyribonucleic acid, DNA），是透過DNA的複製過程而傳遞相同的遺傳訊息，並組成細胞，形成器官，連結為系統，進而影響人類行為。最後一個是染色體異常，也就是在遺傳上染色體數目之異常、構造之異常或位置之異常，例如，蒙古症〔又稱唐氏症（Down Syndrome）〕就是第二十一對染色體多了一條而形成四十七條染色體（正常為四十六條），此症狀之特徵是頭大、身材矮小、智力發展遲緩。

環境之因素包括出生前母親之子宮環境、孕育過程母親之用藥情形、有否受到感染（如德國麻疹、AIDS、梅毒、SARS），或母親懷孕是否獲得支持，出生後之家庭、社會環境（如社會與文化、社會經濟水準、子女照顧等）。例如，各國所使用的語言（如中、英、日文），雖然語言之發展受先天成熟及關鍵期所影響，但幼兒須經相當的一段時間，經過社會化及大人不斷指導與更正，才能說出大人聽得懂的話及其第一國語言（native language），因此，說話能力被認為是後天影響。

這種「本能學習」的二分法，自然會引起許多爭辯。例如，我國早期的心理學家郭登遠博士曾養了一些狗，自出生後一直餵牠素食，而這些狗自然不接受肉食。另外，郭博士也養了一些「了哥」的鳥，從小被當作雞來飼養，直到長大後，用鞭炮嚇牠們，而這些鳥大都不會飛，只有一些「了哥」在掙扎後，飛上天。這些行為引起本能派及學習派之爭辯，例如「了哥」之例子，本能派認為「了哥」畢竟是鳥，最後還是會飛。至於狗

的例子，學習派的人仍會辯稱，雖然狗天生好吃肉，但因環境使然，使得狗改變牠的本性。

　　發展心理學就是在實驗、探究、觀察中，不斷尋找證據來支持自己的觀點，到底本能重要，還是環境重要，哪一個為最主要之因素，到二十世紀初，電子計算機的發達，已促進統計分析技術的進步，因此，爭論就成了到底占了多少比率之爭辯，例如，個人情緒、氣質之發展是先天影響或後天影響，或各占一半，或30：70或80：20之比率呢？

　　生物科學的發展，也促使探討生物觀點的心理學家思考到底基因或者環境重要？基因為個體遺傳物質的基本單位，其透過複製過程來形成細胞，而「影響基因之物質與物理條件」就是環境。DNA最大的功能，就是製造不同的蛋白質，而每一人體所需的蛋白質就是由特定的DNA所組成。在各式各樣的蛋白質中，本來就需要「酶」（enzyme）來組成細胞結構。在人體之基因異常的苯酮尿症就是一種遺傳缺陷，由於個體在體內缺乏「苯氨基丙酸」（由個體之特定基因所組成的酶來製造的），個體便不能被轉化，而形成「焦葡萄酸鹽」，此種物體累積在體內，會對人體發展有害。所幸的是，如果我們可從食物控制其飲食的「苯氨基丙酸」，就可以維持兒童的健康，所以爭論到底基因重要或者環境重要，其實大可不必。

　　現在的觀點是其有某種基因，更需要有環境來支持，才會產生不同之結果。從生物之觀點，也就是一個人之適存論點：一個個體之適存有賴於環境與遺傳之交互影響。

參考書目

一、中文部分

朱智賢（1989）。《心理學大辭典》。北京：北京師範大學。

馬慶強（1996）。〈發展心理學〉。收錄在高尚仁主編之《心理學新論》。台北：揚智。

陳怡潔譯（1998）。《人類行為與社會環境》。台北：揚智。

張欣戊等（2001）。《發展心理學》（第三版）。台北：國立空中大學。

張春興（1991）。《張氏心理學辭典》。台北：東華書局。

張春興（1992）。《現代心理學》。台北：東華書局。

郭靜晃、吳幸玲譯（1993）。《發展心理學——心理社會理論與實務》。台北：揚智。

郭靜晃、徐蓮蔭譯（1997）。《家庭研究法》。台北：揚智。

郭靜晃、黃志成、陳淑琦、陳銀螢（2001）。《兒童發展與保育》。台北：國立空中大學。

郭靜晃（2004）。《兒童福利》。台北：揚智。

黃志成、王淑芬（1995）。《幼兒發展與輔導》。台北：揚智。

黃志成（1999）。《幼兒保育概論》。台北：揚智。

盧素碧（1993）。《幼兒發展與輔導》。台北：文景書局。

蘇建文等（1991）。《發展心理學》。台北：心理。

二、英文部分

Anderson, J. E. (1960). Behavior and personality. In E. Ginsberg (Ed.), *The Nation's Children: Development and Education.* NY: Columbia.

Atchley, R. C. (1975). The life course, age grading, an age-linked demands for decision marking, In N. Datan & L. H. Ginsberg (Eds.), *Lifespan Development Psychology: Normative Life Crises* (p. 264). New York: Academic Press.

Bandura, A. (ed.) (1971). *Psychological Modeling*. Chicago: Aldine-Atherton.

Bandura, A. (1977). *Social Learning Theory*. Englewood Cliffs, NJ: Prentice-Hall.

Bandura, A. (1986). *Social Foundations of Thought and Action: A Social Cognitive*

Theory. Englewood Cliffs, NJ: Prentice-Hall.

Bandura, A. & Walters, R. H. (1963). *Social Learning and Personality Development*. New York: Holt, Rinehart & Winton.

Bayley, N. (1969). Development of mental abilities. In P. Mussen (Ed.), *Carmichael's Manual of Child Psychology*. NY: Wiley.

Bowen, M. (1978). *Family Therapy in Clinical Practice*. New York: Jason Aronson.

Brim, O. G., Jr. (1976). Theories and the male mid-life crisis. *Counseling Adults, 6*, 2-9.

Clausen, J. (1986). *The Life Course: A Sociological Perspective*. Englewood Cliffs, NJ: Prentice Hall.

Elder, G. H. (1975). Age differentiation and life course. *Annual Review of Sociology, 1*, 165-190.

Elder, G. H. (1981). Social history and life experience. In D. H. Eichorn, J. A. Clausen, N. Haan, M. P. Honzik, & P. H. Mussen (Eds.), *Present and Past In Middle Life* (pp. 3-31). New York: Academic Press.

Erikson, E. H. (1963). *Childhood and Society* (2nd ed.). New York: Norton.

Erikson, E. H. (1968). *Identity: Youth and Crisis*. New York: Norton.

Erikson, E. H. (1975). *Life History and the Historical Moment*. New York: Norton.

Erikson, E. H. (1982). *The Life Cycle Completed: A Review*. New York: Norton.

Feldman, H. & Feldman, M. (1975). The family life cycle: Some suggestions for recycling. *Journal of Marriage and the Family, 37*, 277-284.

Gesell, A. (1952). Developmental pediatrics. *Nerv. Child, 9*.

Goethals, G. R. & Frost, M. (1978). Value change and the recall of earlier values. *Bulletin of the Psychonomic Society, 11*, 73-74.

Hagestad, G. & Neugarten, B. (1985). Aging and the life course. In R. Binstock & E. Shanas (Eds.), *Handbook of Aging and the Social Science* (pp. 35-61). New York: Van Norstrand Reinhold.

Hurlock, E. B. (1968). *Developmental Psychology* (3rd ed.). NY: McGraw-Hill Inc.

Hurlock, E. B. (1978). *Child Developmen* (6th ed.). NY: McGraw-Hill Inc.

Katchadourian, H. A. (1976). Medical perspectives on a adulthood. *Deadalus*, Spring.

Livson, F. B. (1981). Paths to psychological health in the middle years: Sex differences. In D. H. Eichorn, J. A. Clausen, N. Haan, M. P. Honzik, & P. H.

Mussen (Eds.), *Present and Past in Middle Life* (pp. 195-221). New York: Academic press.

Messick, S. (1989). Meaning and values in test validation: The Science and ethics of assessment. *Educational Research, 18*, 5-11.

Mischel, W. (1978). On the interface of cognition and personality: Beyond the person-situation debate. *Psychological Review, 80*, 252-283.

Miernyk, W. H. (1975). The changing life cycle of work. In N. Datan & L. H. Ginsberg (Eds.), *Life-span Developmental Psychology: Normative Life Crisis*. New York: Academic press.

Moen, P. & Howery, C. (1988). The significance of time in the study of families under stress. In D. Klein & J. Aldous (Eds.), *Social Stress and Family Development* (pp. 131-156). New York: Guilford press.

Osborn, D. K. (1991). *Early Childhood Education in Historical Perspective* (3rd ed.). Athens, GA: Education Associates.

Piaget, J.(1936/1952). *Judgment and Reasoning in The Child*. New York: Humanities Press.

Rindfuss, F., Swicegood, C., & Rosenfeld, R. (1987). Disorders in the life course: How common and does it matter? *American Sociological Review, 52*, 785-801.

Rousseau, J. J. (B. Foxley, trans.) (1911). *Emile*. London: J. M. Dent (Original work published in 1762).

Schaie, K. W. (1965). A general model for the study of development problems. *Psychological Bulletin, 64*, 92-107.

Thomas, R. M. (1992). *Comparing Theories of Development* (3rd ed.). Belmont, CA: Wadsworth.

Tolman, E. C. (1948). Cognitive maps in rats and men. *Psychological Review, 55*, 189-208.

chapter 2

生命的起源

每一個人都是獨一無二的。奇妙的是，我們皆有著絕大部分相同之處，這些相同處也都有著相同的功能，甚至連我們的「染色體」（chromosome）——器官系統的構造與功能之決定因子，亦是由相同的生化物質所構成。既然我們有那麼多的「相同」，那麼我們又是如何變成「獨一無二」的呢？答案就藏在遺傳之生理機轉，細胞分裂之過程，以及自我們還只是受精卵時，就已開始影響我們發展的環境因素這些事項裡。

因此，欲完整探討人類發展的整個過程，必須由生命的起始，也就是受孕開始。受孕、懷孕及分娩的過程包括很多因素的交互影響，例如：母親身心之改變，及結合子發展成活生生新生兒的過程，本章將著重於遺傳、胚胎、胎兒之發育及胎兒的保育（母親之保健），促進懷孕期的健康。本章共分為五節：(1)生殖；(2)遺傳與發展；(3)胎兒期的發展特徵；(4)影響胎兒發展的因素；(5)胎兒的保育。

第一節　生殖

一、生殖系統

生殖系統的主要功能為產生後代。生殖器官可產生生殖細胞、提供受精及胚胎發育生長的構造，並將胎兒送出體外。此外，有些生殖器官亦能分泌激素，而涉及性特徵的產生與維持，並調節生殖系統的生理作用。以下分別就男、女性生殖系統做介紹：

(一)女性生殖系統

女性的生殖器官包括卵巢、輸卵管、子宮及陰道等位於骨盆腔的內部生殖器，以及位於體表的外部生殖器。卵巢可產生卵子及分泌激素，其他器官則可將卵子送至受精的位置，提供胚胎發育的適當環境以及將胎兒送出體外。

◆外生殖器

1. 陰阜（mons pubis）：陰阜是一塊略微隆起，狀如圓丘的皮下脂肪組織，始於前腹壁最下面的部分，它覆蓋著恥骨聯合（symphysis pubis）的前面（余玉眉等，1991）。它可保護骨性骨盆，且於性交時有海綿墊的作用。

2. 大陰脣（labia majora）：大陰脣係指由陰阜往下後方延伸至會陰部的兩大皺壁，含豐富的皮下脂肪，於外側表面則覆蓋有陰毛。其功能為保護小陰脣、陰道口及尿道口。

3. 小陰脣（labia minora）：小陰脣是在大陰脣內的柔軟皮膚黏膜皺褶，靠近肛門處集中於一點，形成陰脣繫帶（fourchette），其上方兩側接著形成包皮覆蓋陰蒂。

4. 陰蒂：位於小陰脣的前面交接處，為一勃起組織，有豐富的血液及神經分布，感覺敏銳，為女性最易造成性高潮的部位，相當於男性的陰莖（蔡欣玲等，2004）。

5. 陰道前庭：為一個舟狀窩，於分開大陰脣時可見。其前方與陰蒂及尿道相接，側方鄰接小陰脣，後方鄰接陰脣繫帶。陰道入口（vaginal introitus）亦為陰道前庭的一部分，因位於內外生殖器之交界而有特殊重要性（余玉眉等，1991）。

陰道口與前庭相交處有一層具彈性的薄膜半覆於陰道口，稱之為處女膜（hymen）。處女膜會因劇烈運動、初次性交、放置衛生棉條等原因而破裂。一旦破裂，其殘存的不規則組織稱為處女膜殘痕。巴氏腺（Bartholin's glands）位於陰道口兩側，但管道開口於陰道口內，性交時分泌清澈帶黏性的分泌物，酸鹼值為鹼性，有利精子活動。

6. 會陰：位於肛門與陰脣繫帶之間。生產時通常在此處行會陰切開術，增大陰道口出口，利於胎兒娩出。

◆內生殖器

1.陰道（vaginal）：陰道是一個肌肉膜管道，連接子宮與外生殖器，為由子宮頸延伸至外陰前庭之肉質管狀器官，其前壁長約六至八公分，後壁長約八至十公分，在陰道上方、子宮頸周圍形成一凹陷，稱為「陰道穹窿」（fornix vaginal）。陰道是經血排出的通道，性交時容納陰莖的部位，及產道的下半部（許世昌，1996）。

2.子宮（uterus）：子宮是形成月經（menstruation）、受精卵著床（implantation）、胎兒發育及生產時送出胎兒的地方。它位於直腸與膀胱之間，外形像倒置的梨子。

子宮可分為：(1)子宮底（fundus）：為輸卵管水平以上之圓頂狀部分；(2)子宮體（body）：為中央的主要部分；(3)子宮頸（cervix）：為下方狹窄，開口於陰道之部分；(4)峽部（isthmus）：為介於子宮體與子宮頸之間的狹窄部分（許世昌，1996）。子宮體內部之空間稱為子宮腔，而子宮頸內部之空間稱為子宮頸管。子宮頸管以內口通子宮腔，以外口通往陰道。子宮體的壁包括三層：最外層是極薄的漿膜層；中層是厚的平滑肌層稱為子宮肌層；最內層是子宮內膜層。

在月經週期的分泌期時，經由雌激素（estrogen）及黃體素（progesterone）的共同影響，使得子宮內膜分泌許多營養液，並且逐漸增厚，加上有充分的血流通過，準備提供受精卵著床的良好環境；若是沒有受精著床，則內膜脫落稱為「月經」（蔡欣玲等，2004）。

3.輸卵管（uterine tubes）：女性體內含有一對輸卵管，是由子宮兩側延伸出來，可將卵子由卵巢送至子宮，長約十公分，直徑約一公分。每一條輸卵管分成三部分：(1)峽部：為短而狹窄的厚壁部分，直徑約二至三公分，接合到子宮的位置，是做結紮之部位；(2)壺腹部：為最寬長之部分，構成輸卵管全長的三分之二；(3)尾部：為一

漏斗狀之膨大部分，即爲漏斗部，其末端有許多像手指之突起，稱
爲「繖部」，其可延伸至卵巢，卵巢排卵後，藉由漏斗部上皮組織
的纖毛運動，將卵子攝入輸卵管內。

通常受精作用在輸卵管之壺腹部進行，可發生於排卵後二十四小時
內的任何時間。受精卵此時稱爲囊胚（blastocyst），而在七天內到
達子宮。未受精的卵則被分解掉。

4. 卵巢（ovaries）：卵巢是一杏仁狀的腺體結構，左右兩側各有一
個，位在闊韌帶之後方，靠近輸卵管的漏斗部。卵巢包含：(1)白
膜：質密且呈濁白色，爲一保護層；(2)皮質：於外層，含有卵、黃
體及退化之黃體及濾泡；(3)髓質：於內層，含有神經、血管及淋巴
管。在生殖上，卵巢是一個重要器官，是分泌雌激素及黃體素之最
主要來源。黃體素與動情激素一起作用，使子宮內膜層增厚利於著
床。而在動情激素部分，可促使已進行第一次減數分裂的未成熟卵
子繼續發育；在排卵期，改變陰道分泌物，使其變得較稀薄，較清
澈，較多且富彈性，並改變黏稠度及酸鹼值，利於精子進入女性生
殖系統。

(二)男性生殖系統

男性的生殖系統主要功能是製造精子，並經由管道輸送至女性生殖
器內。男性生殖系統包括外生殖器及內生殖器。外生殖器指陰莖及陰囊；
而內生殖器則包括腺體（睪丸）、導管（副睪丸、輸精管、射精管、尿
道）及附屬腺體（精囊、前列腺）。

◆外生殖器

1. 陰莖（penis）：位於陰囊的前方，和女性的陰蒂爲同源器官，它包
含三條柱狀勃起組織、兩條陰莖海綿體（corpus cavernosum penis）
及一條尿道海綿體（corpus spongiosum）（張媚等，2004）。
陰莖是輸送精子到陰道內的器官及排尿器官。尿道即通過尿道海綿
體，故男性生殖及泌尿有共同出口，當性興奮時，陰莖的動脈擴

張，血液充滿海綿腔內，使陰莖充血而勃起射精。

2. 陰囊（scrotum）：陰囊和女性的大陰唇為同源器官，內含有睪丸、副睪丸及精索的下半部，主要功能為保護睪丸及精子。陰囊可調節睪丸溫度，使睪丸溫度低於體溫，有利於精子的製造及生存。

◆內生殖器

1. 睪丸（testis）：睪丸位於陰囊內，為成對的卵圓形腺體，長約四公分，直徑約二點五公分，重約十至十五毫克（許世昌，1996）。睪丸可視為男性的卵巢，是製造精子及分泌男性荷爾蒙之部位，其外層被白膜所覆蓋，並被分成許多小葉，小葉內則含有各種發育階段的精子。睪丸有彎曲的曲細精管及許多的間質細胞。曲細精管製造精子，而間質細胞可製造雄性素（androgen）。

2. 副睪丸（epididymis）：副睪丸主要的功能是將精子由睪丸處運送到輸精管，同時能保存精子，使可存活一段時間。但此處的精子並不具有活動能力，故無法使卵受孕，通常精子得花二至十天左右來通過副睪丸，以達到完全的成熟（Olds et al., 1988）。

3. 輸精管（vas deferens）：輸精管為副睪丸的延伸，連結副睪丸及前列腺。在進入前列腺前，輸精管擴大的部位稱為終端壺腹，是精子及管道分泌物之主要儲藏室。

4. 射精管：射精管共有兩條，連接陰囊及尿道，並穿過前列腺。

5. 尿道（urethra）：尿道是尿液及精液共同的通道，總長約十九至二十公分（張媚等，2004），為生殖系統的終端導管。

6. 陰囊（seminal vesicles）：係一彎曲的袋狀構造，可分泌60%的精液，其所分泌的液體呈鹼性，黏稠，富含果糖，提供精子代謝所需營養，讓精子易於活動（蔡欣玲等，2004）。

7. 前列腺（prostate gland）：又稱為攝護腺，是單一的腺體，它位於膀胱下方，包圍著尿道上部，狀似栗子，橫徑約四公分，前後徑約三公分（許世昌，1996）。它可分泌一種微酸性、稀薄、乳狀的液

體（酸鹼值六點五）（Olds et al., 1988），這液體能在男性尿道和女性陰道的酸性環境中保護精子，有利於精子的活動。

二、細胞生殖作用

個體生命起源於單一細胞，此細胞的形成是因精子與卵子的結合。此單一細胞本身會複製出一個相似的新細胞，而這個新細胞又接著再進行複製。細胞的複製是藉由兩種不同的細胞分裂：(1)有絲分裂（mitosis）：導致體細胞增殖，造成生長及發育；(2)減數分裂（meiosis）：發生於生殖細胞的形成。

(一)有絲分裂

係一個繁雜且漸進性的過程，受精卵經有絲分裂後即可由單一細胞發展成可在母體子宮外生存的複雜個體。經過一連串的有絲分裂，個體漸漸成長，同時可修補受傷的細胞。有絲分裂的進行通常可分成五個階段：(1)間期（interphase）；(2)前期（prophase）；(3)中期（metaphase）；(4)後期（anaphase）；(5)末期（telophase），以下茲就此五個階段做說明（王瑋等譯，1991）。

◆間期

細胞的生命週期大部分屬於此時期。間期的末期，細胞開始慢慢長大，中心粒由於蛋白質微管（microtubules）或紡錘絲（mitotic spindle）的牽引而分開。同時，染色質顆粒漸濃縮而成為染色體。四十六條染色體均各自複製，故有一短時期，細胞中確實存在有九十二條染色體。成對染色體的每一個染色體稱為染色分體（chromatid）。這時期約占用了二十小時，而其他四期占用不到一個小時。

◆前期

此時期，中心粒各自移至細胞的兩極，細胞核膜消失，染色體變成短而粗。

◆中期

此時期最短，染色體排列在兩個中心粒之間的赤道板上。

◆後期

由於蛋白質微管或紡錘絲的作用，使得染色分體分開，各自移至兩極的中心粒處。如此每個子細胞中的染色體恰好為原來的複製體。

◆末期

當染色體靠近中心粒時，紡錘絲開始消失。子細胞的染色體周圍逐漸出現核膜。此時，在赤道板處，細胞質往內凹陷，中心粒則進行複製，以備下次有絲分裂使用。子細胞於是形成後，進入下一個間期。

(二)減數分裂

其基本功能為製造精子與卵子的特殊細胞分裂方式。經過減數分裂，配子的染色體數目會減半，因此有性繁殖的物種得以在交配的過程中，維持正常的染色體數目。減數分裂是由連續兩次的細胞分裂所組成，每一次的減數分裂都包含間期、前期、中期、後期、末期五個時期（蔡欣玲等，2004）。

以下就減數分裂的兩次過程做說明（翁瑞亨等，2003）：

◆第一次減數分裂

第一次減數分裂（MI），又可稱為減數的分裂（reductional division），係指細胞經過間期、前期（可細分為接合期、粗絲期、雙絲期與絲球期等階段）、中期、後期與末期而形成兩個子細胞，每一個子細胞中的染色體含有兩個染色分體，但是它們都是單倍數（n）。

◆第二次減數分裂

第二次減數分裂（MII），又可稱為等數的分裂（equational division），等數分裂相當於有絲分裂，也是經過間期、前期、中期、後

期與末期，進而將每一個染色體的染色分體分開成為子染色體。因此這時候可形成四個子細胞，而每個子細胞也是單倍數（n）。

(三)配子的形成

女性於青春期之後，卵巢裡的未成熟卵子會開始進行週期性的成熟，約每個月可排出一個成熟的卵子。簡言之，卵巢內的卵原細胞（oogonium）原來為雙套染色體〔二十三對（四十六個染色體）〕，經由有絲分裂的步驟形成初級卵母細胞，之後進行第一次減數，則形成單套染色體的次級卵母細胞，並排出第一極體。然後再進行第二次減數分裂而獲得單獨一個單套體的卵母細胞。

至於精子形成（spermatogenesis），則發生於睪丸，睪丸中有雙倍體的精原細胞（spermatogonium），其進行生長與分化後變為初級精母細胞。此細胞進行第一次減數分裂形成兩個單倍體的次級精母細胞；然後再經由第二次減數分裂形成四個單倍體的精細胞，最後再分化成精子（sperm）。

三、受精作用

一次正常的射精，平均可射出3～5CC.精液，每CC.的精液約含五千萬至一億五千萬個精子，這些精子有80%～90%為正常形態，但可能只有兩百個能真正到達受精處（蔡欣玲等，2004）。每一個微小的精子都由一個突出的頭和尾所構成。頭部裡含有為繁殖所必需的遺傳物質。尾部像細鞭一樣活動著，整個精子游動著通過子宮頸和子宮，進入輸卵管。精子以每八分鐘一英寸的速度游動著，至少要半小時才會接觸到卵子。受精作用通常要花上六個小時，精子在子宮裡大約能存活五天。

月經週期的絕大多數時間裡，子宮頸口上由黏液形成的堵塞物相當黏稠，不易穿透。在月經週期的中期，當卵細胞即將被釋放出來時，黏液變稀，使較多的精子能通過子宮頸，向前游向子宮以抵達卵子。黏液的變化還可減低陰道內的自然酸度，使其成為對精子更為適宜的環境。

　　男性在其一生中能產生成百上千億的精子。與此形成對照，女性每個月只在其月經週期的中期有規律地釋放一個卵細胞或卵子。在大約四十年的生育期中，一個普通女子大約釋放四百五十個卵子，這期間，她可以希望生幾個孩子。每個女孩一生下來便已確定了她所能提供的所有卵子和數目。

　　和精子一樣，卵子是一個含有遺傳物質的單細胞。和體細胞相比，卵細胞相當大（〇點一二毫米）——大約像英文中的句號「‧」那麼大。當卵細胞成熟時，它被包容在一個充滿液體的小囊裡，浮向卵巢的表面。小囊破裂並將卵子釋放進入輸卵管。輸卵管中成百萬的羽狀纖毛在卵子周圍擺動，將其輕柔地移向子宮。

　　卵子在其通過輸卵管時的任何一個地方都可以被受精。通常，精子和卵子在輸卵管外端約三分之一靠近子宮的地方相結合。只有一個精子能進入卵子。隨著這第一個精子穿過卵子細胞膜，膜上迅速產生化學變化，有效地阻止其他精子進入。如果卵子在其成熟後的頭二十四小時內沒有被受精，它便開始解體，並和子宮內脫落物（黏膜）一起，在下次經期時排出體外。

　　在卵細胞中，精子的尾端消失了，頭部變為一個正常的細胞核。在受精的準備階段，卵細胞也經歷著最後的變化。兩個細胞核在卵子的細胞質中相遇，失去了各自的細胞核膜，並將各自分離出的染色體整合為二十三對染色體的獨立系統。就在此刻，所有為激勵生存、產生一個新的獨特個體所必需的訊息，被包含進一個單獨的細胞之中。受精（fertilization）後的結果是：(1)刺激次級的卵母細胞完成第二次減數分裂；(2)回復結合子裡的染色體（四十六個），成為正常的雙套；(3)藉由母親和父親染色體的混合造成人類種系的變化；(4)決定胚胎染色體的性別；(5)造成卵母細胞新陳代謝的活化和起始了卵裂（合子的細胞分割）（戴步雲譯，2001）。

　　當兩個配子（卵子和精子）結合時，懷孕便發生了。兩者的DNA結合，創造新的組織稱為合子。未穿透卵子細胞壁的其餘精子（正常將近兩

百個左右），會繼續試著穿透卵子細胞壁。這項動作與輸卵管纖毛運動會使合子逆時針移動，合子將沿著輸卵管前進，這段大約六英寸長的旅途要花三至四天來完成（周念縈譯，2004）。

　　但因輸卵管粗細如人類頭髮，如果輸卵管有阻塞情形，則合子將無法通過。像是骨盆腔炎症、性病與子宮內膜異位等因素，可能造成輸卵管損傷或阻塞。若是精子有缺陷或卵子細胞壁的生化作用不當，則可能發生精卵結合不完全。

四、胚胎性別的決定

　　每個生命都從父親那方得到二十三個染色體，也從母親那方得到二十三個染色體，但這新生命的性別，究竟決定於父母親中的哪一方呢？

　　由於母親的性染色體是XX，因此在減數分裂後，所有的卵子都是帶著X染色體。而父親的染色體是XY，在減數分裂後，有些精子是帶著X染色體，有些則帶著Y染色體。如果帶Y染色體的精子和卵子結合，形成XY的受精卵，就是男孩。但如果先遇到卵子的精子是帶著X染色體，則形成XX的受精卵，也就是女孩。

　　簡言之，女性僅可產生含有二十二條體染色體和一條「X」性染色體的卵子。而男性由於「X」或「Y」性染色體之分，將可能製造含二十二條體染色體，外加一條「X」或「Y」性染色體的精子。由此可知，精子決定了新個體的性別，也就是說，父親是孩子性別的決定者，如**表2-1**。

表2-1　性別的決定

卵子	精子	新個體
22＋X	22＋X	44＋XX＝女孩
22＋X	22＋Y	44＋XY＝男孩

第二節　遺傳與發展

　　上一代的某些身心特質，經由精子與卵子的結合傳遞給下一代，此歷程稱爲遺傳。在生物細胞內與遺傳有關的物質包括染色體、基因和DNA。

　　遺傳訊息爲發展提供了一套綱領，它決定了一個人全部資源的自然本性，並且，在某些情況下，對發展設定了嚴格的限制。對於一種以特定的遺傳爲基礎的潛在可能性而言，仍存在相當廣泛的個體差異，這取決於環境的品質、人與環境間相互適應協調的程度，以及一個人因應環境獨特及整合的資源。

一、基因與染色體：遺傳訊息的來源

　　當我們談論遺傳特徵時，我們實際上是涉及了兩種遺傳類型。第一種包括了由我們作爲人類的一個成員所獲得的全部遺傳訊息。我們繼承了所有人類所共有的訊息，諸如行爲活動的方式（如直立行走），腦的大小，身體結構，包括頭、軀幹、四肢的比例。這些與種屬相關的特徵中最有意義的，是學習的準備和參與社會交往的性向。所有人類成員都具有這些屬性。

　　第二種遺傳由通過特定的基因庫（gene pool）所傳遞的特徵而組成，諸如頭髮的顏色、膚色、血型、身體等特質，都是由上一代向下一代傳遞的遺傳訊息所決定。我們將要討論的遺傳原理，主要是指這第二類遺傳特徵，即特定遺傳基因庫的產物（Gardner & Snustad, 1984; Vogel & Motulsky, 1986）。遺傳訊息既在一般意義上把一個新生命與人類這一種屬聯繫起來，也與其特定的祖先聯繫起來。

　　基因是調控生命體成長與發育的主要因素，它可以控制細胞蛋白質

的合成與分泌，然後藉由這些蛋白質，使生物體表現出其特有的遺傳性狀；且基因位於由去氧核醣核酸（DNA）所組成的染色體上。因此探討DNA的微細結構以及其複製的機轉，將有助於瞭解染色體或基因如何控制生物體的各種表現型與生理作用。

　　遺傳訊息的最小單元是DNA分子。這種分子是雙股螺旋體結構（圖2-1）。這種DNA分子看上去很像扭成螺旋狀的鏈梯。這一遺傳鏈梯的兩邊由脫氧核醣（deoxyribose）和磷酸鹽單元交替組成。鏈梯的橫檔由成對的氮基構成。命名為氮基，是因為它們不僅含有氫和碳元素，而且含有氮元素。四種氮基分別是腺嘌呤（A：adenine）、鳥嘌呤（G：guanine）、胞嘧啶（C：cytosine）和胸腺嘧啶（T：thymine）。這些氮基通常用它們起首的第一個字母來標記，而A、G、C、T就稱為遺傳字母。

　　腺嘌呤和鳥嘌呤的結合是嘌呤（purine）基（尿酸化合物之基元）。胞嘧啶和胸腺嘧啶的結合是嘧啶二氮三烯六圓基（pyrimidine）。嘌呤基比嘧啶二氮三烯六圓基來得小。只有在A與T或G與C的結合，其大小才恰好適合於遺傳鏈梯兩個邊索之間的空間距離。因此，$C \equiv G$，$G-C$，$A = T$和$T-A$是DNA分子中可以存在的僅有的氮基對。圖2-1表示出了DNA分子

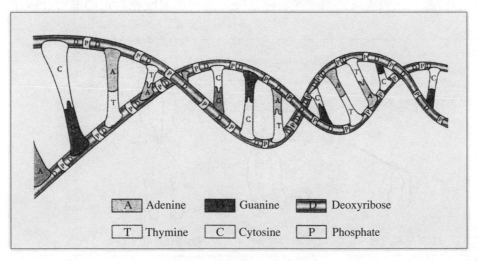

| A | Adenine | | Guanine | D | Deoxyribose |
| T | Thymine | C | Cytosine | P | Phosphate |

圖2-1　一小段DNA分子

的構造和形狀。氮基對以及伴隨在兩側邊索上的脫氧核醣和磷酸鹽的順序，決定了遺傳訊息的涵義。在生物體內，DNA有三種主要的任務：首先，它可以精確的複製；第二，它可引導體內產生RNA與蛋白質，進而進行體內的生理功能；第三，DNA會不斷地累積突破，促進生物的演化（翁瑞亨等，2003）

DNA分子構成了長鏈，叫作染色體。染色體的主要構造包括短臂（short arm或稱p）、長臂（long arm或稱q），及連接兩者的著絲點（centromere）（**圖2-2**），著絲點是細胞分裂時，紡錘絲連接到染色體的位置。由於染色體大小的不同以及著絲點位置的差異，因此每一對染色體可產生不同形態的變化，而且染色體在染色過後，會形成染色體帶（band），故可以辨識出特定的染色體區域（翁瑞亨等，2003）。綜合來說，染色體的辨識是依據染色體大小、著絲點位置與染色體帶的模式，也因此某一條染色體的某個特定位置可以用數字來表示，例如「11q25」表示第十一條染色體長臂的第二區第五帶。

這些染色體位於細胞核中。十九世紀後期，細胞生物學家學會了如何對細胞核中的這些又細又長的鏈著色。染色體這個詞的意思就是染了色的物體。在發現染色體能被著色以後，生物學家便能對它們進行計數和

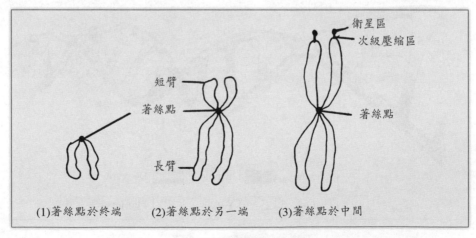

短臂
著絲點
長臂
衛星區
次級壓縮區
著絲點

(1)著絲點於終端　(2)著絲點於另一端　(3)著絲點於中間

圖2-2　染色體的形態

研究了。他們發現，每一個種屬的體細胞內，都含有特定數目的染色體。一直到一九五〇年代，瑞典隆德市的遺傳學研究所的Joe Hin Tjio和Albert Levan才確定出人類的體細胞含有四十六個染色體。被人們用於大量遺傳學研究的常見的果蠅，只有八個染色體。生物學家還瞭解到，每一個細胞中的染色體，都是成對存在的。人類細胞中有二十三對染色體（圖**2-3**）。

　　一對染色體中，一個來自父方，一個來自母方。在其中的二十二對染色體中，每一對的兩個染色體在形狀和大小上都相似，它們都含有同種的基因。而第二十三對染色體則有著不同的組成。女性擁有兩個X染色體。男性擁有一個X染色體和一個Y染色體。之所以使用X和Y來命名，是因爲這些染色體在形狀和大小上有差異。X染色體比Y染色體長。X和Y染色體在基因的表現上幾乎沒有什麼相似之處。

　　一個應予注意的重點是，同組的染色體並不出現在一個配子（卵子或精子細胞）中。當細胞分裂時，染色體獨立地分離出來。對每一個個體

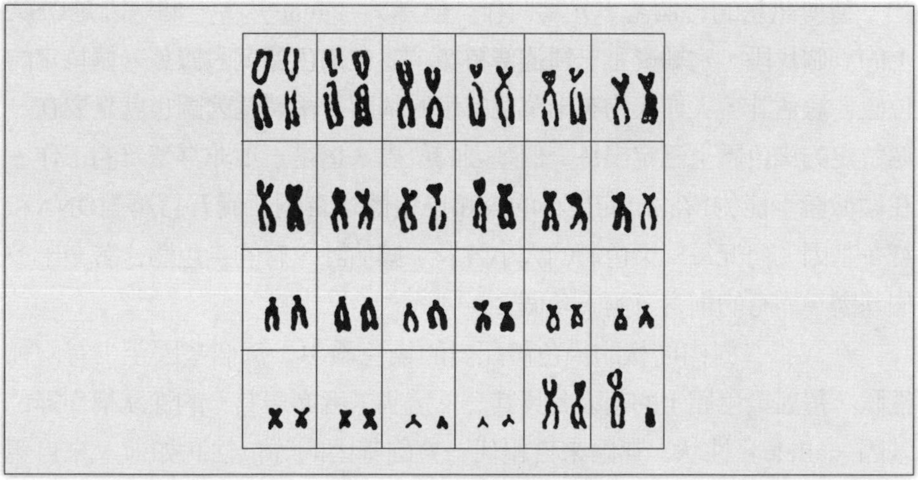

![圖2-3 人類的染色體對]

圖2-3　人類的染色體對

圖中顯示了一個人類男性的二十三對染色體。第二十三對染色體決定了這一個體的性別。在男性中，這對染色體中的一個組成分子是X染色體，另一個是Y染色體。在女性中，這一對染色體中的兩個成員都是X染色體。

的配子來說，其染色體的分離有2^{23}種可能的組合方式。

　　遺傳訊息模式的其他多樣性來源於染色體的局部交換現象（crossingover）。當細胞在減數分裂期中分離時，來自父體和母體的染色體鏈上的部分物質交叉換位到對方的染色體鏈上去。由此而產生的染色體上特定遺傳訊息的序列，不同於父親或母親任何一方原來的編號。

　　經過局部交換，遺傳訊息的新排列便會傳遞給子孫後代。這種遺傳訊息模式上的變異，說明了任何一個個體作為後代所可能具有的多樣性。考察受孕過程以及一個卵子和一個精子相遇的可能機遇，由兩個成人所可能產生出不同個體的數量是$2^{23} \times 2^{23}$，或者說是六十四兆兆，這尚未將局部交換作用估算進去。

　　控制遺傳訊息由親代傳遞給子代這一過程的定律，最初是由Gregor Mendel發現的，他是個僧侶，致力於研究植物（尤其是豌豆）的遺傳特徵（Mendel, 1866）。他的原理遠在由基因和染色體組成的生化物質被發現以前，便已形成了。

　　遺傳訊息的每個基本元素叫作一個基因（gene）。一個基因是DNA上的一個片段，它編碼了一種遺傳特徵，並在染色體上占據著一個特定的位置。據估計，人類大約有十萬個有用的基因。繪製基因圖也就是要在一個特定的染色體上確定出每一個基因的位置。這是一項非常繁雜的工作。在顯微鏡下能夠辨認出的最小的人類染色體含有兩百到五百萬對DNA和許多基因。何況每對染色體的大小各異；據估計，有的染色體含有一千多個基因，而有的則含有兩千多個。

　　在二十二對由同樣的染色體配對的染色體中，每個基因至少有兩種性狀，每對染色體上的基因各具其一。這些二者必居其一的性狀稱作等位基因（allele）性狀。無論來自親代一方的基因的等位性狀如何，來自親代另一方的基因的等位性狀既可與之相同，也可與之不同。如果兩個基因的性狀相同，則這基因稱為同質的（homozygous）。如果基因性狀不同，則這基因稱為異質的（heterozygous）。

(一)原型與顯型

關於一個特質的遺傳訊息叫作原型（genotype），所觀察到的特徵叫作顯型（phenotype）。原型以三種方式決定了顯型。有時，等位基因性狀上的差異會產生累積的相互關係，即不是由一對而是多對基因決定著一個特質。遺傳對身高的作用便是這種關係的一個例子。一個人接受了大部分「高」基因會長得很高；一個人接受了大部分「矮」基因便會長得很矮。絕大多數人接受的是「高」基因和「矮」基因的混合配置，故而形成中等身材。

在有些情況下，等位基因上的差異會產生共同支配現象（codominance），即不同的基因均由一個新的細胞表現出來。AB血型便是這種共同支配現象的一個例子，它是由A性狀和B性狀結合在一起而造成的。這種血型並不是A和B的混合物，也不是由A從屬於B或B從屬於A，而是形成了一種新的血型，AB型。

等位基因的差異還會產生一種優勢型關係（dominance）。優勢意味著如果這一性狀存在，不論與其配對的另一個基因的性狀如何，它的特徵總能表現出來。具有這種優勢作用的性狀的基因叫作顯性基因（dominant gene），而那種雖然存在但其特徵卻由顯性基因掩蓋的基因，叫作隱性基因（recessive gene）。

眼睛的顏色便是由優勢關係造成的。棕色眼睛（B）的基因是顯性的，優勢於藍色眼睛（b）的基因。與棕色或藍色眼睛有關的可能基因組合是BB、Bb、bB和bb。只有父母雙方都帶有隱性基因b，並且這一性狀的基因存在於形成子代的每一個配子中時，其孩子才可能有藍眼睛。圖2-4描述了藍眼睛這一隱性特質出現在一對異質型父母的後代中的概率。正如圖中所示，平均說來，異質型父母的後代僅有25%的人會有藍眼睛。

在優勢關係的情況下，遺傳訊息並非總是能夠在外顯的特徵中觀察到。例如，攜帶BB和Bb基因型的人，雖然所攜帶的遺傳訊息不同，但卻都會是棕色眼睛。就棕色眼睛和藍色眼睛而言，它們是兩種顯型——棕和

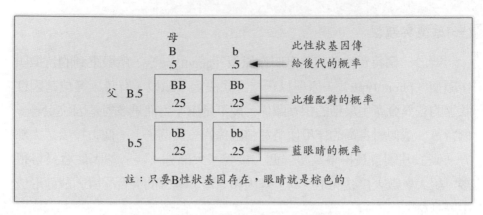

圖2-4 異質型父母生出藍眼睛後代的概率

藍,但卻是三種原型──BB、Bb、bb。

(二)性聯特性

有些遺傳訊息被認為是與性別聯繫在一起的,因為與這些特定特徵相關的基因,是在性染色體上發現的。雌性的卵子只攜帶X染色體。男性的精子中,一半攜帶Y染色體,一半攜帶X染色體。只有當一個攜帶Y染色體的精子與一個卵子相遇受精,使第二十三對染色體構成XY配對,才會生出一個男性嬰兒。所有攜帶X染色體的精子都會生出女性嬰兒。

與性別相聯繫的特質大都見於男性,即使它們存在於女性的原型上。如果你在內心裡描繪出XY染色體的圖像,你就能很快地理解這一點。當一個特質是由Y染色體所攜帶的,它就只會被男性所繼承和傳遞,因為只有男性才有Y染色體。

有趣的是,Y染色體非常小,而且幾乎很少會發現什麼與Y染色體相關的特質。然而,即使是由X染色體所攜帶之與性別相聯繫的特質,也是在男性而不是女性身上更容易觀察到。這是因為,男性不會再有另一個X染色體,以藉此抵消一種與X相聯繫的特質的作用。

一種與性別相聯繫的特質是血友病。血友病患者缺乏一種特殊的血蛋白,以使血液在身體受傷後能迅速凝結(Lawn & Vehar, 1986)。這種

引起血友病的等位基因是由X染色體所攜帶的。不論等位基因是同質的還是異質的，如果含顯性基因（能正常凝結），則一個女孩會具有正常的血液凝結能力。只有當她攜帶有一對同質的隱性基因（一種極少發生的現象）時，她才會成爲血友病患者。另一方面，男性只有一個使血液凝結的等位基因，是從其母親那裡繼承來的。如果這一等位基因是顯性的，他的血液會正常凝結；如果它是隱性的，他就會得血友病（**圖2-5**）。

　　有一些基因是只能由單一種性別表現出來，但卻不是存在於性染色體上。與男性的鬍鬚和女性的乳房發育有關的基因，都不在性染色體上。

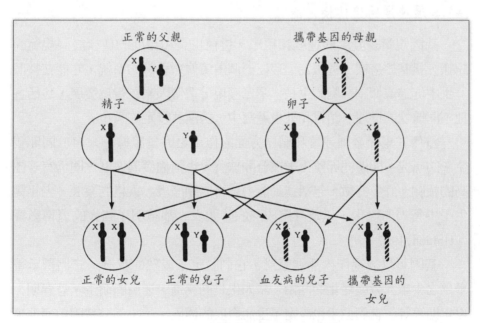

圖2-5　與性別相關的血友病的遺傳

與性別相聯繫的血友病的遺傳，源自於X染色體上第VIII號因子的基因位置。一個男性若攜帶一個變種的VIII號因子，而缺少正常的VIII號因子，則會患血友病。一個女性變種因子攜帶者受到其第二個X染色體上正常基因的保護，但她的女兒中有一半會攜帶變種因子，而她的兒子中的一半會患血友病。至於一個患血友病的父親（圖中未顯示），他的兒子可能不是血友病患，因爲他們得到的是Y（而不是X）染色體，但他的女兒將會攜帶變種因子。

資料來源：Lawn, R. M. & Vehar, G. A. (1986), p. 50.

然而，這些特徵都是僅在適宜的激素環境存在時才會出現，這種激素環境則正是由性染色體控制的。

二、個體的遺傳來源

遺傳學研究顯示，個體差異大都是來自於成長中的個體所面臨的環境與經歷的種種差異之外的因素。這種差異是根植於遺傳機轉之中的。每一對成年夫婦都有著生產出許許多多遺傳上相互區別的孩子的能力。遺傳因素影響個體差異的三個方面是：發展的速度、個體的特質、異常的發展。

(一)發展速度的遺傳決定論

基因規範著發展的速度和順序。這種生長和發展的種族發展規範的認識，是基於這樣一種假定：存在一個由遺傳所引導的系統，它能在整個一生中促進或抑制細胞的生長。業已發現，遺傳因素在行為發展，包括各種不同層次的推理、語言和社會適應中，扮演著特定的角色。

遺傳在規範發展速度和順序方面的作用之大量證據，來自於同卵雙生子的研究。即使同卵雙生子被分開扶養，在他們發展速度之間仍有著極高的相關。許多特徵，包括運動能力獲得的順序表，人格的發展，老年雙生子中智力的變化，以及身體成熟的時間表，都證明了強大的遺傳影響（Holden, 1987）。

基因可以被視作內部調節器。它們設定了成熟的步調；它們標示著畢生之中重大發展變化的開始，諸如生長的突進、牙齒的萌生、思春期、更年期等等；它們似乎也設定了生命發展的極限。一小部分基因影響著來自特定有機體的細胞所能分裂和複製的次數（Marx, 1988）。這樣，遺傳訊息不僅支配著有機體的發育，也決定了他的衰退和死亡的時間表。

發展速度的差異有助於我們對心理社會發展的理解。這些差異把兒童帶入到與他們的環境新的方面的接觸之中，在不同的年齡階段上，為他們提供了不斷變化的能力。成人對諸如大小便訓練、自己更衣、學習寫字等特定任務方面所寄予的希望，與兒童的發展水平相互作用著。發展上較

「遲緩」的兒童會令人感到失望；發展上「速成」的兒童則會使父母覺得驕傲。規範著特定內容的發育的準備性和對特定形式的情緒壓力之脆弱性的遺傳過程，在個體之間引起了必然的差異。

(二)個體特質的遺傳決定論

基因包含的特定訊息涉及相當廣泛的人類特徵，從人的眼睛顏色和身高，到品嘗一種叫作苯硫脲（phenylthiocarbamide，它對有味覺的人來說很苦，但對沒有味覺的人來說什麼味道都沒有）的特殊物質的能力。這些特徵中的一部分是由單個基因控制的。然而，大多數重要的特徵，如身高、體重、血型、膚色、智力，是由幾個基因的聯合活動控制的。當多個基因涉入到一種特質的調節中來時，此一特質上個體差異的可能性便會增加。由於許多特徵是由多個基因控制的，人類顯型的多樣性是極大的。

最近的研究工作表明，遺傳因素在人格的個體差異上起著實質性的作用（Holden, 1987; Pedersen et al., 1988）。外向（樂於外出、交際的傾向）和神經質（焦慮和情緒過於敏感的傾向）這兩種基本特徵是人格顯現非常普遍的內容，它們似乎有著很大的遺傳成分。甚至在相當特殊的人格層面，如政治態度、審美喜好、幽默感等，同卵雙生子也表現出比異卵孿生子有較多的相似性（similarity），雖然這些同卵雙生子是彼此分開扶養的。

(三)異常發展的遺傳決定論

除了像身體相貌、氣質、稟賦、智力等特徵外，還有許多發展上的變態或異常（anomaly）也都有其遺傳原因。最突出的異常是導致懷孕早期胎兒流產。據估算，絕大多數發生在妊娠早期的自然流產，都是由於受精的胚胎中染色體異常所致（Clayman, 1989）。

染色體構造異常所造成外表形體的變化形形色色，有的毫無症狀，有的則情況嚴重，主要原因在於有無牽涉到重要的基因。染色體構造異常主要可分成五種：(1)正常變異型；(2)缺損（deletion）；(3)重複（duplication）；(4)倒位（inversion）；(5)轉位（translocation）。

◆正常變異型

為正常族群中就存在的構造變化，不會造成任何臨床症狀，而且可以完整的遺傳給後代，因此在產前診斷時要能分辨出來，以免誤導，例如第九對染色體長臂某段區域上下倒轉，特別大的Y染色體尾端等等。

◆缺損

係指掉落染色體的某部分。掉落可發生於染色體的任何一個部位，最著名的染色體缺損是第五號染色體短臂的缺損所造成的貓啼症。這種患兒的哭聲如貓叫，其他的異常還包括出生體重低、生長及發育遲緩、智能不足、小頭、圓臉、低位耳、眼距過寬、肌肉緊張度減低、斷掌等，經常有餵食困難及呼吸道感染等問題。

◆重複

係指同一染色體上的某一段有重複出現的現象，結果造成基因過多，有些可能出現臨床症狀，有些則否。

◆倒位

係指在某些情形下，同源染色體的DNA片段可能有不同的序列順序，有時是一百八十度逆轉，而造成基因功能的受損。發生倒位時，由於不能進行正常的配對，因而可能造成不孕、流產或畸胎等現象。

◆轉位

係指染色體的某段區域斷裂後移轉到另一個染色體上。平衡性轉位是指發生易位染色體物質沒有增減，不平衡性易位則指易位後染色體物質有所增減，許多有多發性畸形加上智能不足的小孩可發現不平衡性易位，而且患者往往是遺傳自帶有平衡性易位的父母親，這一點在產前遺傳診斷上非常重要。

在那些剛出生的嬰兒中，估計有3%～5%的嬰兒有一種或多種較大的異常。由於兒童後期某些疾病被進一步診斷出來，意外的異常會達到6%

或7%。**表2-2**列出了導致這些畸形和疾病的原因，以及相對的每一種類型原因的意外變異發生的估算。占百分比最小的先天缺疾是與特定的染色體（6%）有某個基因（8%）相聯繫的。相似的是，環境因素也只在其中占較小的百分比，這類因素包括藥物、吸毒、嬰兒和母親感染。最主要的異常是由遺傳的脆弱性與環境中存在的某些危害相互作用引起，或由某些未知的原因所致（Moore, 1988）。**表2-3**列出了部分基因和染色體異常（Clayman, 1989）。

表2-2　主要先天畸形的原因其發生率的估算

原因	發生率（%）
染色體畸變	6
環境因素	7
單基因缺陷	8
多因素遺傳*	25
未知因素	54

註：*染色體不同位置上的多個基因與環境因素交互作用導致畸形。

資料來源：Moore, K. L. (1988), p. 132.

表2-3　基因和染色體異常

一、基因異常

　(一)常染色體顯性基因

　　1.侏儒症（Achondroplasia，又名dwarfism）：異常的骨骼發育，尤其是在胳膊和腿上，造成較短的身材，較短的四肢，正常發育的軀幹，大小正常的頭部和有些過於突出的額。

　　2.杭廷頓氏舞蹈症（Huntington's chorea）：迅速的、突發的、不隨意的運動。肌肉協調和心理機能退化。其症狀通常到三十五至五十歲以後才出現。起源於第四染色體上的基因缺陷。

　　3.瑪凡氏症候群（Marfan's syndrome）：過長的指趾；胸、脊畸形；心臟不正常。肌腱、韌帶、關節莢膜弱而無力。

　(二)常染色體隱性基因

　　1.白化病（Albinism）：毛髮、皮膚、眼睛缺乏黑色素。通常伴隨有視覺問題和得皮膚癌的傾向。

（續）表2-3　基因和染色體異常

2. 囊狀纖維化（Cystic fibrosis）：某些腺體不能正常地發揮機能。支氣管內壁的腺體產生過量的濃稠黏液，導致慢性肺感染。胰腺不能分泌為分解脂肪並由腸吸收所必需的酶，造成營養不良。汗腺也受到影響。第七染色體上少了氨基對。通常只活到三十歲。

3. 鐮形血球貧血症（Sickle-cell anemia）：紅血球畸形減少了氧氣攜帶量，引起疲勞、頭痛、用力時呼吸短促、膚色蒼白、黃疸、疼痛，損害腎、肺、腸和腦。

4. 泰伊—薩克斯病（Tay-Sachs disease）：缺乏一種特定的酶，導致有害化學物質在腦的集結，致使在三歲內便會死亡。

(三)X染色體上的隱性基因

1. 色盲（Color blindness）：眼睛視網膜上一種或多種錐體細胞中缺乏光敏色素，與（或）錐體細胞本身異常或數量太少。兩種常見的類型是對可見光譜中中波（綠）和長波（紅）部分的光波分辨力下降。

2. 血友病（Hemophilia）：缺乏血蛋白、因子VIII，降低了血液凝結的效率。疾病的嚴重程度差別很大，流血期大都始於幼兒期。

3. 杜興氏肌肉營養不良症（Duchenne muscular dystrophy）：進行性肌肉纖維退化。兒童期營養不良的最常見形式。生命早期肌肉衰弱無力。幾乎活不過十歲。受影響的男性中，有30%還是低能兒。

二、染色體異常

(一)常染色體異常

唐氏症候群（Down's syndrome）：通常在第二十一對染色體中有三個而不是兩個染色體。這一多餘的染色體導致軀體和智力異常。IQ分布在三十至八十之間；與眾不同的面部特徵，心臟疾病，胸有問題，聽覺障礙；易患復發性耳炎。往往成年期發育成狹窄的動脈，伴隨著患心臟病的可能性增加。這種人傾向於富有感情而友好，與家庭其他成員相處融洽。大多數人至少有一些學習能力。

(二)性染色體異常

1. 透納氏症候群（Turner's syndrome）：通常由女孩缺乏一個X染色體所致，有時也會是由於兩個染色體中的其中一個有缺陷；偶爾是由於有些細胞中少一個X染色體。這些異常造成有缺陷的性發育和不育，身材矮小，沒有第二性徵的發育或發育遲緩，沒有月經，主動脈狹窄，以及一定程度的心理遲緩。

2. 克萊恩費爾特症候群（Klinefelter's syndrome）：男孩多含有一個甚至多個X染色體。這種異常引起有缺陷的性發育，包括過大的乳房和過小的睪丸，不育，常有低能傾向。

3. X染色體脆弱症候群（Fragile X syndrome）：X染色體尖端的一小部分在一定條件下很容易斷碎。這種破壞引起心理遲緩，喪失學習能力，生長異常，如大頭，出生體重過大，大或突出的耳朵，長臉。行為方面的問題包括拍手症，咬手，過動，少與人目光接觸，孤獨，退縮，害羞。男孩比女孩更容易患此異常，而且男孩的問題比女孩更為嚴重。

　資料來源：引自郭靜晃、吳幸玲譯（1994）。

在由顯性基因引起的遺傳異常中，大約有三百種已被鑑別出來；已經鑑別出的由隱性基因引起的遺傳異常，約有二百五十種。通過使用分子生物學技術，已經有可能鑑別出許多基因異常在染色體上的位置。這一工作會逐漸使我們對引起這些異常的分子機轉有更清楚的瞭解（Martin, 1987）。

遺傳異常的多樣性擴大了個體差異的範圍。眾多的異常對患者的適應能力以及有關成人的護理能力都提出了挑戰。即使是相對弱度的異常，也會成為一個人心理機能中很重要的因素。一撮白毛，一個胎記，一個過長的中趾，或是一個長鼻子，都使我們總想到自己的獨特性。雖然大多數這些異常並不構成醫學上的擔憂或需要治療，卻與發展中的自我感覺相關係。有時這些異常會帶來消極的涵義，或妨礙個體發揮正常的機能水準。這些對自尊和因應環境的挑戰皆是遺傳的直接結果。

三、遺傳技術與心理社會環境

心理社會發展的產物，包括行為的適應，知識的傳遞，新發明，社會組織的新形式，曾被認為是由社會機轉帶來的，而不是被結合到遺傳結構中去的。然而，憑藉我們已經掌握的科學知識，我們正在進入一個能夠去干預、影響顯型的時代，此種干預的方法之一是遺傳諮詢（genetic counseling）。個人或夫婦其家族如有某種遺傳病史，或出於某種原因擔心會為他們的孩子帶來遺傳疾病，可以做血液化驗，以鑑定是否存在會導致遺傳異常的基因。像泰伊－薩克斯病、鐮形血球貧血症、杜興氏肌肉營養不良症、囊狀纖維化（**表2-3**）等異常，其致病的基因位置都是可以鑑定出來的。攜帶有這些致病基因的夫婦，可以經由諮詢，得知生出患病兒的可能性有多大，進而對是否要生育孩子這一問題做出合理的決定。如果大多數遺傳疾病的攜帶者決定不生育，那麼這些疾病在總人口中的發生率就會隨時間而顯著減少。這樣說來，心理社會的干預的確是可以改變基因組合的。

　　在未來的年代裡，遺傳技術不僅能給我們提供遺傳諮詢，而且能直接對一個人的遺傳基因結構進行矯正。在一九八九年一月，美國國家衛生研究院（NIH）開始了一項人類基因體計畫（Human Genome Project）——鑑別並依序列出所有的大約三十億種的基因氮基對。這份圖譜使我們能預測一個人患遺傳疾病的可能性，能治療由遺傳引起的疾病，並有可能透過基因矯正來加強一個人的遺傳潛能（Jaroff, 1989）。

　　大約在一九八八年底，美國聯邦政府仔細審查並批准了首例將外來基因移入人體的嘗試，這項實驗是美國國家衛生研究院所進行的。這項最初的基因轉換實驗僅限於十位癌症患者，他們被預測活不過九十天了。在最初的嘗試中，移植的基因是作為一個標誌以跟蹤一種實驗性癌症治療的進展。這一實驗並不能被看作是基因治療（gene therapy），因為並沒有期望被移植的基因產生治療性效果。然而，同樣的技術是可以用來克服遺傳疾病的（Roberts, 1989）。

　　總結這種遺傳對行為的影響方式之一，是把顯型看作是確立了一個反應範圍（reaction range）。換句話說，一個特定的顯型決定了對環境條件可能做出的反應範圍。**圖2-6**顯示出三種兒童預測的反應範圍與相對智力。兒童A在智力上比兒童B有較好的遺傳潛力，兒童B的智力遺傳潛力又高於兒童C。當所有這三個兒童處於刺激貧乏的環境中時，他們的智力發育會處於可能範圍的最低點。當所有這三個兒童都處於刺激豐富的環境中時，他們的智商達到了他們各自可能範圍中的最高點。如果這三個兒童處於不同的環境，遺傳潛力上的差異便會被環境作用於這一潛力的方式所掩蓋。如果兒童B和C處於刺激豐富的環境，而兒童A處於刺激貧乏的環境，那麼兒童B會得到最高的實測IQ分數，而兒童C與A的實測IQ則差不多，都很低。每一個兒童的智力可表示為一個範圍，它是遺傳潛力和環境交互作用的產物。

　　瀏覽一下患唐氏症候群的兒童，可以很清楚地理解反應範圍這一概念（Patterson, 1987）。這種病症在每七百個新生兒中便會發生一例，在美國是導致心理遲鈍最常見的遺傳因素。在二十世紀早期，患唐氏症候群

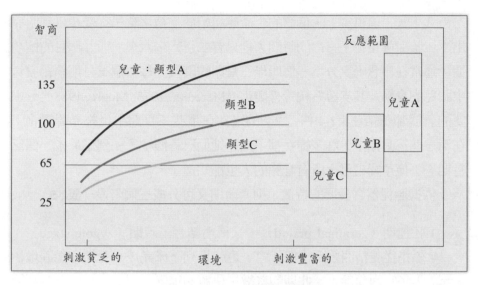

圖2-6　估測的智力反應範圍

資料來源：改自Gottesman, I. (1963), p. 255.

的兒童的壽命大約只有九歲。現今唐氏症候群兒童的估計壽命約爲三十歲，其中25%的兒童會活到五十歲。醫護、早期且持續不斷的教育干預、身體治療、適宜的家庭環境都能對唐氏症候群兒童產生重要的積極作用。在最佳條件下，這些兒童智商分布在三十至八十之間，能達到中等程度的自理能力，並能積極參與他們的家庭生活。

　　在過去短短幾年裡，集自遺傳學研究的知識對社會科學家看待遺傳學在人類發展中所產生作用的方式，帶來了巨大衝擊。遺傳系統對發展的方向和速度提供了基本的依據。有四個方面被認爲受到遺傳訊息的強烈影響：(1)發展速率；(2)人體特質；(3)異常發展；(4)心理社會發展。

第三節　胎兒期的發展特徵

　　從孕婦最後一次月經的第一日算起，到胎兒出生日爲止，平均是

二百八十天。但事實上，個體的生命應起始於受精之時，從受孕日到胎兒出生，胎兒眞正在子宮內的時間大約只有二百六十六天。而九個月的懷孕期，通常在概念上劃分爲三個叫作三月期的階段。每一個三月期都給發育中胎兒的身態及其支持系統帶來變化（Meredith, 1975; Moore, 1988）。主要的發展都總結在**表2-4**中。懷孕的婦女在這些三月期中也經歷著變化。在第一個三月期中，許多婦女都不知道她們已經懷孕了。到了最後一個三月期，不僅孕婦自己，所有身旁的人也都知道了。

依據胎兒器官發展的特徵，則產前期又可分成三個階段（**表2-5**）：

1.胚種期（germinal period），又稱爲結合子時期（zygote stage）：係指從受精開始到十四天內，也就是到著床完成，受精卵穩固地植入子宮內膜爲止。此期的特徵是快速的細胞複製與分化，以及胚胎膜及胚層之建立。

2.胚胎期（embryonic period）：開始於受精後第三週起至滿八週爲止。這是組織分化成基礎器官，及外在主要特徵發展的重要時期。

表2-4　三個三月期中胎兒生長的主要發展

第一個三月期	第二個三月期	第三個三月期
・受精	・吸吮與吞嚥	・神經系統成熟
・羊膜的生長	・偏愛甜味	・吸吮與吞嚥相協調
・胎盤的生成	・指、趾皮膚起皺	・具備調節體溫的機能
・身體各部分顯現出來	・頭、眼瞼、背、臂、腿上生毛	・消化與吸收更爲有效率
・性器官分化	・對觸、味、光敏感	・至第九個月末胎盤逐漸退化
・形成最初的中樞神經系統	・吸吮拇指	・九個月大小：二十英寸，約七至七點五盎司
・開始運動	・六個月大小：十英寸，約二盎司	
・抓握反射		
・巴賓斯基反射		
・心跳		
・三個月大小：三英寸，約○點四盎司		

資料來源：引自郭靜晃，吳幸玲譯（1994）。

表2-5　產前期三階段及其發展概況

產前三階段		受孕週數	平均身長	平均體重	胎兒生理特徵
胚種期		1～2週			1.受精卵分裂增殖,形成囊胚。 2.囊胚在子宮內膜著床。
胚胎期		3～8週	0.4～4公分	1～4克	1.胎盤與臍帶形成。 2.器官發展的關鍵期,易受藥物、輻射線及感染的影響。
胎兒期	3～4個月	9～16週	4～16公分	4～160克	1.第三個月開始有吸吮、握拳、踢等反射動作。 2.第四個月母親開始感覺胎動。
	5～7個月	17～28週	16～35公分	160～1,350克	1.第五個月開始形成胎脂保護皮膚,毛髮開始生長。 2.第六個月眼睛開始張開。 3.受孕滿二十六週開始有生存能力。
	8～10個月	29週至出生	35～50公分	1,350～3,200克	1.離開母體可以存活。 2.多數胎兒維持頭下腳上的姿勢,準備出生。

資料來源:引自游淑芬等(2004)。

3.胎兒期(fetal period):係指受精後第九週一直到胎兒出生為止,此時期的主要特徵是器官的長大,使構造上更精細,功能更加完善。

一、胚種期

這段時間受精卵開始產生倍數分裂,內部發展迅速。但,因尚未有固定附著的位置,只能藉由卵黃供給營養,因此,重量與體積變化不大。

著床後,受精卵便開始吸收母體血液中的營養,體積與重量便急速成長,細胞也迅速進行分化,此時受精卵稱之為「胚胎」。

二、胚胎期

此時期又可稱為細胞分化期或器官形成期。在這六週中,細胞的分

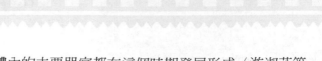

化情形非常迅速，身體內的主要器官都在這個時期發展形成（游淑芬等，2004）。

(一)三胚層的分化

在第三週，囊胚的內層細胞開始分化為三種不同的胚層，上層為外胚層（ectoderm），中間為中胚層（mesoderm），而下層稱為內胚層（endoderm）。每一胚層再進一步進行分化，形成不同的細胞，而構成各種組織器官（**表2-6**）。

(二)器官的形成

隨著三胚層的迅速分化，各器官逐漸成形。胚胎的發展其順序是由頭到尾、由中心到邊緣的方向進行（蔡欣玲等，2004）。

◆第三週

中樞神經系統已開始分化，逐漸形成腦和脊髓的基礎。在背部中線處形成神經溝，在神經溝關閉處形成神經管道。腎臟開始形成，甲狀腺組

表2-6　三個胚層的發育

身體構造	
外胚層	神經系統
	感覺器官
	皮膚表皮與其衍生物（包括毛髮、皮脂腺、汗腺等）
	口腔與鼻腔之上皮
	唾液腺與黏液腺等
中胚層	心臟血管系統
	泌尿生殖系統（睪丸、卵巢、腎、輸尿管等）
	結締組織（骨骼、肌肉等）
	真皮與皮下組織
	胸膜、肋膜與腹膜
內胚層	膀胱、尿道
	肝臟、胰臟、腸胃內膜
	胸腺、甲狀腺

資料來源：翁瑞亨等（2003）。

織出現，肝臟逐漸開始行使功能，最早發育完成的器官是心臟，在第三週時胚胎體腔外側已形成一管狀心臟。

◆第四至五週

神經管前端關閉形成腦部，尾端關閉形成脊髓，四肢雛形出現，眼睛、手、腳開始分化，消化道、肝臟也逐漸形成，第二十八天時，管狀心臟開始跳動，超音波檢查可看見胎兒心跳。

◆第六週

骨頭基質出現，原始骨架形成，肌肉開始發育，心臟大部分特徵在此時均已呈現。肝臟開始製造紅血球。

◆第七週

胚胎頭部呈圓形，幾乎可以直立。視神經形成、眼瞼出現、晶狀體加厚。消化道及生殖泌尿道產生巨大變化，膀胱和尿道自直腸分離出。從此時起，所有基本內外結構已呈現。

◆第八週

面部特徵持續發展，唇之融合完成，外耳、中耳及內耳的結構已形成。指頭形成，大塊肌肉開始收縮，心臟發育已完成，肛門膜有了開口。外生殖器已出現，但外觀無法區分（**表2-7**）。

受精後的頭三個星期主要用於完善支持性構造，它們將具有保護胎兒的作用。一個羊膜囊（amniotic sac）包裹著胚胎，其間充滿了透明的水樣液體。這種液體的作用就像個軟墊，能緩衝對胚胎的震動，並能使胚胎在其間移動和改變姿勢。

胎盤（placenta）是一種每次懷孕都會重新生成並在分娩時隨即排出的器官。胚胎生長所必需的營養是藉由胎盤傳送來的；胚胎的排出物也經由胎盤進入母親的血液。因此，胎盤宛如一個交換站，在這裡，來自母體的為胚胎生長所需要的物質被合成，而對胚胎發育有害的外來物則可被摒

表2-7　胚胎前及胚胎發育的里程碑

天數	發育里程碑	天數	發育里程碑
1	受精	19	中樞神經系統形成
2	裂殖細胞	20	原椎出現
3	桑椹體	24-25	絨毛形成
4	早期囊胚	28	耳板、眼始基及肢芽出現
5	晚期囊胚	29	臍帶出現
7	著床	31	尾芽出現
8	雙層胚盤	34	已發育的肢芽出現
9	滋養葉出現腔隙	38	可見發育中的手指及腳趾形狀
13	子宮胎盤循環開始	41	絨毛膜絨毛、羊膜及卵黃囊出現
14	原痕出現	46	胎盤出現
15	胚胎期開始（女性首次發現月經沒來）	47	手指形成
16	三層胚盤	48	腳趾形成
17	從頭至尾發育規則出現		

資料來源：引自陳彰惠等（2001）。

棄在外面。胎盤允許母親的血液與嬰兒的血液充分交融，以便來自母親血液的氧氣和營養能進入胎兒組織，而來自胎兒組織的廢物又能被排出。

　　在第三和第四週，胚胎的細胞迅速分化。它們形成特殊的結構，這些結構使它們在體內執行獨特的機能。相似的細胞組合在一起構成組織，這些組織又逐漸聯合，呈現出軀體的器官。在組織和器官形成過程中能使其造成畸形的因子叫作致畸胎物（teratogen）。致畸胎物有相當多樣的形式，如病毒、孕婦攝取的藥物、酒精及其他毒品、環境毒素等等。在第一個三月期裡，尤其是三至九週裡，胚胎對這些致畸胎物的破壞性影響特別敏感（**圖2-7**）。

　　胚胎中第一個重大變化，包括形成一個形如長柱狀的體型以及形成腦和心臟的先驅構造。中樞神經系統在孕期的很早階段便已開始發育，並在兒童期和青少年期一直持續其發展。神經管是中樞神經系統的最初結構基礎，它在懷孕後第三週後開始成形。到第五週時，這一神經管分化為五個隆起，它們是腦的主要次結構的雛形。組成大腦皮層的大部分神經是在第

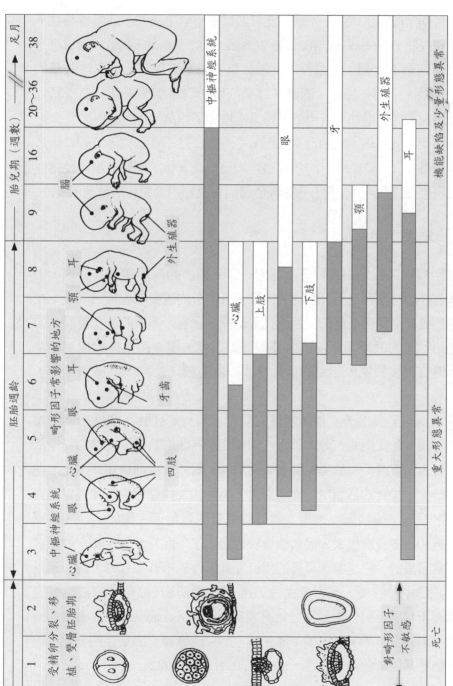

圖2-7 出生前發育的危機期

在發育的頭兩週，胚胎並不易受畸形因子的影響。在這些生前分化階段，一種物質或許會損壞所有或大部分胚胎細胞，導致胚胎死亡，否則就完全恢復。使得胚胎仍能完全恢復而沒有發育的缺陷。黑條框表示高敏感期；白條框表示對畸形因子不敏感的階段；有些心理遲鈍也可能導源於胚胎／胎兒暴露於某些畸形因子之下，如在八至十六週受到高強度的放射線照射。

資料來源：Moore, K. L. (1988), p. 143.

二個三月期的後期生成的。不過，皮層區域在整個生命的頭四年裡都在不停地發育成熟（Greenough, Black, & Wallace, 1987; Nowakowski, 1987）。

在第四週末，頭、上軀幹、下軀幹以及軀體下部開始顯形。肢體的萌芽，前腦、中腦、後腦、眼睛、耳朵的雛形均可觀察得到。自受精以來，胚胎在長度上增加了五十倍，體重上增加了四萬倍。

到了第二個月末，胚胎已具人形。它重約二點二五公克，長約二十八公釐（一英寸）。幾乎所有的內部器官均已形成，臉、四肢、指、趾這些外部相貌也已確立。到了第八週，胚胎已能對溫和的刺激有所反應。

三、胎兒期

胚胎轉變為胎兒的過程是漸進的，但名稱上的改變卻有其意義，因為意味著胚胎已發育為可資辨認的人類，且所有的主要系統皆已形成。在胎兒期的發育主要與身體的快速生長與組織、器官、系統的分化有關，胎兒期值得注意的改變為頭部的生長較身體為慢，但身體生長的速率卻非常快，且在最後幾週，胎兒的重量增加相當明顯（**表2-8**）（戴步雲譯，2001）。

在性器官上發生著一種戲劇性的變化。所有的胚胎都經歷一個雌雄同體的階段，在此期間，分辨不出任何與性別有關的特徵。女性和男性都帶有一種表面構造，對於男性將會變為睪丸，對於女性則會逐漸退化。在女性部分，一些新的細胞生長構成卵巢。男性和女性都有兩組性導管，對於男性，發育出輸精管，而對女性這些導管則退化了。對於女性，輸卵管、子宮和陰道發育出來，而其他導管則退化了。此外，男性和女性都有一個圓錐形構造，它是膀胱導管的出口。當男性的睪丸發育時，這一圓錐構造形成陰莖和陰囊。而對於女性，這一構造則形成陰蒂，它被陰脣的外陰隆起所環繞。男性生殖器分化需要有睪固酮（testosterone）激素的釋放。如果睪固酮出於某種原因不能生成，胎兒就會發育出女性的生殖系統結構，雖然其性染色體是男性（Stechler & Halton, 1982）。

表2-8 胎兒發展進程

年齡 （週）	CR長度 （公釐）	足部長度 （公釐）*	胎兒的重量 （公克）★	主要的外部特性
不能於子宮外生活的胎兒				
9	50	7	8	眼睛閉住或未睜開。頭變大和更圓。外生殖器仍然不可區別爲男性或女性。腸在臍帶的近側端。耳的位置是低的。
10	61	9	14	腸在腹部裡。早期的手指甲發育。
12	87	14	45	外部可區分出性別。定義明確的脖子。
14	120	20	110	頭變成直立。眼睛面向前方。耳朵緊靠他們限定的位置。下肢發育良好。早期的腳趾甲發展。
16	140	27	200	外耳從頭發出。
18	160	33	320	胎體皮脂覆蓋皮膚。母親感覺到是活的（生命的徵候）。
20	190	39	460	看得見頭和身體的毛髮（胎毛）。
能養活的胎兒★★				
22	210	45	630	皮膚起皺，半透明的，從粉紅色到紅色。
24	230	50	820	有手指甲。身體很瘦。
26	250	55	1,000	眼睛部分打開。睫毛存在。
28	270	59	1,300	眼睛張得很開。時常產生一頭秀髮。皮膚些微地脫皮。
30	280	63	1,700	腳趾甲存在，身體填滿了東西。睪丸下降。
32	300	68	2,100	手指甲到達指尖。皮膚是粉紅色和光滑的。
36	340	79	2,900	身體通常是豐滿的。胎毛幾乎消失。腳趾甲到達足趾。屈曲的四肢；緊握。
38	360	83	3,400	胸部突出。可觸摸到陰囊裡的睪丸或在腹股溝管。手指甲延伸超過指尖。

CR：冠—臀。

註：*這些測量是平均值且不可能適用於特定的情形；大小變化隨著年齡增加。

★所提及胎兒的重量是已經被10%甲醛固定了大約兩個星期的胎兒。新鮮的標本通常比較輕，約5%。

★★在此沒有發育、年齡或重量的明確界限，胎兒能自動存活或超過此能保證會活下去，但是經驗顯示出嬰孩的重量少於五百公克或受孕年齡少於二十二週，而能生存下來是罕見的。甚至在二十六和二十八週之間出生的胎兒在生存方面也有困難，主要是因爲呼吸系統和中樞神經系統分化不完全。流產這個術語提及在有能力生存之前結束所有的妊娠。

資料來源：引自戴步雲譯（2001）。

　　三個月大的胎兒會自發地活動，並已有了抓握反射和巴賓斯基反射。巴賓斯基反射是指，當輕觸腳底時，腳趾會伸開呈扇形伸展。當用一個能增強信號的聽診器（doppler）聽母親的腹部時，醫生及期待中的雙親都能聽到透過子宮壁傳過來的胎兒心跳。如果我們是那期待中的父母，聽到一個生命的這些最初的微弱的心跳仍是那麼神奇而遙遠，我們會難以置信地顫抖！

　　在第二個三月期中，一般的胎兒要長到約十英寸，體重增加到約兩磅重。真正的胎血循環要至第十一週才建立起來（**圖2-8**），而心臟的自

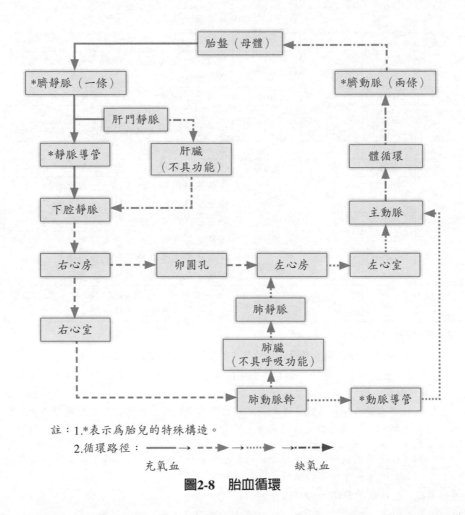

註：1. *表示為胎兒的特殊構造。

2. 循環路徑：　———▶　－－－▶　‥‥‥▶　━━━▶

　　　　充氧血　　　　　　　　　缺氧血

圖2-8　胎血循環

主神經控制則在妊娠的最後三個月才發展成熟。從第五個月開始一直到孕期最後，胎兒會繼續以大約每十天一英寸的速度生長。胚胎會上升進入母親的腹腔，並繼續發育，直至第九個月末，到達母親的肋骨和橫膈膜間。在這個三月期裡，隨著母親觀察自己身體輪廓的變化並體驗早期胎兒的胎動（quickening），成長的生命這一事實對孕婦來說愈益明顯。胎兒的活動最早被體驗為輕輕地拱動或扭動；此後，可以鑑別出這個不安分的小居民的腳、肘和拳。

在第四個月裡，胎兒開始吸吮和吞嚥。只要他一張開嘴，羊水便會流入並在其體內循環。羊水提供了除胎盤吸收之外的另一部分營養。四個月大的胎兒已表現出對甜味的偏愛，其證據見諸這一事實：如果把糖注入羊水，胎兒便很快地吞嚥羊水。

在第五個月，皮膚開始變厚，一層乳酪狀的來自代謝過程的細胞和油脂，即胎兒皮脂（vernix caseosa）所組成的外衣覆蓋在皮膚上。指、趾上皮膚皺褶的樣式標誌著胎兒作為個體的獨立存在性。頭部、眼瞼、背、胳臂和腿部都長出了毛髮。

到了第六個月末，胎兒已能很好地發展出感覺接受器。胎兒對觸動很敏感，並會以肌肉的運動對其做出反應。在第六個月裡，胎兒會以向外伸吐舌頭的方式對苦味做出反應。在第六個月中，鼻孔被皮膚細胞堵住。當這些細胞消散後，鼻中充滿了羊水；因此在出生以前胎兒恐怕不會有嗅覺。

外耳道中也充滿了羊水，在八或九個月以前，胎兒不會對聲音有所反應。然而，到第六個月，內耳中的半規管（semicircular canal）對刺激很敏感。聯結視網膜與腦的神經纖維也在第六個月發展起來，所以胎兒一生下來便能對光做出反應。

到二十四週時，胎兒的器官功能已能在子宮環境運轉得很好。它吞嚥、消化、排泄、運動、吸吮拇指、休息、生長。然而，若將它移出這一環境，它幾乎沒有生存的可能。在第三週便已開始發育的神經系統，還沒有發展到足以將必須同時運轉以確保生存的各個系統協調起來。不過，到

了三十週，胎兒在子宮外生存則幾乎是有把握的（Usher, 1987）。

在最後一個三月期裡，胎兒一般會從十英寸長到二十英寸，體重從兩磅增加到七磅或七磅半。這種身長和體重上的增加與中樞神經系統的成熟是相對的。有關胎兒對母親語言的反應的研究發現：胎兒在第三個三月期裡經驗到了母親語言的聲音，並逐漸熟悉她的聲音（DeCasper & Spence, 1986; Spence & DeCasper, 1987）。

一個足月產的胎兒比一個二十八週大的早產兒所具有的優點包括：(1)開始並維持正常呼吸的能力；(2)強有力的吸吮反應；(3)協調較好的吞嚥活動；(4)強有力的腸壁蠕動，因而吸收營養和廢物排泄都更有效率；(5)體溫的平衡控制更為完善。

足月產胎兒吸收母體飲食中的礦物質以利牙釉的形成。隨著胎盤在孕期最後一個月中開始退化，在母親血液中形成的抵禦各種疾病的抗體進入胎兒的血液循環系統。它們為胎兒在生命的最初幾個月裡提供了對許多疾病的免疫能力。

子宮並不能作為胎兒永恆的家園。有一些因素使胎兒與子宮關係的結束成為必然。首先，隨著胎盤的退化，在母親和胎兒血液中形成的抗體可能會破壞彼此雙方的血液。其次，由於胎盤的生長不會超過兩磅太多，那麼，隨著胎兒的逐漸成長發育，胎盤就無法獲得足夠的維持生命的營養。第三，胎兒的頭不能長得大過於骨盤的開口，否則在分娩過程中就會危及大腦。即使有柔軟的連接膜使顱骨的各部分能部分疊合，頭的大小也仍然是限制胎兒生長的一個因素。

我們尚不知道有哪些確切的因素標誌著子宮收縮和分娩過程的開始。從懷孕到分娩的大致時間是三十八週。然而，在孕期的長短和足月嬰兒的大小上，仍然有很大的差異。

 第四節　影響胎兒發展的因素

在發展的過程中，遺傳和環境交互影響著個體一生的發展。因此，有部分的胚胎會因受到遺傳的因素，而造成發展上的缺陷；也有些胎兒雖然並未受到先天遺傳的限制，但卻因後天環境的因素，而對胎兒造成發展上的影響（**圖2-9**）。影響子宮內胎兒發展的因素如下：

一、遺傳因素

從受孕的剎那開始，與生俱來的基因就影響著胎兒的發展。由於父母親的染色體也都是來自於其雙親，代代相傳，因此，如果家族中有染色體異常的病史，則有可能造成胎兒出現先天性缺陷。人類的遺傳疾病可分成三大類（蔡欣玲等，2004）：

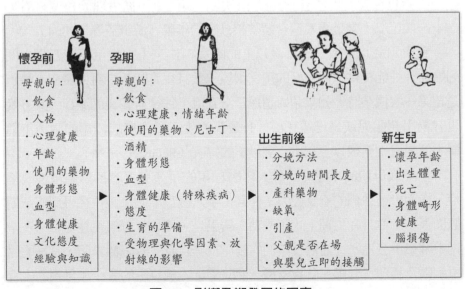

圖2-9　影響孕期發展的因素

資料來源：Clarke-Stewart, A. & Koch, J. B. (1983).

1. 染色體異常：例如染色體不分離造成的第二十一、十三及十八對染色體的參染色體症（trisomy），以及47XXY（克萊恩費爾特症候群）、47XXX等性染色體方面之異常。

2. 單一基因異常：人類之遺傳特質由基因控制，基因的遺傳及表現方式，是由Mendel發現的。常見的單一基因異常疾病包括有：海洋性貧血、色盲、鐮形血球貧血症、G-6-PD缺乏症（蠶豆症）等。

3. 多因素異常：是由數個基因的作用而產生，有時可能還受環境因素之影響。常見的多因素異常疾病如：兔脣、顎裂、神經管缺陷等。

二、母親的年齡

生育能力始於月經初潮，截止於更年期的結束。這樣，一個婦女在其一生中可能的生育期大約為三十五年。生育可以發生在這一時期中的任何一個時刻或許多時刻上。生育對一個母親的身體和心理的健康影響，隨她的年齡以及她對母性角色的情緒上投入的不同而有所差異。同樣的，這些因素也會顯著地影響她的孩子的生存與健康。從生理的角度來看，二十一歲至三十歲是婦女適合懷孕和分娩的年齡（游淑芬等，2004）。

和十六歲以下或三十五歲以上的婦女相比，十六歲至三十五歲之間的婦女往往能提供一個較好的子宮環境，並且生育時較少有併發症。特別是在第一次懷孕時，如果孕婦超過三十五歲，往往有較長的產程，其分娩更容易引起胎兒或是母親死亡。有最高的生下早產兒的概率的兩種年齡層，便是三十五歲以上和十六歲以下的婦女（Schuster, 1986）。

十幾歲母親的早產兒比較大年齡母親的早產兒更容易罹患精神缺陷症，從而影響他們的適應能力。而且，十六歲以下的母親往往得到的孕期照顧很少，並且在生理上也不成熟。結果是，青少年母親往往更容易在孕期中罹患併發症，從而危及她們的嬰兒及其自身。有證據表明，良好的醫療照顧及護理、營養、社會支持，能改善十六歲以上的青少年母親的生育經歷。然而，那些十六歲以下的少女身體的不成熟，把母親和嬰兒推向了

極大的危險之中（Quilligan, 1983; Roosa, 1984）。

　　年齡超過四十歲的母親的嬰兒可能面臨的一個主要危險，是唐氏症候群（Moore, 1988）。一個婦女的卵細胞最初是以一種不成熟的形式存在的。她活得愈長，這些細胞就會變得愈老。據假設，高齡婦女生育中唐氏症候群的高發生率，部分原因是由於卵細胞的退化。三十五歲以後，婦女生育孩子的危險變得愈來愈大。許多人都接受羊水化驗檢查，這使她們能夠檢查是否有嚴重的胎兒缺陷（Williams, 1987）。

　　從上述可知年齡會影響生育品質，為了提倡優生保健觀念，一九五八年世界婦產科聯盟會議決定，將三十五歲以上的產婦稱為高齡產婦。不過，我國中央健保局則以年滿三十四歲以上為高齡產婦，建議施行羊膜穿刺術，以便及早發現胎兒有無唐氏症或其他染色體異常。

三、母親的營養

(一)孕期營養的重要性

　　母體的健康是胎兒健康的基礎，所以孕婦的營養狀況對胎兒的發展相當重要，營養不佳的母親，生下的嬰兒往往體重過輕、智能發展障礙、對疾病抵抗力較差。而胎兒期的營養供給主要來自母親的攝食，唯有攝取均衡飲食，使體重保持在正常範圍內，才能有健康的母親及健康的胎兒。整個懷孕的過程，體重增加宜為十至十四公斤左右（**表2-9**）。

(二)懷孕期的營養需求

　　孕婦需要豐富且均衡的營養，在懷孕期間，熱量、蛋白質、維生素

表2-9　孕期體重增加表

懷孕期	增加體重
1～4個月	1～2公斤
5～7個月	5～6公斤
8個月至生產	4～5公斤

及礦物質的需求量都增加。通常將整個孕期分為前、中、後三期,各期所需的熱量及營養素不盡相同,分述如下:

◆懷孕前期（一至三個月）

懷孕初期的前三個月是胎兒發育的重要階段,胎兒的五官、心臟及神經系統此時開始形成。在懷孕初期幾乎不需要增加任何熱量,因此均衡的飲食,足量的補充蛋白質、礦物質及維生素對胎兒的健康成長發育已足夠。

雖然孕婦此時需要補充適量的營養素,不過此時應最須注意鋅、鐵質、葉酸及維生素A的攝取,除了可以幫助孕婦預防貧血,並且幫助胎兒神經系統的發育。

提供孕婦足量的鋅,可以避免懷孕初期因缺乏鋅所產生的倦怠及早產情況。

◆懷孕中期（四至六個月）

懷孕期的第二期是胎兒發育成長的重要階段,此時胎兒的器官持續發展形成,心臟血液循環開始及臉部特徵明顯,並且胎兒在此階段體重快速增加。

此期每日約需增加三百大卡的熱量,應提供孕婦足量的鐵質,可以幫助孕婦預防常見的懷孕期貧血現象,足量的補充維生素B群可幫助母體及胎兒紅血球的形成。並應補充母體足量的鈣質以幫助胎兒骨骼發育,並且可避免孕婦腿部痙攣的發生。礦物質如鋅、鉬、碘、錳等的補充,可以幫助胎兒的骨骼、神經系統及腺體的發育。

◆懷孕後期（七至九個月）

此時期胎兒的體重迅速上升、胎動頻繁,並且是胎兒各部位（特別是腦部）發育的重要時期。懷孕最後兩個月的維生素及礦物質缺乏,將對胎兒腦部的發育影響極大,須特別注意補充足量的營養素,此期每日約須增加三百大卡的熱量攝取。

此期孕婦除應攝取足量的鈣質供胎兒的成長所需外，並且應注意礦物質及維生素足量的補充，如鐵質、銅、鋅及維生素B_6、B_{12}，以提供母體及胎兒產生充足的血紅素，並且幫助胎兒的健康發育（**表2-10**）。

表2-10　懷孕期各項營養素的重要性

營養素	重要性	來源
維生素A β-胡蘿蔔素	促進細胞生長及參與視網膜的光化學反應。	含維生素A豐富的食物，如魚肝油、肝臟、深綠色或深黃色蔬菜和水果，其次為奶、蛋類。
維生素B_2	為懷孕期母體及胎兒組織形成所需。	牛奶、肉類、內臟類、蛋及酵母含維生素B_2。
維生素B_6	幫助母體蛋白質新陳代謝，促進紅血球的形成。	食物來源為全穀類、豬肉、雞肉及魚肉等。
維生素B_{12}	與細胞分裂及蛋白質製造相關，素食母親所哺餵的嬰兒容易缺乏。	動物性食物如肝臟、腎臟、肉及奶製品含豐富維生素B_{12}。
維生素C	維生素C在胎兒的免疫系統發育上扮演非常重要的角色，並且可幫助鐵質的吸收。由於維生素C無法在母體內儲存，所以每天維生素C的補充變得非常需要。	水果含豐富的維生素C，如芭樂、奇異果、鳳梨、柳丁、檸檬、柚子及文旦。
維生素D	幫助有效利用鈣質與磷質以生成健全的骨骼與牙齒。	魚肝油、蛋黃及肝臟含豐富的維生素D。
維生素E	懷孕期維生素E需求會增加以確保胚胎之適當生長。但母體須額外補充以彌補製造母乳時所損失之維生素E。	植物性油、小麥胚芽油、米糠油等含豐富的維生素E。
生物素	幫助把食物轉變成能量以及能夠有效利用蛋白質。	食物來源有肝、腎、酵母及全穀類。
葉酸	於預備懷孕前三個月開始至懷孕中期須注意補充。葉酸屬於維生素B群之一，平時難從飲食中攝取足夠，孕婦葉酸的攝取量不足時，新生兒容易發生神經管的缺陷。	葉酸的主要來源為綠色蔬菜的綠葉中，如菠菜最多，其次肝、腎、花椰菜、酵母。
菸鹼酸	懷孕期母體能量需求增加，導致菸鹼酸之需求亦增加。	全穀類製品、綠葉蔬菜、牛奶、肉類、內臟類、蛋及酵母含豐富菸鹼酸。

（續）表2-10　懷孕期各項營養素的重要性

營養素	重要性	來源
泛酸	幫助將脂肪、醣類以及蛋白質轉變成能量。	含豐富泛酸的食物有肝臟、腎臟、酵母、麥胚、豆胚及豆類。
鈣質	鈣質幫助骨骼的發育、鎂的吸收及血液的凝結。及早開始儲存身體足量的鈣質是非常必要的，以供給懷孕時期的所需。	如牛奶，但勿與甘藍及菠菜同食，會降低鈣的吸收。
鉻	醣類利用所必需。	來源含鉻豐富的食物有甲殼類、雞肉、玉米油及啤酒酵母。
銅	幫助母體血色素的形成，幫助減少孕婦產生貧血現象。	含銅的食物有肝臟、瘦肉及硬殼果類等。
鐵質	幫助形成血紅素所必需的元素，而足量血紅素可助攜帶氧氣供給胎兒所需。	主要來源有牛肉、豬肉、內臟等，而蛋黃、醋、菠菜會干擾鐵的吸收，勿同食。
碘	幫助母體及胎兒的甲狀腺功能運作正常。	主要來源為海產類及海藻類。
鎂	為蛋白質新陳代謝及組織成長之所需。	如五穀類、瘦肉、奶類及綠葉蔬菜含鎂。
錳	為懷孕初期胎兒骨骼發育、關節生長及聽力發育所必需，錳的缺乏會導致胎兒生長遲緩，骨骼發育異常及內耳畸形。	如藍莓、萵苣、鳳梨等食物含錳。
鉬	為胎兒神經發育的重要元素。	鉬豐富的食物有牛奶、穀類及肝臟。
鋅	懷孕時期胎兒鋅的缺乏，會導致胎兒畸形、發育遲緩、損害生殖功能及發展，並影響骨骼。	海產、內臟類及肉類為含鋅豐富的食品。

　　綜合而言，母親的營養情形會影響胎兒的生長發育及智能發展，在懷孕期間必須攝取均衡且適當、適量的營養。若攝取不均衡、過多或過少，均會對胎兒的發展造成極大的影響。

四、母親服用的藥物

　　懷孕婦女使用的藥物種類範圍是相當大的。鐵、利尿劑、抗生藥、

荷爾蒙、鎮靜劑、食物抑制劑，以及其他藥物，或由醫生開具處方，或由孕婦隨意自服。此外，婦女還透過隨意服用酒精、尼古丁、咖啡因、大麻、古柯鹼及其他麻醉藥而影響胎兒的環境（Chasnoff, 1988）。特定藥物對胎兒生長的作用的研究發現：孕婦所攝取的許多藥物實際上在胎盤被變化並傳遞給胎兒。

　　服用尼古丁，尤其是海洛因和古柯鹼，以及美沙酮（methadone，一種用於治療海洛因毒癮的藥物），都會增加出生缺陷、體重過低、高死亡率等危險（Dinges, Davis, & Glass, 1980; Zuckerman et al., 1989）。在生命的第一週裡，受到鴉片、古柯鹼、美沙酮作用的嬰兒，會表現出極度的焦躁不安，預示著神經錯亂的高頻哭叫、發燒、睡眠不寧、進食困難、肌肉痙攣和震顫（Hans, 1987）。這些嬰兒有很高的嬰兒猝死症候群（sudden infant death syndrome）的危險。大範圍的研究發現，孕期中受吸毒影響的兒童表現出精細小動作協調上的困難，他們很難集中和維持注意，並很有可能因此而導致學校中的適應問題。當然，這些藥物在孕期中對神經系統的直接影響，與出生後由吸毒的母親扶養的影響，或是與母親也置身其中發展的社會、教育環境的養育的影響，是很難分開的。

　　其他藥物是作為孕期中醫療手段的一部分而施予孕婦的。一九六〇年代中，使用沙利竇邁（thalidomide），用於治療早晨嘔吐的悲劇性後果，使我們警惕到某些化學藥物對胎兒的潛在危害，尤其是在胎兒第一個三月期的分化、發育時期。在懷孕後第二十一至三十六天中服用沙利竇邁會導致胎兒四肢的嚴重畸形。

　　有些藥物是用來維持妊娠的。在一個案例中，對一組在孕期中服用過雌激素和黃體素的母親的孩子在六歲和十六歲時進行研究。在兩個年齡上，這些孩子和那些在孕期中沒有服用過這些激素的母親的孩子相比，都表現出較低的攻擊性和運動能力（Yalom, Green, & Fisk, 1973）。在另一個案例中，一百多名婦女接受了潑尼松（prednisone）治療，這種藥首先是用來減除不育症，而後是可以維持妊娠。她們生下的嬰兒體重明顯低於那些控制組（不服用藥物）婦女的嬰兒（Reinisch & Karow, 1977）。

　　經過不斷的研發，美國食品藥物管理局（FDA）將懷孕用藥安全級數分為A、B、C、D、X五級，各級所代表的意義如下（**表2-11**）：

1. A級和B級藥品：孕婦可以服用。
2. C級藥物：須由醫師權衡利弊情形，酌情考量下才可使用。
3. D級藥物：儘量避免使用，除非若不用此藥，會危及孕婦生命。
4. X級藥物：研究已證實為致畸胎物，嚴格禁止孕婦使用。

　　所謂致畸胎物，係指會導致胎兒產生畸形或功能異常的物質及因素，包括：藥物、輻射線、感染，以及酒精等。每一種致畸胎物有其特定侵犯器官，同一種致畸胎物在不同妊娠時期所造成的影響也不一樣，多數有害藥物在懷孕前期的傷害性最嚴重，尤其是受孕後第三至八週（胚胎期），此時胎兒正值各項器官發展的關鍵期，**表2-12**列出已知的致畸胎物。

表2-11　懷孕用藥安全級數

級別	代表的意義	說明
A級	已證實對胎兒無危險性。	依據控制良好的臨床研究顯示，此藥對孕婦及胎兒都沒有危險性。
B級	目前尚未證實對胎兒有危險性。	1.動物實驗不能證明對胎兒有危險性，但對孕婦尚未充分研究。 2.動物實驗雖然有不良作用，但對孕婦及胎兒無法證明有危險性。
C級	對胎兒的安全性尚未確立。	1.動物實驗顯示對胎兒有不良作用，但對孕婦尚未有充分的研究。 2.動物及孕婦均無充分的研究資料，其安全性未知。
D級	對胎兒有明確的危險性。	對胎兒的危險性已有確實的證據，但在疾病已危及生命或無法以其他較安全的藥物有效控制嚴重病情時，仍可考慮使用。
X級	已證實會導致畸胎，孕婦禁用。	無論動物或人體研究均證實會造成胎兒異常，此藥對孕婦為禁忌，任何情況均不建議使用。

資料來源：游淑芬等（2004）。

表2-12 已知或懷疑的致畸胎物

化學物質及藥物		
Alcohol	Coumarins	Methimazole
Aminopterin	Cyclophosphamide	Methotrexate
Androgenic hormone	Danazol	Organic mercury
Angiotensin-converting enzyme(ACE) inhibitors	Diethylstilbestrol(DES)	Penicillamine
	Etretinate	Penytoin
Busulfan	Goitrogens(antithyroids)	Tetracycline
Carbamazepine	Isotretinoin	Thalidomide
Chlorbiphenyls	Lithium	Trimethadione
		Valproic acid
感染		
巨細胞病毒（Cytomegalovirus）	弓漿體病原蟲（Toxoplasmosis）	
德國麻疹病毒（Rubella virus）	委内瑞拉馬腦脊髓炎病毒	
梅毒（Syphilis）	（Venezuelan equine encephalitis virus）	
母體疾病		
酒精成癮（Alcoholism）	地方性呆小症（Endemic cretinism）	
結締組織疾病（Connective tissue diseases）	體溫過高（Hyperthermia）	
多尿症（Diabetes）	男性化腫瘤（Virilizing tumors）	
輻射		
原子武器（Atomic weapons）	放射線治療（Radiotherapy）	
放射性碘（Radioactive iodine）		

資料來源：陳彰惠等（2001）。

五、輻射線

懷孕期若接受到大量的輻射線照射，可能會造成胎兒中樞神經系統的傷害、先天畸形、智能不足等問題。一般最常遇到的情況是在不知已懷孕的情形下，接受了診斷用的X光攝影檢查。但事實上，一般X光的輻射劑量都非常低（**表2-13**），但是這情形往往造成父母親及醫護人員相當大的困擾。為了避免這些困擾，應記得「十天定律」，也就是除非緊急性的X光檢查，一般性的X光檢查，宜安排在月經來潮的第一天至第十天的安全期期間。

表2-13　X光檢查各部位之接受劑量　　　　　　　　單位：毫拉德（m rad）

檢查部位	男性	女性
頭部	<1	<1
胸部	<1	<1
胃部	2	40
腰椎	175	400
腹部	100	200
骨盆	300	150
腎盂（IUP）	150	300
下肢	<1	<1

六、母親的疾病或感染

(一)糖尿病

　　糖尿病使母親的血糖濃度升高，很多患者注射胰島素（insulin）來降低血糖，高血糖及胰島素會增加流產的機會，同時胎兒可能體重過重，身體與神經方面可能出現問題或死產（蘇建文等，1998）。研究顯示糖尿病孕婦產下的嬰兒注意力較弱，較不警覺，眼球移動速度較慢，且在注意人臉時有點問題，當他們被置於坐姿時，似乎無法正常控制頭部，會顫抖，皮膚顏色很快轉變成紅棕色，較難照顧（Yogman, Cole, Als, & Lester, 1982）。

(二)Rh因子不合

　　Rh因子是指母親與小孩血液中有不相容的因子，在某些情況下會導致胎兒或新生兒產生嚴重且致命性的貧血或黃疸，稱為核紅血球症（erythroblastosis），全球人口中，約有85%的人有這種蛋白質，當一胎兒血液內含有Rh蛋白質，但母親並沒有Rh因子時，Rh不相容情況便產生，若胎兒含有Rh因子的血液流入母親體內（或許在生產時），母親的身體系統會形成抗體來對抗Rh因子，問題並不會在此時產生，但待下一次懷孕，則下一個胎兒的紅血球便會受此種抗體影響，胎兒可能會患黃

疸、早產、死產或腦受傷。若要生存下去，在出生後要立刻換血，甚至在出生前就換血。

若是Rh陰性的母親在第一個寶寶出生後，馬上施予抗Rh抗體（Rhogam），即可預防新生兒溶血症。若是Rh陰性的母親在先前幾次懷孕時，已對Rh陽性血液致敏而未施以Rhogam治療，則其胎兒可進行子宮內換血（周念縈譯，2004）。

(三)德國麻疹

德國麻疹（rubella）病毒是很強的致畸胎物，如果母親在懷孕初期感染德國麻疹，可能會侵害胎兒的眼部、耳朵，並導致腦部損害及罹患心臟疾病等。愈早期感染影響愈嚴重，前三個月感染的畸胎率高達25%，至第四個月則降為6%～8%。

因此，育齡婦女宜在婚前或計畫懷孕之前，先進行抽血檢查，看有無德國麻疹抗體，若發現血液中無抗體，即應注射德國麻疹疫苗，須注意，接種疫苗三個月內宜避免懷孕。

七、母親的嗜好

(一)吸菸

香菸中的尼古丁和一氧化碳對胎兒有不良影響，孕期中吸菸婦女的胎兒出生體重要比不吸菸婦女的胎兒來得小。對這一關係的四十五項研究評述記載：吸菸婦女的孩子的體重要比不吸菸婦女的孩子平均小兩百克。吸菸婦女流產和死胎的危險較大（Streissguth et al., 1989）。對在孕期中受尼古丁影響的嬰兒在出生後九和三十天進行神經學檢查，發現喚醒和反應水平均有降低（Fried et al., 1987）。

因此，婦女於懷孕期間必須戒菸，而環境中的二手菸也會對母體產生影響，對胎兒造成傷害，宜盡可能避免。

(二)喝酒

　　有記載可查的證據強有力地表明：酒精也是一個致畸胎物。孕期中受酒精的作用會影響腦的發育，會干擾細胞的生長和組織，並影響對中樞神經系統的成熟相當重要的神經介質（neurotransmitter）的產生（West, 1986）。酒精對胎兒發育的綜合性影響被稱為胎兒酒精症候群（fetal alcohol syndrome）（Abel, 1984; Clarren & Smith, 1978）。胎兒酒精症候群伴隨著中樞神經系統的異常，出生體重過低，面部、眼、耳和嘴畸形。對那些飲酒過度的婦女——即一天飲酒約一點五盎司或更多——來說，其生下的嬰兒患胎兒酒精症候群的危險性為30%～50%。甚至每天中度的飲酒也會產生胎兒酒精症候群的某些症狀，尤其是在伴隨有營養不良的情況下。

　　一項對孕期受酒精影響作用的縱貫研究表明，孕期中每天飲酒一點五盎司（中等程度的飲酒）的婦女，她們的孩子和那些較少飲酒或不飲酒的婦女的孩子相比，四歲時IQ明顯要低得多（Streissguth et al., 1989）。飲用酒精是引起低智商分數的重要因素（尤其在其他因素——母親的教育程度、孩子的排行、家庭社會經濟地位、兒童在學前時期的活動、母親與嬰兒相互交往的品質——均已被加以考慮之後）。換句話說，許多被認為對幼兒的智力功能具有積極作用的環境因素，並不能補償孕期中受酒精作用而對中樞神經系統造成的損傷。

八、母親的情緒狀況

　　婦女對懷孕不僅有身體反應，而且有情緒反應。在社會適應評定量表（Holmes & Rahe, 1967）中的四十三項生活事件表中，懷孕被列為第十二個最令人情緒緊張的生活變化。孕婦對其未誕生的孩子的態度可能會是驕傲、接受、拒絕，或者——正如最常見的情景——很矛盾。大多數正常的懷孕都伴隨著焦慮和抑鬱的體驗。作為妊娠期正常身體反應的一部分，孕婦經驗了許多症狀，如疲倦、失眠、身體運動減慢、專注於身體狀

況、喜怒無常，並常常伴隨著抑鬱。

當母親有害怕的情緒時，體內會分泌出可體松（cortisone），可體松傳送至血液中，使得母親的血液直接流入體內的各器官中，而使得嬰兒得到的血液較少，因此氧氣量也較少，將會影響胎兒的健康，發生流產、早產或體重不足的機率較高。

整個懷孕的過程原本就充滿著壓力與矛盾的情緒，因此，在這過程中若未得到適當的精神支持，很容易造成情緒上的問題，故給予孕婦適當的精神支持是相當重要的。

第五節　胎兒的保育

確保胎兒健康成長是孕期中最重要的工作，為胎兒營造一個內、外都良好的環境，能讓胎兒安全的成長。學者Hurlock則指出，提供孕婦良好的環境，才能給新個體充分發展其遺傳特質的機會。

一、婚前健康檢查

近親通婚較易生出帶有遺傳疾病的胎兒，避免方法為男女雙方都能接受婚前健康檢查，以便及早發現疾病，儘早治療。

婚前健康檢查是推動優生保健的第一道防線，其檢查項目包括：

1.健康史：瞭解受檢者的疾病史、女性月經史、服藥習性、有無吸菸及飲酒等，可以瞭解其健康狀況，提供醫師做參考。

2.身體理學檢查：包括身高、體重、視力、辨色力、血壓、脈搏、胸部、腹部，以及泌尿生殖器之外觀檢查。

3.尿液、血液、生化、血清、胸部X光檢查：主要是篩檢有無地中海型貧血、B型肝炎、愛滋病、梅毒等疾病。

4.精神疾病檢查：透過臨床精神科檢查、心理測驗、腦波檢查、遺傳

性精神病檢查，可瞭解受檢者的心理狀況。

5.家族疾病史調查：避免遺傳性先天缺陷兒的產生。

6.精液分析（男性）：近年來男性不孕的比例有增高現象，從精液中可分析精子數目與活力。

7.德國麻疹抗體篩檢（女性）：若女性在國中三年級未接種德國麻疹疫苗，應做抗體篩檢，若無抗體則應追加注射疫苗，且注射後三個月內不可懷孕。

此外，健康檢查也可能意外發現貧血、腎臟病、心臟病等健康問題，必須進一步接受診療，先把身體調養好，才能孕育出健康寶寶。

二、做好孕前準備

未做婚前健康檢查的婦女最好接受孕前檢查，孕前健康檢查的四大重要項目：

1.檢視本身遺傳性疾病的帶因狀況：海洋性貧血是國內最常發生的單基因隱性遺傳疾病，依發病的時間及致病機轉，可分為甲型及乙型。

2.檢視本身對於德國麻疹病毒的免疫能力：德國麻疹病毒的感染，在懷孕三個月內發生，對於子宮內胎兒有相當不良的影響，致畸胎率高達60%，包括先天性心臟病、白內障及耳聾等先天畸形會發生。

3.檢視本身的身體健康狀況：雖然大部分婦女在孕前的健康狀況都相當良好，但隨著年齡的增長，有少數人會發生一些內科方面的疾病，這些情況會影響懷孕過程，對於子宮內胎兒及產婦本身有不良的影響。因而在孕前必須先做好身體檢查，若有疾病情況，須接受藥物治療來穩住病情，才可受孕。

4.檢視本身的年齡對於未來受孕的影響：有些人因晚婚及延遲懷孕而到所謂高齡（年齡大於三十五歲）時，需要瞭解高齡孕、產婦的某

些風險。因而事先與產科醫師討論有關高齡孕、產婦的產前檢查，如唐氏症篩檢的意義、羊膜腔穿刺的安全性等相關問題，及生產方式的選擇、產後照顧，將可解除高齡帶給自己的隱憂。

三、按時接受產前檢查

產前檢查的目的，在於監測胎兒及孕婦的安全和健康，並給予孕期的護理指導，因此，產檢應從嬰兒為胚胎時即開始，直到分娩（**表 2-14**）。

四、產前遺傳診斷

由於國內醫療環境的進步，使得週產期死亡率，在近三十年間下降了約五倍，但是其中因遺傳畸形所導致的新生兒死亡所占的比率卻逐年增加。由於目前社會經濟及家庭結構的變化，使得大家對生育一事，有重質而不重量的要求，因此藉由產前遺傳診斷，以減少畸形兒出生、減輕家庭社會的負擔。

有以下適應症者，建議孕婦接受適當的產前遺傳診斷：

1.高齡孕婦（三十四足歲以上婦女）。
2.產前母血篩檢異常者。
3.超音波檢查發現胎兒異常者。
4.本人或配偶為遺傳疾病帶因者。
5.本人或配偶的染色體有結構性異常者。
6.曾懷過或生育過先天性缺陷兒。
7.有家族性遺傳疾病者。
8.血親聯姻。
9.有過三次或三次以上自然流產的夫妻。

表2-14　產前檢查

1.理想產前檢查次數

時間	次數
妊娠二十八週以前	每四週一次
妊娠二十九至三十五週	每二週一次
妊娠三十六週以後	每週一次

2.全民健康保險孕婦產前檢查給付時程、次數及項目

孕期	診療次數	檢查項目
妊娠未滿十七週	二次	1.於妊娠第六週或第一次檢查須包括下列檢查項目： (1)問診：家庭疾病史、過去疾病史、過去孕產史、本胎不適症狀。 (2)身體檢查：體重、身高、血壓、甲狀腺、乳房、骨盆腔檢查、胸部及腹部檢查。 (3)實驗室檢查：血液常規（WBC、RBC、Plt、Hct、Hb、MCV）、血型、Rh因子、VDRL、愛滋病、尿液常規。 2.例行產檢。
妊娠十七週至未滿二十九週	二次	1.例行產檢。 2.於妊娠二十週前後提供一次超音波檢查。
妊娠二十九週以上	六次	1.例行產檢。 2.於妊娠三十週前後提供梅毒檢查（VDRL）、B型肝炎表面抗原檢查（HBsAg）、B型肝炎E抗原檢查（HBeAg），及德國麻疹免疫球蛋白G檢查（Rubella IgG）等實驗室檢驗。

備註：
1.例行產檢內容包括：
　(1)問診內容：本胎不適症狀如出血、腹痛、頭痛、痙攣等。
　(2)身體檢查：體重、血壓、宮底高度、胎心音、胎位、水腫、靜脈曲張。
　(3)實驗室檢查：尿蛋白、尿糖。
2.德國麻疹免疫球蛋白G檢查呈陰性之孕婦，宜在產後注射德國麻疹疫苗。

資料來源：國民健康局（2005）。

產前遺傳診斷包括：

1.產前母血篩檢。

2.孕婦海洋性貧血篩檢。

3.羊膜腔穿刺術。

4.絨毛取樣術。

5.胎兒臍血採樣術。

6.高層次超音波檢查。

產前母血篩檢是用來篩檢出懷有唐氏症兒或神經管缺陷兒的高危險孕婦。羊膜腔穿刺術、絨毛取樣術與胎兒臍血採樣術，主要是用來檢查胎兒的染色體、基因組成或酵素的功能。而高層次超音波檢查則可以發現胎兒是否有可偵測的器官或外觀構造上的問題。

(一)唐氏症胎兒的母血篩檢

染色體是人類遺傳單位，正常人的細胞中有四十六個染色體，其中除了決定性別的兩個染色體（以XX或XY組合）稱之性染色體外，其餘的四十四個配對形成二十二對染色體。

所謂「唐氏型」大都是二十一對的染色體多一個；也就是說有三個染色體二十一。「唐氏症」是最常見的染色體異常，自然發生率平均約每一千個出生嬰兒中會有一個（0.1％）。台灣每年有三百到四百個「唐氏症胎兒」（以下簡稱「唐氏兒」）出生，故平均一天約有一個出生。據統計，20％「唐氏兒」是年齡低於三十四歲的孕婦所生，而大部分（80％）的「唐氏兒」卻是年齡大於三十四歲的孕婦所生。

「唐氏兒」最主要是有智力障礙，也可能同時有許多生理上的合併症（如先天性心臟病）。而這些病患終其一生均需要家人的長期照顧，造成極大的精神及經濟上的負擔。

1.母血篩檢唐氏兒的原理：據研究結果顯示，懷有「唐氏兒」之孕婦

其血液中甲型胎兒蛋白偏低，而其血液中之絨毛性腺激素則偏高。因此可以從妊娠第十五至二十週測得母親血液中甲型胎兒蛋白、絨毛性腺激素值，經電腦的精密計算，得出母親懷有「唐氏兒」之機率。一般滿三十四歲的孕婦懷「唐氏兒」的機率為二百七十分之一。二十歲的孕婦平均懷「唐氏兒」的機率為一千五百二十八分之一，若篩檢發現甲型胎兒蛋白值偏低，絨毛性腺激素值偏高，經計算若其懷「唐氏兒」的機率為一百五十分之一時，則這位年輕的孕婦應考慮接受羊膜腔穿刺術之檢查，以避免生出「唐氏兒」的嬰兒。三十二歲孕婦平均懷「唐氏兒」的機率為五百四十六分之一，若篩檢發現甲型胎兒蛋白值並無偏低，絨毛性腺激素值也沒有偏高，經計算懷「唐氏兒」的機率為一千五百五十六分之一時，則這位孕婦生出「唐氏兒」的機率相當低。

2. 母血篩檢的發現率：因為這是屬於一種非侵襲性之篩選檢查，大概可以檢測出50%～60%的「唐氏兒」。

3. 篩檢的最佳時機：篩檢的週數，從懷孕起的第十五至二十週之間。最理想的篩檢週數為懷孕的第十六至十八週之間。

(二)孕婦海洋性貧血篩檢

海洋性貧血是一種常見隱性遺傳疾病，台灣地區有6%的人帶有此項疾病基因（帶因者），帶因者通常身體健康，與一般人無異。海洋性貧血又可分為甲型和乙型，夫妻如為同型海洋性貧血的帶因者，則每次懷孕，其胎兒有四分之一機會成為重型的患者。

罹患甲型重型海洋性貧血的胎兒會胎死腹中或出生不久即死亡，罹患乙型重型海洋性貧血的胎兒出生三到六個月即會出現貧血現象，須靠終身輸血及施行排鐵劑來維持生命，影響患者之生活品質，對家庭、社會亦是沉重的負擔。預防重於治療，唯有孕婦接受海洋性貧血篩檢，才能有效防止重型海洋性貧血胎兒的出生。

1. 一般孕婦只要特別注意一般產前常規檢查中的平均紅血球體積
　 （MCV），如果平均紅血球體積顯著偏低（小於或等於八十），
　 則可能為甲型或乙型海洋性貧血的帶因者。

2. 孕婦平均紅血球體積小於或等於八十者，則配偶亦須接受平均紅
　 血球體積之檢查，若配偶之平均紅血球體積大於八十，則無產下
　 重型海洋性貧血胎兒之虞，但若配偶之平均紅血球體積小於或等於
　 八十，則此時夫妻必須同時抽血做篩檢，以確定是否為同型海洋性
　 貧血帶因者。假若夫妻為同型帶因者，則必須進一步做絨毛取樣術
　 或羊膜腔穿刺術，以做胎兒之基因診斷。

3. 當夫妻經診斷為同型海洋性貧血帶因者，每次懷孕都有四分之一機
　 會產下重型胎兒，所以每次懷孕都須做產前遺傳診斷。

(三)羊膜腔穿刺術（圖2-10）

1. 羊膜腔穿刺術一般是於十六至十八週執行，其適應症如下：(1)
　 三十四歲以上孕婦；(2)本人或配偶罹患遺傳疾病；(3)曾生育先天
　 異常兒；(4)家族有遺傳性疾病；(5)經血液篩檢唐氏症機率異常
　 者；(6)超音波檢查胎兒有異常可能。

2. 羊膜腔穿刺是由醫師藉著超音波導引，用一支細針（管徑約○點○
　 七公分），經由孕婦的腹部、子宮、羊膜而進入羊膜腔抽取羊水的
　 技術。羊水是環繞在胎兒周圍的液體，裡面含有由胎兒皮膚、呼吸
　 道、消化道、泌尿道等部位剝落的細胞，還有一些胎兒的分泌物和
　 代謝物質，可供染色體、基因及生化等方面的檢查。

3. 檢查羊水主要是及早發現胎兒有無染色體異常，少數的單一基因異
　 常或可用生化酵素診斷的異常疾病。

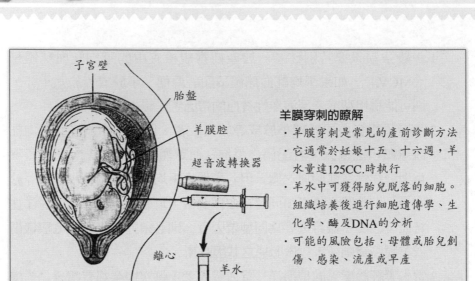

圖2-10　羊膜穿刺時，含有胎兒細胞的羊水自羊膜腔被取出

資料來源：摘自Callan, P. W. (1994), p. 17; Cunningham, F. G. et al., (1993), p. 946.

(四)絨毛取樣術（圖2-11）

　　羊膜腔穿刺是一種很安全的產前診斷技術，但缺點是檢查的時間較晚，得到結果時已經是懷孕五個月大了，對懷有異常胎兒機率較高的孕婦，真是度日如年、心焦如焚，因此有必要發展更早期、更快速的方法，絨毛取樣術便是其中之一。絨毛檢查要在懷孕的第十週至十二週之間操作（以超音波測得的週數為準），如果提前受檢，容易導致胎兒肢體缺損。

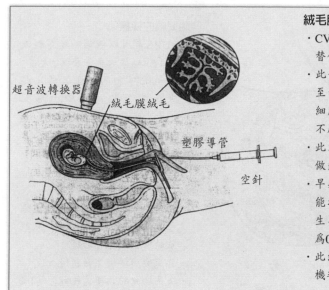

絨毛膜取樣的瞭解

- CVS是第一孕期羊膜穿刺的替代方法
- 此侵入性措施是於妊娠九至十二週執行。取得絨毛細胞後因其快速分裂所以不用去培養
- 此法較羊膜穿刺能夠較早做出診斷
- 早期（八至九週）取樣可能增加胚胎肢體缺陷的發生率；而胎兒流失的比率為0.6%～0.8%
- 此細胞遺傳學方法成功的機率達99.7%

（圖中標示）超音波轉換器、絨毛膜絨毛、塑膠導管、空針

圖2-11　絨毛取樣術

資料來源：摘自Callan, P. W. (1994), p. 20; Cunningham, F. G. et al., (1993), p. 951.

適用絨毛取樣術檢查的孕婦，是懷有缺陷兒的機率在1%～2%以上者，如海洋性貧血等單一基因異常的帶因者，染色體結構性異常或四十歲以上之高齡孕婦。

(五)胎兒臍血採樣術（圖2-12）

胎兒的血液循環是經由臍帶到胎盤，在此與母體循環交換營養及代謝產物，通常臍帶內有兩條臍動脈及一條臍靜脈。臍血採樣術就是藉由超音波的導引下，以細長針經孕婦腹壁、子宮壁，進入臍帶在胎盤源頭處，抽取臍帶血管的血液。一般而言，胎兒愈大，抽取成功的機會愈大，因此目前多在懷孕二十週以後抽取。臍血可供檢查的項目很多，除了染色體檢查、基因分析外，尚可供血液檢查、血紅素分析、胎兒抗體測定、凝血功能測定等，以幫助診斷先天性貧血、溶血、血友病及子宮內感染如德國麻疹等疾病，甚至可同時做子宮內輸血、換血治療。

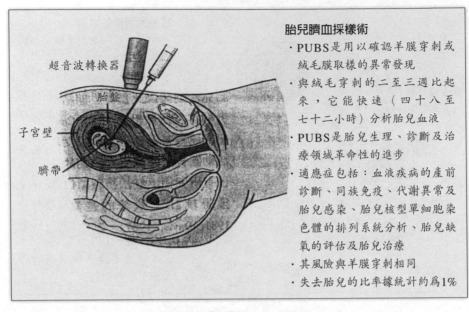

胎兒臍血採樣術

- PUBS是用以確認羊膜穿刺或絨毛膜取樣的異常發現
- 與絨毛穿刺的二至三週比起來，它能快速（四十八至七十二小時）分析胎兒血液
- PUBS是胎兒生理、診斷及治療領域革命性的進步
- 適應症包括：血液疾病的產前診斷、同族免疫、代謝異常及胎兒感染、胎兒核型單細胞染色體的排列系統分析、胎兒缺氧的評估及胎兒治療
- 其風險與羊膜穿刺相同
- 失去胎兒的比率據統計約為1%

超音波轉換器
胎盤
子宮壁
臍帶

圖2-12　胎兒臍血採樣術

資料來源：摘自Callan, P. W. (1994), p. 21; Cunningham, F. G. et al., (1993), p. 953.

 參考書目

一、中文部分

王瑋等譯（1991）。《人類發展學——人生過程整體探討》。台北：華杏。

行政院衛生署國民健康局（2005）。《孕婦健康手冊》。台北：行政院衛生署。

余玉眉等（1991）。《婦嬰護理學——產科、婦科及新生兒》（上冊）。台北：華杏。

周念縈譯（2004）。《人類發展學》。台北：巨流。

翁瑞亨等（2003）。《優生保健》。台北：華杏。

張媚等（2004）。《人類發展之概念與實務》（四版）。台北：華杏。

許世昌（1996）。《新編解剖學》。台北：永大。

郭靜晃、吳幸玲譯（1994）。《發展心理學——心理社會發展理論與實務》。台北：揚智。

陳彰惠等（2001）。《產科護理學》（上冊）。台北：華杏。

游淑芬、李德芬、陳姣伶、龔如菲（2004）。《嬰幼兒發展與保育》。台北：群英。

蔡欣玲等（2004）。《當代人類發展學》（二版）。台北：偉華。

Moore著，戴步雲譯（2001）。《人類胚胎學》。台北：合記。

蘇建文等（1998）。《發展心理學》。台北：心理。

二、英文部分

Abel, E. L. (1984). *Fetal Alcohol Syndrome and Fetal Alcohol Effects*. New York: Plenum.

Burt, R. D., Vaughan, T. L., & Daling, J. R. (1988). Evaluating the risks of cesarean section: Low Apgar score in repeat C-section and vaginal deliveries. *American Journal of Public Health, 78*, 1312-1314.

Callan, P. W. (1994). *Ultrasonography in Obstetrics and Gynecology* (3rd ed.). Philadelphia: W. B. Saunders.

Chasnoff, I. J. (1988). *Drugs, Alcohol, Pregnancy, and Parenting*. Hingham, Mass.: Kluwer.

Clarke-Stewart, A. & Koch, J. B. (1983), *Children: Development Through Adolescence* (Figure 4.1, p. 101). New York: Wiley & Sons.

Clarren, S. K., & Smith, D. W. (1978). The fetal alcohol syndrome. *New England Journal of Medicine, 298*, 1063-1067.

Clayman, C. B. (1989). *The American Medical Association Encyclopedia Of Medicine*. New York: Random House.

Cunningham, F. G., MacDonald, P. C., & Gant, N. F. (1989). *Williams Obstetrics* (18th ed.). Norwalk, Conn.: Appleton & Lange.

Cunningham, F. G. et al. (1993). *Williams Obstetrics* (19th ed.). Norwalk, CJ: Appleton & Lange.

DeCasper, A. J. & Spence, M. J. (1986). Prenatal maternal speech influences newborns' perceptions of speech sounds. *Infant Behavior and Development, 9*, 133-150.

Dinges, D. F., Davis, M. M., & Glass, P. (1980). Fetal exposure to narcotics: Neonatal sleep as a measure of nervous system disturbance. *Science, 209*, 619-621.

Fried, P. A., Watkinson, B., Dillon, R. F., & Dulberg, C. S. (1987). Neonatal neurological status in a low-risk population after prenatal exposure to cigarettes, marijuana, and alcohol. *Journal of Developmental and Behavioral Pediatrics, 8*, 318-326.

Gardner, E. J. & Snustad, D. P. (1984). *Principles of Genetics* (7th ed.). New York: Wiley.

Gottesman, I. "Genetic Aspects of Intelligent Behavior," In N. Ellis (ed.), *Handbook of Mental Deficiency* (New York: McGraw-Hill, 1963), p. 255. Reprinted by permission of the author.

Greenough, W. T., Black, J. E., & Wallace, C. S. (1987). Experience and brain development. *Child Development, 58*, 539-559.

Hans, S. L. (1987). Maternal drug addiction and young children. *Division of Child, Youth, and Family Services Newsletter, 10*, 5, 15.

Holden, C. (1987). The genetics of personality. *Science, 237*, 598-601.

Holmes, T. H., & Rahe, R. H. (1967). The social readjustment rating scale. *Journal of*

Psychosomatic Research, 11, 213-218.

Jaroff, L. (1989). The gene hunt. *Time*, Mar. 20, 62-67.

Jones. K. L, Smith, D. W., Ulleland, C. N., & Streissguth, A. P. (1973). Patterns of malformation in offspring of chronic alcoholic mothers. *Lancet, 1*, 1267-1271.

Kaplan, B. J. (1986). A psychobiological review of depression during pregnancy. *Psychology of Women Quarterly, 10*, 35-48.

Lawn, R. M., & Vehar, G. A. (1986). The molecular genetics of hemophilia. *Scientific American, 254*, 48-56.

Martin, J. B. (1987). Molecular genetics: Applications to the clinical neurosciences. *Science, 238*, 765-772.

Marx, J. (1988). Are aging death programmed in our genes? *Science, 242*, 33.

Mendel, G. (1866). *Experiments with Plant Hybrids*. Proceedings of the Brunn Natural History Society.

Meredith, H. V. (1975). Somatic changes during human prenatal life. *Child Development, 46*, 603-610.

Moore, K. L. (1988). *The Developing Human: Clinically Oriented Embryology* (4th ed.). Philadelphia: W. B. Saunders.

Nowakowski, R. S. (1987). Basic concepts of CNS development. *Child Development, 58*, 568-595.

Olds, S. B., London, M., & Ladewing, P. W. (1988). *Maternal Newborn Nursing: A Family-Centered Approach*. Philadelphia: Addison-Wesley.

Patterson, D. (1987). The causes of Down's syndrome. *Scientific American, 257*(2), 52-61.

Pedersen, N. L., Plomin, R., McClearn, G. E., & Friberg, L. (1988). Neuroticism, extraversion, and related traits in adult twins reared apart and reared together. *Journal of Personality and Social Psychology, 55*, 950-957.

Quilligan, E. J. (1983). Pregnancy, birth, and the infant. NIH publication no. 82-2304. U.S. Department of Health and Human Services. Washington, D.C.: U.S. Government Printing Office.

Reinisch, J. M. & Karow, W. G. (1977). Prenatal exposure to synthetic progestins and estrogens: Effects on human development. *Archives of Sexual Behavior, 6*, 257-288.

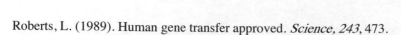

Roberts, L. (1989). Human gene transfer approved. *Science, 243,* 473.

Roosa, M. W. (1984). Maternal age, social class, and the obstetric performance of teenagers. *Journal of Youth and Adolescence, 13,* 365-374.

Schuster, C. S. (1986). Intrauterine development. In C. S. Schuster & S. S. Ashburn (Eds.), *The Process of Human Development* (pp. 67-94). Boston: Little, Brown.

Spence, M. J. & DeCasper, A. J. (1987). Prenatal experience with low-frequency maternal-voice sounds influence neonatal perception of maternal voice samples. *Infant Behavior and Development, 10,* 133-142.

Stechler, G., & Halton, A. (1982). Prenatal influences on human development. In B. B. Wolman (Ed.), *Handbook of Developmental Psychology* (pp. 175-189). Englewood Cliffs, N. J.: Prentice-Hall.

Streissguth, A. P., Barr, H. M., Sampson, P. D., Darby, B. L., & Martin, D. C. (1989). IQ at age 4 in relation to maternal alcohol use and smoking during pregnancy. *Developmental Psychology, 25,* 3-11.

Usher, R (1987). Extreme prematurity. In G. B. Avery (Ed.), *Neonatology: Pathophysiology and Management of the Newborn* (3rd ed.)(pp. 264-298). Philadelphia: Lippincott.

Ventura, S. J., Taffel, S. M., & Mosher, W. D. (1988). Estimates of pregnancies and pregnancy rates for the United States, 1976-85. *American Journal of Public Health, 78,* 506-511.

Vogel, F. & Motulsky, A. G. (1986). *Human Genetics: Problems and Approaches* (2nd ed.). New York: Springer-Verlag.

Williams, J. H. (1987). *Psychology of Women: Behavior in a Biosocial Context* (2nd ed.). New York: Norton.

Yalom, I. D., Green, R., & Fisk, N. (1973). Prenatal exposure to female hormones. *Archives of General Psychiatry, 28,* 554-561.

Yogman, M. W., Cole, P., Als, H., & Lester, B. M. (1982). Behavior of newborns of diabetic mothers. *Infant Behavior and Development, 5,* 331-340.

Zuckerman, B. et al. (1989). Effects of maternal marijuana and cocaine use on fetal growth. *New England Journal of Medicine, 320,* 762-768.

chapter 3

新生兒的發展與保育

在整個妊娠週期中，胎兒一直在母體的子宮內受溫暖的環境孕育呵護著。當妊娠接近尾聲時，隨著母親體內前列腺素與催產素的分泌增加，使子宮從不規則的間歇性收縮，轉變為規則強烈的收縮，而引起子宮頸擴張且變薄，胎兒被動的必須要離開熟悉的母體，也就是產程的開始。

「哇！」在溫暖而黑暗的子宮中「住了十個月」的胎兒，終於在眾人的期待及協助下，來到這個世界。一個響亮的哭聲，似乎在對大家表示，他（她）是人生舞台上的重要角色，不能受到忽視。在子宮外生活的最初二十四小時，是一個人一生中最脆弱且危急的時刻，因為新生兒在誕生後，必須接受及克服一連串的困難及挑戰，如此才能獨立生存於子宮外。

新生兒最大的生理改變是從胎兒或胎盤的循環轉變為獨立的呼吸。胎盤剝落的剎那，便代表著喪失了所有來自於母體對胎兒新陳代謝的支援，尤其是氧氣的供應和二氧化碳的移除。因此，出生後的第一個月是個體來到外在世界的適應期，稱之為新生兒期。從出生起至滿月為止的小寶寶則稱為新生兒。本章共分四節：(1)分娩；(2)新生兒的狀態；(3)新生兒期的發展特徵；(4)新生兒的保育。

第一節　分娩

生產（birth）是在子宮內依附存在與成為獨立有機生命之間的過渡階段，在不到一天的時間，胎兒從溫暖、流動、庇護的子宮環境內被丟進更大的世界裡，新生兒被迫只依靠自己的生物系統，因此生產可謂兩個生命階段的橋梁（周念縈譯，2004）。

出生是以子宮肌肉的不隨意收縮及稱作分娩（labor）的過程開始的。從開始分娩到嬰兒出生，這其間的時間長度有極大的多樣性。對於第一次進行分娩的婦女（初產婦），其平均時間約為十四小時，對於以前曾經分娩生育過的婦女（經產婦），其平均時間約為八小時。

　　子宮收縮具有兩種重要功能：消退（effacement）與擴張（dilation）。消退是子宮頸的縮短，擴張是指子宮頸逐漸擴大，由僅僅幾公釐寬開口擴到大約十公分──大到足以使嬰兒通過。消退和擴張是不需要由孕婦自身刻意努力而自然發生的。

　　一旦子宮頸完全張開，母親便能透過向子宮腹壁施加壓力幫助嬰兒出生。嬰兒自身也在分娩過程中透過蠕動、轉頭、反推產道而起幫助生產的作用。

　　醫學界將分娩描述為三個階段（**圖3-1**）：第一階段以子宮收縮為開始，以子宮頸的完全擴張為結束，這是最長的一個階段；第二階段是向外排逐胎兒，以子宮頸完全擴張為開始，以開始分娩胎兒為結束；第三階段自分娩開始，以胎盤排出為結束，這一階段通常持續五到十分鐘。

　　這三個分娩階段與分娩孩子的個人經驗並不完全吻合。例如，胎盤的排出在醫學標準中被當作一個獨立的階段，但卻很少在婦女對自己的分娩經歷的描述中被提到。另一方面，發生在孕期最後一週中的預產期的許多跡象，也大可以看作分娩經驗的開始。

　　若就對分娩過程的心理適應方面來說，分娩可以被認為有五個階段：(1)分娩臨近的早期跡象；(2)強有力且有規律的子宮收縮，它顯示分娩已經開始，通常此時要由家轉移入醫院；(3)過渡期，這時子宮收縮很強烈，兩次收縮之間的間歇時間很短，孕婦體驗到最大程度的艱難或不適；(4)分娩過程，這時孕婦能主動地參與孩子的分娩，而且通常這時要從普通的產婦病房轉入消毒很澈底的產房；(5)產後階段，包括與新生兒的最初交往，標誌著恢復孕婦前狀態的生理變化，返回自家。這些階段中的重要事件總結於**表3-1**中。

階段一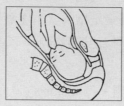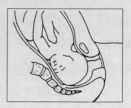

分娩早期，此時正在　　　　子宮頸繼續擴張。　　　　子宮頸近乎達到最大
消退、變薄、子宮頸　　　　　　　　　　　　　　　　擴張。
正開始擴張。

階段二

嬰兒臉朝下，頭被壓抵會陰，會陰　　　嬰兒的顱骨伸出會陰而拉長。先是
逐漸伸展，擴大著陰道口。　　　　　　顱骨而後是前額顯露出來。

階段三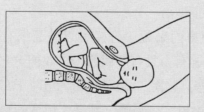

一旦頭部分娩出來，雙肩在骨盆中　　　上肩首先分娩出來；身體的其他大
旋轉，使頭轉向左或右側。　　　　　　部分便隨即很容易地滑出來。

圖3-1　分娩的過程

資料來源：Clarke-Stewart, A. & Koch, J. B. (1983).

表3-1　五個分娩心理階段的主要事件

階段一：分娩即將臨近的早期症候

1. 負荷感減輕（約在分娩前十至十四天）。嬰兒的頭進入骨盆區域。
2. 堵住子宮頸的填塞物消失。
3. 羊水流出。
4. 假分娩——不規則的子宮收縮。

階段二：分娩開始

1. 由家庭轉入醫院或生育中心。
2. 強有力的、有規則的、間隔三至五分鐘的子宮收縮。

階段三：過渡期

1. 加速分娩，子宮收縮的持續時間增加到九十秒鐘，間隔約為二或三分鐘。
2. 有某種迷惑、不能辨別方向、高度覺醒或失去控制的感覺。

階段四：分娩

1. 嬰兒的頭下壓至產道底部。
2. 母親體驗著一個強烈的反射性願望：排擠嬰兒，將其排出體外。
3. 通常母親要被從產科病房轉入高度消毒的產房。

階段五：產後期

1. 母親與嬰兒進行最初的接觸。
2. 胎盤被排出。
3. 激素系統迅速變化，刺激分泌乳汁，收縮子宮。
4. 母親和嬰兒進行早期學習活動；嬰兒試圖獲得護理、母親探究嬰兒，開始解釋他（她）的需要。
5. 返回家中，將嬰兒帶入家庭環境之中。

資料來源：引自郭靜晃、吳幸玲譯（1994）。

第二節　新生兒的狀態

一、何謂新生兒？

　　所謂的新生兒期（neonatal stage），是指從嬰兒出生到出生後二十八天（蔡欣玲等，2004）。新生兒在經歷陣痛生產的過程，離開適合生存的

子宮環境，進入寒冷的子宮外世界，為適應驟然改變的外在環境，小寶寶在生理及行為上必須產生適當的調適反應，特別是呼吸和循環系統的立即性適應。

二、足月兒、早產兒與過熟兒

足月兒係指妊娠週數介於三十八至四十二週的新生兒。體重在二千七百至四千公克之間，平均為三千二百公克，身長約五十公分。

而早產兒（premature）則係指妊娠週數小於三十七週，或出生體重低於二千五百公克的新生兒，大多數的早產兒在出生後會伴隨一些生理上的問題，如：(1)呼吸系統方面，因肺部不成熟，缺乏表面張力素，導致肺泡塌陷，產生呼吸窘迫症候群（RDS），呼吸困難的情形；(2)心臟血管系統，因低血循環量、低血壓，而導致開放性動脈導管（PDA），尤其出生體重低於一千五百公克者；(3)體溫調節方面，早產兒常會有低體溫的情形產生，其機轉為肌肉發展差，單位新陳代謝率低，導致產熱差，而在另一方面，則因早產兒體表面積大，皮下脂肪少及排汗功能差，導致其散熱易，因此早產兒易受環境影響，產生體溫改變。

依周產期醫學會統計，台灣地區六家大型醫院從一九八七至一九九六年之間，早產之發生率為7.65%，早產兒之週產期死亡率為10.52%，其中在二十至三十二週生產之週產期死亡率更高達27.4%。另根據行政院衛生署的統計，源於週產期病態之新生兒死亡原因，高居台灣地區零歲幼兒十大死因的第一位（67.25%）（行政院衛生署，2003）。到2011年新生兒死亡人數為530人，約為千分之4.2（4.2‰），嬰兒主要死因為：(1)先天性畸形、染色體異常；(2)週產期呼吸疾病；(3)週產期感染；(4)妊娠長短及胎兒生長疾患；(5)事故傷害（行政院衛生署，2011）。

出生時體重過低的相關因素包括：低社會經濟階層、營養狀況差、沒有產前檢查、懷多胞胎、從前有過早產、孕婦抽菸、母親年齡過小、第一次懷孕、懷孕間隔太密、生殖系統異常（如子宮內中隔）、感染（尤其

是泌尿道感染）、產科合併症（如早期破水或胎盤早期剝離）、多次懷孕、提早催生、選擇性剖腹產（郭靜晃等，1998）。

過熟兒（postmature baby）係指妊娠週數超過四十二週才出生的新生兒，其皮膚特徵常見爲：皮膚被胎便染色、乾燥、脫皮、腳掌紋深、無胎毛等等。過熟兒因胎盤的功能老化，導致供給胎兒的營養不足，有時會有胎死腹中的情形發生。因此，一般產科醫生會在妊娠週數超過四十週時，依情況建議產婦適時進行催生引產，以防止妊娠延長。

三、生活環境的改變與適應

出生前後，新生兒的生活環境幾乎是天壤之別（**表3-2**）。在出生前，無論營養的供給或是廢物的排除，都是由母體直接或間接的負責；而出生後則一切都要靠自己。在母體子宮內，漂浮在羊水中，空氣有限，溫度恆定，光線黑暗，外在刺激少；然而在新生兒呱呱墮地後，外在溫度轉化變大，且環境中的噪音及人爲刺激增多。

表3-2　出生前後新生兒生活環境的比較

	出生前	出生後
環境	羊水	空氣
溫度	羊水溫度恆定	氣溫變化較大
光線	黑暗	室內及室外的光線
空間	僅限子宮，空間有限	外在世界無限寬廣
外在刺激	較少	環境噪音及人爲刺激較多
營養供應	由母血供應，經胎盤到臍帶而至胎兒體內	依賴奶水等食物，再經由消化系統吸收
氧氣供給	由母血供應，經胎盤到臍帶而至胎兒體內	靠自己的呼吸系統吸入空氣，經由肺部送至血管
廢物排泄	經由胎盤排到母血，再由母體的腎臟及肺臟排除	由自己的腎臟、腸道、肺臟及皮膚排除

資料來源：游淑芬等（2004）。

四、新生兒評估

新生兒評估主要包括以下兩部分：(1)以亞培格量表（Apgar score）評估新生兒的存活率；(2)出生後二至三天（至少餵奶滿三十六小時）內，採血做新生兒篩檢，以檢查是否有先天性代謝異常疾病。

亞培格量表作法如下：

當新生兒出生後一分鐘與五分鐘，醫護人員為判定新生兒的健康狀況，一般都利用一九五三年Virginia Apgar醫師所發展出來的亞培格量表新生兒計分系統，來評估新生兒對子宮外的生活適應（王瑋等譯，1991）。其主要評估心跳速率、呼吸速率、肌肉張力、反應力與皮膚顏色等五個項目，評分方法見**表3-3**。

出生後第一分鐘的得分，是評估新生兒的生存機率，而出生後五分鐘的評分結果，可作為新生兒死亡性的指標及神經功能是否有異常。依據上述的五項檢查項目，每一項給予0～2分的計分評定，五項加起來總分是0～10分。

藉由系統性的觀察以下五項特徵完成亞培格計分，將觀察的結果記錄為0分、1分或2分。

1.利用聽診器評估整整一分鐘的心跳速率，無心跳是0分；每分鐘心跳速率低於一百下是1分；心跳速率一百或一百以上記2分。

表3-3 亞培格量表

症狀 \ 得分	0分	1分	2分
脈搏——心跳速率	無（無法感覺）	每分鐘少於一百次	每分鐘多於一百次
呼吸——呼吸速率	無	不規則、慢	好，哭聲規則
活動——肌肉張力	軟弱、無力	虛弱不活動	強壯而活動的
外觀——皮膚顏色	發青或蒼白	身體淡紅、四肢發青	全身呈淡紅色
臉相——反應力	無反應	皺眉	咳嗽、打噴嚏、哭

資料來源：Apgar (1965).

2.觀察胸腔的移動，評估整整一分鐘無協助下的呼吸次數，無呼吸是0分；呼吸慢、不規則或淺是1分；呼吸規則伴隨著強而有力的哭聲是2分。

3.藉由伸展新生兒的手臂或腿部以評估其肌肉張力，當將新生兒的肢體放掉時會回復屈曲的狀態，也須注意伸展肢體時有無阻力存在，如果肢體鬆軟無力是0分；有輕微的阻力與屈曲是1分；強壯有力的活動與自發性的屈曲是2分。

4.注意嬰兒的膚色，大部分的新生兒在一分鐘時會有些發紺，肢端發紺會持續數小時，如果在一分鐘或甚至五分鐘結束時呈發紺或蒼白是0分；如果身體是粉紅色，但肢端發紺是1分；整個身體呈粉紅色，包括肢端在內2分。

5.藉由從鼻腔抽吸黏液或溫柔地摩擦新生兒的背部時，新生兒出現的行為評估其對反射刺激性的反應，如果無反應是0分；面部扭曲或是皺眉是1分；強壯有力的哭泣、打噴嚏或咳嗽是2分。

總分在7～10分的新生兒，表示健康狀況良好，呼吸與心臟功能均順利運作，4～6分者為中度呼吸困難，此新生兒大都有心臟的搏動，可是並未開始呼吸，並合併有發紺、反射不佳、肌肉緊張度弱的情形，因此需要一些醫療措施來改善狀況。而0～3分者為嚴重呼吸窘迫，新生兒通常沒有呼吸也無心跳（或心跳緩慢），全身發紺及無力，有立即性生命危險，必須立刻進行氣管內插管急救，以外在壓力提供氧氣。

五、新生兒篩檢

新生兒的先天性代謝異常疾病，其發生原因是由於體內缺乏某種酵素而導致代謝異常，使得應代謝出體外的物質仍滯留於體內。如此會影響新物質的形成，造成身體某些機能障礙，可能導致日後嚴重心智遲緩，甚至死亡等問題（蔡欣玲等，2004）。

因此，有些先天性代謝異常疾病若能早期發現，並給予適當治療或

預防，即能使新生兒正常的成長或將疾病的後遺症降至最低。

先天性代謝異常疾病可考慮利用新生兒篩檢來達到預防及治療的目的，但並非所有的疾病都適合以新生兒篩檢來預防，其判斷適合與否的必要條件有下列四點（翁瑞亨等，2003）：(1)該疾病一旦被發現診斷，有治療或防範後遺症的方法；(2)在新生兒時期，疾病的症狀並不明顯，例如：不及時治療會急速惡化導致嚴重的後遺症；(3)有經濟可靠的篩檢方法；(4)該疾病的發生率不低，在實用上有全面篩檢之必要。

新生兒篩檢主要是以「先天性代謝異常疾病」為對象，目前較常見的篩檢疾病有苯酮尿症（Phenylketonuria, PKU）、高胱胺酸尿症（Homocystinuria, HCU）、楓糖漿尿症（Maple Syrup Urine Disease, MSUD）、半乳糖血症（Galactosemia, GAL）、葡萄糖-6-磷酸鹽去氫酶缺乏症（Glucose-6-Phosphate Dehydrogenase Deficiency, G-6-PD Deficiency）、先天性甲狀腺低能症（Congenital Hypothyroidism, CHT）、先天性腎上腺增生、生物素酶缺乏症、裘馨氏肌肉萎縮症、鐮形血球貧血症及囊狀纖維化症。其中，以葡萄糖-6-磷酸鹽去氫酶缺乏症最常見，發生率最高，見**表3-4**（行政院衛生署國民健康局，2002）。

(一)台灣地區新生兒篩檢疾病

◆苯酮尿症

苯酮尿症是一種體染色體隱性遺傳疾病，主要是由於體內苯丙胺酸

表3-4　2001、2008年台灣地區新生兒篩檢項目及其發生率

病名	發生率（2001）	發生率（2008）
1.半乳糖血症（GAL）	1：164,882	1：83,778
2.苯酮尿症（PKU）	1：41,654	1：38,897
3.先天性甲狀腺代謝低能症（CHT）	1：2,030	1：2,109
4.G-6-PD缺乏症	1：63	1：62
5.高胱胺酸尿症	1：127,650	1：128,132
6.先天性腎上腺增生症	1：15,000	1：32,002

資料來源：行政院衛生署國民健康局（2002，2009）。

（Phenylalanine, Phe）羥化（hydroxylation）成酪胺酸（Tyrosine, Tyr）的代謝途徑機能障礙，所引起的先天代謝異常疾病（翁瑞亨等，2003）。

患此症的病兒，無法有效利用食物中蛋白質，通常會導致嚴重智能不足或死亡。若能早期發現，於出生三個月內給予特殊飲食或維生素，則大部分病童可有正常的智能發展。

苯酮尿症之治療原則：

1.控制飲食中苯丙胺酸的攝取量，改食特殊配方奶粉。
2.缺乏輔酵素之病患，則輔以藥物治療。
3.定期評估血清中苯丙胺酸濃度。
4.定期評估生長發育情形。

◆高胱胺酸尿症

高胱胺酸尿症是一種體染色體隱性遺傳的胺基酸代謝異常疾病。主要是由於「胱硫醚 β 合成酶」（Cystathionine-β-synthase）的功能缺乏，造成高半胱胺酸（homocysteine）合成胱胺酸（Cystine, Cys）的過程中發生機能障礙，在體內堆積甲硫胺酸（Methionine, Met）、高胱胺酸（Homocystine, Hcy）、高半胱胺酸及複合雙硫化合物（mix disulfide）等異常代謝產物（蔣思慧等，1993）。

高胱胺酸尿症之主要症狀有：

1.尿液中排出大量的高胱胺酸。
2.血中高胱胺酸值及甲硫胺酸值偏高。
3.患童若未加以治療，將導致全身骨骼畸形、智能不足、眼球水晶體脫位、心臟血管疾病及血栓等臨床症狀。

高胱胺酸尿症之治療原則：

1.使用大劑量維生素B_6治療。
2.患童如對維生素B_6治療沒有良好反應，則考慮配合飲食治療：

(1)使用豆類配方之特殊奶粉。

(2)使用低甲硫胺酸食譜，並補充胱胺酸。

3.定期監測血中甲硫胺酸含量及尿液中高胱胺酸值。

4.按時做兒童健檢及智力發育評估。

◆半乳糖血症

半乳糖血症係一種體染色體隱性遺傳的醣類代謝異常疾病。由於半乳糖（galactose）轉變成葡萄糖（glucose）的代謝途徑發生障礙，導致體內半乳糖的堆積（蕭廣仁，1997）。患童無法代謝半乳糖，體內蓄積過多的半乳糖，導致嘔吐、昏睡、白內障、肝硬化、生長發育遲緩及智能障礙等情形。

半乳糖血症的治療原則主要是以禁食含有半乳糖的食物（如母奶、牛奶及奶製品等），改用黃豆配方奶粉，即可減少併發症的產生。

◆葡萄糖-6-磷酸鹽去氫酶缺乏症

葡萄糖-6-磷酸鹽去氫酶缺乏症是一種很常見的X性連鎖（X-linked）遺傳的先天代謝異常疾病。G-6-PD是紅血球分解葡萄糖代謝過程中的一種重要的酶。當紅血球中麩胱甘肽（Glutathione, GSH）被外來氧化物氧化後，因G-6-PD的缺乏而不能重新被還原成麩胱甘肽來保護紅血球之細胞膜，進而產生溶血現象（行政院衛生署，1997）。在新生兒時期會造成黃疸，嚴重時會形成核黃疸，引起腦性麻痺症狀，進而導致新生兒死亡（郭靜晃等，1998）。

此症在台灣的平均發生率約為2%（翁瑞亨等，2003），有些患童吃了蠶豆後會引起急性溶血現象，因此，G-6-PD缺乏症又稱為「蠶豆症」。原則上，G-6-PD缺乏症患者應避免有可能引起溶血的藥物（如抗瘧疾藥、磺胺劑類、鎮定劑、搽紫藥水等）或食物（如蠶豆）；新生兒篩檢若發現G-6-PD缺乏症之嬰兒患者，應避免接觸萘丸（臭丸或樟腦丸），並詳細觀察其黃疸之發生，即時予以治療，以防止核黃疸之產生。每位患童及家屬均應發給一張「G-6-PD缺乏症應注意事項卡」（圖

3-2），並提供家屬遺傳諮詢服務及居家照顧的衛教。

	紅血球內 葡萄糖-6-磷酸鹽去氫酶缺乏症 （G-6-PD Deficiency） 應注意事項 您如有任何疾病就醫時，請攜帶此卡供醫師參考 姓名：＿＿＿＿＿＿＿＿＿＿＿＿＿ 性別：＿＿＿＿＿＿＿＿＿＿＿＿＿ 出生：＿＿＿年＿＿＿月＿＿＿日 （正面）
葡萄糖-6-磷酸鹽去氫酶缺乏的人，服用某些藥物或食品，容易發生溶血性貧血。 (一)日常生活方面要注意下列事項： 　1.任何時候去看病，請將此卡給醫師看。 　2.避免吃蠶豆。 　3.衣櫥及廁所不可以放萘丸（俗稱臭丸）。 　4.不要使用龍膽紫（紫藥水）。 　5.假若發現有黃疸或貧血（臉色蒼白）現象，要趕緊帶去醫院診治。 (二)下列藥物請避免使用（供醫生參考）： 　1.抗瘧疾藥物： 　Primaquine 　Pamaquine（Plasmoquinum） 　Pentaquine 　2.磺胺劑： 　Salicylazosulfapyridine 　（Azulfidine）	Sulfanilamide Sulfacetamide（Sulamyd） Sulfapyridine Sulfamethoxazole（Gontanol） 　3.解熱及鎮痛藥劑： 　Acetanilid 　Aminopyrine（Pyramidon） 　Antipyrine 　4.硝基呋喃類（Nitrofurans）： 　Nitrofurantoin（Furadantin） 　Nitrofurazone（Furacin） 　Furazolidone（Firoxone） 　5.其他： 　Methylene blue 　Naphthalene（Moth Balls） 　Nalidixic acid（Negacide） 　Phenylhydrazine 　Toluidine blue 　Trinitrotoluene （背面）

圖3-2　G-6-PD缺乏症應注意事項卡

資料來源：行政院衛生署（1997）。

◆先天性甲狀腺低能症

　　甲狀腺素是人體腦部發育、身體生長與新陳代謝所不可或缺的要素，若在嬰兒時期體內的甲狀腺素缺乏或不足，會產生嚴重的代謝緩慢與生長發育遲緩情形，若未能及時治療，日後將會導致呆小症（cretinism），而產生身體矮小及智能障礙等症狀，此症狀要早期診斷只得靠篩檢，若在出生三個月內開始治療，約80%的患童可有正常的發育和智能，一般說來，早期發現早期治療，並定期長期追蹤，預後則會相當不錯。

(二)檢體採集方法

　　為了考量減少新生兒因檢驗而流失的血量及檢體運送方便，且能地毯式普及篩檢服務至偏遠地區，新生兒篩檢的檢體採集最常使用以毛細試管採取足跟部位微量血液（約0.2～0.3CC.），一般新生兒應於出生後二至三天（至少餵奶滿三十六小時）內，採集新生兒血液。採血的最佳時機是在新生兒剛洗過澡後，若不在洗澡後採血，則可在採血前，以熱毛巾（38℃～42℃）熱敷腳跟，使新生兒末梢微血管擴張，便於採血。

　　穿刺部位應選擇足跟兩側部位（**圖3-3**），因為此部位肌肉多，血管分布較密，且採血針不至於扎到足跟骨引發骨髓炎。然而足跟曲部（**圖3-4**）應絕對避免穿刺，因為此部分肌腱、神經受肌肉保護層少，容易刺到骨頭，引發骨髓炎。而且應儘量避免同一位置（點）重複穿刺取血，以防感染。

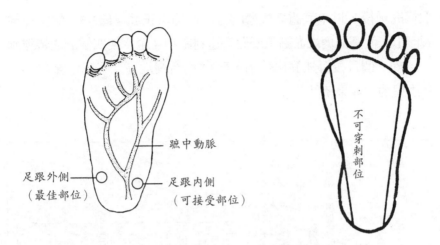

足跟外側 ─── (最佳部位)

蹠中動脈

足跟內側 (可接受部位)

不可穿刺部位

圖3-3 新生兒足跟採血之部位

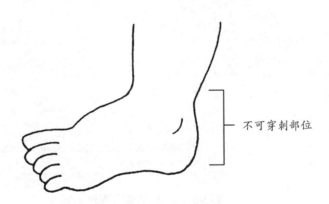

不可穿刺部位

圖3-4 新生兒足跟採血之危險部位

　　取樣完成後，以垂直濾紙檢體的方向從濾紙正面（**圖3-5**）輕塗在檢體的圓圈上，使圓圈內之血點正反面都達到飽和（至少使四個圓圈皆達到飽和）。約一個月後可知篩檢結果，**表3-5**為台灣地區二〇〇〇至二〇〇九年新生兒篩檢成果統計。

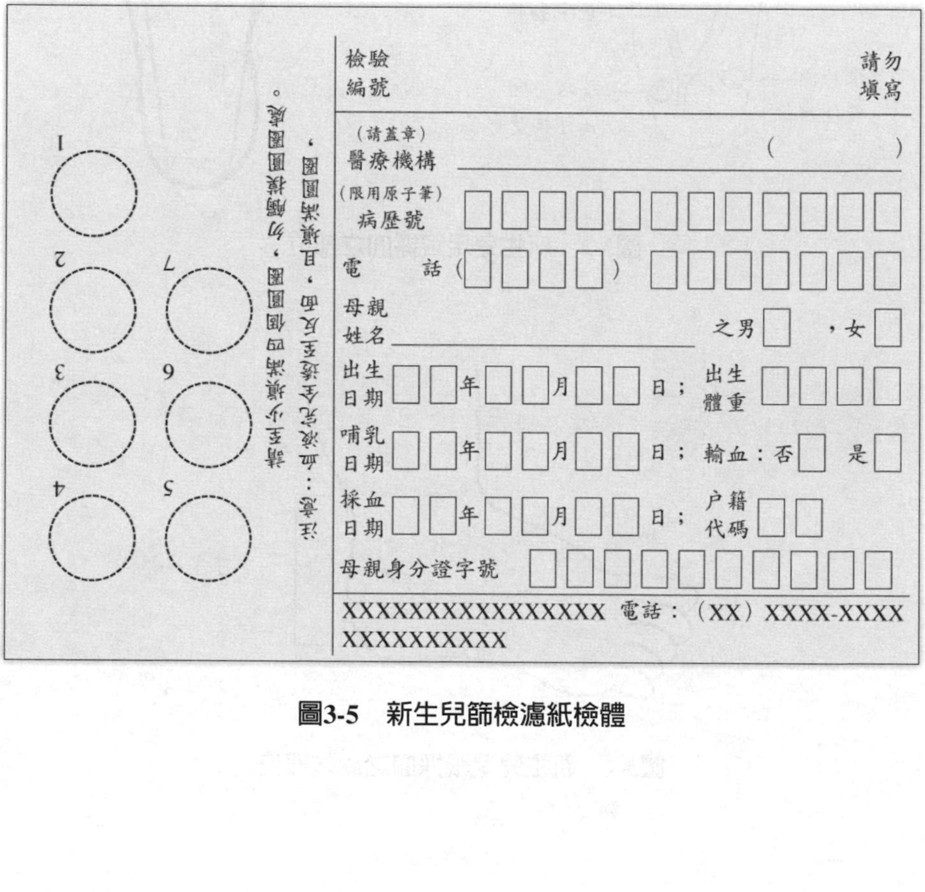

圖3-5　新生兒篩檢濾紙檢體

表3-5　台灣地區新生兒先天性代謝異常疾病檢驗歷年成果統計表

年度	年出生數	篩檢人數	篩檢率	異常個案數											總異常個案數
				葡萄糖6-磷酸鹽去氫酶缺乏症	先天性甲狀腺低能症	苯酮尿症	高胱胺酸尿症	半乳糖血症	先天性腎上腺增生症	楓糖漿尿症	中鏈醯輔酶A去氫酶缺乏症	戊二酸血症第一型	異戊酸血症	甲基丙二酸血症	
2000	305,312	304,394	99.7	6,187	243	14	0	0							6,444
2001	260,354	255,643	98.2	3,808	175	8	2	0							3,993
2002	247,530	246,479	99.6	4,049	195	6	3	0							4,253
2003	227,070	226,825	99.9	3,320	141	4	0	3							3,468
2004	216,419	217,306	100.0	3,628	178	12	6	5	（95年7月1日起全面篩檢）						3,829
2005	205,854	206,614	100.0	3,568	226	15	6	3							3,818
2006	204,459	204,554	100.0	3,491	217	12	4	1	33	0	0	8	2	4	3,772
2007	204,414	203,394	99.5	3,801	162	6	6	1	23	4	0	2	4	3	4,012
2008	198,733	196,234	98.7	3,829	180	6	2	4	46	2	10	14	1	7	4,101
2009	192,455	192,249	99.9	3,436	150	14	9	-	15	1	-	2	2	8	3,637
總計	2,262,600	2,253,692	99.9	39,117	1,867	97	38	17	117	7	10	26	9	22	41,327

資料來源：行政院衛生署國民健康局（2010）。

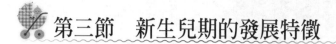

第三節　新生兒期的發展特徵

一、新生兒的外觀

(一)皮膚

　　新生兒出生時，皮膚呈粉紅色，且柔軟而光滑，皮膚表面上覆蓋著一層白色油質性的物質，稱為胎脂（郭靜晃等，1998）。此外，在新生兒出生後幾天，其皮膚開始呈黃色，稱為黃疸，這是因新生兒的肝細胞尚未完全成熟，使得轉換間接型膽紅素的能力只有成人的1％～2％（Korones, 1981），再加上大量的紅血球遭到破壞而導致血中間接型膽紅素過高，造成皮膚及鞏膜呈黃色。如果膽紅素過高（每公合超過十三毫克），就需要做照光治療（Palfrey et al., 1995），來消除皮下微血管裡的膽紅素。根據統計，一般足月新生兒約有50％～70％，在出生的第三至四天發生生理性黃疸（Phillips, 1987），且通常在第七至十四天黃疸情形會漸漸消退。

(二)頭部

　　新生兒的頭圍平均為三十三至三十五公分，約比胸圍大二至三公分，測量頭圍的方法為由枕骨粗隆至前額眉毛上方一圈。分娩時頭部在通過產道中，因受到擠壓而變形或是形成產瘤，此現象在出生幾天後就可復元。

　　人的頭骨係由六塊骨頭形成──額骨、枕骨、兩塊頂骨及兩塊顳骨，連接兩塊骨頭間的結締組織稱之為縫（sutures）。而縫與縫間較大而未骨化的膜狀組織稱之為囟門（fontanels）（許世昌，1996）。新生兒的頭部有兩處顯著的囟門，一為前囟或大囟門，位在頭頂前方的菱形空隙，由矢狀縫、冠狀縫及額縫接合而成，約在嬰兒十二至十八個月大時會閉

合；另一為後囟門或小囟門，位於頭頂後下方的三角形空隙，是由矢狀縫及人字形縫接合而成的（**圖3-6**）（陳月枝等譯，2002），**表3-6**為前囟門與後囟門之比較，如果囟門太早閉鎖或延遲性閉鎖（兩歲以上），可能是為某些疾病的表徵，如水腦、佝僂病等。

產瘤是先露部位水腫，因為頭只包含軟組織，產瘤會越過骨縫合，而於產後數天後消失。頭血腫係指血液積聚於顱骨和骨膜間，頭血腫不會越過骨縫合，但可能出現一個以上的頭血腫，血液的吸收比體液慢，因此與產瘤比起來頭血腫吸收所花的時間較長（**圖3-7**）。

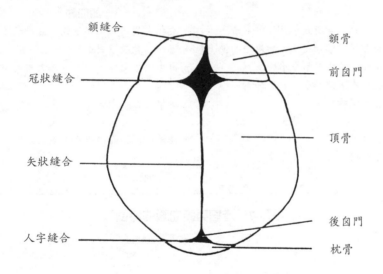

圖3-6　新生兒頭顱的骨縫合及囟門

表3-6　前囟門與後囟門之比較

囟門	位置	形狀	閉合
前囟門（大囟門）	頭頂前方	菱形	12～18個月
後囟門（小囟門）	頭顱後下方	三角形	6～8週

資料來源：陳月枝等譯（2002）。

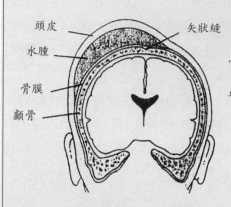
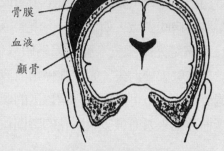

產瘤	頭血腫
·局部軟組織水腫所致，且界限不清。	·柔軟、波動的局部腫脹，且界限清楚。
·導因為分娩時胎頭受子宮頸壓迫，使受壓部位血流減少而形成水腫。	·導因為骨膜下出血。
·出生時即有，但大小不會增加。	·出生後才出現，但二至三天內大小仍會增加。
·水腫會越過縫合。	·血腫不會越過縫合。
·出生後數小時到數天消失。	·出生後數週到數個月消失。
·很少有合併症。	·合併症包括顱內出血、黃疸或顱骨下骨折。
·可加壓凹陷。	·不可加壓凹陷。

圖3-7　產瘤與頭血腫的特徵

資料來源：陳月枝等譯（2002）。

(三)胸部

　　新生兒的胸部幾乎呈圓桶狀，因其前後徑與左右徑的長度相等，當新生兒吸氣時可見輕微的胸骨凹陷、回縮。出生時，胸圍平均約三十點五至三十三公分，比頭圍小二至三公分，之後隨著月齡的增加，大約在滿一歲時，胸圍就與頭圍差不多了。

　　新生兒無論性別為男嬰或女嬰，均會有乳房腫脹的情形，主要是受懷孕期母體的雌激素所影響，約出生後二至三天消退。偶爾可見有些新生

兒在一週大之前,因受母體泌乳激素的影響,乳房有乳汁分泌物,稱之爲魔乳或巫乳(witch's milk),通常一至二星期左右就會消退。

(四)腹部

正常新生兒腹部外形呈圓柱桶狀,且可見明顯的靜脈,呼吸時,腹部與胸部同步起伏。臍帶出生時顏色呈灰藍色,含兩條動脈及一條靜脈,出生後臍帶隨即剪斷,二至三天後臍帶變黑乾燥,約七至十四天會脫落而留下小的肉芽組織。

(五)性器

大部分男嬰的睪丸在出生時已下降至陰囊內,但仍然有少數的新生兒可能還在下降過程中或仍留在腹腔內,一般來說,通常於三至十二個月大時會完成下降,若至一歲時仍未下降,則須進行手術(張媚等,2004)。

足月生產的女嬰通常大小陰脣及陰蒂都呈現水腫,尤其是臀位生產的女嬰。在女嬰出生後一週內,於其陰部可發現黏液狀或血狀分泌物,稱爲假性月經(pseudomenstruation),因受出生後母體荷爾蒙突然減少所致,通常約在二至四週內自然消失。

二、新生兒的生理發展

不同組織與器官系統在生長速率上的差異,造成了兒童時期身體比例的明顯變化。在整個身體的成長上,頭尾趨勢發展的比例變化最爲明顯(圖3-8)。在胎兒時期,頭部是生長最爲快速的身體器官;而在懷孕兩個月時,頭部約占身體總長度的二分之一。新生兒時,頭部約占身體總長度的四分之一,成人則爲八分之一;軀幹與下肢的比例爲4:3,成人則1.6:2。在嬰兒期,軀幹的成長最爲明顯;嬰兒的眼睛是成人大小的一半,但身體只有成人大小的四分之一。而在兒童期,身體的部分則以腿部的生長最爲快速;到了青春期,軀幹又會再次變長。新生兒的下肢會占整

圖3-8　身體比例的變化（胎兒期至成年期）

個身體長度的三分之一，而成人的下肢則占身體高度的一半。隨著身體的成長，頭至腳趾間的中點也會逐漸下降，中點的位置由出生時的肚臍降至成熟時的恥骨聯合的位置。

(一)體重

　　正常足月生產的新生兒，體重大約為二千五百至四千公克，男嬰平均三千四百公克，女嬰平均三千二百公克。影響新生兒體重的因素包括孕婦的營養及健康、新生兒的性別、居住國家的發展狀況等。而行政院衛生署與台灣省婦幼衛生研究所（1982）、鍾志從（1983）的調查，均發現男嬰體重優於女嬰，而Stoch等人（1982）則認為與營養有關。此外，聯合國兒童基金會（U. N. Children's Fund, 1985）曾發表說明，國家發展情形與新生兒體重的關係如下：在新生兒出生時，體重超過二千五百公克的比例中，已開發國家占93%，開發中國家占83%，未開發國家占70%，這可能與孕婦的營養、健康及衛生保健有關（郭靜晃等，1998）。

　　新生兒出生後三至四天，會出現體重較出生時減輕5%～10%的情

況，這是正常的現象，稱為「生理性體重減輕」。通常於出生後一至二星期左右可回復至出生時的體重。而導致生理性體重減輕的原因如下（游淑芬等，2004）：

1.胎便與尿液的排出。
2.水分從皮膚與肺部代謝。
3.新生兒吞嚥反射尚未發展完全，攝食量有限。
4.母親的奶水分泌尚未充足。

經過這段時間後，新生兒的體重會慢慢增加。到滿月時，體重大約可增加一公斤。

(二)身高

正常足月生產的新生兒，身高大約為四十八至五十三公分，平均約為五十公分。新生兒出生後前六個月身高平均每個月增加二點五公分，而在第六個月至第十二個月則平均每月增加一點二五公分，影響新生兒身高的因素包括孕婦的營養狀況及新生兒的性別等。而行政院衛生署與台灣省婦幼衛生研究所（1982）、鍾志從（1983）的調查，均發現男嬰身高優於女嬰。而Stoch等人（1982）則認為與營養有關（郭靜晃等，1998）。

(三)體溫

新生兒剛出生時，由於體溫調節機能尚未完全成熟，體溫會下降1.1℃～2.8℃，約八小時後才又回至正常體溫。體溫平均約為36.5℃～37.5℃（Smart & Smart, 1977）。新生兒有獨特產熱組織——棕色脂肪（brown fat）組織，其產熱機轉為血液流經棕色脂肪產熱，送至全身各部位。

新生兒的體溫調節中樞尚未完全成熟，加上體表面積與體重比值較成人大，皮下脂肪比成人少，因此較易散熱，體溫變化易受外界所影響（游淑芬等，2004）。

體溫調節的重要性是僅次於呼吸的建立，其攸關著新生兒的存活與否，而可能造成體溫喪失的因素有：

1. 身體產熱功能不足，其機轉與成人不同，新生兒是以增加新陳代謝及消耗氧來增加體溫，而成人則是藉由顫抖來增加體溫。
2. 新生兒皮下脂肪含量少且薄，故保熱功能不佳。
3. 體表面積較大，故新生兒體熱易散失。

(四)循環系統

出生前，母親及胎兒各有獨立的循環系統及個別的心跳，但胎兒的血液是透過臍帶來交換，臍帶的作用是載送血液進入及離開胎盤（圖3-9）。一出生，嬰兒本身的系統則必須接手運作（黃慧真譯，1994）。

胎兒血循的形態是以基本的單一循環為特色，其血流由肺部分流出而在胎盤進行氣體交換；而新生兒系統可分為兩個不同的循環，在這循環中氣體是在肺部進行交換，造成此結果主要是因肺部有足夠的通氣（圖3-10）。由於胎盤血流的終止，使右心房的壓力遽降，相對地造成左心房的壓力上升。這時卵圓孔會因左心房壓力增加，而產生功能性的閉鎖，靜

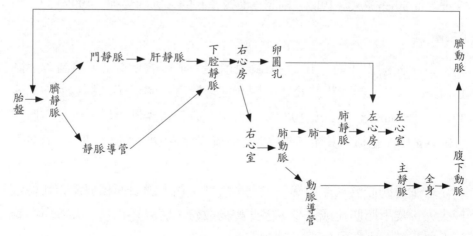

圖3-9　胎血循環

資料來源：黃慧貞譯（1994）。

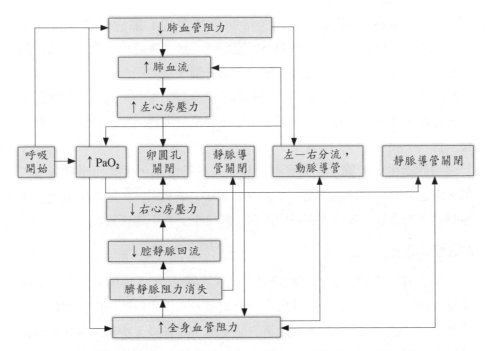

圖3-10 卵圓孔、動脈導管以及靜脈導管關閉，表示血循已由胎兒循環過渡至新生兒循環

資料來源：Smith, C. A. & Nelson, N. M. (1976).

脈導管會在閉鎖後形成靜脈韌帶；動脈導管則在新生兒出生後，立刻有功能性的閉鎖，臍動脈在臍帶結紮後形成腹下動脈，而臍靜脈則形成肝圓韌帶（**表3-7**）。

表3-7 閉合時間及結構改變

胎兒構造	嬰兒構造	閉合時間（解剖上）	生理機能上
卵圓孔	卵圓窩	3～4個月	1～2天
動脈導管	動脈韌帶	2～3個月	2～5天
靜脈導管	靜脈韌帶	3週	出生不久
臍靜脈	肝圓韌帶	2～3個月	
臍動脈	遠端—膀胱臍韌帶 近端—上膀胱動脈	2～3個月	

新生兒的心血管系統方面，最初反應期的心跳速率快（每分鐘一百七十至一百八十次），相對不反應期時心跳速率降低，平均為每分鐘一百二十至一百四十次，之後會增加至每分鐘一百二十至一百六十次。心跳和呼吸速率一樣，隨著新生兒所處的階段會有所不同，而且在深度睡眠時，可能會低至每分鐘一百次以下，而在哭泣或運動活動時會增加至每分鐘一百八十次。

由於新生兒心臟小，血管方面靜脈又比動脈粗，因此血壓會較成人低。新生兒血壓約為六十至八十／四十至五十毫米汞柱，隨著年齡增長，血壓會逐漸升高，至成人期平均約為一百二十／八十毫米汞柱。

(五)呼吸系統

胎兒時期的肺部充滿了肺液及羊水，故雖有呼吸動作，但在出生前並沒有功能。在胎兒期，由臍帶來供給氧氣；而出生後臍帶即被剪斷，必須靠自己呼吸空氣了。初生兒的第一個哭聲，即是吸入空氣使肺部膨脹後發生的，第一次的哭聲也就是人生的第一次呼吸，立即的啼哭聲使新生兒建立起呼吸功能，一般新生兒約在出生後十秒鐘開始呼吸。

引發呼吸的刺激分為兩種，即外在和內在刺激。外在刺激包括機械式、感官性以及溫度刺激；內在刺激是化學刺激，以及包括氧分壓降低、二氧化碳分壓上升以及酸鹼值降低。

新生兒的呼吸呈現快而淺的現象，由於每次吸入的空氣量較成人少，所以呼吸的速率比成人快一倍以上。在速率及規律性方面是會隨著其狀態而有所改變，如處於安靜地躺著或活動等不同的狀態而有所不同。一般正常的新生兒每分鐘的呼吸速率為三十至五十次。新生兒出生後一週內的呼吸速率通常會呈現不規則的情形，偶爾會有呼吸突然停止的現象，稱為呼吸暫停（apnea）。

由於新生兒的呼吸是不完全的，新生兒採腹式呼吸，亦即橫膈式呼吸，因此吸入量往往不夠新生兒所需，他必須藉著打呵欠、打噴嚏、咳嗽、喘息等方式，來調節自己所需要的氧氣量，這情形一般會持續至滿月

才逐漸改善。

(六)消化系統

　　新生兒胃的形狀近似圓形，且成水平的位置。當嬰兒一歲左右開始站立步行時，胃的形狀逐漸拉長，慢慢變成與橫膈呈垂直的位置。

　　剛出生時，胃的容量約為30～50CC.，此後逐漸增大，滿月時約90～105CC.；新生兒胃容量小，胃的排空時間比成人短，大約二至四小時，而且消化快，因此新生兒的餵食宜採少量多餐。

　　足月的新生兒，已具備有吞嚥、消化及代謝的能力。在消化功能方面，主要是對蛋白質及碳水化合物（單醣類、雙醣類）的吸收能力較佳，但因體內缺乏胰澱粉酶及胰脂肪酶，所以對脂肪及分子較複雜的澱粉類則較難吸收。

　　新生兒於出生一至二天後排出的大便稱為「胎便」，是胎兒在母體內喝入羊水所形成的殘渣，性狀黏稠且成墨綠色，無臭味。餵食二至三天後排出的大便稱為「過渡期便」，性狀較不黏稠，而顏色由棕綠色漸進為黃棕色。至第四天，開始出現典型的「奶便」。奶便的性狀，會因餵食母奶或不同廠牌的奶粉而有所不同。一般來說，母奶便的性狀稀軟而成糊狀，類似發酵乳的酸味，顏色由黃色到金黃色；牛奶便的性狀則較為成形且硬，味道較臭，顏色由黃白色至棕色或綠色。

(七)泌尿系統

　　新生兒的泌尿系統在結構上是完整的，但在功能上仍未臻成熟。在腎臟的部分，新生兒的上皮組織較厚，導致腎小管的過濾功能及再吸收功能較差，腎絲球過濾率（GFR）每分鐘只有40～50CC.，一般至二歲時才能達到成人的標準每分鐘125CC.（蔡欣玲等，2004）。

　　一般來說，新生兒在出生後十二至二十四小時內會開始第一次排尿，其尿液是無色無味，第一天大約解二至六次，第一週平均每天約六至八次；之後，則隨食量的增加，排尿次數也增多。這是由於新生兒的膀胱容量小，約只有15CC.，且膀胱與尿道括約肌尚未成熟，因此儲尿能力較

差，滿月後，隨月齡的增加，膀胱機能便會逐漸成熟近似成人。

(八)腦神經系統

人類腦神經細胞包括負責神經傳導的細胞——神經元（neuron）和負責支持及養分供應的神經膠質細胞（neuroglia cells），又稱膠質細胞（glial cells）。每個神經元細胞的一端呈樹枝狀的稱作樹突（dendrites），能接收訊息，而另一端有較長的突出則為軸突（axon），其負責訊息的傳出（圖3-11）。出生時，新生兒的神經系統尚未發展完成，但已足以應付子宮外的生活。多數的神經功能皆為原始性的反射。在過渡期，自主神經系統的功能相當重要，因為它刺激初次呼吸的發生，協助調整體溫的控制。神經系統的髓鞘化（myelination）是依循頭尾定律及近遠定律而發展，並且和動作技巧的熟練度有關。

剛出生的新生兒約有一百四十多億的腦細胞，數量方面已接近成人應有的數目。但因新生兒大部分的腦細胞結構尚未發育完全，所以仍無法發揮完整的功能。

新生兒的腦部，重量約為三百五十至三百九十公克，占成人腦部重量的四分之一左右。出生後，腦部的成長非常快速，腦部重量也迅速增

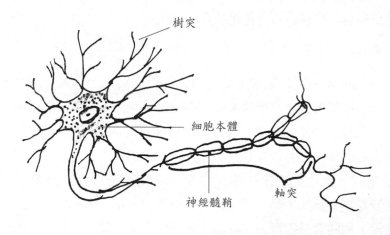

樹突

細胞本體

神經髓鞘　　軸突

圖3-11　神經元的神經細胞髓鞘化

加，在第一年內迅速增加爲成人的三分之二，第二年速度稍微減緩，但也能到達成人的五分之四（Tanner, 1978）。不過，腦部重量的增加並不是由於細胞數目的增殖，而是來自神經細胞結構的複雜化以及神經纖維的增長，使得腦機能逐漸分化，並且趨於完善（游淑芬等，2004）。

(九)免疫系統

免疫系統的角色是在保護新生兒以避免感染，並且在發生感染時，可動員防衛系統以攻擊和防衛侵入的有機生物；免疫性防衛可分爲：(1)一般性免疫防衛：包括由皮膚和黏膜所提供的保護、吞噬作用以及一般發炎反應系統；(2)特異性免疫防衛：包括免疫球蛋白IgG、IgM、IgA、IgD以及IgE。在新生兒期IgG、IgM、IgA是很重要的，這些免疫球蛋白含有對抗特殊細菌和病毒抗原的抗體（陳彰惠等譯，2000）（**表3-8**）。

表3-8 新生兒期的免疫球蛋白

免疫球蛋白	來源	保護性防衛	非保護性防衛	建議
IgG	母親	鏈球菌 肺炎雙球菌 腦膜炎雙球菌 流行性感冒嗜血桿菌 病毒 白喉 破傷風	內生性革蘭氏陰性桿菌	出生後二至四個月IgG的值最低
IgM	胎兒，尤其是曾在子宮內暴露於抗原的	所有的感染性抗原		新生兒的IgM值在每公合二十毫克以上，表示有子宮內感染
血清IgA 分泌型IgA	嬰兒出生時並未發現 母乳	呼吸和腸胃道感染		產生腸道黏膜免疫作用

資料來源：陳彰惠等譯（2000）。

在妊娠期時，只有免疫球蛋白IgG可通過胎盤，形成被動免疫，而大部分的IgG是在第三孕期才經胎盤大量獲得，至足月時，IgG值可達每公合二十毫克（蔡欣玲等，2004）。IgM是大分子，因此無法通過胎盤，IgM於出生即產生，於第九個月達成人量，正常新生兒剛出生時IgM值是低於每公合二十毫克，若高於此值，須懷疑有子宮內感染（TORCH）。

IgA可分為兩種，血清型IgA無法通過胎盤而且胎兒也不會製造，而母親乳房最初分泌出來的乳汁呈黃色、水狀，稱作「初乳」，初乳中含有高濃度的分泌型IgA，若餵食母乳，可對小兒麻痺、腮腺炎、流行性感冒、水痘具免疫力，並預防腸胃道感染。

(十)感覺系統

◆視覺（vision）

剛出生的新生兒其眼睛構造尚不完整。視網膜中央凹還無法從視網膜黃斑分出來，而睫狀肌的功能尚未成熟，因此限制了新生兒眼睛對物體的協調及注視能力。瞳孔對光有反應，對極小的刺激會有眨眼反射，輕觸其眼睛也有角膜反射。而淚腺發展通常要到三至四週大，才有功能。

新生兒能接受各種複雜的視覺資訊，有能力暫時注視位於眼前二十至三十公分以內且位於視野中間鮮明及移動的物體。新生兒的視覺有其特殊喜好：(1)喜歡中性顏色（如黃、綠、粉紅色）勝過鮮豔（紅、橘、藍色）或灰暗的顏色；(2)喜歡黑白對比的物體，例如：幾何構造形狀或西洋棋盤構造；(3)喜歡大而不複雜的物體勝過小而複雜的物體；(4)喜歡會動有反應的物體勝過不會動沒反應的物體（蔡欣玲等，2004）。

Fantz（1961）以許多不同的圖形進行一連串的實驗指出，新生兒不只看得見，也可區分物體和形狀，且呈現出明顯的偏好。和簡單的物體相較之下，新生兒較喜歡形狀，且喜歡複雜的形狀勝過簡單的形狀；喜歡曲線勝於直線，並且較喜歡擬似人臉的形狀。

◆聽覺（hearing）

　　胎兒耳道內有羊水，且因內外壓力不平衡，故在哭第一聲後才出現聽覺。新生兒耳道裡的羊水一旦被清除乾淨，其聽力便可與成人相當。新生兒對於大於九十分貝的聲音會產生驚嚇反射（startle reflex）。且新生兒對高頻率與低頻率聲音有著截然不同的反應，對於高頻率的刺激會導致新生兒處於警覺僵硬的狀態；而低頻率的聲音對新生兒則有安撫情緒、減少哭泣的作用。

　　DeCasper和Fifer（1980）所設計的實驗，新生兒能藉由以不同的速度吸吮乳頭，控制他們所聽到的聲音；他們的結論是嬰兒喜歡女性的聲音勝過男性的聲音，喜歡母親的聲音多過另一女人的聲音，但是對父親與另一男人的聲音並未呈現出特殊偏愛。撫慰的聲音常會得到嬰兒的注意，嬰兒將會停下來並傾聽。

◆嗅覺（smell）

　　當新生兒出生時，其鼻腔的黏液與羊水被抽吸乾淨後，嗅覺功能就開始產生了，並且也能區分氣味。Macfarlane（1975）的研究指出，出生後六天的新生兒，將母乳滴在乳墊上，新生兒可辨認出那不是牛奶的氣味而是母親身體的氣味。新生兒會對強烈的味道及母奶做反應，且會趨向乳頭。一般相信，母親的味道會影響依附過程及是否能成功地哺餵母乳。

◆味覺（taste）

　　新生兒出生時舌頭已長滿味蕾，因此，已能區分酸、甜、苦、鹹等不同的味道，新生兒藉由積極的吸吮顯現出其喜歡甜味，並以將頭轉開和吐舌頭表示不喜歡苦味或酸味。

◆觸覺（touch）

　　新生兒的口和手部含有最多的觸覺接受器，二十四週大的胎兒即會開始吸吮拇指。嬰兒對觸覺敏感包括知道溫度的改變、質地、撫摸、

壓力及疼痛（陳彰惠等譯，2000）。觸摸新生兒的嘴邊可引發尋乳反射（rooting reflex）。觸覺刺激對正常的發展非常重要，輕拍、親吻、清洗、擦乾和按摩等日常活動，都可以使新生兒有幸福和舒服的感覺，但快速侵入性的觸摸則會造成新生兒驚醒，並給予壓力。

三、新生兒的動作發展

(一)動作發展的原則

在人類生命的初期，動作是生命的基本特徵，也是生命初期發展最重要的項目之一。自嬰兒期開始，個體逐漸能夠控制身體各部分的肌肉，有效的支配自己的行動，操作環境中的物體，學習各項動作技能，充分發揮身體運動機能的歷程，稱為動作發展。動作的發展是在腦部、肌肉和神經系統的控制下進行的，因此兒童的動作發展和身體的發展、腦部及神經系統的發展密切相關。動作發展大致遵循一個可預知的模式及一定的時間順序，而慢慢地發展。發展模式遵循的原則如下：

◆一般發展原則

動作發展是以肌肉骨骼系統與中樞神經系統的健全發展為根基，在嬰兒出生後前半年，神經系統之大腦是以身體之基本知覺（視、聽、觸覺等）以及上半身功能（手臂、上軀幹等）為主，至於主掌下半身功能（腿、腳部）之大腦須至二歲後才能發展成熟。動作發展依循一般發展原則，即頭尾定律（cephalocaudal principle）、近遠定律（proximodistal principle）及層次組合定律（hierarchical integration principle）。

1. 頭尾定律：動作的發展，先從上部動作然後到下部動作。嬰幼兒最先出現眼和嘴的動作，然後才是手的動作，上肢的動作又早於下肢的動作（例如：抬頭→俯撐→翻身→坐→爬→站立→行走），也就是離頭部最近的動作先發展，靠足部的後發展（陳幗眉、洪福財，2001）。

2.近遠定律：係指由中心至邊緣的發展，也就是先從頭部和軀幹的動作開始，進而發展雙臂及腿部的動作，最後是手部的精細動作（圖**3-12**）。

3.層次組合定律：係指動作發展是以低層次、簡單的、分化較不精細的動作先出現；較高難度之動作或較精細動作是低層次的單一動作反覆練習，並加以組合而成（游淑芬等，2004）。

◆**Gesell的動作技能發展原則**

1.個別化的成熟原則：從出生開始，個體就具有先天的本能及個別的潛能，每一個體都依照其與生俱來的本能與潛能，發展出特定的動作形態，以及發展成一個具組織性與統整性的個體。

2.發展方向原則：動作的發展是按照「頭尾定律」及「近遠定律」的方向原則來發展。

3.相互交織原則：係指動作發展在不成熟與成熟的發展歷程之間，是以螺旋交織的方式呈現，例如：精細動作的發展（粗動作不斷地分化→統整→再分化→特殊化→再統整後而形成的）。

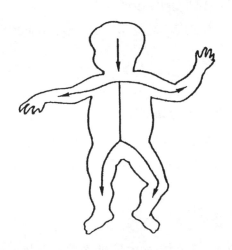

發展有一定的方向：從頭到尾，從中心到邊緣

圖3-12　發展的方向

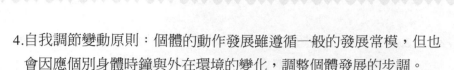
4.自我調節變動原則：個體的動作發展雖遵循一般的發展常模，但也會因應個別身體時鐘與外在環境的變化，調整個體發展的步調。

5.功能不對稱原則：從出生開始，由動作發展即可發現功能不對稱的現象。例如：新生兒的頸部反射。（蘇建文等，2000）

(二)動作發展的特徵

◆透過成熟與學習

成熟係指個體經由自然發展過程而造成的改變，身體系統（肌肉、骨骼、神經）功能的成熟是動作發展的基礎，而學習則係指個體透過教導及經驗的累積，所產生的行為改變。對個體而言，生理的成熟是學習的根本條件，而適當的學習則可促進個體生理的成熟與縮短成熟的時間，例如在關鍵期提供孩童學習的機會；因此，成熟與學習兩者相輔相成，皆可助於個體動作技能的發展。

◆遵循發展基本原則

動作發展的原則皆是依循著由中心到邊緣、由頭至尾以及由整體到特殊的發展順序，嬰兒期的動作發展呈現方式，大部分是屬於全身性、大肌肉及籠統性的方式，之後才是腦部、手、眼協調的小肌肉的、分化的、特殊化的精細動作。

◆具有個別差異

兒童的性別、身體的成熟度、智力、學習機會、生活環境的差異等因素，造成同年齡的孩童在動作發展上具有顯著的個別差異；因此，當使用發展常模評估兒童的發展概況時，須參考常模的發展年齡範圍而非只依據某一發展年齡。

(三)新生兒的動作發展

新生兒因為神經系統的不成熟，動作呈現漫無目標且極不協調的方式，在此時期新生兒的動作多無特定意義且不受意識控制，稱之為反射動

作。反射動作的特點為：刺激和反應都比較單純而固定，同一刺激常引起同一反應，為遺傳傾向，非經學習的（黃志成，1995）。之後，隨著月齡的增加，當神經系統成熟時，這些反射會消失而以較有目的、有方向、可隨意且具協調性的動作來取代（王瑋等譯，1991）。這些早期的反射動作是否存在，是評估嬰兒健康狀態和發展過程的重要指標（Prechtl & Beintema, 1964）。**表3-9**列出以下三種嬰兒反射（郭靜晃、吳幸玲譯，1994）：

表3-9 人類嬰兒的一些反射

反射	誘發刺激	反應
促進適應生存的反射		
吸吮反射	嘴脣或舌頭上的壓力	由嘴脣或舌頭運動產生的吸吮
瞳孔反射	微弱或明亮的光線	瞳孔的擴張與收縮
尋覓反射	輕輕觸摸面頰	頭部向觸摸方向轉動
驚嚇反射	大聲的噪音	類似於摩洛反射，肘部彎曲且手指握緊
游泳反射	新生兒俯伏於水中	手臂和腿的運動
與相關物種的能力相聯繫的反射		
爬行反射	腳蹬地面	手臂和腿牽拉、頭部抬起，腿不由自主地彎曲
屈肌反射	腳底上的壓力	腿不由自主地彎曲
抓握反射	手指或手掌上的壓力	手指緊握
摩洛反射	嬰兒仰臥，頭部抬起→快速放下	手臂伸展，頭向下落，手指張開，手臂在胸前交叉
彈跳反射	嬰兒直立並微微前傾	手臂前伸且腿向上縮
踏步反射	嬰兒由腋下被舉起，脫離平坦的地面	規律性的踏步運動
腹壁反射	觸覺刺激	腹部肌肉不自覺地收縮
機能不詳的反射		
跟腱反射	敲擊跟腱	肌肉收縮且腳向下彎曲
巴賓斯基反射	輕柔地敲擊腳底	腳趾散張並伸展
僵直性頸反射	嬰兒仰臥，頭轉向一邊	與頭部面對方向一致的一側手臂和腿伸展，而另一側手臂和腿則彎曲

資料來源：郭靜晃、吳幸玲譯（1994）。

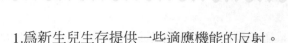
1.爲新生兒生存提供一些適應機能的反射。

2.適合於進化過程中有遺傳關係之物種的生存反射。

3.機能不詳的反射。此組包含一些模式行爲，它們或者是其他物種的較複雜行爲模式的遺跡，或者是我們尚未注意到的未來適應機能的潛在泉源。

◆全身性反射

1.驚嚇反射：

(1)定義：指突然大的聲音，引起手臂外展而肘部屈曲，與擁抱反射所不同的是其手呈彎曲握拳的狀態。

(2)消失時間：在出生四個月前會消失。

(3)意義：用來測聽覺反應，若無此反應則表示新生兒的聽覺受損。

2.擁抱反射（moro reflex）：

(1)定義：係指突然改變平衡或突發的震動，即見背伸、手伸、手指散開、拇指及食指呈"C"狀，雙腳相抵住而後手縮成擁抱狀，亦稱摩洛反射。

(2)消失時間：此反射通常在出生後三至五個月消失。

(3)意義：爲前庭反射，顯示新生兒的平衡功能。若新生兒無此反射表示有腦受損情形，如顱內出血、核黃疸、呼吸窘迫等。若新生兒的反應不是立即的或非兩側對稱的話，則可能有臂神經叢、肱骨或頸椎的損傷。倘若此反射超過六個月仍未消失，則表示有腦損傷。

3.頸強直反射（tonic neck reflex），又稱爲防禦姿勢或擊劍姿勢（fencing position）：

(1)定義：在新生兒平躺時，將頭轉向一側，則同側的手和腳會伸張，而對側手、腳則呈屈曲狀。

(2)消失時間：出生二至三個月時消失。

(3)意義：若反應強度二側不同，或持續不消失，可能中樞神經受損，致運動產生障礙。而患重度腦性麻痺的嬰兒，這種反射不但會持續並且增強。

4.舞蹈或踏步反射（dancing or stepping reflex）：

(1)定義：扶持嬰兒使站立，當足底接觸硬的平面時，兩腳會交互屈曲與伸展，模擬步行樣子。

(2)消失時間：出生二至三個月。

◆四肢性反射

1.抓握反射（grasp reflex）：

(1)定義：當手掌被某物刺激，則手緊握住；若腳掌受刺激，則腳趾向下。健康新生兒手掌的抓握相當緊且持續，此力量足以支撐新生兒本身的體重。

(2)消失時間：手掌的抓握反射約於三個月時消失，而足底則會持續至七至八個月。

(3)意義：促進人類互動的反射。

2.巴賓斯基反射（Babinski reflex）：

(1)定義：自足跟向上劃過足底外側緣並橫過腳趾，引起腳趾呈過度伸展狀且腳拇指向下，其餘四趾呈扇形展開。

(2)消失時間：一歲。

(3)意義：若於一歲之後，此反射仍不消失，則表示中樞神經有受損現象。

◆餵食性反射

1.尋乳反射：

(1)定義：此反射是當照顧者將手指輕微地觸及新生兒的臉頰或嘴角時，新生兒會轉向所觸及的那側。

(2)消失時間：第三至四個月，亦可能持續整個嬰兒期。

(3)意義：出生缺乏此反射表示中樞神經障礙，如缺氧、母親在生

產時接受麻醉、先天畸形及早產兒。

2.吸吮反射（sucking reflex）：

  (1)定義：新生兒對嘴邊區域的刺激會有強烈吸吮活動，此反射通常會伴隨著吞嚥及作嘔反射。胎兒在子宮內已有吸吮指頭的現象，故出生時新生兒的吸吮反射已發展得很好，時常會有吸吮手指的喜好（Rugh & Shettles, 1971）。

  (2)消失時間：持續整個嬰兒期。

3.吞嚥反射（swallowing reflex）：

  (1)定義：新生兒須吸吮與吞嚥配合，方能充分進食。

  (2)消失時間：終生持續。

4.作嘔反射（gag reflex）：

  (1)定義：當食物、抽吸或插管等對其後咽部造成刺激時，即會引起新生兒作嘔。

  (2)消失時間：終生持續。

5.驅逐反射（extrusion reflex）：

  (1)定義：當舌頭受刺激或受壓時，嬰兒會用力頂出。

  (2)消失時間：第四個月消失。

◆保護性反射

1.眨眼反射（blinking reflex）或角膜反射（corneal reflex）：

  (1)定義：以強光來照射他的雙眼，或用棉棒輕觸其眼瞼時，新生兒為了保護雙眼，會有眨眼現象。

  (2)消失時間：終生持續。

2.打噴嚏反射（sneeze reflex）或咳嗽反射（cough reflex）：

  (1)定義：當有異物進入呼吸道時，新生兒以咳嗽及噴嚏方式將之排出。

  (2)消失時間：終生持續。

3.打呵欠反射（yawn reflex）：

(1)定義：新生兒吸入二氧化碳太多時，會以打呵欠方式將之排
出。

(2)消失時間：終生持續。

第四節　新生兒的保育

一、醫院的護理

(一)維持呼吸道通暢

建立一通暢的呼吸道是照護新生兒工作中的首要目標，當胎頭娩出
時，立即以吸管或吸球將新生兒口、鼻中的黏液吸出，為避免吸入羊水或
黏液，應先清除咽喉處，再清除鼻道。如果需要更強的力道清除分泌物，
則須使用抽吸器，但抽吸技巧要輕柔，以避免因刺激膈神經引發心跳緩
慢、咽喉攣縮及心律不整。之後，護理人員必須注意維持新生兒適當的姿
位，以促進分泌物的引流，維持呼吸道的通暢。

(二)維持體溫穩定

由於新生兒的體表面積與體重的比值大於成人，加上皮下脂肪量有
限，且其產熱與維持體溫的恆定性亦較差，故其維持正常體熱的能力較
差（Scopes, 1981）。新生兒散熱的主要途徑有輻射、對流、傳導及蒸發
等，其中輻射與對流為最主要的因素。

根據Korones（1981）的研究，身體潮濕的新生兒，每天每公斤體重
會喪失四十大卡的熱量。此情況會增加新陳代謝，使得醣和棕色脂肪的消
耗量增加，繼而增加對氧的需求量。此時的新生兒須將能量用在維持體溫
上，若因體熱散失太多，則會沒有多餘的能量來適應子宮外的生活及供給
身體的成長。故預防體熱的過度散失，對新生兒是否能成功地適應子宮外

的生活來說是很重要的。故新生兒一出生，護理人員應立即予以擦乾，並用毛毯保暖；或是將新生兒置於輻射加溫台或保溫箱中，以預防新生兒散熱及減少體熱的散失。

(三)臍帶護理

新生兒出生後，先以血管鉗夾住臍帶，等到臍帶搏動停止後，留下二點五至三公分的臍帶在新生兒身上，末端以臍帶夾夾緊，予以斷臍。斷臍之後，護理人員以75%酒精消毒臍斷面，並同時檢查臍斷面是否有兩條動脈及一條靜脈，再以95%酒精塗揉，以促進臍帶乾燥，之後用無菌紗布包裹住臍帶。由於最初二十四小時較易出血，須經常檢視。做好臍帶護理之後，要包尿布時，注意不可將尿布蓋住臍帶，以避免傷口潮濕發炎。

(四)眼睛護理

新生兒經過產道時，易因淋病雙球菌或披衣菌所感染，而導致新生兒眼炎甚至失明等嚴重問題，所以為了澈底預防新生兒眼炎，目前新生兒出生後，通常都會給予眼藥膏，預防性用藥包括：(1)1%硝酸銀溶液；(2)0.5%紅黴素眼藥膏或滴劑；(3)1%四環黴素眼藥膏或滴劑。其方法為將新生兒下眼瞼向下拉，由內往外塗抹，並使用紗布輕輕按摩。

(五)預防出血

一般人的腸內微生物可製造維生素K，而剛出生的新生兒腸道尚無菌落存在，維生素K合成不足，致使出生五天內的新生兒易有暫時性凝血機能不足的現象（游淑芬等，2004）。維生素K的主要功能是催化肝臟內的凝血酶原合成，凝血酶原對血液的凝固及凝結作用是必要的。因此，為了預防因維生素K不足所導致的出血性疾病，每位新生兒在出生後，均會立即於大腿中段外側（股外側肌）給予維生素K○點五至一毫克的肌肉注射，以預防出血性疾病的發生。

(六)新生兒黃疸的護理

嬰兒在出生後有過量的膽紅素，正常出生後因血球的破壞，增加產生高值的膽紅素，導致皮膚變黃，即所謂黃疸，紅血球破壞後所產生的是無法由腎臟排除之脂溶性間接膽紅素（indirect bilirubin），此種間接膽紅素必須先與血清中白蛋白（albumin）結合，然後由肝細胞之Y及Z蛋白攝取，最後經肝內轉換酶（glucuronyl transferase）轉化作用，轉變成水溶性的直接膽紅素（direct bilirubin），方可由腎臟排出。足月嬰兒當間接膽紅素每公合超過七毫克，血管外組織即有膽紅素，皮膚就會變黃，在出生二至三天約55%～70%的新生兒有生理性黃疸，通常足月的新生兒血清膽紅素每公合超過十三毫克時，須接受照光治療，照光時須以不透光的眼罩保護眼睛，並且以尿布包裹來保護生殖器。若血清膽紅素每公合超過二十毫克時，則須考慮換血治療，以免產生核黃疸造成腦部損傷。

(七)促進親子關係的建立

週產期護理著重以家庭為中心的理念，新生兒出生後最初幾小時內，讓母親父親肌膚相親和目光接觸，可促進親子間的依附情感，因此，當醫護人員清除新生兒口中及呼吸道的黏液後，即可讓母親抱撫他，並讓新生兒試著吸吮母親的乳頭，可促進乳汁的分泌，協助親子關係的建立。

二、父母在家庭對新生兒的照顧及護理

(一)適當的生長環境

新生兒除了哺乳時間外，大部分時間都在睡眠，因此嬰兒房間應該保持整潔和安靜。但是也無須刻意避免所有的聲音，適當的聲音嬰兒會適應，且是聽覺發展所必需的。

新生兒對於體溫調節能力較差，父母應注意嬰兒的體溫，嬰兒房間的溫度宜保持23℃～25℃左右，濕度以50%～60%最適宜，且要留心室內空氣的流通，並避免抽菸等空氣汙染。

(二)新生兒沐浴

當父母親在為新生兒沐浴時,是彼此互動的一個良好時機。由於嬰兒的新陳代謝很旺盛,汗腺也很發達,所以,建議媽媽們應每天替寶寶洗一次澡。最恰當的洗澡時間是在兩次餵奶之間或餵奶前,如此可以避免因洗澡而造成溢奶的現象。此外,須盡可能縮短洗澡的時間,從入浴到洗淨全身,以五至十分鐘為宜,以避免小寶寶著涼。

◆用物準備

洗澡盆、洗澡小毛巾、乾淨衣服及包布（衣服可先套在一起）、尿布、嬰兒肥皂或沐浴精、95%酒精及棉花棒、浴巾。

◆新生兒抱法

1.橄欖式抱法:用一手手掌托住寶寶的頭,手肘夾住嬰兒身體置於腋,並且貼近自己,此抱法適合洗臉及頭部。

2.搖籃式抱法:用一手置於寶寶的背部,繞過腋下扣住其胳肢窩,另一手則抓住兩腳,防止寶寶滑落,此法適用於洗身體。

◆洗澡方法

1.合宜的水溫:先放冷水再放熱水,約37.5℃～40.5℃,可用手肘試水溫。

2.先清潔頭部:

(1)姿勢:脫掉嬰兒衣服後用上衣包緊嬰兒、左手托住嬰兒頭部,並將嬰兒夾在左（右）腋下及腰部。

(2)步驟:眼睛（由眼內角擦向眼外角）→鼻孔及耳朵→臉部→頭部（先用拇指及食指將外耳向前輕壓防水入耳內）。

3.清潔前身:

(1)姿勢:將嬰兒放在盆內,用手托住嬰兒左手臂及頸部。

(2)步驟:頸→胸→腋下→手→腹部→腿、腳→生殖器（應特別

注意頸部、腋下及腹股溝等皺褶處，並觀察是否有紅疹或膿皰）。

4.清潔背面：

(1)姿勢：以右手托住嬰兒左手臂及頸部，翻過嬰兒的背面。

(2)步驟：後頸→背→臀→腳→抱起嬰兒以浴巾擦乾全身，並穿上衣服。

每天為新生兒沐浴，除提供清潔舒適外，還可藉此觀察新生兒自主運動及全身狀況，並可增進親子關係。

(三)臍帶護理

臍帶護理是照顧新生兒重要的一環，從嬰兒出生後護理人員會以止血鉗夾住臍帶，再做臍帶結紮，直到臍帶斷面癒合為止。

通常嬰兒出生後七至十一天臍帶會萎縮成乾黑，之後漸漸脫落，約一週才完全痊癒。臍帶護理的目的為：(1)預防臍部感染；(2)促進早日乾燥及脫落；(3)觀察有無出血及異常情形。

◆方法

沐浴後以棉花棒沾95％酒精，環形擦拭臍根部（特別是皺褶處）清潔至乾淨為止，若分泌物較多時，一天可多做幾次。臍帶掉了之後仍應持續做，直到臍部完全乾燥為止，勿蓋紗布。

◆觀察

每日觀察臍帶有無異常分泌物、滲血、紅腫及臍臭等，若臍部有異常分泌物或臍臭，則以95％酒精擦拭後再以優碘擦拭，一天四次，若無改善且臍部周圍紅腫、嬰兒有發燒現象時，可能是臍帶發炎，應該帶到醫院檢查。

(四)測量體溫

　　由於新生兒的體溫調節中樞尚未成熟穩定，故其變化極易受外界環境的影響，因此出生一個月內最好每天測量體溫。

◆測量的時間

　　通常一天一次即可，勿在剛洗完澡後量，且測量體溫時應避免哭鬧（以洗澡前較適宜）。

◆分辨正常與異常的標準

　　1.正常體溫是36.5℃～37.4℃。

　　2.37.5℃～38.5℃是微發燒。

　　3.38.5℃以上為高度發燒。

　　4.36.5℃以下為體溫過低。

◆發燒處理方法及求診時機

　　1.評估並去除造成體溫過高的因素：

　　　(1)去除嬰兒身上過多之衣物。

　　　(2)將嬰兒遠離陽光照射及熱源。

　　　(3)視情況給予適當安撫。

　　2.用溫水洗澡（比洗澡水涼一點）或水枕（37.5℃～38℃腋溫以上），半小時後再測量。

　　3.38.5℃以上應立刻就醫。

◆體溫過低的處理

　　1.以毛毯包裹嬰兒並多加衣物。

　　2.視情況使用帽子給予頭部保暖。

　　3.讓嬰兒遠離通風口或風扇處。

　　4.以烤燈保暖。

　　5.暫不洗澡。

6.三十分鐘後再測量,若無法恢復,嬰兒軟弱無力則應就醫。

(五)黃疸的觀察

由於新生兒肝臟機能尚未發育完全,血液中膽紅素無法清除,而存留於血液裡,因此出生二至三天後皮膚及眼睛會略呈黃色,一般在兩星期左右消失,此為正常的生理性黃疸。

◆黃疸出現時間

正常新生兒於出生第二至三天出現,四至五天為高峰,七天以後逐漸下降。

◆如何觀察黃疸

1.在光線充足下觀察。

2.用手指頭壓迫骨突處如前額、鼻子或前胸使其變白以便觀察。

3.黃疸最初發生於鞏膜處,繼之臉部至頸部而後四肢到全身,假如只有眼白處黃表示輕微之黃疸;若臉部、頸部也黃時,便要多加注意;如果全身變黃,表示體內膽紅素過高,必須給予治療。

◆黃疸之處理

1.輕微黃疸可在兩餐間餵開水以協助膽紅素排泄。

2.嚴重黃疸或黃疸持續兩週仍未消退或較出院時黃,應立刻就醫。

3.哺餵母奶者可暫停一天,再觀察黃疸情形。

(六)營養

新生兒所獲得營養的質與量會密切影響其日後生長的潛力與腦部發育,因此營養的供給在新生兒的保育方面,扮演非常重要的角色;且均衡充分的營養也是促使新生兒存活率增高的重要原因之一(**表3-10**)。

表3-10　新生兒期膳食營養素參考攝取量

種類	需要量
熱量	依情況來決定，活動度方面，如常哭的新生兒比安靜的新生兒需較多的熱量。一般需要量介於每公斤體重一百一十至一百二十大卡
碳水化合物	主要以乳糖為來源，至少要超過40%總熱量
蛋白質	每公斤體重二點四克
脂肪	占每日總熱量的30%～50%
鐵	正常足月的新生兒體內所儲存的鐵可維持六個月，故正常的新生兒不必額外補充（或每日給予七毫克）
鈣	每日需二百毫克
氟	兩週後的新生兒，每天須補充○點一毫克
維生素A	每天四百國際單位（I.U.）
維生素D	若新生兒每天暴露於陽光下十五分鐘，即可得到充分的維生素D。若哺餵母乳的新生兒無法適當地暴露，則每天補充十微克才足夠
維生素C	每日需四十毫克
水分	每日每公斤體重需150～200CC.

　　當新生兒經過第一次測試餵食沒有問題後，出生後六至八小時可開始給予乳汁哺餵，須依新生兒的個別差異情況而調整，通常每隔三至四小時哺餵一次，第一天食量每餐約30～50CC.，之後每天可增加10CC.。隨著嬰兒身體成長及胃容量漸增，奶量的需求也隨之增加，出生後第一年的奶量需求如**表3-11**（蔡欣玲等，2004）。

　　哺餵方式主要有母乳哺餵及牛奶哺餵兩種，**表3-12**是母乳與市售嬰兒配方奶的比較，可以看出母乳的優點（陳月枝等，2003）。母親若準備餵

表3-11　嬰兒的奶量需求表

年齡	每天餵奶次數	每次餵奶量（CC.）	每天餵奶量（CC.）
1週	6	60～90	360～540
2～4週	6	90～150	540～900
2～3個月	5	120～180	600～900
4～5個月	5	150～210	750～1,050
6～7個月	4	210～240	840～960
8～12個月	3	240	720

表3-12　母乳、牛乳與嬰兒奶粉成分比較

成分	成熟母乳	牛乳	嬰兒配方奶	比較
水	87.6	87.2	87.5	・水分三者約相同
鈉（mEq/dl）	7	22	-	・牛乳之鹽分爲母乳之三倍，易造成腎臟負擔
鉀（mEq/dl）	14	35	-	
氯（mEq/dl）	12	29	-	
能量	0.71	0.66	0.67	・母乳乳糖含量較高，可產生較多半乳糖脂體，此爲中樞神經成熟之重要成分
碳水化合物（g/dl）（%能量）	6.8	4.9	7.1	
脂肪（g/dl）（%能量）	4.5	3.7	3.5	・母乳含不飽和脂肪酸較多，可預防血管硬化
蛋白質（g/dl）（%能量）	1.1～1.3	3.5	1.6	・母乳之亞麻油酸比牛乳多三倍，較不易因缺乏必需脂肪酸而引起皮膚病變 ・牛乳含酪蛋白質較多，易形成難消化之乳凝塊 ・牛乳爲異種蛋白質，較易引起過敏反應
礦物質				・含礦物質較多之牛乳，需較多之水分消化排泄之，故較易引起缺水現象 ・牛乳含鐵量不足以提供三個月大以上嬰兒身體鐵質之所需，故須另外添加鐵劑
鈣（mg/dl）	340	1,170	0.45	
硫酸類	140	920		
鎂	40	120		
鐵	0.2～0.8	0.5		
維生素A（IU/L）	1,900	1,025	依添加而定	・牛乳含維生素A、C、D、E較少，必須補充維生素滴劑 ・母乳含免疫抗體IgA，此爲牛乳所不及者
維生素C（mg/L）	43	11		
維生素D（mg/L）	22	14		
維生素E（mg/L）	18	0.4		
維生素K（mg/L）	15	60		
維生素B₁（mg/L）	160	440		
維生素B₂（mg/L）	360	1,750		

母乳，則應指導她注意攝取適當的營養（**表3-13**）、餵前乳房的準備工作（如清潔、熱敷）及餵母乳時的姿勢（**圖3-13**）。同時亦應指導母親在哺餵母乳期間，除非醫師允許，不應服用任何藥物，因幾乎所有的藥物都會通過乳房的腺泡細胞，之後經乳汁傳到嬰兒體內，而對嬰兒造成影響。

表3-13　哺乳期每日營養素增加量

營養素（單位）	增加量	營養素（單位）	增加量
熱量（kcal）	+500	維生素E（mg）	+3
蛋白質（g）	+15	維生素B_1（mg）	+0.3
鈣（mg）	+500	維生素B_2（mg）	+0.3
磷（mg）	+500	菸鹼素（mg）	+3
鐵（mg）	+30	維生素B_6（mg）	+0.5
碘（μg）	+25	維生素B_{12}（μg）	+0.6
維生素A（μg R.E.）	+350	葉酸（μg）	+100
維生素A（I.U.）	+3,000	維生素C（mg）	+40
維生素D（μg）	+5.0		

資料來源：行政院衛生署（1993）。

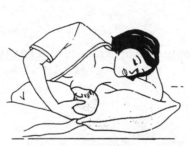

A.側臥式哺餵

B.坐姿哺餵

C.抱持式哺餵

圖3-13　母乳哺餵姿勢

雖然哺餵母乳與哺餵奶粉的嬰兒在生長及照顧上並無明顯差異，但在疾病症狀的發生上，哺餵母乳的嬰兒有較低的發生次數，尤其是在呼吸道疾病的發生方面。仔細分析，哺餵母乳對母體及嬰兒雙方面皆有許多優點（陳正宇等，1988）（**表3-14**）。

◆哺餵母乳的步驟

1.洗手：以免將細菌帶給新生兒或乳頭。

2.母親選擇一個較舒適的姿勢，同時必須支撐好新生兒的頭頸部。

3.母親可用乳頭刺激新生兒臉頰，而引發尋乳反射。

4.用手托起乳房，將乳頭靠近嬰兒的下脣。

5.母親以C字形握法，將整個乳暈置於嬰兒嘴內，如此輸乳竇受到嬰兒嘴脣的壓迫，才能分泌出乳汁。

6.哺乳完後，母親可用手下壓乳房，讓空氣進入嬰兒口內，然後用手指輕壓嬰兒的嘴角，將乳頭抽出，不可硬拉，以免乳頭裂傷。

表3-14　哺餵母乳的優點

母體方面	・經濟上花費較少 ・促進產後子宮收縮 ・降低停經前罹患乳癌的機率 ・降低特定形式卵巢癌的比例 ・降低六十五歲以上骨質疏鬆以及髖部骨折的機率 ・更快恢復產前體重 ・對於熟練授乳的母親，出門時不必攜帶大包小包、瓶瓶罐罐，也不須擔心衛生以及消毒問題，方便又環保 ・抑制排卵，避免快速再度懷孕
嬰兒方面	・母乳內含免疫球蛋白IgA，亦含少量的IgM和IgG，出生後一年內有較低的罹病率 ・含有比菲德氏因子（Bifidus Factor），可刺激腸道雙歧桿菌和乳酸桿菌生長，以阻止腸道成為致病細菌聚集生長的場所 ・鐵的吸收情況較好，較少產生貧血 ・較少發生鈣磷失調的情形 ・較易消化 ・食物過敏的情況較少

7.最後即是排氣，許多嬰兒在喝母乳時會吸入一些空氣，所以哺乳完應加以排氣，排氣三大基本法如下：

(1)讓寶寶側靠在媽媽肩上，媽媽肩膀上放一塊小布巾，以防寶寶排氣溢奶時弄濕衣服。一手托住寶寶屁股，另一手則弓手掌幫寶寶拍背。必須注意將寶寶的臉側放，避免造成寶寶窒息。

(2)一手托住寶寶的下巴及前胸，讓寶寶成垂直坐姿，另一手將手掌弓著拍背。

(3)托住寶寶胳肢窩，另一手弓著手掌替寶寶拍背。之後，讓嬰兒維持右側臥可促進胃排空的速度。

◆哺餵母乳的時間及頻率

第一次哺餵母乳的最好時機是在新生兒出生後，馬上讓寶寶吸吮母親的乳頭，之後只要寶寶想吃母奶就餵他。每次吸吮時間依其習性而定，事實上，餵食時間的長短應由嬰兒的反應決定，而不是以時間做決定，嬰兒可以調節他們自己所須攝入的奶量，大部分為五至二十分鐘，但有的嬰兒需要三十至四十分鐘。

母乳在嬰兒體內的胃排空時間是一點五小時，因此需要比較頻繁的餵食，約二至三小時餵食一次，剛開始時一天餵十至十二次，以後逐漸減少至六至八次。如果像牛奶一樣每四小時餵一次，則會限制對乳房的吸吮刺激，而導致過度腫脹、不良的排乳反射、疼痛、困難餵食和哺餵失敗的惡性循環。因而造成嬰兒減少了初乳的攝入，接著是覺得乳汁不足。

剛開始餵食時的乳汁，看起來灰灰水水的，稱為「前奶」，它含有大量蛋白質、乳糖、維生素、礦物質和水分，主要為解渴之用；而餵食六至八分鐘後的乳汁含較多的脂肪，看起來較白，稱為「後奶」，主要為解餓之需。嬰兒的生長發育需前奶與後奶，所以每次餵奶時，最好兩側乳房都讓嬰兒吸吮，且一邊至少要吸十分鐘後，再換另一邊，如此可確定嬰兒有吸到後奶。

◆牛奶哺餵

當母乳不夠或母親無法哺餵母乳，可選用牛奶代替。成功的牛奶哺餵須注意沖泡牛奶的正確方法及奶具的消毒。

1.哺餵牛奶應注意事項：

　(1)餵奶前先將牛奶調至適當的溫度，約40℃，可用手腕內側測之。

　(2)選擇適當的奶嘴洞大小（倒立時約一秒一滴的速度滴下，若為十字奶嘴則倒立不滴）。

　(3)餵完時拍背以幫助嬰兒排氣。

2.換奶：若需要換別種奶粉可參照下列方法：

原來奶粉	欲換奶粉
3/4（2/3） ↓ 1/2 ↓ 1/4（1/3）	1/4（1/3） ↓ 1/2 ↓ 3/4（2/3）

　注意：(1)每一種濃度須觀察大便二至三天，大便好再換另一種濃度。

　　　　(2)若大便變稀，請退回原來濃度。

3.大便的觀察：

　(1)餵母乳的大便：色呈黃至金黃色，有特殊似發酵乳的味道，質較稀軟，次數較多。

　(2)餵牛奶的大便：淡黃色，質較稠、硬、乾燥、有臭味，但視食用奶粉而有所不同，例如：含鐵質較高之奶粉，大便顏色較綠。

(七)嬰兒特殊問題之照護

◆皮膚方面

1.膿皰：

(1)症狀：皮膚上有圓錐狀或半圓凸起，內容物為液狀或半固體狀的膿，且周圍紅腫愈來愈大。

(2)處理原則：

‧接觸嬰兒前要確實洗手。

‧給予局部消毒劑（Betadine）。

‧保持衣服包布之清潔。

‧保持室溫穩定（24℃～26℃）。

‧膿皰可用無菌棉籤擠破，並予以Betadine擦拭，若未見改善應立刻就醫。

2.尿布疹：

(1)是因持久性接觸小便與大便刺激皮膚，或因濕的尿布及不透氣尿褲的浸漬等。

(2)包尿布之區域有紅疹（紅色小顆粒）。

3.紅臀：

(1)症狀：肛門口周圍皮膚發紅脫皮，嚴重者有深層潰瘍。

(2)處理原則：

‧每次換尿布後用溫水拭淨或清水洗淨臀部。

‧保持皮膚清潔乾燥。

‧必要時可予趴睡，並局部暴露乾燥。

◆眼睛方面

1.眼睛若有少量黃色分泌物可能因鼻淚管不通造成，可按摩鼻淚管以利淚液排出，並保持眼睛清潔。

2.眼睛若有大量黃色分泌物或眼睛紅腫則立刻就醫。

◆**胃腸方面**

1.腹脹：

(1)症狀：腹部拍打時會有打鼓音，且皮膚鼓脹發亮，嬰兒會哭鬧不安，吸力差，嘔吐。

(2)處理原則：

‧餵完奶後多排氣。

‧必要時餵後給予趴睡，並抬高床頭三十度。

‧正確給予奶量及濃度。

2.腹瀉：

(1)症狀：有鬆散水樣狀大便，糞便次數增加。

(2)處理原則：

‧正確執行奶瓶消毒及配奶方法。

‧如果是因換奶造成的，則退回原來的濃度，直到沒有腹瀉則可再開始換奶。

‧可將奶濃度改爲二分之一奶或三分之二奶，正常後再改爲全奶（須經醫師診視後再更改牛奶濃度）。

‧若情況未改善，食慾差，倦怠，則立刻就醫。

3.便秘：

(1)症狀：三天以上未解大便或硬且成形之大便，並有腹脹、食慾不振，或用力排便之情形。

(2)處理原則：可在兩餐間餵些開水，並確定牛奶沖泡濃度是否正確，若正確，情況未改善則就醫。

 參考書目

一、中文部分

王瑋等譯（1991）。《人類發展學》。台北：華杏。

行政院衛生署、台灣省婦幼衛生研究所（1982）。《中華民國台灣地區零至六歲兒童身高、體重、頭圍、胸圍測量研究》。台北：行政院衛生署。

行政院衛生署（1993）。《每日營養素建議攝取量》（第五修訂版）。台北：行政院衛生署。

行政院衛生署（1997）。《新生兒先天性代謝異常疾病篩檢作業手冊》。台北：行政院衛生署。

行政院衛生署國民健康局（2002）。《新生兒篩檢之篩檢率及發生率》。台北：行政院衛生署國民健康局。

行政院衛生署（2003，12月17日）。〈衛生指標〉。衛生統計資訊網。摘自 http://www.doh.gov.tw/statistic/統計年報/st2_91_2.htm。

行政院衛生署（2011）。「民國100年主要死因分析」。台北：行政院衛生署。

周念縈譯（2004）。《人類發展學》（七版）。台北：巨流。

張媚等（2004）。《人類發展之概念與實務》（四版）。台北：華杏。

翁瑞亨等（2003）。《優生保健》。台北：華杏。

陳正宇、白璐、李淑貞、朱佩君（1988）。〈哺餵方式之不同對於六個月大嬰兒健康與照顧上比較研究〉。《公共衛生》，15(3)，頁302-317。

陳彰惠等譯（2000）。《產科護理學》（下冊）。台北：五南。

陳幗眉、洪福財（2001）。《兒童發展與輔導》。台北：五南。

陳月枝等譯（2002）。《小兒科護理學》（上冊）。台北。華杏。

陳月枝等（2003）。《實用兒科護理》（三版）。台北：華杏。

郭靜晃、吳幸玲譯（1994）。《發展心理學——心理社會發展理論與實務》。台北：揚智。

郭靜晃、黃志成、陳淑琦、陳銀瑩（1998）。《兒童發展與保育》。台北：國立空中大學。

許世昌（1996）。《新編解剖生理學》。台北：永大。

游淑芬、李德芬、陳姣伶、龔如菲（2004）。《嬰幼兒發展與保育》。台北：群英。

黃慧真譯（1994）。《發展心理學——人類發展》（兒童發展）。台北：桂冠。

黃志成（1995）。《幼兒保育概論》。台北：揚智。

蔡欣玲等（2004）。《當代人類發展學》（二版）。台北：偉華。

蔣思慧、蕭廣仁、邱寶琴（1993）。《新生兒篩檢》。台北：合記。

蕭廣仁（1997）。《遺傳疾病的預防——新生兒先天代謝異常疾病篩檢》。台北：預防醫學學會。

鍾志從（1983）。〈嬰兒動作發展與身體發展的探討〉。《家政教育》，9(1)，頁40。

蘇建文等（2000）。《發展心理學》。台北：心理。

二、英文部分

Behrman, R. E., Kliegman, R. M., & Jenson, H. B.(2000). *Nelson Textbook of Pediatrics.* Philadelphia: Saunders.

Clarke-Stewart, A. & Koch, J. B. (1983). *Children: Development Through Adolescence* (Figure 2.3, p. 65). New York: Wiley & Sons.

DeCasper, A. & Fifer, W. (1980). Of human bonding: Newborns prefer their mothers' voices. *Science, 208*, 1174-1176.

Fantz, R. L. (1961). The origin of form perception. *Scientific American, 204*, 66-72.

Korones, S. B. (1981). *High-Risk Newborn Infants: The Basis for Intensive Nursing Care*. St. Louis: Mosby.

Macfarlane, A. (1975). Olfaction in the development of social preferences in the human neonate. In CIBA Foundation Symposium 33- *Parent-Infant Interaction*. New York: Associated Scientific Publishers.

Moore, M. L. (1981). *The Newborn and the Nurse* (2nd ed.). Philadelphia: Saunders.

Palfrey, J., Schulman, I. I., Latz, S. L., & New, M. I. (1995). *Infant and Child's Development-Birth to Age Six, Vol. I*. N. Y.: Hyperion.

Phillips, C. R. (1987). *Family-centered Maternity and Newborn Care*. St. Louis: Mosby.

Prechtl, H. & Beintema, D. (1964). *The Neurological Examination of the Full-Term Newborn Infant*. London: The Spastics Society (Medical Education and Information Unit).

Rugh, R. & Shettles, L. B. (1971). *From Conception to Birth: The Drama of Life's Beginnings*. New York: Harper & Row.

Scopes, J. W. (1981). Thermoregulation in the newborn. In G. B. Avery (Ed.), *Neonatology: Pathophysiology and Management of the Newborn*. Philadelphia: Lippincott.

Smart, M. S. & Smart, R. C. (1977). *Children: Development and Relationship* (3rd ed.). N. Y.: MacMillan.

Smith, C. A. & Nelson, N. M. (1976). *The Physiology of the Newborn Infant* (4th ed.). Springfield, IL: Charles C. Thomas.

Stoch, M. B., et al. (1982). Psychosocial outcome and CT finding after gross undernourishment during infancy. *Developmental Medicine & Children Neurology, 24*, 419-436.

Tanner, J. (1978). *Fetus into Man*. Cambridge, MA: Harvard University Press.

U. N. Children's Fund (1985). *The World's Children 1985*. UNICEF, Communication and Information Division, 19.

chapter 4

嬰兒的身體與動作發展及輔導

　　嬰兒是人一生中身體發展最為快速的時期，五個月大的嬰兒約為出生時的兩倍（約為五千至八千公克）；一歲的體重增為出生時的三倍（約為十公斤）。這種快速的成長在第二年中將會減緩下來，第二年大約增加二至三公斤，滿兩歲時的體重約是出生的四倍。第三年增加略微緩慢，約為一點五至二點五公斤。身高方面出生約為五十公分，第一年約增加二十五至三十公分，第二年約增加十至十五公分，第三年則增加八至十二公分。一般正常足月生產的新生兒，體重約為二千五百至四千公克，身高約為四十七至五十三公分。而人的一生中除了身體發展變化最為迅速之外，體型也會隨著改變，身體的其他部位逐漸趕上頭部，使頭部所占的比例逐漸變小，直到成年的身高為止。一般說來，三個月大的胎兒頭與身體之比例約為1：1，新生兒約為1：4，而青少年至成人時期約為1：8（圖4-1）。

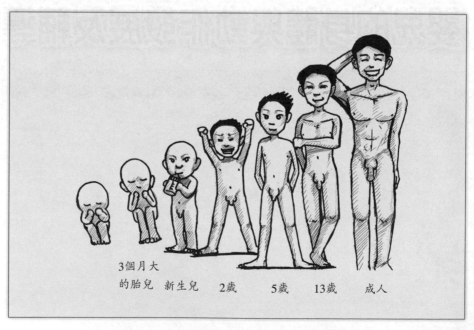

圖4-1　出生前至成人期身體比例的變化

　　就人一生身體的發展速率來看，整個身體的生長及次系統的生長方面有快速生長期和慢速生長期，其中有兩個發展快速的時期，嬰幼兒時期是第一加速期，無論身高、體重和動作技能等，都發展得非常迅速，而到了青春期，發展則轉爲較平穩。進入青春期時，即進入了第二加速期，此時身高和體重陡增，身心特質都出現急遽的變化。青春期之後，發展減緩，至二十歲左右達到發展的高峰。成年期的發展則變化不大；進入老年期後，身心發展便呈現下降的趨勢（游淑芬等，2004）（**圖4-2**）。

　　連帶地，兒童成長時，他們的外在尺寸會有所改變。這些改變會伴隨著內在器官與組織在結構與功能上的改變，而這代表了身體逐漸獲得生理方面的能力。身體各個部分都有個別的生長速率，這可能和身體大小之改變有直接的關係。骨骼肌的生長與整個身體的生長是相近的；而腦、淋巴、腎上腺及生殖組織，則依循個別不同的形態生長（陳月枝等譯，2002）（**圖4-3**）。

　　嬰兒的腦部在頭骨縫合後囟門於六至八週時閉合，前囟門於十二至十八個月閉合。頭圍的增長代表神經系統的生成與分化，一歲時的嬰兒的

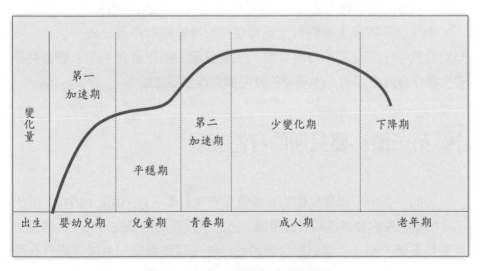

圖4-2　生命全程發展速率的變化

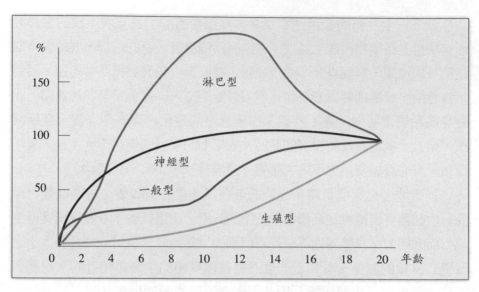

圖4-3　Scammon（1927）的組織臟器發展曲線

大腦已為出生時的兩倍半（約為成年時的三分之二），滿兩歲時約為成年的五分之四，到了青春期後，腦部發展已如同成人般之大小。而嬰兒的胸部已呈現接近成人般的輪廓，胸廓的左右橫徑漸大於前後徑。

　　本章將針對誕生中的新生兒和嬰兒的身體與動作發展做一剖析，共分為四節：(1)嬰兒期的身體發展；(2)嬰兒期的動作發展；(3)影響嬰兒身體與動作發展之因素；(4)嬰兒的身體與動作發展之輔導。

第一節　嬰兒期的身體發展

　　人的一生中，以嬰兒期的身體發展變化最劇。Hurlock（1978）提出了身體與生理的發展週期，其中第一迅速生長期便是嬰兒時期。人體的主要生理系統，都是在嬰兒期發展趨於成熟，以便讓嬰兒更能適應外在環境。

一、身體發展

(一)體重

在出生後的前六個月，身體的成長（growth）非常快速。從滿月至五個月時，嬰兒體重每個月增加六百八十公克（一點五磅），五個月時體重約為出生體重的兩倍。在第二個六個月體重的增加逐漸緩慢，一歲時體重為出生時的三倍，平均九點七五公斤（二十一點五磅），餵母奶的嬰兒在四到六個月後，體重的增加會比餵食牛奶者為慢（Deway et al., 1993）。

估算體重的三種方法（陳幗眉、洪福財，2001）：

1. 按增長倍數計算：例如已知出生時新生兒的體重，則六個月時的體重為出生體重之兩倍左右；週歲時為三倍；兩歲時為四倍；三歲時約為四點六倍。

2. 按增長速度計算：出生三個月內的嬰兒，每週增加體重一百八十至二百公克，三至六個月內，每週增加一百五十至一百八十公克；六至九個月內，每週增加九十至一百二十公克；九至十二個月內，每週增加六十至九十公克。

3. 按公式計算：例如出生時體重為三千三百公克，則六個月時體重＝出生體重＋600（公克）×月齡；七至十二個月體重＝出生體重＋500（公克）×月齡；二至七歲體重＝2（公斤）×年齡＋8公斤。

(二)身高

出生後的前兩個月，每個月身高約增加一點五公分，而第二個六個月身高的增加速度則漸慢。六個月大的嬰兒身高平均為六十五公分，十二個月時七十四公分，一歲時身高比出生時增加50%。身高的增加主要在軀幹的部分較多，這也是嬰兒期體型的特點（**圖4-1**）。出生時，整個身體的中點在肚臍處，漸漸地四肢的生長較軀幹快，因此，至嬰兒期時下肢占身長的三分之一，而兩歲時，身體的中點則稍低於臍部。

估算身高的三種方式（陳幗眉、洪福財，2001）：

1. 按增長倍數計算：例如出生身高為五十公分，一歲時身高為出生身高的一點五倍，即七十五公分；四歲時身高為出生身高的兩倍，即一百公分。

2. 按增長速度計算：一至六個月大的嬰兒，平均每月增高二點五公分；七至十二個月，每月平均增高一點五公分；一歲時身高達到七十五公分，兩歲時達到八十五公分。

3. 按公式推算：兒童二至七歲，平均每年身高增長五公分。二至七歲的身高＝5（公分）×年齡＋75公分。

(三)頭部

頭部的成長相當快速，出生前六個月時頭圍大約每月增加一點五公分。而在第二個六個月時，每個月就只增加○點五公分。六個月大時，平均頭圍四十三公分（十七英寸），十二個月大時，平均頭圍四十五公分（十八英寸）。此時頭圍較出生時增加了33%。頭骨縫合部分也在此時關閉，後囟門於六至八週時閉合，前囟門於十二至十八個月閉合。頭圍的增長代表神經系統的生長與分化，週歲時嬰兒的大腦已為出生時的兩倍半（陳月枝等譯，2002）。

估算頭圍的方式（陳幗眉、洪福財，2001）：新生兒出生時平均頭圍約三十四公分，一歲時約達四十五公分；兩歲時約為四十七公分，三至四歲時兩年增長約一點五公分，之後則緩慢增長。

(四)胸部

嬰兒的胸部已呈現出較接近成人的輪廓，胸廓的左右橫徑漸大於前後徑。週歲時，胸圍與頭圍大小相等。而心臟的成長則比身體其他部分為慢，週歲時心臟重量是出生時的兩倍，而體重已達三倍。

估算胸圍的方式（陳幗眉、洪福財，2001）：出生頭一年增長最快，約增加十二公分，第二年增加約三公分，之後每年約長一公分。

測量嬰兒的胸圍應於吸氣與呼氣中間來測之，且正確測量方法是以兩乳頭連線為基準。出生時頭圍較胸圍大一至二公分；一歲時頭圍等於胸圍；一歲之後胸圍則大於頭圍。

一般而言，影響身體發展的因素與遺傳、健康、營養、性別有關。但我們更要關心的是嬰兒與其他嬰兒的比較，其個別的差異為何？為了要瞭解兒童的發展情形與大多數的兒童做比較，我們可選取具有代表性的兒童樣本數百人或千人，測量其身高、體重、頭圍、胸圍等資料，以各年齡的平均值畫成曲線，這就叫發育標準。將各年齡的平均數畫成的曲線稱為標準發育曲線（郭靜晃等，1998）。目前行政院衛生署國民健康局採用的是兒童生長曲線圖（圖4-4、圖4-5）。

當我們正確地測量出兒童的身高與體重後，如何正確使用生長曲線圖就很重要了。以下就體重舉例：

1.依性別選用男孩或女孩的生長曲線圖。
2.在曲線圖的橫座標上，找出兒童實足年齡的位置（○至二歲按月計，二至六歲採雙月計算），並向上虛擬一條垂直線。
3.在曲線圖的縱座標上，找出兒童體重公斤的位置，並向右虛擬一條水平線。
4.在垂直線與水平線交叉處，以筆畫出一小圓點。

曲線圖上有七條曲線，曲線的右側有第3、10、25……97百分位的數字，如果體重小圓點正好落在第95百分位線上，表示小孩的體重與一百位同性別、同年齡的小孩做比較時，他贏過九十五名，是最重的第五名；如果小圓點落在第25與第50百分位曲線之間的區域內，就代表小孩的體重是在第五十名與七十五名之間。所以曲線圖是相同性別及相同年齡小孩生長程度的比較，一般而言，位於第15～85百分位兩線之間，都算是標準，但若在第85百分位以上，可能是過重或肥胖，若在第15百分位以下，也可能是過輕或瘦弱，都表示須加以注意。此外，體重與身高的配合也相當重要，如果身高與體重都在第10百分位線上，表示小孩雖然較小，但由於身

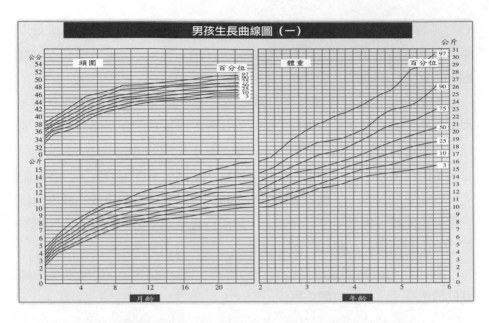

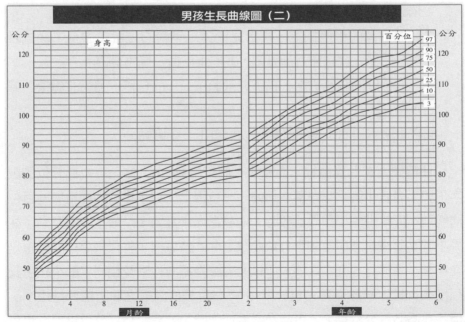

圖4-4　台灣地區兒童生長曲線圖（〇至六歲男孩之身高、體重、頭圍及胸圍標準值）

資料來源：行政院衛生署國民健康局（2003a）。

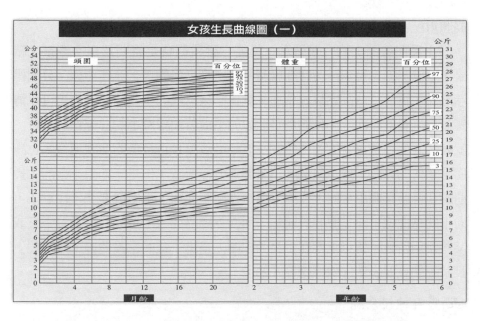

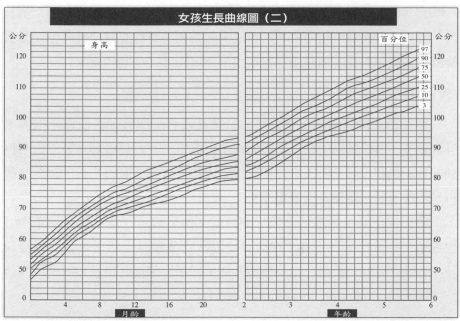

圖4-5 台灣地區兒童生長曲線圖（○至六歲女孩之身高、體重、頭圍及胸圍標準值）

資料來源：行政院衛生署國民健康局（2003a）。

高體重配合得當,亦可較爲放心。

生長曲線圖上的一個圓點,僅能告訴我們特定時間及單次測量之結果,不過,如果每隔一段時間就測量一次身高與體重,並在曲線上分別標示圓點,再將這些圓點以線相連,就是小孩自己的生長曲線,也更可以清楚看出生長的傾向。小孩的生長曲線如果沿著曲線圖上的曲線軌跡進行,就表示其生長是正常的,即使它一直是沿著第10百分位的曲線進行,也許僅是遺傳的原因,或是兒童的出生體重較輕所致;但是,如果小孩的生長曲線在一段時間中,向上或向下跨越過兩條曲線,那麼就要非常注意了,向上跨越曲線可能是肥胖的開始,而向下降落曲線,可能代表營養不良或某些疾病所致,所以定期在生長曲線圖上畫出小孩的生長曲線,是追蹤生長狀況的重要方法(陳偉德等,2003)。

(五)腦與神經系統

出生時,大腦的重量約爲成人的25%(約三百五十公克),到六個月時,爲成人的50%;至兩歲時可達成人的75%。嬰兒的腦神經部分在出生時就已完成髓鞘化,但脊髓神經則須至三歲時才完成髓鞘化。

(六)肌肉骨骼系統

嬰兒時期的肌肉成長主要是靠肌纖維細胞的增大,其肌肉組織因水分含量多,所以特別柔軟且富於彈性,但抵抗力卻較爲虛弱。在肌肉的控制部分則是和大腦、肌肉之間神經纖維成熟度有關。肌肉系統的控制發展也是依循著頭尾定律及近遠定律。

骨骼的生長,早在胎兒第二個月就開始形成,在第五個月便產生骨化的情形,骨化最先是發生在頭骨的膜狀骨及鎖骨,接著才是脊椎及四肢。骨骼主要的功能是在維持體型外觀,保護內臟器官以及和肌肉共同合作完成活動。

(七)循環系統

循環系統最主要的器官是心臟與血管。出生時胸部的前後徑和左右

徑相等,形狀稍接近於圓桶狀,胸壁較薄且富於彈性。嬰兒的心臟在出生時重二十五公克,一歲時約重四十五公克。心尖位置在兩歲以下的嬰幼兒,大約在第三、四肋間及左鎖骨中線(midclavicular line)之上或稍接近內側的部位。心跳是嬰兒最重要的生命評估項目,出生時心跳約每分鐘一百二十至一百六十次,搏動次數會隨著年齡的增加而減慢,約在十歲時與成人相同。

(八)呼吸系統

呼吸系統的結構包括鼻腔、咽喉部、支氣管所構成的呼吸道以及肺臟,執行內呼吸和外呼吸等生理功能,外呼吸係指供氣體通過呼吸道的功能,內呼吸則係指氧氣與二氧化碳的實際交換過程(游淑芬等,2004)。肺組織的重量在出生時約五十至六十公克,在六個月時增加至出生時的兩倍,一歲時為出生時的三倍。

嬰兒的呼吸動作,主要是依靠橫膈的運動(採腹式呼吸),且呼吸速率很快,每分鐘約四十次,之後,呼吸速率隨著年齡增加而減慢,至六至八歲左右即接近成人。

(九)消化系統

嬰兒的消化過程,在出生時尚未成熟,唾液分泌量極少,僅作為滋潤喉嚨及口腔使用,要等三個月大時,唾液腺才能完全發育成熟,消化系統才有功能。嬰兒時期下食道括約肌的緊張度較弱,且賁門括約肌較鬆弛,因此,食物常易反流,而導致溢奶或吐奶的情形。

新生兒時胃內已有胃酸及胃液存在,而此時胃是呈圓形且是橫向位置。之後,隨著年齡增加,胃便逐漸長大、拉長且變為直立,大約至七歲大時,即為成人胃的形狀及正常解剖位置。在一個月大時,胃的容量約90～150CC.,至一歲時,其容量已增為210～360CC.。

(十)泌尿系統

泌尿系統包括腎臟、輸尿管、膀胱與尿道。腎臟的主要功能有維持

體液和電解質的平衡及排除代謝後的廢物。腎臟發育得很早,在胚胎時期的第一週便已開始發育,出生時兩腎共重二十五公克,一歲時為六十五公克。出生時腎絲球過濾率為成人的30%～50%,一直到兩歲時才能達到成人的標準。因新生兒的膀胱儲尿能力差,一天的小便次數達十至三十次,每天的排尿量約為50CC.,之後,隨著年齡增長,膀胱儲尿能力的成熟,排尿次數會減少,每次的排尿量則增多,一歲後每天排尿量則增為400～500CC.。

二、預防接種

兒童醫學在過去六十年來最大的突破,就是感染性疾病的減少,其主要原因在於政府對於預防接種的推廣,以預防疾病之發生。預防接種是人類控制傳染病的發生與流行最有效的方法,而嬰幼兒時期如沒做好預防,被傳染到疾病,除了影響健康外,也有可能造成殘障或後遺症的發生,因而使得社會成本增加,故預防接種施行的澈底與否,將影響國家社會的經濟成本。

預防接種是指利用免疫原則,給予抗原以刺激人體產生較長久的免疫力,一般的疫苗根據它們是否仍然保留了原來病原的活性,而可以分為活性減毒疫苗(live attenuated vaccine)與非活性疫苗(killed vaccine)等兩大類。目前已經有的活性減毒疫苗包括卡介苗、口服小兒麻痺疫苗、麻疹疫苗、德國麻疹疫苗、腮腺炎疫苗、水痘疫苗、黃熱病疫苗等。非活性疫苗包括了白喉類毒素、百日咳疫苗、破傷風類毒素、日本腦炎疫苗、A型肝炎疫苗、B型肝炎疫苗、狂犬病疫苗、霍亂疫苗、b型流行性感冒嗜血桿菌疫苗等。

有關嬰幼兒何時應接種預防疫苗、接種的禁忌、反應及注意事項,請參見**表4-1**「台灣地區小兒預防接種時間表」(行政院衛生署,2003b)及**表4-2**「預防接種禁忌及接種部位與注意事項一覽表」(中央健康保險局,2002)。台灣在一九九九年一歲兒童卡介苗、百日咳、百喉、破傷風

混合疫苗及小兒麻痺和麻疹的免疫百分比為94%、91%、92%及89%，比
發展中國家的平均百分比皆高；此外目前台灣較常用嬰幼兒發展的評估是
使用丹佛嬰幼兒發展篩檢測驗，有關此評估詳參考**專欄4-1**，同時此種測
驗也可應用於評估是否發展遲緩的可靠量表。

表4-1　台灣地區小兒預防接種時間表

適合接種年齡	接種疫苗種類	
出生24小時以內	◎B型肝炎免疫球蛋白	一劑
出生滿24小時以後	◎卡介苗	一劑
出生滿3～5天	◎B型肝炎疫苗	第一劑
出生1個月	◎B型肝炎疫苗	第二劑
出生2個月	◎白喉、百日咳、破傷風混合疫苗	第一劑
	◎小兒麻痺口服疫苗	第一劑
	★或（自費）新型三合一疫苗	第一劑
	★或（自費）b型流行性感冒嗜血桿菌疫苗	第一劑
	＊或（自費）五合一疫苗	第一劑
出生滿4個月	◎白喉、百日咳、破傷風混合疫苗	第二劑
	◎小兒麻痺口服疫苗	第二劑
	★或（自費）新型三合一疫苗	第二劑
	★或（自費）b型流行性感冒嗜血桿菌疫苗	第二劑
	★或（自費）五合一疫苗	第二劑
出生滿6個月	◎B型肝炎疫苗	第三劑
	◎白喉、百日咳、破傷風混合疫苗	第三劑
	★或（自費）新型三合一疫苗	第三劑
	＊或（自費）五合一疫苗	第三劑
	▲（自費）小兒流感疫苗	一劑
出生滿9個月	◎麻疹疫苗	一劑
出生滿1歲	▲水痘疫苗	一劑
出生滿1歲3個月	◎麻疹、腮腺炎、德國麻疹混合疫苗	一劑
	★（自費）b型流行性感冒嗜血桿菌疫苗	第三劑
	◎日本腦炎疫苗	第一劑
	◎日本腦炎疫苗（每年3月至5月接種）	隔兩週第二劑
出生滿1歲6個月	◎白喉、百日咳、破傷風混合疫苗	追加
	◎小兒麻痺口服疫苗	追加
	★或（自費）新型三合一疫苗	追加
	▲（自費）A型肝炎疫苗	第一劑
	＊或（自費）五合一疫苗	第四劑

（續）表4-1　台灣地區小兒預防接種時間表

適合接種年齡	接種疫苗種類	
出生滿2歲	★（自費）肺炎雙球菌疫苗 ★（自費）A型肝炎疫苗	一劑 第二劑
出生滿2歲3個月	◎日本腦炎疫苗（每年3月至5月接種）	第三劑
國小一年級	◎破傷風、減量白喉混合疫苗 ◎小兒麻痺口服疫苗 ◎日本腦炎疫苗（每年3月至5月接種） ◎卡介苗疤痕普查	追加 追加 追加 無疤痕或疤痕過小且測驗陰性者追加

注意：1.◎標示之疫苗，為健保補助的常規預防接種項目。

2.★配套疫苗與＊配套疫苗有部分重複，不可同時接種。

3.▲標示疫苗，可與前三種顏色配套疫苗搭配，可自行決定是否接種。

4.以上四種符號標示的疫苗接種配套不同，若有疑問，可詢問醫護人員後再決定。

5.若施打五合一疫苗，則不要給予小兒麻痺口服疫苗。

表4-2　預防接種禁忌及接種部位與注意事項一覽表

疫苗種類	部位	途徑	禁忌	反應與注意事項
卡介苗	左上臂三角肌中央	皮內	·發高燒 ·患有嚴重急性症狀及免疫不全者 ·出生時伴有其他嚴重之先天性疾病 ·新生兒體重低於2,500公克時 ·可疑之結核病患，勿直接接種卡介苗，應先做結核菌素測驗 ·嚴重濕疹	·接種後約七天有小紅結節 ·四至六星期有膿或膿疱，不可擠壓或搽藥，保持乾燥即可 ·二至三個月結痂自然脫落 ·如有腋下淋巴腺腫，請帶至接種單位檢查
B型肝炎免疫球蛋	大腿前外側	肌肉	窒息、呼吸困難、心臟機能不全、昏迷或抽筋、發燒等嚴重病情者	
白白喉、百日咳、破傷風混合疫苗	·嬰兒：大腿前外側 ·小孩：左	肌肉	·發高燒 ·患有嚴重疾病者，但一般的感冒不在此限	·可能有發燒或注射部位疼痛的現象，應多喝水，約一至二天消失

（續）表4-2　預防接種禁忌及接種部位與注意事項一覽表

疫苗種類	部位	途徑	禁忌	反應與注意事項
	上臂三角肌中央		・病後衰弱，有明顯的營養不良 ・患有嚴重心臟血管系統、腎臟、肝臟疾病者 ・患有進行性痙攣症或神經系統可能有問題者，但已不進行的神經系統疾病，如腦性麻痺等，則不在此限 ・對DPT、DT或Td疫苗的接種有過嚴重反應者，如痙攣等 ・6歲以上	・發燒至38℃（腋溫或耳溫）或38.5℃（肛溫）可吃退燒藥 ・若高燒不退應立即就醫 ・少數人在接種部位會發生膿瘍，若接種部位紅腫、硬塊不退則應立即就醫
小兒麻痺		口服	・發高燒 ・免疫能力受損者 ・正使用腎上腺皮質素或抗癌藥物治療者 ・孕婦	・一般沒有什麼反應 ・口服疫苗使用前及後半小時不可吃任何東西 ・此疫苗只能口服不能注射 ・當患有腸胃病時，最好延緩服用
B型肝炎	大腿前外側	肌肉	・出生後觀察四十八小時後，認為嬰兒外表、內臟機能及生活力不正常者 ・早產兒體重未達2,200公克者（出生一個月後或體重超過2,200公克，即可注射） ・有窒息、呼吸困難、心臟機能不全、嚴重黃疸、昏迷或抽筋等病情者 ・有先天性畸形及嚴重的內臟機能障礙者	・可能有發燒或注射部位紅、腫、熱、痛現象，應多喝開水，約一至二天消失 ・可能有不安、易哭、胃口減少現象
日本腦炎	上臂外側	皮下	・患有比感冒還嚴重疾病者，如發高燒	・接種部位也許會有發紅、腫脹、疼痛等局部反應

（續）表4-2　預防接種禁忌及接種部位與注意事項一覽表

疫苗種類	部位	途徑	禁忌	反應與注意事項
麻疹	上臂外側	皮下	·患有嚴重疾病者，但一般的感冒不在此限 ·免疫能力不全者 ·正使用腎上腺皮質素或抗癌藥物治療者 ·孕婦	·接種後七至十天可能會有輕微發燒或出疹子，一至二天消失 ·發燒至38℃（腋溫或耳溫）或38.5℃（肛溫），可吃退燒藥 ·接種部位可能有局部的反應，如紅斑熱或腫脹
德國麻疹	上臂外側	皮下	·患有嚴重疾病者，但一般的感冒不在此限 ·免疫能力不全者 ·正用腎上腺皮質素或抗癌藥物治療者 ·孕婦	·微癢一至二天
麻疹、腮腺炎、德國麻疹混合疫苗	上臂外側	皮下	·患有嚴重疾病者，但一般的感冒不在此限 ·免疫能力不全者 ·正使用腎上腺皮質素或抗癌藥物治療者 ·孕婦	·局部反應很少 ·偶有疹子、咳嗽、鼻炎、發燒或暫時性關節痛 ·腮腺炎疫苗曾有引起輕微中樞神經反應的病例報告，但機率極少

專欄
4-1

嬰幼兒發展的評估

　　丹佛嬰幼兒發展篩檢測驗（Denver Developmental Screening Test, DDST）是嬰幼兒最常使用的發展測驗，適用於出生到六歲的兒童，發展篩檢測驗共分為四個單元：粗大動作、精細動作、語言及適應能力、身邊處理與社會性（**圖4-6**及**表4-3**）。在每一測驗單元中，設計多個長條形的項目，長條形上分別標示百分比25、50、75及90。若受測兒童無法通過90%同年齡

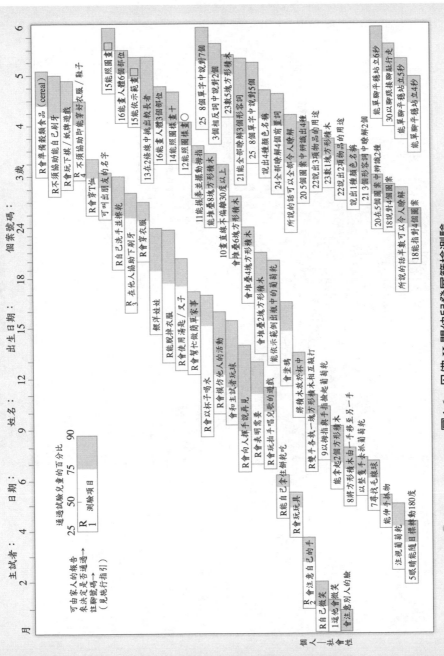

圖4-6　丹佛II嬰幼兒發展篩檢測驗

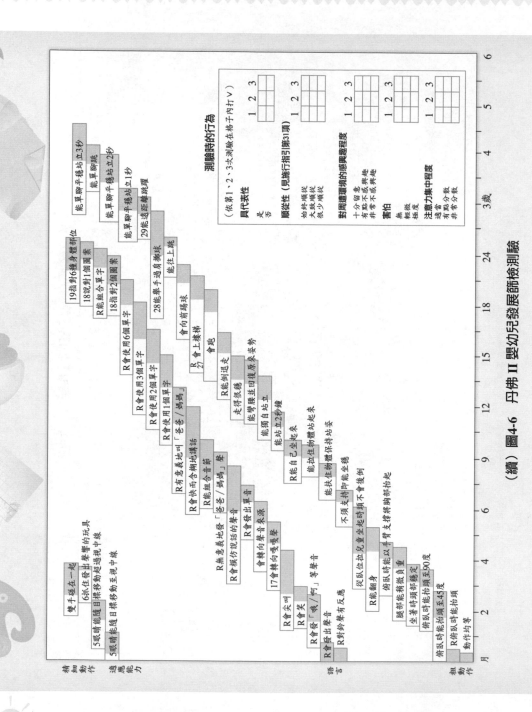

（續）圖4-6 丹佛Ⅱ嬰幼兒發展醫師檢測驗

之兒童能通過的項目，則表示該兒童可能疑似有「發展延遲」的情形。

 1.正常：能通過90%同年齡兒童可通過的項目。

 2.可疑：指一個單元有兩個（含）以上的延遲。

 3.異常：指兩個（含）以上的單元各有兩個（含）以上的延遲；或某
  一單元有兩個（含）以上的延遲，而另一單元有一個延遲。

表4-3　丹佛II嬰幼兒發展篩檢測驗施行指引

1.試以微笑、說話，或揮手的方式來逗兒童笑，不要碰觸他（她）。

2.兒童必須注視手部數秒鐘。

3.父母可以協助指導牙刷的操作方法以及將牙膏擠在牙刷上。

4.兒童並不需要繫好鞋帶或扣背後的扣子／拉背後的拉鍊。

5.將毛線球緩慢地依弧形路線由一側移往另一側，毛線球的位置須距離兒童臉部
 上方八英寸。

6.當會出聲響的玩具碰觸到兒童的指背或指尖時，兒童會抓住它，便算通過。

7.如果兒童試圖察看毛線球的去向，便算通過。主試者在丟下毛線球時必須快
 速，且不可移動手臂。

8.兒童必須在沒有身體、嘴巴或桌子的協助下，將方形積木由一手移至另一手。

9.如果兒童能以拇指與手指的任何部分撿起葡萄乾便算通過。

10.兒童所畫的線只能偏離主試者所畫的線三十度或三十度以內。

11.握拳、拇指往上指，而且只有拇指可以擺動。如果兒童能模仿此動作，且除了
 拇指之外其他手指均不動，即算通過。

| 12.若將能圓圈畫好無缺口，就算通過，若只能畫成連續迴旋狀，就不算通過。 | 13.哪條線比較長（非較大）？將紙張上下顛倒再重複此測驗（三次測驗中全對或六次測驗中有五次對，就算通過）。 | 14.近中點畫出任何交叉線即算通過。 | 15.畫出完整圖形就算通過。注意直線的交叉。 |

測試第12、14、15項時不要說出其形狀名稱，測試第12及14項時不要示範。

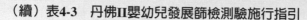

（續）表4-3　丹佛II嬰幼兒發展篩檢測驗施行指引

16. 計分時，成雙的身體部位（例如：兩隻手臂、兩條腿等）只能算作是一個部位。

17. 將一個骰子放於杯中，靠近兒童耳朵輕輕搖晃，但不要讓兒童看見。對另一個耳朵重複此項測驗。

18. 指著圖案，讓兒童說出該圖案的名稱（如只能模仿其聲音，則不予計分）。如果兒童命名正確的圖案少於四項，則由主試者模仿圖案的聲音來讓兒童指出該圖案。

19. 使用洋娃娃，要求兒童指出哪裡是鼻子、眼睛、耳朵、嘴巴、手、腳、肚子、頭髮，八項中對了六項就算通過。

20. 使用圖片，問兒童：「哪一個會飛？」「哪一個會叫『喵』？」「哪一個會說話？」「哪一個會吠？」「哪一個會奔馳？」五項中對二項，五項中對四項就算通過。

21. 問兒童：「當你寒冷時怎麼辦？」「當你累了時怎麼辦？」「當你餓了時怎麼辦？」三項中對二項，三項全對就算通過。

22. 問兒童：「你可以用杯子來做什麼？」「椅子可以用來做什麼？」「鉛筆可以用來做什麼？」動作字眼必須在回答之中。

23. 如果兒童能夠正確地放置並說出紙上的積木數目便算通過（1,5）。

24. 告訴兒童：將積木放在桌上；放在桌下；放在我的面前；放在我的後面，四項全對便算通過（不可用手指、移動頭部或目光來協助兒童）。

25. 問兒童：什麼是球？湖？桌子？房子？香蕉？窗簾？圍籬？天花板？如果兒童能說出用途、形狀、構成成分或一般分類（像香蕉是水果，而不只是黃色）便算通過，八項中答對五項，八項中答對七項便算通過。

26. 問兒童：如果馬是大的，老鼠則是＿＿＿的？如果火是熱的，冰塊則是＿＿＿的？如果太陽照耀於白天，則月亮照耀於＿＿＿？三項中答對二項便算通過。

27. 兒童可以扶牆或欄杆，但不可以扶人，也不可以用爬的。

28. 兒童必須舉手過肩丟球三呎，並且在主試者伸手可及範圍之內。

29. 兒童必須站立跳過測驗紙之寬度（八點五英寸）。

30. 告訴兒童向前走，腳跟與腳尖間距少於一英寸。主試者可以示範，兒童必須連續走四步。

31. 在兩歲的兒童中，半數的正常兒童是不順從的。

觀察：

 第二節　嬰兒期的動作發展

　　嬰兒時期是身體動作發展迅速的一年。事實上，嬰兒的動作是以一個可預測且規則性的順序來發展。由於嬰兒的神經與肌肉系統尚未發展成熟，所以嬰兒會有許多的反射動作，但會隨著腦部控制肌肉系統的成熟，大約在五個月時，反射動作會逐漸消失，取而代之是有意識的動作。動作發展依循兩項原則：頭尾定律及近遠定律（蔡欣玲等，1997）。

　　嬰兒動作發展的順序依次為：

1個月〔微微抬頭〕→2至3個月〔抬頭〕→3至4個月〔翻身〕→5至6個月〔抬胸〕→7個月〔獨坐〕→8個月〔爬行〕→10個月〔扶著桌椅行走〕→11至12個月〔獨立站〕→13至18個月〔獨立行走〕

　　圖4-7說明了出生後第一年動作與運動技能發展的正常順序。嬰兒在獲得這些技能的順序和速度方面是有差異性的。然而，一般說來，在前十二個月裡，嬰兒開始向上支撐住頭部並開始自己翻身；他們學習探取、抓握物體及坐、爬、站、走。這些成就的每一項，都須藉由不斷地練習、熟練、不斷努力，直至最終的掌握（郭靜晃、吳幸玲譯，1994）。**表4-4**則對嬰兒期的粗大動作（gross-motor activity）與精細動作（fine-motor activity）做一說明。

　　一般說來，粗大動作發展指的是手臂、腳與身體的移動，包括走、跑、跳、爬、丟擲與接物等基本動作技巧；而精細動作技巧也可稱為小肌肉動作技巧，主要是指知覺與動作協調而成的技巧，如手眼協調、腳眼協調，主要是靠著視覺和手（足）部的協調動作居多，例如嬰兒的玩物遊戲則非常需要應用手及手指來操弄物體，又可稱操作性技巧，而兒童的書寫、塗鴉、著色、剪貼、使用工具等，則非常需要此種技巧的發展。

圖4-7 嬰兒動作發展與位移順序

資料來源：Frankenberg, W. K. & Dodds, J. B. (1967).

　　從**表4-4**中，吾人可理出一套嬰兒的動作發展原則：是由反射動作→感覺動作→複雜且精細的動作技能。嬰兒隨著年齡增長，他們從反射動作到感覺動作各別發展，甚至能整合各種感覺動作而形成協調的動作技能。

表4-4　嬰兒期的動作發展

動作 月齡	粗大動作	精細動作
一個月	1.俯臥時偶爾可微微抬頭並轉向另一側。 2.俯臥時會有爬的動作（爬行反射）。 3.驚嚇反射。	1.頭與眼一起轉動。 2.尋乳、吸吮反射。 3.巴賓斯基反射。 4.手常握拳，呈緊握狀態（抓握反射）。
二個月	1.俯臥時能將頭抬起45度。 2.俯臥時能短暫的胸部抬離床面。 3.能從側臥翻成仰臥。 4.交替著踢腳。	1.眼睛能隨移動物品或人而轉動。 2.能短時間握住放在手裡的玩具。 3.喜歡將手放入口中。
三個月	1.俯臥時，能將頭部抬起45至90度。 2.有支持時，會彎著背及屈著膝而坐。 3.能由俯臥翻成仰臥。	1.眼睛可凝視自己的手及玩自己的手。 2.開始揮抓物品，但不一定總是抓得到。
四個月	1.成坐姿時，頭部穩定不再向後倒，且背部彎曲減少。 2.在有足夠的扶持下可以坐直。 3.反射漸消失，而漸以具控制的動作取代。 4.能由仰臥翻成側臥。	1.張開手指抓東西，並把東西放入口中。 2.能抓住，搖晃小物件。
五個月	1.臥姿拉成坐姿時，頭不向後倒，背可以挺直。 2.抱成站姿時，雙腿可支持自己大部分的體重。 3.能由仰臥轉成俯臥。	1.開始運用拇指及其他手指的相對位置。 2.可隨意撿起東西，較少失誤。 3.用整個手抓東西（手套抓法）。 4.兩手一起抓。
六個月	1.不用支持可短暫的坐著。 2.抱時，雙腿幾乎可以支持全身的體重。 3.能自由翻身。	1.能將小物件由一手交到另一手。 2.能將握在手上的物品敲擊以發出聲音；以拇指與其他四指相對抓東西。 3.能伸手抓物，通常把物品放入口中。
七個月	1.不須扶持能自己坐穩。 2.雙腿能完全支持體重。	1.坐著時能自取兩塊積木且兩手各拿一塊。 2.用單手抓玩具，且在桌上敲。
八個月	1.獨坐得很好。 2.以腹部伏在地上、四肢游動的方式爬行。	1.開始會用食、中指及拇指底部做鉗抓動作。 2.憑意願放下物品。

（續）表4-4　嬰兒期的動作發展

動作 月齡	粗大動作	精細動作
九個月	1.會爬著走（腹部抬高，與地面平行，用雙手及膝蓋移動）。 2.能扶著東西維持站立的姿勢。	1.更熟練地用鉗抓方式抓起小物件的動作。 2.以推、拉、拖、抱的方式操縱物體。 3.能握住奶瓶，將奶瓶放入口中。
十個月	1.藉攀扶能自己站起來。 2.站不久常跌坐地上。	1.可以熟練地撿起小物品。 2.自己吃手上的食物。 3.控制嘴唇靠近茶杯喝水。 4.喜歡丟擲東西。
十一個月	1.用一手扶著可支撐的東西，能挺直的站著。 2.牽著成人的手或扶著家具走動。	1.能執行精細的鉗抓動作，如：撿起葡萄乾的細小東西。 2.能將手上的東西交給別人。
十二個月	1.能短暫時間獨站。 2.能扶家具移步。	1.能握住杯子喝水，但需大人的協助扶杯子。 2.能將東西放入容器中。
十八個月	1.可以走得很快。 2.牽著或扶著欄杆可以走上樓梯。 3.能不扶東西，自己由坐或躺的姿勢站起來。 4.在少許支撐下能蹲下或彎腰撿起地上的東西，然後恢復站的姿勢。	1.會用筆亂塗。 2.會把瓶蓋打開。 3.已開始較常用特定一邊的手。

　　隨著機體成熟，他們逐漸發展對自己身體能控制，甚至掌握運用身體各部分，進而表現出控制各種動作以形成更複雜的行動形態。例如，當他們能整合腿、腳、手臂的動作，而學會走路。

　　　新生嬰兒只會做簡單抓握的反射動作、會眨眼及伸展雙臂。反射動作是對特殊刺激的一種固定反應，例如：瞳孔反射、眨眼反射、膝跳反射等。這些動作的特點為：反應與刺激間都比較單純和固定，即同一刺激常引起相同反應；當刺激的強度增強時，若方式不變，反應方式可能有所改變，這是先天遺傳的傾向，而非後天學習來的。此外反射還有保護、防禦，及適應外界的功能。新生兒除了上述的反射動作外，還有巴賓斯基反

射、摩洛反射和達爾文反射（Darwinian reflexes）。巴賓斯基反射在嬰兒出生時即已出現，輕觸嬰兒的腳掌，其腳趾便會向外伸張，腿部也會搖動，這種反射在出生四個月後才逐漸減弱，至兩歲時消失。摩洛反射是當嬰兒被平放在桌上或床上時，由於感覺不舒服，嬰兒身體會蜷曲，雙臂做擁抱狀，初生時反應明顯，而後逐漸舒緩而輕微。達爾文反射即輕觸新生兒的手心，其手掌會蜷曲成握拳狀。新生兒的動作能力可分兩種類型：(1)是以隨機的方式來移動身體的部分而且不具協調性（例如轉頭或揮動手臂）；(2)自動地，由不隨意肌所控制的反射動作。

一個健康的嬰兒對身體的控制會愈來愈好，先使頭能挺直、翻滾、轉身、往後撐再往前爬，對四周環境做出反應。然而，個人的發展雖因個人特質、健康狀況、遺傳因子不同而呈現不同的發展速率（個別差異），但一般動作發展的順序卻是相當一致的。

嬰兒在一至三個月內，趴著時可以將下巴和頭挺起。四至六個月時可以控制頭部肌肉，使身體撐起來而成坐姿，這時頭已可直撐著。在六至七個月時，嬰兒約可獨坐一分鐘。

六個月之後已有相當的動作發展。許多嬰兒可藉扶著椅子站立起來。他們也會翻滾或做一些重複的動作（正如我們前面所討論，許多遊戲理論皆提及好玩的重複動作對嬰兒是很重要的）。此時嬰兒會自行玩弄身體的部分或玩一些搖籃邊的玩具。七個月以後，嬰兒具有一些行動能力（例如爬、翻滾、匍匐前進）。一歲時，有些嬰兒可自己站立或走路，坐著時也很容易轉來轉去。過了一歲，嬰兒大都會走路，只是走得搖搖晃晃而且常跌倒，因為走路本身是一動作技巧，一歲多的幼兒做任何動作都須十分專心，但他又是很容易分心，因此就容易跌倒。但要不了多久，幼兒即使不專注於走路這個動作，也能走得很好了。這時期的幼兒可以在原有的動作技巧外再加入新的技巧，例如走到桌邊拿起玩具探索。到了兩歲之後，幼兒可以跑得很好，而不擔心跌倒。出生至兩歲的動作發展，包括：翻滾、爬、匍匐前進，如大熊走路樣的四肢闊步前進、站、走及跑。

大肌肉動作包括坐和走，在發展的同時，手指運作如伸、抓、放等

精細動作技巧也大幅增進，這種精密的小肌肉發展及手眼協調能力，可以幫助幼兒正確抓握及操弄小玩物。在出生時，嬰兒對小肌肉毫無控制能力。在出生至一個月時，四肢與手指不能分別運作，常像魚鰭般一起運作，此時，即使玩物在他們面前，嬰兒也不會抓握玩物。一直到兩個月大時，嬰兒才會短暫的抓握玩物，但時間持續不久。

四至六個月大時，嬰兒要很費力才能拾起玩物，通常是用兩手去抓，而小的玩物則以全部指頭去抓。直到七個月大，他才會以大拇指和其他指頭來捏拿。八個月大，嬰兒可換手拿玩物。這些手與手指的技巧包括抓握及操弄能力，使嬰兒可玩玩物，並幫助嬰兒瞭解現實世界（例如玩物）的特性，以及行動、三度空間，和因果關係。在一歲至兩歲間，嬰兒不僅走路已走得很好，可以跑，甚至可以翻好幾頁的故事書。

第三節　影響嬰兒身體與動作發展之因素

影響嬰兒身體與動作發展的因素很多，而且這些因素也常有交互影響。例如：陳淑美等（1992）以兩個月至三十個月大的一千六百八十名嬰兒為研究對象，發現嬰兒的動作發展與年齡、出生序、父親社經地位有關；王慧敏（1989）發現適度的營養是影響身體與動作發展之因素。蘇建文、鍾志從（1984）的研究發現，個人隨著年齡增長，肌肉與神經的成熟，才是影響動作發展的主要因素，而不是一味的訓練，否則反而會揠苗助長。由上而知，影響嬰兒的身體與動作發展之因素，不外乎是遺傳、年齡、成熟、父親之社經地位等。

1.遺傳：遺傳基因是形成人們基本體態的重要因子。
2.營養：吃得好、照顧得好的孩子，以及較富裕的家庭比貧窮家庭的孩子長得高、長得重，這些差異通常在第一年就顯現出來，而且可以影響至一生（American Academy of Pediatrics, Committee

Statement, 1973）。

3.百年趨勢：現今的兒童比一世紀以前的兒童長得高、長得壯、成熟較早，這可能是醫藥發達、營養改善、父母早婚減少，此外預防接種也扮演相當大的角色。但是相對地，不良環境因子如兒童虐待或吸毒，卻容易造成兒童猝死（**專欄4-2**）。

4.成熟：Gesell（1929）的同卵雙生子研究，探討嬰兒動作發展一是運用訓練（實驗組），另一是自然成熟（控制組），結果發現訓練對動作發展之影響不如成熟來得重要。成熟促成嬰兒的運動肌肉、神經的逐漸成熟，造成動作發展模型成形，之後再輔以訓練，會使動作發展有加成效果，反之，若機體不成熟，只有一味訓練，恐會造成揠苗助長。

專欄
4-2

嬰兒猝死症

　　嬰兒猝死症（Sudden Infant Death Syndrome, SIDS）係指一個外表似乎健康的嬰兒，突然莫名的死亡，此也是一個醫學名詞，每年奪走不少嬰兒的生命，每一千名出生的新生兒就有兩名死於SIDS，而發生頻率最高的時期為二至四個月大之期間，它也是造成滿月至滿週歲嬰兒死亡的最主要原因，早期我國社會常列為夭折之症狀（Arnon, Midura, Damus, Wood, & Chin, 1978）。該死亡並非由事故傷亡，例如窒息、嘔吐、嗆咳或生病而致死亡，此種死亡原因是無法預知或阻止，在冬天更為常見，而且不具傳染性，最近發現嬰兒有睡眠障礙（睡眠時忘記呼吸），也常會造成SIDS。

　　SIDS嬰兒大都屬於早產、體重過輕、男嬰、黑人、青少年母親、貧窮、未接受產檢、前一胎和此胎相隔不到一年，母親懷孕罹病或吸毒（Shannon & Kelly, 1982a, 1982b; Zuckerman et al., 1989）。父母有服用尼古丁，尤其是海洛因和古柯鹼，以及美沙酮（methadone），都會增加出

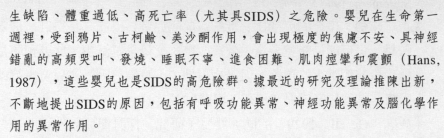

生缺陷、體重過低、高死亡率（尤其具SIDS）之危險。嬰兒在生命第一週裡，受到鴉片、古柯鹼、美沙酮作用，會出現極度的焦慮不安、具神經錯亂的高頻哭叫、發燒、睡眠不寧、進食困難、肌肉痙攣和震顫（Hans, 1987），這些嬰兒也是SIDS的高危險群。據最近的研究及理論推陳出新，不斷地提出SIDS的原因，包括有呼吸功能異常、神經功能異常及腦化學作用的異常作用。

十月懷胎，在眾人期盼及協助下，而得到父母心目中的寶貝。在突然痛失愛兒之下，對父母及其家庭的傷害極大，DeFrain、Taylor及Ernst（1982）的研究就發現，所有父母皆將SIDS視為家庭最嚴重的危機。父母在痛失愛兒之後會有創傷症候群，父母深覺內疚，並得忍受外來的指責。家庭很難回復原有的歡樂，甚至引起父母長期身處焦慮與壓力之情境中。

第四節　嬰兒的身體與動作發展之輔導

從上述各節之敘述，吾人可瞭解個體的身體與動作發展承襲父母之遺傳基因，受到產前環境之影響，再來就是後天環境因子（例如父母教養、營養、社經地位等）之相互作用的影響，而造成個體能力之差異。所以說來，從小的身體與動作發展之影響因子是受先天的遺傳、機體成熟及後天環境之影響而來。

因此，在保育之原則，首先，對成人而言更要瞭解個體之個別差異性，這也是身為教保人員在教育孩子時的設備設置與教育方法，更要符合適齡發展之需求（DAP）（Charlesworth, 1996）。這也是美國幼兒教育協會（NAEYC）所倡導的一個目標：「一個安全和教育環境，能促進生理、心理、社會、情緒與認知的發展。從出生至八歲，教育實務要反應家人的需要，並提供適當環境給兒童挑戰與支持，成功地迎合個體之需求、興趣和學習能力」。對教保實務上，教保人員要運用適齡發展實務原則，

考量兒童的成長與發展，並且將此原則運用到教保計畫及與兒童的互動上。**表4-5**將描述一般兒童的身體與動作發展進程（但務必記得這只提供大約50%的嬰兒所會做的事，並要瞭解個體有個別差異）。而**表4-6**提供嬰兒的粗大動作及精細動作之發展順序。**專欄4-3**提供○至二歲兒童發展之進程量表。

表4-5　一般嬰兒身體與動作發展進程

出生至8個月	
身體發展	**動作發展**
出生： ・平均大小：3,375公克（7.5磅），50公分（20英寸）長。	出生：在一定點附近移動、踢、舉起，和轉頭、手臂彎曲，當頭沒有支撐時會下垂。
1個月： ・平均大小：4.5公斤（10磅），53公分（21英寸）長。 ・睡眠：每天需要十六個小時。 ・聽力：能夠覺察各種不同的聲音。	1個月：當躺著時，會舉起下巴。 2個月：當被抱著時，保持頭豎起。 3個月：當被舉起時會踏步，能轉側向後，能接觸物體，但無法感受它們。
2個月： ・理解：較偏愛固定的臉孔，並且喜歡紅色和藍色，勝於綠色和黃色。	4個月：有支持能坐下，把手打開和關閉，開始能用手搖物體。
3個月： ・睡眠：每天需要十四個小時。	5個月：坐在另一人的膝蓋上，能向後滾動，可以不使用拇指抓住物體。
4個月： ・聽力：能夠找出聲音的來源。	6個月：能坐在高椅上，當獨自坐下時能使用手來支撐，能用一隻手接觸，抓住懸掛的物體。能將物體從一隻手移到另一隻手。
6個月： ・平均大小：7.4公斤（16.5磅），66公分（26英寸）長。 ・牙齒：下門牙已經出現，大約兩顆牙。 ・知覺：深度的知覺開發、發展。	7個月：不用支撐坐下，嘗試爬行，從後背到肚子的滾動。
7個月： ・牙齒：門牙兩側邊牙已經長出，緊跟著門牙臨側，共六顆牙齒。	8個月：需要幫助的站立，爬行（用手拉身體和腳），會使用拇指抓東西，用拇指和手指撿起一些小東西。

213

（續）表4-5　一般嬰兒身體與動作發展進程

9～17個月	
身體發展	**動作發展**
9個月： ・牙齒：上門牙兩側邊牙開始長出，大約合計八顆牙。 10個月： ・睡眠：每天需要十三點五個小時。 12個月： ・平均大小：10公斤（22磅），76公分（30英寸）長。 ・牙齒：下面第一顆白齒長出，大約合計十顆。 ・身體的改變：兒童的平均體溫大約37.5℃。 14個月： ・牙齒：上面第一顆白齒長出，大約合計十二顆。 16個月： ・牙齒：下面犬齒出現，大約合計十四顆。	9個月：能扶著家具站立。 10個月：可輕易自己站起來，站在角落、爬（手臂和腳交叉，身體不用一直趴在地板上）。 11個月：用手和腳幫助爬行，當被引導時會走路。 12個月：自己坐在地板上，在沒有幫助下能走幾步，抓和放球。 13個月：爬樓梯。 14個月：能自己站立，在未受協助下能走幾步。 15個月：能自己走路。
18～24個月	
身體發展	**動作發展**
18個月： ・平均大小：10.8公斤（24磅），81.2公分（32英寸）長。 ・牙齒：上面犬齒長出，合計十六顆牙。 20個月： ・牙齒：下面白齒長出，合計二十顆牙。 23個月： ・睡眠：每天需十三個小時。 24個月： ・平均大小：12.3公斤（27.5磅），86.3公分（34英寸）長。 ・身體的改變：腦部發展約為成人的75%。	18個月：笨拙的跑，且常跌倒，推和拉玩具，丟球；用湯匙吃東西，但有時會流出嘴巴。 24個月：能順暢的走路、跑步（兩腳分開跑），能自己上下樓梯，跳，踢大球，堆起六至七塊的積木，能自己翻書，用手拿玻璃杯，在紙上做記號、塗鴉（垂直或畫圖），蓋滿整頁的橡皮圖章。 **語言發展** 18個月：大約認識三十個字彙，並逐漸增加，開始知道某些字的一般字義（如，狗意指任何狗；黑或白；活的或玩具；大或小）。在同一時

（續）表4-5 一般嬰兒身體與動作發展進程

	間，能發出字的簡單發音（beep-beep, tu-tu），聲音聽起來像簡單的模仿，喋喋不休像反應成人的說話；更複雜語調的使用。
	20個月：開始使用二至三字的句子。
	24個月：開始使用四至五字的句子。字彙大約認識五十至四百個或更多。跟隨成人重複發出簡單單字和句子。在遊戲中，大都說有關自己活動的事，以及更多的情感表達，所有的片語出現在自己的創作之中。

資料來源：Kathryn Jane Skelton著，郭靜晃、范書菁、蔡嘉珊譯（2002）。

表4-6 嬰幼兒動作遊戲發展進度量表

玩物遊戲	身體／動作遊戲
嬰兒（0～2歲）	**嬰兒（0～2歲）**
1.玩自己的身體部位（例如手指、腳趾）	1.可以不用支撐而坐著玩
2.用手臂揮打玩物並獲得愉快	2.玩時可以獨立站得很好
3.玩別人的身體部位，例如摸別人臉或頭髮	3.爬或匍匐前進
4.玩水	4.可以邊走邊玩
5.在遊戲中去拿玩物（或自己拿或從別人處獲得）	5.可以雙手將球從頭上丟出
6.在玩中放開玩物	6.可以從大人椅子爬上爬下
7.用雙手去敲打玩物或拍手	7.踢球
8.做影響環境的重複性動作（例如敲打玩具產生砰砰響）	8.聽音樂、做些律動
9.堆放玩物	**幼兒（3～6歲）**
10.自發性的塗鴉	9.踩（騎）三輪車
11.拉玩具	10.用雙腳做跳遠狀的動作（腳離地）
12.將容器（籃）中玩具倒出來	11.可以從十英寸高處跳下來
13.可以橫向排列玩具並且是有組織性	12.接大球
14.玩沙（過濾、拍、抹平、倒或推）	13.跑得很好（不會跌倒）
	14.可以在矮的玩具和梯子爬上爬下
	15.跳繩（至少連續兩次以上）
	16.會翻觔斗、跳躍、盪鞦韆、用輪子溜冰、走平衡木等

（續）表4-6　嬰幼兒動作遊戲發展進度量表

幼兒（3～6歲）	
15.玩拼圖 　a.三件式的形狀拼圖（三角形、四方形、圓形） 　b.四件式個別成形的拼圖 　c.四件組成一形體的拼圖 　d.七件組成一形體的拼圖 　e.十二件組成一形體的拼圖 16.將玩具放入容器或籃子內 17.會將蓋子蓋於有蓋的容器 18.玩黏土 　a.會用手法壓擠、滾及造型 　b.利用工具，例如棒子、形狀加上黏土做造形 　c.利用黏土／沙做表徵的玩物（例如做所熟識的物品，如電話、車子，或茶杯），並能說出其名稱 19.玩積木 　a.沒有表徵意義的建構遊戲 　b.具有表徵意義的建構遊戲 20.用剪刀 　a.用剪刀剪東西 　b.將紙或布剪成碎片 　c.沿線剪不同的形狀 　d.剪成不同的形狀 　e.剪圖案（除了太細小部分之外） 21.用畫圖來表徵事物（大部分畫他所知道的故事，並能說出故事中圖畫的名字） 22.遊戲建構的結果成為重要的部分 23.組織工藝技巧 24.使用顏色筆將圖案著色 25.拓印／蓋印畫或用筆做描繪	

資料來源：引自Golden & Kutner (1980).

零至二歲兒童發展進程量表

滿4個月

粗大動作

俯臥時盆骨平貼於床面，
頭、胸部可抬離床面

拉扶坐起，只有
輕微的頭部落後

坐姿扶持，頭部
幾乎一直抬起

精細動作

手會自動張開

常舉手做「凝視手部」

當搖鈴被放到手中會
握住約一分鐘

語言溝通

轉頭偏向聲源

有人向他說話
會咿呀作聲

身邊處理及社會性

雙眼可凝視人物並
追尋移動之物

會對媽媽親切露出
微笑

滿6個月

粗大動作

抱直時，脖子豎
直頸保持在中央

會自己翻身
（由俯臥成仰臥）

可以自己坐在有
靠背的椅子上

精細動作

雙手互握在一起

手能伸向物體

自己會拉開在
他臉上的手帕

語言溝通

哭鬧時，會自己因媽
媽的安撫聲而停哭

看他時，會回
看你的眼睛

身邊處理及社會性

逗他會微笑

餵他吃時，會張口或用
其他的動作表示要吃

滿9個月

粗大動作

不須扶持，可坐穩

獨立自己爬（腹部
貼地、匍匐前進）

坐時，會移動身體
挪向所要的物體

精細動作

將東西由一手
換到另一手

用兩手拿小杯子

自己會抓住東
西往嘴裡送

語言溝通

轉向聲源

會發出單音
（如 "ㄇㄚˋ" "ㄅㄚˋ"）

身邊處理及社會性

自己能拿餅乾吃

會怕陌生人

滿12個月

粗大動作

雙手扶著家具會走幾步　雙手拉著會移幾步　扶著物體自己站起來

精細動作

拍手　　　　　會把一些小東西放入杯子　　　　會撕紙

語言溝通

以揮手表示「再見」　　　會摹仿簡單的聲音

身邊處理及社會性

叫他，他會來　　　　　　　　會脫帽子

滿18個月

粗大動作

可以走得很快

走得很穩

牽著他或扶著欄
杆可以走上樓梯

精細動作

會用筆亂塗

會把瓶子的蓋子打開

已開始較常用特
定一邊的手

語言溝通

有意義的叫爸爸、媽媽

會跟著或主動
說出一個單字

身邊處理及社會性

會雙手端著杯子喝水

替他穿衣服會自動的
伸出胳臂或腿

滿24個月

粗大動作

會自己上下樓梯

會自己由椅子
上爬下

會踢球
（一腳站立另一腳踢）

精細動作

重疊兩塊積木

會一頁一頁的翻圖畫書

會將杯子的水倒
到另一個杯子

語言溝通

能指出身體的一部分

至少會講十個單字

身邊處理及社會性

自己會脫去衣服

會打開糖果紙

1. 適用年齡為嬰兒期,分別為四、六、十二、十八及二十四個月等六大追蹤階段。

2. 每一追蹤階段分為粗大動作、精細動作、語言溝通、身邊處理及社會性等四大領域,前兩者共有三個分項,後兩者各有兩個分項,每一追蹤階段共計十個分項。

3. 在每一追蹤年齡階段,若有任何兩個以上(含)表現為「不通過」,尤其是落在同一分項,或出現落在同一個階段,該個案須轉介給專科醫生做進一步檢查。

　　第二,注意個人之自我實現的預言(self-fulfilling prophecy),此過程是經由個人之最初信念、預言或意念導引出行為,並確認行為及預言信念(Berns, 1994)。Good及Brophy(1984)認為,當教保人員對孩子有不同之期望,給予他們不同等級的注意和贊同,因此影響兒童行為如何表現以及如何感覺自我(Berns, 1994)。所以,當成人認為兒童是有能力的,那他的行為也將會是正向並達成行為的期望,反之,當兒童是被認為沒有能力,那他將失去行為動力,終至形成習得無助感(learned helplessness)。

　　第三,成人應用可實現和富同情的期待,來對待嬰兒(童)所做的及將做的行為,並以成人最能理解的方式與嬰兒(童)溝通,提供兒童有力的訊息;相信嬰兒(童)具有令人驚奇、獨一無二的能力,以及有潛能去處理任何事物。

　　第四,掌握動作發展之成熟準備狀態,再輔以示範及訓練以達動作發展事半功倍之效,反之,要儘量避免一味要求嬰兒(童)達到其所不能及之行為,而造成揠苗助長。

　　第五,提供安全及豐富化之環境刺激,並補足兒童所需的營養,以促進嬰兒(童)的動作發展。

　　第六,給予嬰兒(童)探索的自由,及提供有趣的事物讓嬰兒

（童）玩弄與遊戲。為嬰兒（童）提供一個安全的環境，減少對其限制，讓嬰兒（童）能有發展的自由並培養獨立意識。此外，在環境中提供有趣的刺激（例如玩具、玩物），讓嬰兒（童）遊戲，以促進其發展感官和動作技能，並幫助他們整合對事物的因果概念發展和瞭解自身和物體之間的差異。

第七，要有耐心，等待孩子的成熟機制，動作發展是不能匆促及催促的。成熟因素扮演動作發展良好與否的關鍵。此外，成人更要以輕鬆行事，避免用責罵和處罰方式來對待嬰兒（童）的行為表現，有時反而會引起嬰兒（童）的情緒困擾。因此，成人要依孩子的成熟程度給予適度的動作訓練，以避免揠苗助長。

第八，掌握「及早發現，及早診斷與及早治療」之原則。留意孩子之發展有無遲緩現象，能心平氣和對待孩子的行為，並及早讓專業人士診斷。教保人員亦應留意孩子是否有發展遲緩行為，掌握通報原則，並與父母做良好溝通，提供各種有關資訊，以支持父母的情緒，及早診斷以便能及早治療。

第九，成人應扮演啓迪嬰兒心智、紓解其情感，促進其體能和動作技巧的鷹架。成人首先要瞭解嬰兒之發展，滿足其需求，及提供適當的刺激與鼓勵，以促進嬰兒的動作技巧之提升。

一、中文部分

王慧敏（1989）。〈兒童動作發展歷程與輔導〉。《初等教育學報》，2，頁383-398。

中央健康保險局（2002）。《小兒預防接種手冊》。台北：中央健康保險局。

行政院衛生署國民健康局（2003a）。〈台灣地區零歲至六歲兒童曲線圖〉。台北：行政院衛生署。

行政院衛生署（2003b）。〈台灣地區預防接種時間表〉。台北：行政院衛生署。

郭靜晃、吳幸玲譯（1994）。《發展心理學——心理社會發展理論與實務》。台北：揚智。

Kathryn Jane Skelton著，郭靜晃、范書菁、蔡嘉珊譯（2002）。《教保概論：教保專業人員培育指引》。台北：洪葉。

郭靜晃、黃志成、陳淑琦、陳銀螢（1998）。《兒童發展與保育》。台北：國立空中大學。

陳淑美、蘇建文、盧欽銘（1992）。〈我國嬰兒動作發展之研究〉。《教育心理學報》，25，頁81-96。

陳幗眉、洪福財（2001）。《兒童發展與輔導》。台北：五南。

陳月枝等譯（2002）。《小兒科護理學》（上冊）。台北：華杏。

陳偉德等（2003）。〈台灣地區兒童及青少年生長曲線圖：依健康體適能訂定之標準〉。《台灣醫誌》，8（Supplement 2）。

游淑芬、李德芬、陳姣伶、龔如菲（2004）。《嬰幼兒發展與保育》。台北：群英。

蔡欣玲等（1997）。《當代人類發展學》。台北：匯華。

蘇建文、鍾志從（1984）。〈出生至一歲嬰兒動作發展之縱貫研究〉。《教育心理學報》，17，頁73-98。

二、英文部分

Arnon, S., Midura, T., Damus, K., Wood, R., & Chin, J. (1978). Intestinal infection and toxin production by clostridium botulinum as one cause of SIDS. *Lancet*, 1273-1276.

American Academy of Pediatrics, Committee Statement (1973). The ten-state nurtrition survey: A pediatric perspective. *Pediatrics, 51*(6), 1095-1099.

Berns, R. M. (1994). *Topical Child Development*. Albany, NY: Delmar.

Charlesworth, R. (1996). *Understanding Child Development* (4th ed.). Albany, NY: Delmar.

DeFrain, J., Taylor, J., & Ernst, L. (1982). *Coping with Sudden Infant Death*. Lexington, MA: D. C. Health.

Deway, K. G. & others, (1993). Breast-fed infants are leaner than foormulaufed infants at 1 year of age: the DARLING study, *Am J Clin Nutr, 57*(2), 140-145.

Frankenberg, W. K. & Dodds, J. B. (1967). The Denver developmental screening test. *Journal of Pediatrics, 71*, 181-191.

Gesell A. (1929). Maturation and infant behavior patterns. *Psychological Review, 36*, 307-379.

Golden, D. B. & Kutner, C. G. (1980). *The Play Development Progress Scale*. Unpublished manuscript.

Good, T. & Brophy, J. E. (1984). *Looking in Classrooms* (3rd ed.). New York: Harper & Row.

Hans, S. L. (1987). Maternal drug addiction and young children. Division of child, youth and family services. *Newsletter, 10*, 5-15.

Hurlock, E. B. (1978). *Child Development* (6th ed.). New York: McGraw-Hill.

Scammon, R. E. (1927). The first seriatim study of human growth. *American Journal of Physical Anthropology, 10*, 329-336.

Shannon, D. C. & Kelly, D. H. (1982a). SIDS and Near-SIDS (First of two parts). *New England Journal of Medicine, 306* (16), 959-965.

Shannon, D. C. & Kelly, D. H. (1982b). SIDS and Near-SIDS (Second of two parts). *New England Journal of Medicine, 306*(17), 1022-1028.

Zuckerman, B., et al. (1989). Effects of maternal marijuana and cocaine use of fetal growth. *New England Journal of Medicine, 320*, 762-768.

chapter 5

嬰兒的心理發展與輔導

　　嬰兒期（infancy）是一個顯著地迅速生長的時期，也是所有發展週期中發展速率最快的時期。在生命中的第一年，嬰兒的體重已長到出生時的三倍（可參考第四章）。兩歲時，運動、語言、概念形成已有相當規模。嬰兒早期的整體發展表現，也充分地分化為可滿足各種特定發展的要求。其突出的特徵是種種簡單反應，進一步整合成為協調、且富有意義的行為模式。

　　嬰兒的能力遠遠超過吾人過去對他們的認識，最近4D的超音波影像發現，即使在胎兒期，胎兒已有一些反射動作能力。現在也有愈來愈多的文獻記載了許多似乎由遺傳基因的訊息影響個體的知覺、認知、社會能力，並且也可以有規律地觀察到氣質與智力上的個別差異，甚至於在出生前六個月之內即可獲知（Mandler, 1990）。在嬰兒期，至少有五個方面的發展是極其重要的：(1)社會依戀；(2)感覺與運動機能；(3)認識動作與結果之關係；(4)瞭解物體之性質；(5)情緒發展。本章即以零至二歲的嬰兒，介紹此時期的認知、語言、情緒、社會之發展進程，以及有關此時期的輔導議題。

第一節　嬰兒的認知發展

　　前章已述嬰兒在生命最初幾個月中，感知覺系統，包括視覺、聽覺、味覺、嗅覺、觸覺、運動覺和對本體覺（對內部探索的反應）已正迅速發展，並在運動系統發展的層次發揮機能。甚至有證據顯示（DeCasper & Spence, 1986），胎兒對子宮中的聲音刺激很敏感且有反應，胎兒已有反射動作，例如：吸吮、打呵欠、對子宮外在環境刺激有反應，這些皆可從最近發展4D超音波的影像很清楚的顯現。新生兒已能區別自己母親的聲音和其他女性照顧者的聲音（DeCasper & Fifer, 1980）。年幼的嬰兒能區分音響、音頻和聲音的位置（Kuhl, 1987）。由此看來，似乎從一出生，感覺、知覺能力遂成為嬰兒與外界接觸及建立個體知能的重要樞紐。

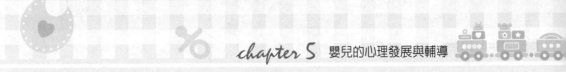

但嬰兒是如何組織他們的內在經驗呢？Jean Piaget的看法是嬰兒透過感官和動作來認識世界，他亦稱此階段的認知是感覺動作期。Piaget（1970）指出：嬰兒最早的智力發育的機轉是靠著感覺動作的適應過程。在此過程中，嬰兒主動地介入到現實環境中，藉著改變自己內在的基模（最基礎的是本能反應）以順應外在環境而獲得適應，並產生更高層次的基模。嬰兒乃透過知覺和對環境的直接反應來形成概念。因此包含著運動模式和感覺經驗之精確感覺運動智能可幫助嬰兒在特定環境的適應，而這些能力並不需要依靠語言的傳統符號系統來組織他們的經驗。就舉嬰兒對於吸吮奶頭和奶嘴需要使用不同的吸吮技術為例，剛開始嬰兒是用吸吮反射，當換成奶嘴時，嬰兒便要修正他們的吸吮反射，以使此行為更為有效，於是感覺運動智能便充分地展現。年齡漸長，嬰兒慢慢發展基於感覺和運動經驗對因果關係的理解能力。例如：嬰兒們發現，如果他們哭，照顧者（通常是媽媽）便會來到他們身邊；如果他們踢椅子，它就會動；如果他們鬆開手中的物體，它就會掉落到地上。這些連續性的結果是透過不斷的重複和實驗，而漸漸理出的因果關係的頭緒。這種一致性便是嬰兒對事件預見性的基礎。漸漸地，嬰兒學習著將特定的行為與有規律的結果加以聯繫起來，他們也憑著自己的行為嘗試地確定某一單一行為最可能引起哪些多樣化的事件（Keil, 1975; Rovee & Rovee, 1969）。最後，他們能夠逆向操作：選定一種所期望的結果，然後，據此分析做出會產生此一結果的任何可能性，最終目的在發展以最有效的策略來協調動作的因果關係。

一、嬰兒的感知覺發展

過去嬰幼兒常被認為是無能的，但隨著科學研究以及新的儀器發明，如錄影技術、紅外線照相技術和電子設備等的發明，也促使吾人發現嬰兒其實是具有感知覺能力，並也逐漸破除傳統所認為「嬰兒無能」的陳腐觀念。

(一)評定嬰兒感覺

由於嬰兒無法使用語言表達自己的感覺經驗,所以評定嬰兒是否對刺激源能有所反應是很重要的,所以要瞭解嬰兒是否對感覺來源有所反應,常用的方法是實驗及觀察方法,一般常用的行為反應的觀察有下列幾種:

◆反射行為

新生兒出生已具備一套完整的非自主的反射動作,如頸強直反射、踏步反射、驚嚇反射、摩洛反射、尋乳反射、吸吮反射、巴賓斯基反射、抓握反射等。只要給予適宜的刺激,個體就能引出局部的相對應的反射行為。所以實驗可幫助我們斷定嬰兒是否察覺到刺激,或是否有別的刺激干擾到嬰兒所察覺到的刺激,因而抑制了反射動作。

◆定向反射習慣化和去習慣化

當一個新奇刺激出現時,新生嬰兒會產生定向反射,同時,嬰兒的心率也會發生變化,注意力也會朝向刺激物,並停止其正進行的活動,如吸吮或身體動作。但隨著刺激物的熟悉或在短時間重複刺激,此種定向反射就逐漸減少,這種現象稱為「習慣化」(habituation)。在個體已對某種刺激產生習慣化之後,又出現另一個新的刺激,此時個體又產生了反射行為,說明個體能將新刺激與舊刺激加以區別,此種個體恢復了對新事件的注意及興趣稱為「去習慣化」(dishabituation)。心率的觀察是定向反射的重要組成部分,從心率的測量變化也可幫助吾人瞭解嬰兒是否產生了定向反射。

◆對光的察覺

新生兒已能用眼睛追隨視刺激,尤其對水平方向移動刺激較垂直方向移動的刺激容易追隨。而新生兒在出生後一至三天內也可察覺移動的燈光。

◆視敏度

視敏度是眼睛區分對象形狀和大小微小細節的能力。目前研究嬰兒視敏度的方法有三種：(1)視覺偏好法；(2)視動眼球震顫法；(3)視覺誘發電位測量法。

◆顏色視覺

新生兒幾乎看不到彩色，在他們視覺世界是黑、白、灰的世界。目前測定嬰兒是否能辨別顏色的方法有視覺偏好法、去習慣化法、配色法及記錄腦電波活動。研究推知嬰兒在三、四個月就能辨別顏色，較喜歡紅色及波長較長的溫暖色，如紅、橙、黃顏色等，但不喜歡波長短的冷色系，如藍紫色，同時嬰兒也較偏好明亮的顏色。

◆聽覺

新生兒不但可聽見聲音，而且還能區分聲音的音高、音響和聲音的持續時間。新生兒能區分200Hz和1,000Hz的音頻，測量嬰兒對聽覺刺激的分化能力還是採用定向反射和習慣化方法。

◆嗅覺

新生兒對氣味的空間定位也相當敏感，他們會迴避令人不愉快的氣味，此種測量可從呼吸測量及身體動作觀察。

(二)評定嬰兒知覺

◆整體知覺和部分知覺

西方實驗心理學之研究表明，兒童要到達九歲左右才能完全看到圖片中之整體及部分，兒童大約在四、五歲只意識到客體的部分，然後才能看到整體。

◆對顏色、形狀之知覺

研究發現，幼兒三歲前對形狀知覺占優勢，之後到四至五歲才對顏

色的知覺占優勢。

◆空間知覺

　　空間知覺是一個比較複雜的知覺概念，它指對物體的形狀、大小、遠近、方位等空間特性在人腦中的反映。空間知覺包括形狀知覺、大小知覺、深度知覺和時間知覺等，分述如下：

1. 形狀知覺：嬰兒喜歡看清晰的圖像，如人像，尤其較喜歡看活動及輪廓多的圖形。
2. 大小知覺：嬰兒已具物體形狀和大小知覺的恆常性，嬰幼兒對圓形、正方形和等邊三角形的判斷較正確，估量物體大小的能力隨年齡成長而增長。
3. 深度知覺：深度知覺即立體知覺，係指對立體物體或兩個物體前後相對距離的知覺。嬰兒在面臨「深度懸崖」的實驗，心率會加快，並有閉眼反應或躲避之反應。
4. 時間知覺：時間是物質存在的另一種形式，它是對客觀事物移動的延續性和順序性的反應。從Piaget的時間知覺實驗發現：幼兒七歲之後才開始會將空間與時間關係區別。

二、因果關係基模發展

　　Piaget和Inhelder（1966; 1969）將嬰兒因果關係基模的發展分為六個階段（**表5-1**），後來的研究和理論修正，也證實這些階段的發展順序（Fischer & Silvern, 1985）。

　　在第一個階段，反射（reflex）的運用階段，原因與結果是透過不隨意的反射性反應而聯繫在一起的。嬰兒吸吮、抓握以對特定的刺激做出反應。這些固有的反應是智能的產生根源。

　　在第二階段，即最初習慣（first habit）的階段，反射性反應被用於探索範圍更為廣泛的刺激。嬰兒使用吸吮的行為來探究玩具、手指、父母的

表5-1 感覺動作期因果關係的六個階段

- **階段一（出生至一個月大）**

  反射運用：對特定的刺激的反射性反應。

  嬰兒練習與生俱來的反射動作，並對其達成某些控制。他們不會對來自各感覺器官的訊息加以協調，不會伸手抓取眼前的物體，沒有物體恆存觀念。

- **階段二（一至四個月）**

  最初的習慣：使用反射性反應探索新的刺激。

  嬰兒重複偶然中發現的快樂行為（如吮吸）。這類活動多集中於嬰兒的身體而非對外界。嬰兒做出首度的學得適應，也就是對不同的物體做不同的吮吸，開始協調感覺訊息，沒有物體恆存觀念。

- **階段三（四至八個月）**

  次級循環反應：使用熟悉的行為達到熟悉的結果。

  嬰兒開始對環境更感興趣，並重複能帶來有趣後果的行動，延長有趣的經驗。其行動為有意但非目標導向。嬰兒此時顯示出部分的物體恆存觀念，他們會找尋部分被藏住的物體。

- **階段四（八至十二個月）**

  手段和目的協調：精細地運用動作以達到新的目標。

  當嬰兒協調先前學得的基模（如注視並抓住一個響鈴），並運用先前學得的行為以達成目標時（如爬過房間另一頭以拿到想要的玩具），他們的行為更有意義、更具目標性，他們能預期事件的發生。物體恆存觀念繼續發展，雖然嬰兒還會在第一次藏匿的地點——縱使他已看到該物體被移動——找尋物體。

- **階段五（十二至十八個月）**

  第三級循環反應之嘗試新方法：矯正行為以達到目的。

  嬰兒表現出好奇心，他們有意地改變行動以觀看結果為何。他們主動地探索世界，以決定某樣物體、事件或情境如何地新奇。他們找出新行動並使用試誤方式來解決問題。嬰兒會追尋一系列的物體移位過程，但是由於他們無法想像未曾看到的移動，因此他們不會在未看到被藏匿的地點來找尋物體（A-B error）。

- **階段六（十八至二十四個月）**

  洞察：手段與目的之心理再結合。

  由於學步幼兒已發展出一種原始的符號系統（例如語言）以代表事件，因此，他們解決問題不再局限於試誤方式。這種符號系統能讓幼兒開始思索事件，並預期結果，而不一定得付諸行動。此時物體恆存概念已完全發展。

資料來源：Piaget, J. & Inhelder, B. (1969).

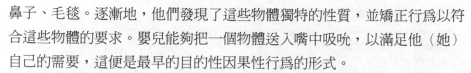

鼻子、毛毯。逐漸地，他們發現了這些物體獨特的性質，並矯正行為以符合這些物體的要求。嬰兒能夠把一個物體送入嘴中吸吮，以滿足他（她）自己的需要，這便是最早的目的性因果性行為的形式。

第三、第四階段涉及手段與目的協調，首先是在熟悉的環境，而後是在新的情境。在第三階段，即次級循環反應（secondary circular reaction）階段，嬰兒把一種行為與一種期望的結果聯繫在一起，他們搖晃一個波浪鼓，並希望聽到聲音；他們扔掉湯匙，希望聽到一聲撞擊聲；他們揪父親的鬍子，希望聽到一聲「哎喲」。他們還不理解為什麼特定的行為能導致所期望的結果，但當所期望的結果沒有隨即出現，他們會表示出驚訝。

在第四階段，手段和目的協調（coordination of means and end）階段，嬰兒使用熟悉的動作或方法實現新的結果。他們會搖晃一個波浪鼓去驚嚇媽媽，或是拉爸爸的鬍子迫使他無法看電視。這些手段和結果相當不同。這時候行為的目的性已是毋庸置疑的了。

在第五階段，嘗試新方法（experimentation with new means）階段，亦是第三級循環反應階段，開始試驗用熟悉的方法去實現新的目標。當熟悉的策略已不再起作用時，兒童會依據情境修正它們。人們可以把這一階段設想為感覺運動問題解決階段。兒童會嘗試站在箱子上去開抽屜，用繩子來固定一個裂開的玩具，或是用手絹包上一個玩具做成一件禮品。

感覺運動因果關係發展的最後一個階段，即洞察（insight）階段，涉及到手段—結果關係的心理操作。兒童們進行嘗試—錯誤的問題解決活動，並在頭腦中進行計畫。取代實際地進行種種身體動作活動的，是他們在心理上預想某種動作的結果。他們能挑選出可能的解決方案，排除另一些方案，卻不必去逐一嘗試它們。這一結果便是洞察。內心的試驗為兒童帶來最好的解決方案，也是唯一需要去做的事。

把自己知覺為一種引起某種結果的因素，並能預見自身行動的結果的能力，對所有以後的技能經驗的掌握來說都是必要的。這種能力是人的能力感覺發展的試金石。它涉及對環境的考察，指出問題解決的方向，以

及指向目標的恆心（MacTurk et al., 1987; Yarrow et al., 1983）。成人構思一項計畫、執行它並評價其結果的能力，正是在這一技能基礎上發展起來的。

三、認識物體性質並進行分類

當嬰兒能自由探索時，他們凸顯對此行為的偏好。自一出生起，他們開始嘗試對環境中的物體進行直接的感覺上的接觸。他們探取、抓握、咬食物體。他們在視覺上追蹤物體，改變他們的注視以維持與它們的視覺接觸。嬰兒並不是被動的觀察者，而是對所處環境的主動探索者（Rochat, 1989）。作為這種對物體世界的主動介入的結果，嬰兒智力的兩個相聯繫但又各自獨立的方面發展了起來：對物體性質的理解，以及對相似物體進行分類的能力。

(一)物體的性質

透過反覆的操作和實驗，嬰兒認識到：物體是有其基本特徵的。物體有邊界、大小、重量、顏色、延展性、結構質地，以及是否能包容其他物體的能力。所有這些屬性，都會影響到嬰兒用來探索物體的行動方式，也會影響到物體最終被編入其他行為或因果基模的方式（MacLean & Schuler, 1989; Palmer, 1989; Sera, Troyer, & Smith, 1988; Spelke, von Hofsten, & Kestenbaum, 1989）。

其中被最為謹慎、詳盡地記錄的屬性之一，是物體恆存性（object permanence）（Wellman, Cross, & Bartsch, 1986）。在出生後第九或第十個月時，嬰兒建立起這一概念：環境中的物體是長久存在的，不因它們不被拿到或看到而停止存在。Piaget（1970）在對感覺運動智能的描述中對此做了精闢的闡釋。

最初，嬰兒僅僅只是認識到那些現時存在於感知覺範圍中的物體。如果一個六個月大的女孩已在玩一個波浪鼓，它對她就是存在的。如果這個波浪鼓從她手裡掉了出去，或是被拿走了，她也許會顯出短暫的痛苦，

但她並不會去找尋波浪鼓。從實際意義上說，在視野之外也就是在心理之外。當物體被從知覺範圍中移去，或是從一個地方轉而出現於另一個地方時，觀察一個兒童的反應，即可據此探查出其物體恆存概念發展的進展（Bertenthal & Fischer, 1983; Harris, 1975; Sophian & Yengo, 1985）。九個月大的嬰兒能夠理解物體只是從一個地方轉移到另一個地方去了。然而，如果這物體被不只兩、三次替換的話，即使是個兩歲大的孩子也會被搞糊塗了。

我們不妨做一個實驗：把一個波浪鼓從一個嬰兒的抓握中移去，藏入一個墊子下面。如果這孩子不做任何努力去尋找波浪鼓，我們可以認為他（她）沒有意識到波浪鼓仍繼續存在。如果這孩子尋找波浪鼓，並到墊子下面去搜尋，我們可以進一步進行我們的實驗。我們再一次把波浪鼓從這孩子手裡拿走，藏於墊子下面。然後我們把它從墊子下面移走，放到另一塊墊子下面。從第一個墊子到第二個墊子之間的轉移完全發生在這孩子的視線之中。正常成人會直接到第二個墊子下取出波浪鼓。已經發展起物體恆存概念的孩子也會這樣做。然而，有些孩子則會在第一塊墊子下面尋找，沒有找到，便停止尋找。稍大一些的孩子會追隨波浪鼓的實際移動，依同樣的順序先在第一個墊子下面找，然後再到第二個墊子下面去找。後面這兩種孩子已經學會了追蹤物體的某些步驟，但還沒有獲得物體恆存的概念。

作為對兒童掌握物體恆存概念的確定性的最後一個測試，我們再一次把波浪鼓在兒童面前由第一個墊子移至第二個墊子，然後，悄悄地把它再藏入第三個地方。已經獲得物體恆存概念的兒童會到第二個墊子下面去找，然而，沒有找到心愛的波浪鼓，便會繼續去尋找，他完全確信鼓會在什麼地方。而剛才追隨波浪鼓由第一個墊子到第二個墊子的步驟的那些孩子，在第二塊墊子下沒有找到波浪鼓，便停止繼續尋找。

如果你曾觀察過一個玩躲貓貓遊戲孩子的興奮和愉悅，便很容易理解物體恆存概念。當他蒙上他的眼睛，他剛剛所看到的東西不復存在了。當他睜開眼睛時，他激動且有些驚訝：又看到那些東西了。這個遊戲對於

那些還沒有建立物體恆存概念的孩子來說，是最有趣的，因為物體的再現完全是始料未及的。

有些經驗似乎有助於建立物體恆存的基模。熟練於爬行或是靠使用嬰兒學步車而移動的孩子，當物體被藏於視野之外時，其搜尋策略似乎更為有效（Benson & Uzgiris, 1985; Kermoian & Campos, 1988）。隨著嬰兒愈來愈多地控制自己在環境中的運動，他們能更好地使用環境中的標記，而不是以自己的身體來定位物體。他們也能試驗這樣的意圖：離開並再取回物體，在新奇的環境中找出熟悉的物體。

甚至在很早的年齡時，在嬰兒能夠尋找並取回物體之前，他們似乎已有了物體位置的記憶，並能預見物體占據著空間（Baillargeon, 1987; Baillargeon & Graber, 1988）。如果讓八或九個月的孩子們在物體一被藏起來時立即去尋找，他們能夠很有效地找到它。然而，如果在允許尋找之前必須等上五或十秒鐘，或者這個物體已被從一個容器移入另一個非常相似的容器裡，他們大概就糊塗了。到大約十七個月大時，嬰兒已經能解決最為複雜的物體恆存任務，即把物體以一種使嬰兒無法追尋物體被移動的路徑方式，從一個隱藏點移至下一個隱藏點（即是A-B error experiment）（Gopnik & Meltzoff, 1987; Uzgiris & Hunt, 1975）。

物體恆存概念的獲得，把兒童從對他們所看到的世界的依賴中解脫出來。在頭腦中建立一個物體印象的能力，是複雜表徵思維出現的第一步（Ramsay & Campos, 1978）。

我們也看重物體恆存與社會依戀過程間的相互關係。嬰兒體驗分離焦慮的一個原因，是他們並不確定他們所依戀的人在看不見或接觸不到時，是否仍然存在。物體恆存的基模既被應用於沒生命的物體，也被應用於人類。一旦嬰兒對物體恆存性有了明晰的認識，當所依戀的照顧者離開屋子時，擔心照顧者會消逝的恐懼便會消退。有趣的是，母親照顧孩子的某些特性，與生命第七個月中物體恆存概念的出現是聯繫在一起的。經常與孩子互動的母親、對孩子表達正向情感的母親，以及積極促進孩子成就的母親，她們的孩子更有可能把恆常性的基模運用於事物和人（Chazan,

1981）。因此，社會依戀的發展與物體恆存的成就，是會相互促進的。

(二)物體的分類

　　物體不僅具有屬性，而且有其功用。隨著嬰兒探究、試驗物體，他們開始設計出種種基模，以便對物體進行組合。他們修正這些基模，向已有範疇中增加新的項目，把一個範疇與其他範疇區別開來。範疇可由物體的物理特徵組成，如「光滑的」與「粗糙的」；也可以由物體的功用構成，如「用來坐的東西」與「用來挖掘的東西」。

　　我們已多次認識到，嬰兒是能夠在視覺水平上形成範疇分類的。很早便起作用的視覺中對面孔的偏好證明：幼小的嬰兒便能理解某些刺激中的規律性，並能把這些刺激與那些雖具有同樣複雜性卻並非人類面孔的刺激區分開來。最近的研究發現：三至五個月大的嬰兒能夠分辨抽象刺激，如點陣圖形，並能覺察適宜此一範疇的物體與不適宜此範疇的物體的區別（Hayne, Rovee-Collier, & Perris, 1987; Younger & Gotlieb, 1988）。然而，人們也許會有疑問：是否這些觀察只是更多地反映了視覺記憶的能力，而並非對一類物體或事件創立一個內部表徵的能力？

　　到十八個月大時，兒童能夠進行被認為是非常典型的分類作業。例如，他們能對八個物體進行分類，如四個顏色明亮的黃長方形，四個人形的塑膠模型；他們能把它們分成兩個不同的組別（Gopnik & Meltzoff, 1987）。這種分類並不要求對物體進行命名的能力。然而，就在兒童表現出進行兩個組別的分類能力之後，他們在對物體命名能力上的表現迅速提高。因此，分類與命名似乎是緊密聯繫在一起的。在約兩歲末的時候，嬰兒已懂得物體有其特定的穩定屬性，一些物體與另一些物體有同樣的屬性，物體有其名稱。隨著這些成就，嬰兒對其日常生活經驗啓用了一種新的條理化和預見力。

第二節　嬰兒的語言發展

　　嬰兒語言發展又稱語言獲得，指的是嬰兒對母語的產生和理解能力的獲得（主要是指口頭語言中的說話和聽話能力獲得）。語言本身就是一種訊號及訊息系統。

　　認知之思維和語言剛開始是沿著各自的路線發展，大約在一歲之後兩者才開始有所交集。在此之前，嬰兒藉著無意義的發音（大都是母音的發音）和牙牙學語（不斷重複子音），以辨認各種聲音和區分不同的聲音組合，然後才能理解聲音的意義。在一歲左右，嬰兒可以發出他們本國語言（native language）的聲音，之後才開始原始語言式的說話（linguistic speech），這個字通常是ma ma 或da da，或者可能是代表各種意義的簡單音節。在這之前，嬰兒是用聲音和手勢結合以表達某個目的，例如說出da的聲音，並用手指指外面，這可能表示要爸爸抱他出去。這種伴隨以手勢、動作、聲調和情緒的單詞句，稱為全句字（holophrase），例如嬰兒看到奶瓶會說 "ba"，這可能表示他渴了或餓了，想要喝牛奶、果汁或水。由於手勢、動作、臉部表情常常伴隨著這種「字詞」出現，以協助照顧者瞭解其表達及溝通目的，如果這種訊號能滿足其需求，這種有意義的訊號就被保留下來。不過，在能表達口語詞彙和字句的能力之前，嬰兒要先有理解語彙的能力，又稱為接受語言（receptive language）（Huttenlocher, 1974; Oviatt, 1980）。

一、嬰兒語言發展進程

　　根據國內、外，嬰兒語言發展的相關研究（李宇明，1995；何克抗，2003；游淑芬等，2002；王靜珠，2003），嬰兒語言發展大致經歷以下三個時期（引自黃惠如，2005）：

(一)發聲期（出生至六個月左右）

此時期的嬰兒無法說出任何詞語，但能發出各種不同的聲音，包括啼哭（crying）、咕咕聲（cooing），來表達其飢、渴、喜、痛等感覺，或是對重要他人顯示需求和欲望。一個月之後嬰兒的哭聲開始帶有條件反射的性質，並逐漸產生分化的哭叫聲，到了五個月開始進入了牙牙學語的階段。起初的發聲比較單一，慢慢地嬰兒稍能控制發聲，發出的聲音便愈來愈富變化，形成自發、重複的牙語。世界各國嬰兒早期的牙語均相當類似，東方嬰兒也能發出英語的牙語，就連聽障的嬰兒也能發出類似的聲音，這便是語言習得先天論者的基論之一。不過正常發展的嬰兒能由牙語漸進到雛形語言，失聰嬰兒的牙語則逐漸消失。

(二)語言準備期（七至十一或十二個月）

當幼兒從雛形語言到說出第一個有意義的詞彙之前，稱之「語言準備期」，其會逐步增加符合母語的聲音，並同時逐步淘汰環境中用不到的聲音，如同Piaget指稱的運思預備期一樣，是孩子諸多概念形成之前的醞釀階段，雖然此時期的嬰兒還沒有口說語言，但開始透過感官對語言進行初步的理解，並透過肢體動作和他人進行溝通交流，如當嬰兒聽到「媽媽抱抱」時，便能伸出雙手讓媽媽抱起來，或是舉起雙手表示要大人抱。此時期後半段的嬰兒大致能理解的詞語約有兩百個，其中「名詞」和「動詞」大致各占一半。

(三)語言發展期（一歲至兩歲半左右）

此時期幼兒開始說出有意義的話語，並能進行聽與說的社會互動語言，但所使用的語言還不夠成熟完整。此時期的語言發展又可以劃分為「單詞期」、「雙詞期」和「電報期」等三個階段。單詞期語言的特色為：幼兒所發的音多是重疊的單音字，如「娃娃」、「車車」，且幼兒多以物體的聲音為其命名，如貓為「咪咪」等，這些象聲字並非均由幼兒自造，有時乃深受父母或主要照顧者的影響，又稱「媽媽話」

（motherese）。

兒童天生就有對語音和語義進行辨識的能力，由於他們掌握詞語和語法規則的數量還很有限，因此在此一時期只能用片斷的詞語或電報句來表達自己的意思，而不能說出完整、連貫的句子。例如，爲了表達「我要媽媽抱」和「希望姐姐陪我玩車車」這兩個完整的句子，在幼兒語言發展期的不同年齡階段有以下三種不同的表達方式：

一歲至一歲半左右（單詞期）：說「抱」（或「抱抱」）、「車」（或「車車」）。

一歲半至兩歲左右（雙詞期）：說「媽媽抱」、「玩車車」。

兩歲至兩歲半左右（電報期）：說「我……媽媽……抱」、「姐姐……玩……車車」。

原則上，在一定的語言情境並伴隨幼兒的手勢、體態、表情，孩子使用這類不完整的語言和別人交流溝通並不會有什麼障礙。

此時期語言發展有三個特色：(1)字彙迅速發展（詞彙爆炸），尤其以生活常見物品的名詞居多，因此也叫「稱呼期」或「命名期」，描述行動的動詞次之，連接詞與介系詞較少見；(2)語法簡化，僅以最能表達意思的關鍵字眼（電報式語言）來說話；(3)鸚鵡式學語，由於幼兒記憶能力有限，模仿成人話語時，若是句子太長，通常只複述最後的片段。

二、嬰兒語言習得之理論

兒童語言的習得，可能是在各發展面向中最神奇、最令人讚嘆的成就之一，在短短的幾年內，一個發展正常的兒童就能精熟其母語中一些基本的語言結構。早在新生兒呱呱墜地時，便能區辨不同屬性的語詞，並開始使用哭聲和重要他人進行溝通；漸漸地，嬰兒會藉由相互參考模式來模仿大人的聲音、表情，進行情緒上的互動；幼兒甚至早在接受正式的語文教學之前，便可以瞭解母語，並藉由說話、塗鴉與動作語言和周遭的人進

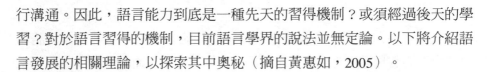

行溝通。因此，語言能力到底是一種先天的習得機制？或須經過後天的學習？對於語言習得的機制，目前語言學界的說法並無定論。以下將介紹語言發展的相關理論，以探索其中奧秘（摘自黃惠如，2005）。

(一)先天論（nativism）

先天論者主張語言是人類與生俱來的學習能力，如同學走路一樣自然。支持此觀點的證據有：(1)幾乎所有兒童都能學習母語，無論該語言有多複雜，他們無需正式的教導，便能以相同的年齡順序學會其中要素；(2)人類是唯一能使用口說語言的動物，也是唯一大腦側重的種屬，似乎在大腦左半部有主司語言的天生機制；(3)嬰兒能分辨母親與陌生人的聲音（DeCasper & Fifer, 1980），而且在出生的前一個月便能分辨極相似的聲音（Eimas, Sigueland, Jusczyk, & Vigorito, 1971）；(4)失聰兒童在無模式可依循下，仍能發展出自己的記號語言（Hoff-Ginsberg & Shatz, 1982）。

Eimas（1985）認為，新生兒之所以能區辨連大人都無法辨識的兩種語言近似語音間的差異，是因為人類具有專司語言的知覺機制，此機制配合聲帶與大腦特化的語言區，使孩子迅速進入語言的社會；Chomsky（1972）更提出「語言習得器」（Language Acquisition Device, LAD）的說法，認為人類具有這種類似電腦程式的語言獲取器，讓幼兒能分析母語，並抽取其中的文法規則，以造出未曾被說過的新句子。Chomsky將人類語言分為兩個層次，一個是語言能力（linguistic competence），一個是語言表現（language performance），前者是天賦的語言規則分析能力，後者則是以語言能力為基礎，在環境中所學習的語調表現。因此，先天論者認為一個發展正常的孩子，天生就擁有學習語言的本能，只要環境刺激與引導得當，便能習得語言。

(二)學習論（learning theory）

行為學派（推動者為Skinner）認為人類學習語言的方式，正如同學習其他事物一樣，都是透過「增強」作用與「模仿」行為而來，例如當孩

子發出很像成人語言的聲音時，便會受到增強鼓舞，或是透過模仿等行為，進而學會說話，因此透過環境控制與制約作用可以讓兒童學習語言，並建立符合成人期望的語言模式（如發音語調、遣詞用字）。

支持此觀點的證據有：(1)中文國家的兒童會說中文而不使用其他語言；(2)家庭長大的孩子比育幼院的兒童獲得更多的注意與增強，因此語言發展快得多；(3)因為模仿的力量，縱使父母不去矯正幼兒的文法，孩子還是可以自行改正（Brown, Cazden, & Bellugi, 1969）。

雖然兒童早期的語言發展得非常迅速，每年或每階段的變化都極為明顯，但是人類語言的習得並非在六歲時就已完成。當幼兒進入小學後，會開始使用閱讀技能學習較難、較高深的詞彙、複雜的語法，以及抽象語言的意義（如隱喻、直喻、笑話、幽默等），而這些語言能力是先天論者所無法解釋的。

(三)認知論（cognitive theory）

此觀點乃依據Piaget的認知發展理論而來，本學派學者認為兒童語言能力與認知發展有密切的關係，嬰幼兒出生後會利用與生俱來的基本行為基模，對四周環境做反應，透過同化與順應的行動過程形成認知結構，而語言便是智力的產物，認知能力是語言表達的基礎。這個觀點亦能解釋為什麼幼兒對於語言的瞭解要比他們口說語言來得早、來得多。

(四)感官論（modal theory）

這一派理論將語言習得分為「語言接收」和「語言表達」兩個歷程，語言接收是由聽覺、語音區辨等歷程所構成，語言表達則是由語音、語意、語法、語用，甚至語言動作等處理層面所組成，且這些語言處理歷程是以平行擴散、同時啟動的方式進行的。

事實上，在嬰幼兒習得詞彙的意義或是說出有意義的詞彙之前，他們就已開始聽到其母語中的不同語音，根據這些經驗，他們學習知道哪些語音是屬於其語言系統，哪些不是，當他們開始學習說話時，這些就成為他們語言表達之基礎。因此，為能建立言語表達的能力，嬰幼兒一定要

能藉由聽覺分辨不同語音之間的差異。此外，當嬰幼兒開始使用聽覺接收、分辨語言環境中之語音時，他們同時也使用視覺管道處理語言訊息。Meltzoff（1988）的實驗顯示，四個月大的嬰幼兒可將聽到的 "a" 音與嘴巴張大的口型影像聯結在一起，"u" 音與嘴巴縮緊前凸的影像連配。另外，其他研究亦發現嬰兒會利用視覺訊息來詮釋其聽到的語音：在Spelke與Owsley於一九七九年的實驗中，坐在父母中間的三個半月大到七個月大的嬰兒，會在聽到由擴音器播出媽媽的聲音時，轉頭去看坐在旁邊媽媽的臉，而非轉向另一邊看爸爸的臉，反之亦然（引自柯林聽力保健中心，2005）。綜合上述，這些研究者皆認為嬰幼兒的言語組織是跨感官的（cross-modal），亦即言語訊號是透過視覺、聽覺刺激連接起來的。此外，Meltzoff（1988）亦指出：語言與聽覺、視覺、動作系統的感覺動作統合有關，大腦會整合同時來自聽覺、視覺及觸覺、動作感覺的刺激，而這也正是人類語言學習的大腦神經基礎。

三、影響語言發展的因素

「我的孩子已經兩歲半了，卻連媽媽都叫不清楚」、「老是心不在焉，好像有聽沒有到」，經常聽到父母有如是的焦慮。幼兒如果有語言發展延遲，甚至疑似語言或聽力障礙時，該怎麼辦呢？雖然兒童生長在共同文化模式下，但在發展上仍有很大的個別差異，在分析語言發展問題之前，應該先瞭解影響幼兒語言發展的因素有哪些，茲分項探討如下（引自黃惠如，2005）：

(一)個人因素

◆智力

智力是人類學習和適應的能力，幼兒語言發展的遲速亦和認知能力有關。一極聰明的幼兒在出生後十一個月即能開始言語，懵懂的幼兒需三十四個月，而智能不足的幼兒則需五十多個月後才有語言（王靜珠，

2003）。Terman（1947）的研究亦指出：智能優異的幼兒在約十一至十二個月大時說出第一個字，普通幼兒則約在十六個月大開始講話。一般說來，智力愈高，開始說話時間愈早，語句也較長；愈慢說話者，智力往往愈低。不過此現象並非絕對，中國人常說「大雞晚啼」，而愛因斯坦也直到三歲才開口講話呢！

◆性別

　　根據經驗法則，語言發展似乎有明顯的性別差異，女孩們開始講話得早，語言能力也較強。Terman（1947）研究口說語言的年齡，男孩為十一點七個月，女孩則為十一點一個月。McCarthy的研究亦顯示：女孩不管在開始說話時間、發音清晰度、語言使用技巧上的表現都優於男孩（引自游淑芬等，2002）。王靜珠（2003）指出：女孩的發育較男孩早，因此語言發展也較快，在國小階段同智齡的學生，無論在語言發表、社交人際等多方面，往往都顯示女生比男生較早成熟。但由於現代社會的文化刺激愈來愈多元，鼓勵幼兒表達的機會也增加，應會逐漸拉近語言表達的性別差異，游淑芬等（2002）便認為，語言發展的性別差異在幼兒期較明顯，進入學齡階段後差異會愈來愈不明顯。

◆人格情緒

　　如果說認知能力是語言能力的基礎，那麼情緒與人格則可比擬為開啟話匣子的鑰匙。一個趨避性較強的害羞幼兒，通常較晚說話，如果是自閉症幼童則更明顯有語言遲緩的現象；一個適應性佳的幼兒，則較早開始嘗試與他人溝通說話。此外，經常壓抑情緒的幼兒容易出現口吃的現象，進而影響語言表達能力。

(二)環境因素

◆家庭背景

　　一個社經地位較高的家庭，通常擁有較多的文化刺激或教育資源，有助於幼兒的語言發展。此外，游淑芬等（2002）亦指出：高社經水準家

庭較常出現經過修飾、結構完整的語言供兒童模仿學習的典範。王靜珠（2003）表示：家庭背景良好、自幼獲得良好照顧、且生長在兄弟姊妹眾多的家庭中，幼兒語言發展在語型、字彙方面，均比缺乏親切照顧環境的幼兒說話早，如育幼院的幼兒，或外籍新娘家庭之子女，最顯著的發展便是語言表達能力落後。

◆社會互動

父母或主要照顧者（包括保母、教保人員）是幼兒早期主要的模仿對象，嬰幼兒在牙語期和語言發展期，如果能得到適當的回應與增強，將使語言能力快速進展。相關研究便指出：十五到二十一個月大的幼兒，雙生子的語言發展比非雙生子慢，理由是因為母親的時間被分割了，交談時間變短，受到的關注亦較少（游淑芬等，2002）。現代雙薪父母人口增加，進而影響親子互動時間與品質，加上托育時間延長，教保品質良莠不齊，是否對兒童早期語言發展有所影響？尚須審慎評估。

◆環境語言

所謂環境語言乃指幼兒生活環境中所使用的語言，如果生長在多樣語言形式的家庭或社區，對幼兒語言發展有極大的影響。人類初始的語言能力雖然來自天賦，但有意義的正確語言，卻要靠後天的學習，因此環境語言的因素影響甚鉅。例如一個移民到美國的家庭，幼兒的祖父母講方言，父母親說國語，手足卻是用英語，生長在如此多樣語言的環境中，幼兒剛開始的語言表達能力經常有落後的現象。不過亦有文獻指出：兒童的語言是透過文化學習的，而學習的對象可以從父母到同儕，甚至一些不和小孩說話（如部分印地安文化），或是生活在洋涇濱式語法環境中的孩子，最後都還是可以發展出符合環境文化的語言。因此，只要是智力發展正常，文化刺激足夠，此環境因素通常可以迎刃而解，從假性的語言延宕回歸到正常的語言發展水準。總而言之，兒童學習語言，尤其是外語，絕非是簡單的機制，那要隨兒童的不同發展階段、學習機制、學習策略以及環境的配合，最重要的是要隨兒童的發展角度來擬制輔導策略。

第三節　嬰兒的情緒發展

　　情緒是心理生活中的重要元素，它與認知活動相似，皆是個體對客觀事物的一種反映；情緒是個體對客觀事物與個人需求之間的關係反映。

　　照顧者（通常是媽媽為主）看到嬰兒微笑，或聽到其在哭泣，他們大略能瞭解嬰兒是否生氣、憤怒或者是愉悅，但若要深入瞭解到底嬰兒是因害怕、孤寂或不舒服，就不得而知了。至於嬰兒的情緒是如何分化、發展及表達呢？本節將分節敘述嬰兒情緒之意義及情緒對嬰兒日後發展之影響，嬰兒情緒的發展與分化，茲分述如下：

一、情緒的意義及在嬰兒發展上扮演的角色

　　所有人皆有悲傷、歡樂及恐懼的情緒反應──是一種個體主觀的經驗反應，也伴隨著生理及行為的改變（Sroufe, 1997），例如恐懼常伴隨急促的心跳和自我保護的行動。吾人可從父母的經驗之談中得知：「即使是新生兒也具備表達情緒的能力，因為他們的臉部表情不但十分豐富，且與外在情境多有配合。」（雷庚玲，2001）當吾人聽到一名嬰兒哭泣時，我們是否因此知道他是不高興、生氣、不舒服、孤獨或害怕呢？這實在是一件相當不容易的事，照顧者也要靠經驗摸索及瞭解嬰兒之性情來加以推測。而嬰兒的情緒到底源自何時，以及嬰兒之情緒表示為何，想要一一澄清這些問題也實在不是一件容易之事。因此，有關嬰兒情緒的跡象，長久以來一直備受爭議。近年來，心理學家如Izard等人，則用了比較系統的科學方法來探討這個問題，他們發現，即使才幾個月大的嬰兒，也是具有表達情感的能力。

　　早期的心理學家，例如Bridge（1932）相信嬰兒只有一種情緒──一種尚未分化的亢奮狀態，稍後被稱為「苦惱」（distress），或是歡喜、憤

怒、害怕三種的結合（Watson, 1919）。到了一九八〇年代，Carroll Izard
及其同事（Izard, 1982）將五、七、九個月大的嬰兒面部表情錄影下來：
有關嬰兒和母親玩遊戲的神情、讓醫生打針的表情、被驚奇盒嚇一跳的表
情、讓孩子的手上抓一塊冰塊而引發痛覺、把孩子手上玩了一半的玩具搶
走、讓媽媽離開孩子所在的房間、陌生人接近的表情等等。研究者便將這
些錄影放給不認識這些嬰兒的受試者（如大學生或健康專家）看。由於當
時引發孩子表情的情境並沒有錄下來，所以受試者只能依照螢幕中嬰兒的
臉部表情來判斷嬰兒所表達的是哪一種情感。

　　結果發現，這些受試者都能正確分辨出嬰兒高興、悲傷、感興趣
和害怕的表情；而對生氣、驚奇和嫌惡的辨別，正確程度稍低（Izard et
al., 1980）。當受試者接受Izard（1977）「面部表情計分手冊」的訓練之
後，他們的判斷變得更正確。上述研究顯示，不同受試者對相同嬰兒的面
部表情有十分類似的評定；亦即，影帶中嬰兒的面部表情的確傳達了某種
情感上的訊息，而且此訊息在社會人際中有能讓人瞭解的意義。

　　情緒根源於意識來呈現，人類知道他們如何感覺及運用情緒來影響
行為。所有正常的個體有相同範圍的情緒反應，但是對特定情境的表達卻
會因人而異。例如對某些反應，個體皆會有心跳反應，只是反應強度不
同；此外，有些個體可能容易被引發憤怒，而有些個體則較不會。

　　因為情緒是個體主觀感受，而且也難以研究，甚至研究者對於有多
少情緒，何謂情緒以及如何定義與測量，也有所不同之定見。早期研究者
嘗試辨明何種情緒先發展以及何時發展，學習論者則認為情緒是個人被制
約的結果，之後，生態論者則認為情緒如同動物般提供個人生存及幸福
感。

　　遺傳和環境對情緒發展的交互作用，類似於影響其他方面發展的情
形。有關學者一向認為：有個與生俱來的生物時鐘，設定了人類情緒的出
現時刻，當腦部成熟之際，各種情緒隨之顯現。研究發現：十個月大嬰兒
的腦右前葉在正面情緒時較活躍，負面情緒時則左前葉較活躍，顯示此種
腦部組織的基礎是一出生即存在的（Fox & Davidson, 1984）。這種時序

具有求生的作用：一個無助的兩個月大嬰兒所呈現的痛苦表情，可召來他們需要的幫助；而他在九個月大時所呈現的憤怒，可促使他採取某些自救的行動，例如將入侵者推開（Trotter, 1983）。

另一方面是環境的影響。被虐待的嬰兒會比其他嬰兒早幾個月表現出害怕，顯示他們可能已經從不愉快的經驗中學到了這種情緒（Gaensbauer & Hiatt, 1984）。此外，父母因嬰兒的性別所做的面部表情之差異（母親通常對女兒顯示較多的情緒），也為各年齡層中理解情緒表現的能力總是女孩優於男孩的研究發現，提供了一個說明的線索（Malatesta, 引自Trotter, 1983）。

二、情緒的發展

情緒為嬰兒期的溝通系統提供了一種組織架構（Campos & Barrett, 1984）。嬰兒會做出一系列的情緒表情，包括恐懼、痛苦、厭惡、驚奇、興奮、興趣、愉快、憤怒和悲傷，雖然這些表情並不十分完善。父母與照顧者依靠與這些情緒相關的面部的、聲音的和行為的線索，作為確定嬰兒內部狀態和目的的方法（Malatesta & Izard, 1984）。在交互作用的循環中，敏感的照顧者監視著嬰兒情緒上的變化，以此來確定是否他們的干預是有效的。當交互作用偏離軌道而成人又無法理解嬰兒的需要時，成人便會試圖修正或改變這種交流（Tronick, 1989）。

設想一下：一個六個月大的嬰兒，想要拿一個他搆不到的玩具。他朝著玩具揮動著胳膊，發出急迫不耐的聲音，看上去非常痛苦不安。當父親努力地想像究竟這孩子想要什麼東西時，他看著孩子的表情，以便發現他想的是否正確。如果父母能在這種交流形式下取得協調，往往更容易幫助孩子實現他們的目標。而嬰兒往往也會堅持繼續嘗試這種交流，因為他們在這種交流中體驗到了成功。

嬰兒也能探索並區分他人的面部表情。很小的嬰兒已能分辨恐懼、憤怒、愉快、悲傷和驚奇的表情（Caron, Caron, & MacLean, 1988; Hornik,

Risenhoover, & Gunnar, 1987; Ludemann & Nelson, 1988; Walker-Andrews, 1986）。他們往往是用視覺和聽覺訊息來進行辨別的。

在某些情景下，嬰兒使用他人的情緒反應來指導自己的行為。嬰兒常常把自己的母親作為一種社會參照（social reference），但其他成人也能提供這種功用（Hornik & Gunnar, 1988; Klinnert et al., 1986; Walden & Ogan, 1988）。當嬰兒接近一個陌生人或一個不確定的情境時，他們看著媽媽，並以媽媽面部與（或）聲音的表情，作為關於情境的訊息來源。如果母親表現出擔憂或負面的情緒，嬰兒往往會退縮，或者十分小心謹慎地探索。如果母親表現出一種正向情緒，嬰兒則往往會很自信地接近陌生情境或不熟悉的人。

情緒的這種支配作用是雙向式的，藉此嬰兒與照顧者之間可建立一種交互支配關係（intersubjectivity）。從最初的幾個月起，嬰兒便以與對待物體不同的方式來與人交往（Brazelton, Koslowski, & Main, 1974; Trevarthen, 1989）。嬰兒與照顧者能從事相互的、有節奏的交往，評估對方的狀態變化，矯正自己的行為，以回應由對方所發出的訊息。透過一系列共享的情緒成分，嬰兒與他們的照顧者能夠彼此相互理解，並產生共通的意義。因此，情緒表情成為信任的建構條件。

嬰兒期的情緒發展可以認為是在三個向量上展開的：首先，新的情緒產生，並在強度向量上分化；其次，隨著認知的成熟，兒童有區別地解釋種種事件。新的情緒可以附著於一種熟悉的情景上。一種曾引起憂慮的經驗，如新的玩具或大的聲音，可能隨著兒童對情景的把握而成為引起興奮或愉快的原因；第三，兒童發展出調節自身情緒的策略，以便不致被過強的情緒所壓制。

(一)情緒的分化

在生命的前兩年裡，情緒逐漸日益分化。Peter Wolff（1966）描述了新生兒的七種喚醒狀態。每一種都以獨特的呼吸、肌肉緊張度、運動活動及警覺性模式作為特點（**表5-2**）。在這些狀態中，我們看到了痛苦

表5-2 新生兒的喚醒狀態

正常睡眠（RS）	完全休息；肌肉緊張度低；低活動量；眼瞼安穩緊合、靜止不動；均勻、有規律的呼吸，每分鐘約三十六次。
不規則睡眠（IS）	較大的肌肉緊張度；柔和的動作活動；頻繁的面部怪相和微笑；偶爾有快速眼動；不規則的呼吸，每分鐘約四十八次。
間發性睡眠（PS）	間發於RS和IS之間；迅速而較淺的呼吸與較深而緩慢的呼吸交替出現。
昏睡（D）	比RS活動多，但少於IS或RS；眼睛張開又閉上；當張開時，眼睛顯得遲鈍、呆滯，可能向上翻轉；呼吸總在變化，但頻率比RS期高。
警覺的不動期（AI）	稍有活動；面部放鬆；眼睛睜開且「很有神」；呼吸長，但比RS期快。
覺醒活動期（WA）	頻繁的、無規則的動作活動；發聲；活動時皮膚泛紅；呼吸不規則。
哭叫（C）	強烈的、不規則的動作活動；面部怪相；皮膚脹紅；眼睛睜開或部分合上；哭叫。

資料來源：改編自Wolff, P. H. (1966).

（哭泣）、興趣（警覺性活動停止）及興奮（覺醒的活動）間的最早分化。最早的微笑出現於快速眼動（不規則睡眠）期。新生嬰兒的喚醒狀態將會影響他（她）對環境的反應能力。狀態的改變也具有提示照顧者反應的作用。哭叫常常帶來安撫、慰藉的回應。視覺警醒往往會促進社會性交往。父母試圖與他們的孩子進行交流，進行目光接觸，在覺醒期促進非語言的交流（Tronick, Als, & Brazelton, 1979）。

　　情緒的分化遵循著有規則的模式，如**表5-3**所示。這個表描述了三個情緒向度上與年齡相關的變化，這三個向度是：愉快—高興；擔憂—恐懼；氣惱—憤怒。在第一個月中的情緒反應，是與嬰兒的內部狀態密切聯繫在一起的。生理不適喚醒、疼痛以及中樞神經系統中不斷變化的緊張度，都是引起情緒的主要來源。在一至六個月的期間裡，情緒變得對自身和環境的區分有更多的聯繫。嬰兒對熟悉的面孔微笑。他們顯露出對新奇刺激的興趣和好奇心。而當哺乳被中斷，或當他們受到妨礙，無法看到他們想要目睹的活動時，便會惱怒。

表5-3　一些基本的人類情緒的發展里程表

月份	愉快─高興	擔憂─恐懼	氣惱─憤怒
0～3	自發愉快；轉向	驚嚇／痛；強制注意	擋住臉、身體束縛、極度不適引起的痛苦
3	愉快		氣惱（沮喪）
4～5	欣喜；主動的笑	擔憂	
7	高興		憤怒
9		恐懼（陌生人厭惡）	
12	大喜	焦慮；即時的恐懼	憤怒心境，惱怒
18	對自己的正性評價	害羞	挑戰
24	喜歡		有意傷害
36	驕傲，愛		內疚

註：這裡標記的年齡，既不是一種情緒明確地產生的最初時間，也不是它最常發生的時間，而是文獻記載所表明的此種反應已很常見的時間。

資料來源：Sroufe, L. A. (1979).

　　自六至十二個月期間，表現出對事件的情境的覺知。愉快、憤怒、恐懼情緒，與嬰兒回憶先前的經驗並且把它們與當前事件相比較的能力聯繫在一起。這些情緒也反映了嬰兒實踐某種對環境的控制，及在目標受到妨礙時可經受挫折的能力。

　　在第二年裡出現的情緒──尤其是焦慮、驕傲、挑戰和羞怯（shame）──顯示嬰兒已產生了自我感覺。嬰兒認識到：他們能作為一種引起一定結果的因素。他們也已開始對他人的情緒做出反應。他們能用擁抱、親吻、輕輕的拍打來對他人表示愛。他們能與他人共享玩具，能安慰其他痛苦的嬰兒，模仿別人激動的樣子。隨著日益成為一個有特點的人，嬰兒達到一個新的先知水平：既認識到自己與他人的脆弱性，也意識到給予和接受快樂的能力。

(二)情緒的解釋

　　對情緒的面部表情的觀察，為解釋重要事件的意義提供了主要關鍵。在一項研究中，對剛剛接受注射的兩個月和四個月的嬰兒進行錄影，他們的情緒反應包括眼睛緊閉的生理痛苦和憤怒表情。然而，當在十九個

月時對他們進行錄影,他們的表情則更多地涉及眼睛睜開的憤怒,這表明他們已更多地意識到引起這種痛苦的來源(Izard et al., 1983)。

與母親短暫分離所引起的情緒表情,對於母嬰依戀的性質以及依戀的發展,都提供了一種線索(Hyson & Izard, 1985)。**表5-4**繪出了在十三個月和十八個月大時,與母親分離期間使用特定情緒表情的嬰兒的人數。興趣、憤怒、悲傷和這些情緒的混合體,在這些被研究的嬰兒身上都能觀察得到。

有些情緒從此一年齡到彼一年齡之中是相當穩定的。在十三個月大時,對母親的分離有表情反應的嬰兒,在其十八個月大時,往往也表現出同樣的情緒。在十三個月大時反應為憤怒的孩子,在十八個月大時往往也表現出憤怒。然而,悲傷表情則沒有顯示出這種連續性。隨著時間的推移,悲傷表情有所增長,或者只是其自身,或者是與其他情緒混合在一起。這一變化表明:許多嬰兒對第二年中的分離經驗賦予一種新的意義——這一意義反映了把自己與他人相區分的較大的能力,因此也意味著對喪失的一種更為複雜的評價。

(三)情緒的調節

嬰兒發展出一些策略,以應付強烈的情緒,無論是正向的還是負向的。這一方面的大多數研究集中於兒童對待痛苦的方式(Dodge, 1989)。即使是新生兒,也有一些策略來減緩痛苦的強度,如把頭轉過

表5-4 十三與十八個月大嬰兒對母親分離時所使用特定情緒表達之數量

情緒變數	13個月	18個月
興趣	16	16
憤怒	14	15
悲傷	7	11
悲傷—憤怒混合體	7	12
興趣—憤怒混合體	4	11
興趣—悲傷混合體	3	10

資料來源:Hyson, M. C. & Izard, C. E. (1985).

去，吸吮自己的手，或是閉上眼睛。隨著嬰兒獲得新的動作協調與控制，他們會逃離目標物，轉移注意力，或以搖頭、撫摸自己或吸吮拇指來自我安慰（Kopp, 1989）。

　　情緒調節的發展中最重要的因素之一，是照顧者幫助嬰兒於此種發展努力的方式（Kopp, 1989; Tronick, 1989）。當照顧者看到嬰兒處於痛苦之中時，他們能夠提供直接的幫助。他們會摟緊、擁抱、搖頭或裹住孩子。他們可以提供食物、奶嘴或其他形式的安慰。透過言詞和行動，他們可以幫助孩子解釋引起緊張的原因，或是指出減緩痛苦的方法。

　　照顧者對情緒調節問題的作法是因文化而異的，有些文化透過阻止兒童暴露於某些喚醒情境來調節情緒，例如，日本的母親們努力於避免使她們的孩子接觸憤怒場合；她們避免使幼兒遭受挫折，從而使孩子不會體驗憤怒。父母很少對他們的幼兒顯露出憤怒，尤其是在公眾場合。因此，日本的父母是盡可能地以減少孩子對憤怒的體驗來嘗試調節憤怒的（Miyake et al., 1986）。

　　情緒也可以透過體驗這些情緒本身的方法而被調節（Campos, Campos, & Barrett, 1989）。嬰兒會透過父母對自己的情緒表情的反應來觀察憤怒、驕傲、羞怯、悲傷。父母可以透過做出不贊成的表情來中止孩子的憤怒。孩子可以透過看到其他人的笑和快樂而從悲傷中轉移出來。透過移情，兒童會由於看到別人如何地悲傷和恐懼而減少對他的憤怒。

　　隨著兒童對一個情景的結果或涵義的理解，他們有了新的調節或放棄調節情緒的動機。如果兒童認為痛苦訊號能幫助他們實現自己的目標，如特別的注意或哺乳，他們就會擴大或延長他們的痛苦訊號。如果他們覺得痛苦的訊號會進一步引起附加的痛苦，便會試圖掩蔽起他們的痛苦。情緒的調節，就像情緒本身一樣，是發生於人際情景之中的。一個嬰兒設計有效的策略來減緩痛苦的努力程度，依賴於痛苦的訊號如何被他人所對待，依賴於嬰兒在這一情境中的目的，也依賴於嬰兒同步比較環境中認知的、物理的和感情的因素的能力。

　　綜合上述，嬰兒自出生之後，漸漸萌發滿足、興趣與苦惱（Lewis,

1998），這些情緒反應是分散的，是反射本質的，大部分是個體對感覺刺激或內在心理歷程的生理反應。直到六個月大，嬰兒才會將這些反應分化成爲真實的情緒，例如歡樂、驚奇、悲傷、厭惡及後來的生氣與恐懼（圖5-1）。直到一歲半，嬰兒發展自我察覺（self-awareness）意識之認知基礎後，才開始有了自我意識的情緒，例如困窘、同理心（empathy）及羨慕。直到三、四歲後，幼兒開始自我察覺意識及社會價值規範，此時他們便發展出自我評價之情緒，例如自尊、羞恥及罪惡感。此時幼兒可以評價自己的想法、計畫、欲望及行爲是否合乎社會的期望（Lewis, 1998）。

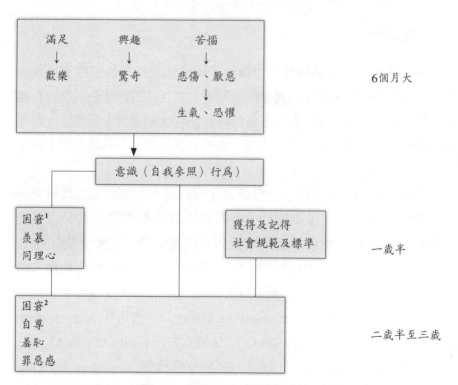

圖5-1　零至三歲嬰兒期之情緒分化

註：1.沒有自我評價的困窘。
　　2.有自我評價的困窘。

資料來源：Lewis (1998), p. 120.

第四節　嬰兒的社會發展

　　兒童的社會發展是透過個體出生時所承襲的氣質，嬰兒期的依戀行為，幼兒期忍受挫折的自我控制，到幼兒期的社會能力的發展，進而影響到日後青少年及成人時期的待人處事態度，及應對進退的社交技能。故討論嬰兒的社會發展首重嬰兒的氣質及依戀行為。本節將以此兩個向度作為嬰兒社會化發展的起源。

一、兒童氣質

　　性格通常指個人有獨特性、複雜性、統整性及持久性的穩定特質，而性格已被認為是個人天生特質與後天環境之交互作用而產生。然而有些人格特質似乎在發展早期已固定，這些特質如吃食和排泄之穩定性，對反應刺激的感受力、情緒本質等，心理學家稱之為氣質。氣質是否與生俱來呢？

　　一九五六年美國的兩位小兒科醫生在紐約地區開始長期追蹤研究，一共追蹤了一百四十一位出生於中產階級家庭的新生兒及其父母，受訪的問題包羅萬象（如孩子的餵食行為、睡眠習慣、遊戲、對陌生人的反應、與父母及手足的互動狀況等）。研究者將早期資料歸納後，將嬰兒行為分成九個向度，以作為氣質之定義。此九個向度包括：活動量（activity level）、規律性（rhythmic regularity）、趨避性（approach or withdrawal）、適應度（adaptability）、情緒本質（quality of mood）、注意力分散度（distractibility）、注意力長度及堅持度（attention span and persistence）、反應閾（threshold of responsiveness）及反應強度（intensity of reaction），茲分述如下：

(一)活動量

係指嬰兒是文靜型或活動量大的，前者較安靜，做些靜態的活動；後者則傾向於精力過剩，很難坐定，可分為下列三種情形：

1.高活動度：睡眠時間不很多；剪指甲、換尿布、洗澡時動得很厲害，抓不穩。
2.中活動度：夜裡偶爾醒來；剪指甲、換尿布、洗澡時雖動，尚可控制。
3.低活動度：全夜安睡，不必起來吃奶；清醒時，通常靜靜地躺著；換尿布、洗澡時很安靜。

(二)規律性

規律性好的嬰兒，在飲食、睡眠、靜息及日常生活的一切事情表現得有規律；反之，則呈現較散漫的生活作息。例如：

1.規律的：嬰兒每天醒來、睡覺的時間一定，每三或四小時吃一次奶，大小便次數一定。
2.不規律：嬰兒睡眠時間不一定，每次食量不一定，每次大便時間也不一定。

(三)趨避性

係指嬰兒對新事物、環境、情況的初次反應，可分為兩種：

1.接受：嬰兒對陌生人友善微笑，對新事物、新環境能接受而不排斥。
2.退縮：嬰兒看到陌生人就躲，拒吃新食物，初次到別人家或在新環境中一直哭，且尋找熟識者以前往依靠。

(四)適應度

觀察嬰兒對食物、嘈雜聲、母親替代者（如祖母、保母）接受的情

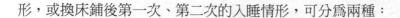

形，或換床鋪後第一次、第二次的入睡情形，可分爲兩種：

1.接受：嬰兒對新食物或立刻接受或第一次拒絕，再多給一次即接受；對母親代替者無所謂；換床鋪可以接受或第一次睡不好，但第二次即歸於正常。

2.拒絕：嬰兒對新食物嘗試三次都拒絕；對母親代替者拒絕，哭吵直到母親再出現；對新床鋪哭吵三天以上者。

(五)情緒本質

係指嬰兒在一天中，行爲表現出愉快或不愉快、友善或不友善程度的多寡。可分爲二：

1.正向：對陌生人友善，時時和顏悅色，外觀開朗。

2.負向：對陌生人冷淡，時時悶悶不樂，外觀憂鬱。

(六)注意力分散度

係指嬰兒對於正在進行的事物，是不是會因突然介入的新事物而分心，轉移注意力。例如：

1.易分散：如果嬰兒被拒絕或被停止一項他所要或正在進行的事物，代以其他事物時，能分散其注意力。

2.不易分散：如果嬰兒被拒絕或停止向他所要或正在進行的事物時，就哭吵而無法用他物取代。或者觀察嬰兒玩一新玩具的時間，若能超過十分鐘則屬長注意力；若只嘗試努力三分鐘即行放棄，則屬短注意力。

(七)注意力長度及堅持度

係指一嬰兒正在做某件事或正想做某件事時，卻遭外來的阻力，嬰兒克服這阻力仍然持續下去的程度。

1.堅持度強：嬰兒肚子餓時想吃奶，會拒絕吃代替品（果汁、餅

乾），哭到他得到為止。如果想拿到玩具而拿不到時，會繼續嘗試
兩分鐘以上。

2.堅持度弱：肚子餓時想吃奶，在五分鐘內可以用代替品安撫下來。
如果想拿玩具而拿不到時，半分鐘內便停止嘗試。

(八)反應閾

引起嬰兒反應所需要的刺激稱之，亦即由視覺、聽覺、味覺或觸
覺，以及「察言觀色」的能力，觀察能引起嬰兒某種反應所需的刺激強
度。例如：

1.低反應閾：嬰兒睡眠時，一有嘈雜聲或光線就醒，食物味道稍變就
能感覺到。

2.中反應閾：對於聲音、光線或味道等刺激的改變，反應不一定。

3.高反應閾：尿布濕了或大便了，好像也不覺難受；聽到嘈雜聲無所
謂的樣子。

(九)反應強度

係指嬰兒對內在和外在刺激所產生反應的激烈程度，例如：

1.激烈：尿布濕了或餓了時，哭聲很大；吃到不好吃的食物就吐出
來，而且大哭。

2.溫和：尿布濕了或餓了時，哭聲秀氣；吃到不好吃的食物仍勉強吞
下去。

Thomas和Chess（1977）更進一步依據每位嬰兒在各向度的得分，將
其訪問的嬰兒分成三大類：

1.安樂型（easy child）：此類嬰兒對環境的改變適應性高，對新情境
採趨近性，在日常生活中表現出愉悅的態度。

2.慢吞吞型（slow-to-warm-up child）：此類嬰兒對新情境採取退縮反
應，並且需很長時間才能適應新的環境。此外，嬰兒活動量低，反

應強度弱，會有負向情緒表現。

3.養育困難型（difficult child）：此類型嬰兒的氣質特徵爲不規則的生理機能表現，面對新刺激時，經常是採取退縮的最初反應，而且情緒反應激烈，對環境的改變適應性低，多爲負向情緒表現。

　　在上述之分類中，安樂型的嬰幼兒占40%，慢吞吞型的嬰幼兒占15%，養育困難型的嬰幼兒占10%，另外有35%的嬰幼兒氣質不易分類。

　　由於此研究的數據指出，大部分的嬰兒在兩、三個月大的時候，就在上述九個向度上有明顯的個別差異，也使得Thomas及Chess這兩位小兒科醫生做出氣質是與生俱來的結論。之後Buss與Plomin（1975）更進一步以同卵雙胞胎之嬰兒氣質的相似度顯著高於異卵雙胞胎及兄弟或姊妹，來說明氣質是天生的。Thomas及Chess的長期追蹤研究之另一結果發現：氣質的穩定性雖在兒童早期持續存在（Thomas, Chess, & Birch, 1970），早期被歸類爲養育困難型，在稍長後也較容易出現問題行爲，但此氣質的穩定性在受試者進入青春期則逐漸減弱。但個人之人格特質除氣質外，仍有許多因素，如個體能力、動機、家庭壓力事件與壓力，以及社會支持等，也皆可能與氣質互動而影響未來性格之發展。

　　近來研究朝向早期氣質是如何與環境互動，尤其是什麼樣的環境因子能緩衝困難氣質的幼兒對未來性格發展所造成的影響，「最適配合」（goodness of fit）就是此種研究的主要概念與發現。「最適配合」係指個體是否能健全成長，並不單只在乎其遺傳來的氣質，或是單受環境影響，而是個體的氣質是否能與環境相互配合。例如，一位嬰兒在家庭資源匱乏的情形下，因爲其困難的氣質使得他哭得大聲，不易被安撫，反而得到父母的注意，進而得到更多營養之資源，以幫助他有更多的存活機會。此外，研究發現困難型之嬰兒不但本身適應環境能力較差，其所處的環境也會受到這些嬰兒的影響而反過來對其不利。例如，困難型嬰兒的母親對這些孩子的情緒表達的敏感度與順從度，都較其他母親來得低（Donovan, Leavitt, & Balling, 1978）。故從保育的觀點，教導（育）父母的親職教育

在貧窮等不利家庭中或受虐家庭中有其重要性，以避免嬰兒透過氣質所塑成的氛圍環境，持續地影響其日後性格的發展（雷庚玲，2001）。

　　持平而論，性格是天生特質也是環境塑造的結果，而由於先天氣質與後天環境之不斷互動，也使個體在發展中充滿了不可預測的變異性。

二、嬰兒的依戀行為

(一)依戀行為發展

　　嬰兒的依戀行為，又稱依附行為，是嬰幼兒與人的互動方式，會隨著年齡的增長而改變。未滿三個月大的嬰兒，會接近你、對你微笑，和你有目光上的接觸。四個月左右，他可能見到你就皺眉，看了母親後才會靠近你。八個月大，一看到你可能會縮到母親懷中，必須以玩具或其他獎賞的方式來引誘他，但也不必太有把握，他可能會拒絕，令你覺得他不再喜歡你。一段時間之後再見面，他卻又開心地對著你笑，拉著你的手，想要離開母親跟你回家去（**表5-5**）。

　　這就是依附過程的寫照，或是嬰兒和照顧者形成強烈感情關係的情形。長久以來，研究者對於引發嬰兒和照顧者建立這種強烈關係的背後動機，一直很感興趣。早期的理論認為依附是為了滿足需要，嬰兒愛母親是因為母親能夠照顧他。但Harlow對獼猴進行的研究發現早期

表5-5　Bowlby的依附階段

階段	年齡	行為
1	出生至2～3個月	隨意微笑、讓任何人擁抱。
2	2、3個月～6、7個月	選擇性互動，對所喜愛的人微笑；比較陌生人和主要照顧者的臉。
3	6、7個月～1歲	依附主要照顧者，此人不在時會哭，試圖跟隨；對陌生人懷著戒心。
4	1～2歲	具完整記憶力，知道照顧者雖不在眼前也不會消失。開始和他人交往。

資料來源：Bowlby (1958).

理論不正確之處。他的研究已成為經典之作,他將剛出生的幼猴和母猴分離,以鐵絲或布做成的代理母猴來哺育牠們;需要進食時,有些由鐵絲假猴哺乳,有些由布做的假猴哺乳,當幼猴需要擁抱時,牠們只會接近布做的母猴,避開鐵絲母猴,即使後者參與餵食,牠們也不會接近。

現今流行的依附理論以英國精神科醫生John Bowlby(1958)的觀點最具代表性,他認為依附具有生物和演化的基礎。從進化的觀點看來,當掠食者接近時,幼兒必須得到保護,當人人奔跑逃命時,總要有人記得抱起脆弱的嬰兒,這種生存的本能促使嬰兒和照顧者形成親近的關係。Bowlby的理論因此強調,生理或基因是促成父母和孩子之間的依附關係的主要因素,兩者都展現出特定的舉動催化了關係的連結。

◆**父母的行為**

父母會採用幾種方式來吸引嬰兒的注意。例如:父母本能上會將臉擺在嬰兒視覺範圍可及之處,離嬰兒的臉約二十二點五公分的範圍之內,嬰兒的確也只能夠看到三十公分範圍以內的東西,所以能和父母有所接觸。此外,父母也會做出一系列的表情,稱為「致意回應」(greeting response),以便引起嬰兒的注意,例如,他們會將頭部後仰、嘴巴半開、眉毛上揚,以及使用「兒語」(baby talk)。研究顯示父母似乎知道嬰兒喜歡什麼且能做出正確的回應,這些行為並非完全出自意識的覺知,乃是來自本能的驅動。

◆**嬰兒的行為**

嬰兒在依附過程中最大的貢獻是看起來可愛,成人不但無法抗拒嬰兒圓圓胖胖的稚嫩外表,也被他們嬰兒式的回應所吸引,為人父母者同時也希望被嬰兒認定和被需要,嬰兒似乎也有能力滿足父母被需要的需求。嬰兒最喜愛的是人的臉,會對人微笑的發出聲音。如前文所述,嬰兒一出生便能夠辨識母親的聲音,新生兒也能夠模仿他人臉部的表情。

嬰兒的反射動作,如抓取、吸吮、呼叫與翻滾,都是對父母照顧的一些回應,這些回應增強了父母和他們互動的行為,讓後者深覺自己被需

要。此外，嬰兒因爲能夠很快地辨認出誰是主要照顧者，對主要照顧者的特別回應也強化了父母的付出。例如：出生之後三天內，母親以哺育姿勢抱起嬰兒時，寶寶會面對母親、轉向乳頭，並將嘴張開。

◆其他依附理論

Ainsworth等人（1978）爲依附理論添加許多資訊，她認爲，嬰兒會將主要照顧者視爲基地，需要探索環境時候離開，需要安慰和安全感的時候返回。以這個觀點爲基礎，Ainsworth發展出陌生情境程序（strange situation procedure），觀察嬰兒在陌生的場合中對不同事件的反應，以衡量依附的程度。這類實驗包含以下八個階段，整個過程約需二十一分三十秒（第一步驟三十秒，其餘各三分鐘）：

第一步驟：介紹（母＋子）：母親和嬰兒進入遊戲室。

第二步驟：暖身（母＋子）：母親和嬰兒一同探索遊戲室內的事物。

第三步驟：陌生人加入（母＋子＋陌生人）：一位陌生女性進入遊戲室內。

第四步驟：母親離開（子＋陌生人）：母親離開房間，陌生女性試圖跟嬰兒玩。

第五步驟：母與子重聚（母＋子）：母親回到遊戲室。

第六步驟：母親再度離開（子）：嬰兒獨自一人留在遊戲室內。

第七步驟：陌生人加入（子＋陌生人）：陌生女性返回遊戲室。

第八步驟：母與子再重聚（母＋子）：母親返回遊戲室。

實驗之後，Ainsworth將嬰兒的反應分爲以下三種依附模式：

1. 安全型依附（secure attachment）：此類嬰兒以母親爲安全的基地探索遊戲室，他們意識到母親的同在，會不時的察看，以確保需要時母親會在身旁。母親離開時，他們會哭或抗議；母親回來後，嬰兒會靠近母親取得安慰，和她有肢體上的接觸。

2.焦慮型依附（anxious attachment）：是典型的黏人寶寶，不喜探索遊戲室內的事物。母親離開時，會很生氣，哭了許久。母親回來後，他們雖會尋求肢體上的接觸，但可能即刻推開，甚至打母親，不易被安撫。Ainsworth認為，這類嬰兒不夠信任母親，不相信她能夠滿足自己的需要。

3.迴避型依附（avoidant attachment）：這類嬰兒不太在乎母親的離開，不以母親為基地，行為舉止視作母親不在場，眼神不太和母親接觸，也不會試圖吸引母親的注意。對母親的離開更無動於衷，對她的回來也毫無反應。

中產階級的嬰兒中，65%屬於安全型依附，是什麼因素影響依附的過程？為什麼剩餘35%的嬰兒無法發展出安全型的依附關係呢？

(二)造成依附失敗的危險因素

嬰兒、母親和家庭因素都有可能影響依附關係的形成。首先，嬰兒的特質可能會影響母子關係。例如：早產兒即可能會有依附上的問題，他們不似正常兒童般的「可愛」，不太和照顧者互動，對周遭事物少有回應，母親的動作也無法吸引他們。其他影響嬰兒依附關係形成的因素包括：毒品寶寶的問題和困難型性格特質。

在父母親方面，未成年母親可能會影響依附的形成，因為她們不善與孩子溝通或交流，對孩子行為線索的解讀和回應也有不足之處（Crockenberg & Litman, 1990），以及父母所用的管教態度和行為（Maccoby & Martin, 1983）。此外，母親的憂鬱也影響依附關係的形成，因為患有憂鬱症的母親往往會沉溺於自己的情緒，或過度集中在自己的痛苦之中，對孩子需求和舉動少有回應，忽略了孩子發出的社交線索；嬰兒的情緒又容易受到母親情緒的感染，即使母親不表現出憂鬱的樣子，對孩子情緒的影響也會持續下去。其他與父母有關的問題包括：壓力、酗酒、兒童時期受虐，和意外懷孕等，這些都會影響依附關係的形成。

家庭因素也會影響依附關係的形成。子女太多，會削弱母親和新生

嬰兒之間互動的機會。婚姻關係會影響主要照顧者和嬰兒之間的互動，伴侶的支持使得母親對嬰兒的需求比較有回應，母親對嬰兒的付出也比較感性。此外，社會支持體系以緩和許多壓力，特別是家中有個性情暴躁的嬰兒，對母親格外重要；充分的社會支持也使得安全型依附關係的發展比較容易（Crockenberg & Litman, 1990）。環境的壓力也會影響母子的互動（Radke-Yarrow & Zahn-Waxler, 1984）；母親若疲於處理如貧窮和家庭暴力等問題，將沒有餘力照顧嬰兒，影響兩方的依附關係。

Main和Hesse（1990）則提出了除了Ainsworth三種依附模式的類型外，有些嬰兒在陌生情境中的表現難以分類，雖然在研究中，實驗者總是將他們歸類，使這些嬰兒會採取某種特定的固定模式來面對母親的重新出現，因此，Main及Hesse將其稱為無組織或無定向依附（disorganized / disoriented attachment），這是依附失敗的例子。嬰兒會表現出不清楚、不確定，或是矛盾的依附關係，這類嬰兒通常是來自上述有問題的家庭。學者Zeanah、Mammen及Lieberman也提出兒童依附失敗常見之行為現象（**表5-6**）。

表5-6　評估兒童依附問題

行為	依附失調的現象
情感表達	與人互動時缺乏溫暖與親切的交流，輕易親近陌生人。
尋求安慰	受到傷害、驚嚇，或生病時不會尋求安撫。即使尋求安慰，通常會使用奇怪或矛盾的方法。
依賴他人	不是過度依賴，就是需要時不去尋求可依附的照顧者。
合作	不順從照顧者的要求，或過度服從。
探索行為	在陌生的場合裡不會察看照顧者是否同在，或者不願離開照顧者探索環境。
控制行為	過分討好照顧者，或過分控制支配照顧者。
重聚時反應	分離後團聚，無法重建互動，行為表現包括忽視、迴避，或強烈憤怒。

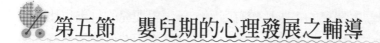

第五節 嬰兒期的心理發展之輔導

　　嬰兒時期在身體發展之速率是所有發展階段中最迅速的一個時期，除此之外，在生命中前兩年，也常常被稱為可怕的兩歲期，這意味著個體的機體成熟，其腦神經的分化可促使嬰兒認識某些事物及概念，其主要是透過感官和動作來認識此世界，以建立其因果關係的基模。之後語言也透過其發音系統瞭解語言的定義，並能表達其內心需求。在此時期，嬰兒也經歷了Erikson的發展危機中的前兩個，信任vs.不信任及自主vs.羞愧、懷疑，而此時期最重要之社會化是家庭，尤其是父母之主要照顧者。隨著個人天生之氣質，加上與父母（或主要照顧者）之互動，進而影響個體之社會和情緒發展，尤其在一九六〇年代對嬰兒與父母分離之研究，在猴子實驗及育幼機構之研究也皆指出，環境之豐富化（enrichment）及和父母之親密互動，將有助於幼兒日後的情緒與智能之發展。之後，相關兒童疏忽與虐待也對成長後之社會及人格發生影響，是故嬰兒儼然已從生物人發展成社會人。職是之故，成人在照顧嬰兒時，應注意下列輔導之原則：

1.注意提供嬰兒之聽力刺激，並加強其感官訓練。

2.正確的語言示範，尤其是出生後幾個月，嬰兒已能接受語言刺激，並從中培養媽媽話之第一國（本國）語言。

3.營造閱讀環境，利用圖畫書及親子共讀，以萌發嬰兒之讀寫概念。

4.利用親子互動及遊戲來回應嬰兒之問題，刺激其好奇心，並掌握良好（高品質）之親子互動，以建立彼此之依戀及引發學習興趣。

5.破除性別化之教養方式，尤其在遊戲互動、玩物提供，甚至房間擺設等家庭生活經驗，以及教育機構的老師（或保育員）對幼兒遊戲之介入。

6.尊重嬰兒之氣質及性格傾向，利用遊戲幫助嬰幼兒發揮自我建構功

能，以減輕焦慮，抒發個人情緒感受，透過遊戲之角色反轉，以強化嬰幼兒之自主性及自我擴展（self-expansion）。

7.提供溫暖且有一致性之教養策略，瞭解孩子之能力、需求，採高凝聚力及民主威權式之教養風格，以培養嬰幼兒有自主及健康之自我。

8.儘量讓孩子接觸各種與智力有關的刺激，圖書與遊戲是一很好的選擇，幫助孩子發展其自然天生的理解力、表達力及創造性，並促進個人玩性之發揮。

9.依戀關係雖與兒童日後社會行為有關，照顧者並不是唯一決定孩子依戀品質的唯一要素。孩子本身的氣質以及外在環境的變化亦會影響孩子的依戀關係。

10.情緒對嬰兒具有重要生存價值和社會適應意義，照顧者要敏感嬰兒的負向情緒，提供正向積極態度的社會參照以消除嬰兒的負向情緒反應，以幫助嬰兒發展正向的情緒反應。

 參考書目

一、中文部分

王靜珠（2003）。〈淺談幼兒語言行為發展〉。文化台灣網站，http://taiwandaily. com.tw/kids/index_4.htm。

何克抗（2003）。〈兒童思維發展新論和語文教育的深化改革──對皮亞傑兒童認知發展階段論的質疑〉。教育技術通訊，http://www.edu.cn/20030724/3088619_4.shtml。

李宇明（1995）。《兒童語言的發展》。武漢：華中師範大學。

柯林聽力保健中心（2005）。〈聽覺障礙學生語言教學〉（上）。《柯林文摘》，5期，http://www.hearingaid.com.tw/bullet/2001009.htm。

黃惠如（2005）。〈語言發展〉。輯自郭靜晃等著，《兒童發展與保育》。台北：國立空中大學。

游淑芬等編著（2002）。《嬰幼兒發展與保育》。台北：啓英。

雷庚玲（2001）。〈情緒及家庭中社會關係的發展〉。輯於張欣戊等著，《發展心理學》（修訂三版）。台北：國立空中大學。

雷庚玲（2001）。〈性格與自我概念發展〉。輯於張欣茂等著，《發展心理學》（修訂三版）。台北：國立空中大學。

二、英文部分

Ainsworth, M. D. S., Blehar, M. C., Waters, E., & Wall, S. (1978). *Patterns of Attachment: A Psychological Study of The Strange Situation*. Hillsdale, NJ: Erlbaum.

Baillargeon, R. (1987). Object permanence in 3 1/2 and 4 1/2-month-old infants. *Developmental Psychology, 23*, 655-664.

Baillargeon, R. & Graber, M. (1988). Evidence of location memory in 8-month-old infants in a nonsearch AB task. *Developmental Psychology, 24*, 502-511.

Barnett, L. (1991). Characterizing playfulness: Correlates with individual attributes and personal traits. *Play and Culture, 4*, 371-393.

Benson, J. B. & Uzgiris, I. C. (1985). Effect of self-initiated locomotion on infant search activity. *Developmental Psychology, 21*, 923-931.

Bertenthal, B. I. & Fischer, K. W. (1983). The development of representation in search: A social-cognitive analysis. *Child Development, 54*, 846-857.

Bowlby, J. (1958). The nature of the child's tie to his mother. *International Journal of Psychoanalysis, 39*, 1-23.

Brown, R., Cazden, C. B., & Bellugi, U. (1969). The child's grammar from Ⅰ to Ⅲ. In Hill, J. P. (Ed.), *VInnesota Symposia on Child Psychology* (Vol. 2). Minneapolis: University of Minnesota Press.

Brazelton, R. B., Koslowski, B., & Main, M. (1974). The origins of reciprocity: The early mother-infant interaction. In M. Lewis & L. A. Rosenblum (Eds.), *The Effect of the Infant on Its Caregiver* (pp. 49-76). New York: Wiley-Interscience.

Bridge, K. M. B. (1932). Emotional development in early infancy. *Child Development, 3*, 324-341.

Buss, A. H. & Plomin, R. (1975). *A Temperament Theory of Personality Development*. New York: Wiley.

Campos, J. J. & Barrett, K. C. (1984). Toward a new understanding of emotions and their development. In C. E. Izard, J. Kagan, & R. B. Zajonc (Eds.), *Emotions, Cognition and Behavior* (pp. 229-263). Cambridge: Cambridge University Press.

Campos, J. J., Campos, R. G., & Barrett, K. C. (1989). Emgergent themes in the study of emotional development and emotion regulation. *Developmental Psychology, 25*, 394-402.

Caron, A. J., Caron, R. F., & MacLean, D. J. (1988). Infant discrimination of naturalistic emotional expressions: The role of face and voice. *Child Development, 59*, 604-616.

Chazan, S. E. (1981). Development of object permanence as a correlate of dimensions of maternal care. *Developmental Psychology, 17*, 79-81.

Chomsky, N. (1972). *Language and Mind* (2nd ed.). New York: Harcourt Brace Jovanovich.

Crockenberg, S. B. & Litman, D. (1990). Autonomy as competence in 2-year-olds: Maternal correlates of child definance, compliance and self-assertion. *Developmental Psychology, 26*, 961-971.

Dansky, J. & Silverman, I. (1975). Play: A general facilitator of associative fluency. *Developmental Psychology, 11*, 104.

DeCasper, A. & Fifer, W. (1980). Of human bonding: Newborns prefer their mothers' voices. *Science, 208*, 1174-1176.

DeCasper, A. J., & Spence, M. J. (1986). Prenatal maternal speech influences newborns' perception of speech sounds. *Infant Behavior and Development, 9*, 133-150.

Donovan, W. A., Leavitt, L. A., & Balling, J. D. (1978). Maternal physiological response to infant signals. *Psychophysiology, 15*, 68-74.

Dodge, K. A. (1989). Coordinating responses to aversive stimuli: Introduction to a special section on the development of emotion regulation. *Developmental Psychology, 25*, 339-342.

Eimas, P., Sigueland, E., Jusczyk, P., & Vigorito, J. (1971). Speech perception in infants. *Science, 171*, 303-306.

Eimas, P. (1985). The perception of speech in early infancy. *Science American, 252* (1), 46-52.

Fischer, K. W. & Silvern, L. (1985). Stages and individual differences in cognitive development. *Annual Review of Psychology, 36*, 613-648.

Fox, N. A. & Davidson, R. J. (Eds.) (1984). *The Psychobiology of Affective Development*. Hillsdale, NJ: Lawrence Erlbaum.

Gaensbauer, T. J., & Hiatt, S. (1984). Facial communication of emotion in early infancy. In N. A. Fox & R. J. Davidson (Eds.), *The Psychobiology of Affective Development* (pp. 207-230). Hillsdale, NJ: Lawrence Erlbaum.

Gopnik, A., & Meltzoff, A. (1987). The development of categorization in the second year and its relation to other cognitive and linguistic developments. *Child Development, 58*, 1523-1531.

Harris, P. (1975). Development of search and object permanence during infancy. *Psychological Bulletin, 82*, 332-334.

Hayne, H., Rovee-Collier, C., & Perris, E. E. (1987). Categorization and memory retrieval by three-month-olds. *Child Development, 58*, 750-767.

Hoff-Ginsberg, E. & Shatz, M. (1982). Linguistic input and the child's acquisition of language. *Psychological Bulletin, 92* (1), 3-26.

Hornik, R. & Gunnar, M. R. (1988). A descriptive analysis of infant social referencing. *Child Development, 59*, 626-634.

Hornik, R. Risenhoover, N., & Gunnar, M. (1987). The effects of maternal positive, neutral, and negative affective communications on infant responses to new toys. *Child Development, 58*, 937-944.

Huttenlocher, J. (1974). The origins of language comprehension. In R. L. Solso (Ed.), *Theories in Cognitive Psychology*. Potomac, MD: Erlbaum.

Hutt, C. (1966). Exploration and play in children. *Symposia of the Zoological Society of London, 18*, 61-81.

Hutt, C. & Bhavnani, R. (1972). Predictions from play. In J. S. Bruner, A. Jolly, & K. Sylvia (Eds.), *Play*. New York: Penguin.

Hyson, M. C. & Izard, C. E. (1985). Continuities and changes in emotion expressions during brief separation at 13 and 18 months. *Developmental Psychology, 21*, 1165-1170.

Izard, C. E. (1977). *Human Emotions*. New York: Plenum.

Izard, C. E. (1982). *Measuring Emotions in Infants and Children*. Cambridge, England: Cambridge University Press.

Izard, C. E., Huebner, R. R., Resser, D., McGinnes. G. C., & Dougherty, L. M. (1980). The young infants ability to produce discrete emotional expressions. *Developmental Psychology, 16* (2), 132-140.

Izard, C. E., Hembree, E., Dougherty, L., & Spizzirl, C. (1983). Changes in two-to-nineteen-month-old infants' facial expression following acute pain. *Developmental Psychology, 19*, 418-426.

Keil, P. F. (1975). The development of the young child's ability to anticipate the outcome of simple causal events. Paper presented at the meeting of the Society for Research in Child Development, Denver.

Kermoian, R. & Campos, J. J. (1988). Locomotor experience: A facilitator of spatial cognitive development. *Child Development, 59*, 908-917.

Klinnert, M. D., Emde, R. N., Butterfield, P., & Campos, J. J. (1986). Social referencing: The infant's use of emotional signals from a friendly adult with mother present. *Developmental Psychology, 22*, 427-432.

Kopp, C. B. (1989). Regulation of distress and negative emotions: A developmental view. *Developmental Psychology, 24*, 343-354.

Kuhl, P. K. (1987). Perception of speech and sound in early infancy. In P. Salapatek & L. Cohen (Eds.), *Handbook of Infant Perception* (Vol.1). Orlando, Fla.: Academic Press.

Lewis, M. (1998). Emotional competence and development. In D. Puskkar, W. Bukowski, A. E. Schwartzman, D. M. Stack, & D. R. White (Eds.), *Improving Competence Across the Lifespan* (pp. 27-36). New York: Plenum.

Lieberman, J. (1977). *Playfulness: Its Relationship to Imagination and Creativity*. New York: Academic Press.

Ludemann, P. M. & Nelson, C. A. (1988). Categorical representation of facial expressions by 7-month-old infants. *Developmental Psychology, 24*, 492-501.

MacTurk, R. H., McCarthy, M. E., Vietze, P. M., & Yarrow, L. J. (1987). Sequential analysis of mastery behavior in 6- and 12-month-old infants. *Developmental Psychology, 23*, 199-203.

MacLean, D. J. & Schuler, M. (1989). Conceptual development in infancy: The understanding of containment. *Child Development, 60*, 1126-1137.

Maccoby, E. E. & Martin, J. A. (1983). Socialization in the context of the family. In E. M. Hetherington (Ed.), *Handbook of Child Psychology: Socialization Personality and Social Development* (Vol. 4). New York: Wiley.

Main, M. & Hesse, E. (1990). The insecure disorganized disoriented attachment pattern in infancy: Precursors and sequelae. In M. Greenberg, D. Cicchetti, & E. M. Cummings (Eds), *Attachment During the Preschool Years: Theory, Research And Interventic*. Chicago, IL: University of Chicago Press.

Malatesta, C. A. & Izard, C. E. (1984). The ontogenesis of human social signals: From biological imperative to symbol utilization. In A. A. Fox & R. J. Davidson (Eds.), *The Psychobiology of Affective Development* (pp. 161-206). Hillsdale, N. J.: Erlbaum.

Mandler, J. (1990). A new perspective on cognitive development in infancy. *American Scientist, 28*, 236-243.

Meltzoff, A. N. (1988). Infant imitation and memory: Nine-month-olds in immediate and deferred tests. *Child Development, 59*, 217, 225.

Miyake, K. Campos, J., Kagan, J., & Bradshaw, D. (1986). Issues in socioemotional

development in Japan. In H. Azuma, I. Hakuta. & H. Stevonson (Eds.), *Kodomo: Child Development and Education in Japan* (pp. 239-261). New York: W. H. Freeman.

Oviatt, S. L. (1980). The emerging ability to comprehend language: An experimental approach. *Child Development, 51*, 97-106.

Palmer, C. F. (1989). The discriminating nature of infants' exploratory actions. *Developmental Psychology, 25*, 885-893.

Piaget, J. & Inhelder, B. (1966 / 1969). *The Psychology of the Child*. New York : Basic Books.

Piaget, J. (1970). Piaget's theory. In P. H. Mussen (Ed.), *Carmichael's Manual of Child Psychology* (3rd ed.). New York : Wiley.

Ramsay, D. S. & Campos, J. J. (1978). The onset of representation and entry into stage six of object permanence development. *Developmental Psychology, 14*, 79-86.

Rochat, P. (1989). Object manipulation and exploration in 2 to 5 months-old infants. *Developmental Psychology, 25*, 871-884.

Rovee, C. K. & Rovee, D. T. (1969). Conjugate reinforcement of infant exploratory behavior. *Journal of Experimental Child Psychology, 8*, 33-39.

Radke-Yarrow, M. & Zahn-Waxler, C. (1984). Roots, motives and patterns in children's prosocial behavior. In E. Stanb, D. Bartal, J. Karlowski, & J. Keykowski (Eds.), *The Development and Maintenance of Prosocial Behavior*. New York: Plenum.

Sera, M. D., Troyer, D., & Smith, L. B. (1988). What do two-year-olds know about the sizes of things? *Child Development, 59*, 1489-1496.

Singer, J. L. (1961). Imagination and waiting ability in young children. *Journal of Personality, 29*, 396-413.

Sophian, C. & Yengo, L. (1985). Infants' understanding of visible displacements. *Developmental Psychology, 21*, 932-941.

Spelke, E. S., von Hofsten, C., & Kestenbaum, R. (1989). Object perception in infancy: Interaction of spatial and kinetic information for object boundaries. *Developmental Psychology, 25*, 185-186.

Sroufe, L. A. (1979). Socioemotional development. In J. D. Osofsky (Ed.), *Handbook*

of Infant Development (pp. 462-516). New York: Wiley.

Sroufe, L. A. (1979). *Emotional Development*. Cambridge, England: Cambridge University Press.

Terman, L. M. (1947). Psychological approaches to the study of genius. *Eugenics, 4*, 3-20.

Thomas, A. Chess, S., & Birch, H. G. (1970). The origin of personality. *Scientific American, 223* (2), 102-109.

Thomas, A. & Chess, S. (1977). *Temperament and Development*. New York: Brunner/Mazel.

Trevarthen, C. (1989). Origins and directions for the concept of infant intersubjectivity. *Newsletter of the Society for Research in Child Development*, Autumn, 1-4.

Tronick, E. Z., Als, H., & Brazelton, R. B. (1979). Early development of neonatal and infant behavior. In F. Falkner & J. M. Tanner (Eds.), *Human Growth, Vol. 3*, Nevrobiology and nutrition (pp. 305-328). New York: Plenum.

Tronick, E. Z. (1989). Emotions and emotional communication in infants. *American Psychologist, 44*, 112-119.

Trotter, R. J. (1983, Aug). Baby face. *Psychology Today, 17* (8), 14-20.

Truhon, S. A. (1982). Playfulness, play and creativity: A path-analytic model. *Journal of Genetic Psychology, 143* (1), 19-28.

Uzgiris, I. C. & Hunt, J. M. V. (1975). *Assessment in Infancy: Ordinal Scales of Psychological Development*. Urbana: University of Illinois Press.

Watson, J. B. (1919). *Psychology from the Standpoint of a Behaviorist*. Philadelphia, PA: Lippincott.

Walden, T. A. & Ogan, T. A. (1988). The development of social referencing. *Child Development, 59*, 1230-1240.

Walker-Andrews, A. S. (1986). Intermodal perception of expressive behaviors: Relation of eye and voice? *Developmental Psychology, 22*, 373-377.

Wellman, H. M., Cross, D., & Bartsch, K. (1986). Infant search and object permanence: A meta-analysis of the A-not-B error. *Monographs of the Society for Research in Child Development, 51* (3, serial no. 214 whole).

Wolff, P. H. (1966). Causes, controls, and organization of behavior in the neonate.

Psychological Issues, 5 (1, whole no. 17).

Yarrow, L. J., McQuiston, S., MacTurk, R. H., McCarthy, M. E., Klein, R. P., & Vietze, P. M. (1983). The assessment of mastery motivation during the first year of life. *Developmental Psychology, 19*, 159-171.

Younger, B. & Gotlieb, S. (1988). Development of categorization skills: Changes in the nature or structure of infant form categories? *Developmental Psychology, 24*, 611-619.

chapter 6

嬰幼兒的身體與動作發展及輔導

　　自一歲半之後，個體進入嬰幼兒期（約在二至四歲），其身體的發展速度變得較緩慢，每年平均體重增加一點八至二點七公斤（四至六磅），於兩歲半，其體重約為出生時的四倍。身體增長的部分主要在於腳部，一般而言，兩歲時身高約為成年時的一半。在嬰幼兒期，身高和體重的成長曲線是呈階梯形，而非斜直線形的成長。當嬰兒學會走路，邁出第一步時，即進入嬰幼兒期（toddlerhood）；而「可怕兩歲期」（terrible twos）一詞常被用於形容十二至三十六個月年齡層的嬰幼兒期兒童，在這階段幼兒學會走路，學習說話，吃固體食物，甚至能控制大小便。此外，嬰幼兒期或稱學步期的主要特徵是忙碌的活動——不斷地說話、運動、幻想和心裡總是盤算著事物。其身體活動更具活力、持久性及複雜性。藉由氣質、脾氣、違拗及固執等發展特質，嬰幼兒期兒童積極地探索外在環境，企圖發現其外在事物是如何地運作與發生，並試著想去控制它們，人類基本行為的雛形，幾乎都是在這個階段建立的，雖然嬰幼兒期是一個很短的階段，但對整個人生的影響卻是很深遠的。

　　本章將針對二至四歲幼兒的身體發展、動作發展、影響身體與動作發展之因素及有關此階段身體與動作發展之輔導，做一探討。

第一節　嬰幼兒期的身體發展

一、體重

　　和嬰兒期比較起來，嬰幼兒期兒童的成長速度變得較緩慢，平均體重每年增加一點八至二點七公斤（四至六磅），兩歲的平均體重為十二公斤（二十七磅），於兩歲半時，其體重約為出生體重的四倍。

二、身高

　　嬰幼兒期兒童的身體增加變慢，主要為腿部的增長。兩歲的平均身高為八十六至八十八公分。一般而言，兩歲時身高的兩倍約為其成年時的身高。在嬰幼兒期，兒童的身高和體重的成長曲線應成階梯線性，而非斜直線性，此乃符合幼兒期的成長突刺（growth spurts）特性（陳月枝等譯，2002）。

三、頭部

　　嬰兒期末期開始，頭圍的增加速率呈現趨緩情形，在一至二歲時，頭圍約相當於胸圍。通常於出生後的第二年，頭圍增加二點五公分（一英寸），直到五歲前，頭圍的成長速度減緩，每年不超過一點二五公分（半英寸）。前囟門於十二至十八個月關閉。

四、胸部

　　於嬰幼兒期，胸圍的持續成長且大於頭圍，其形狀也有所改變，左右徑會大於前後徑。兩歲以後，當胸圍大於腹圍時，以及下肢的成長，嬰幼兒期兒童的外觀會變得較修長。然而，由於他們腹肌發育較少，且雙腿較短，使他們的體型仍處於腹突矮胖樣（張媚等，2004）。

　　自三歲過後，孩子圓滾滾的小肚子（chubby belly）會平坦下來，身軀變長，手腳也變長。頭部比例還是相當大（可參考第四章**圖4-1**），但是身體的其餘部分已逐漸趕上，而且他們的身體比例也慢慢趨向（穩定地）成人的形狀。他們繼續長高、長壯，如**表6-1**所示。其他如神經和肌肉系統也逐漸成熟，骨骼成長，軟骨以更快的速度轉成堅硬的骨頭。此時，營養對身體的成長、體型和骨骼的長成也有很大的影響，而營養不良的孩子容易造成骨骼發展遲滯，而且頭圍也較小（Scrimshaw, 1976）。此時，所有乳牙都已長好，並能咀嚼任何東西。牙齒仍持續成長中，有時孩

表6-1　三至四歲的身體成長

年齡	身高（英寸，公分）		體重（磅，公斤）	
	男孩	女孩	男孩	女孩
3	38（96.5）	37.75（95.9）	32.25（14.6）	31.75（14.4）
$3\frac{1}{2}$	39.25（99.7）	39.25（99.7）	34.25（15.5）	34（15.4）
4	40.75（103.5）	40.5（102.3）	36.5（16.6）	36.25（16.4）
$4\frac{1}{2}$	42（106.7）	42（106.7）	38.5（17.5）	38.5（17.5）

資料來源：張媚等（2004）。

子有吸吮手指的習慣，專家常會勸告父母置之不理，或安裝牙齒矯正裝置來戒除孩子吸吮手指的習慣。

五、腦部及神經系統

此段時期幼兒腦部持續不斷地成長，新生兒腦的重量為成人的25%，二至三歲時幼兒腦的重量已達成人的75%，四歲時腦重量為成人的80%，六歲時腦的重量已達到成人的90%。幼兒期因腦部的成熟，促其體溫調節中樞功能也更趨成熟，因此幼兒體溫變化較為穩定，較不易發燒。

通常滿兩歲後，幼兒主要的動作神經已達完全髓鞘化，因此幼兒的下肢能執行精細動作，使幼兒除了走、跑、跳之外，也能夠開始接受大、小便的訓練。

六、骨骼肌肉系統

嬰幼兒期的骨骼系統正處於骨化的旺盛時期，此時期的特色是骨骼中含大量的膠質，但礦物質則較為缺乏，因此容易因外傷而變形，父母應避免讓幼兒做不恰當的學步活動。另外，此階段肌肉的生長較骨骼快速，特別是大肌肉的發展，故可安排做全身性的活動（如幼兒體操、體能活動等），使幼兒能充分運用大肌肉並促進大肌肉的發展。

七、循環系統

嬰幼兒期心尖位置是位於左鎖骨中線與第四肋間交點之上或稍內側。此時期心跳速率平均為每分鐘一百至一百一十次；血壓部分隨著年齡的成長而增加，收縮壓（systolic blood pressure）為九十至九十五毫米汞柱，舒張壓（diastolic blood pressure）為六十至六十五毫米汞柱。

八、呼吸系統

此時期因肋骨仍處於較水平的姿勢，因此主要是以橫膈呼吸（腹式呼吸）為主。因年齡的成長，幼兒肺部結構的擴展及肺泡數目的增多，使得肺容積及氧合能力也因此而增加，呼吸速率則減少為每分鐘二十至三十次。

第二節　嬰幼兒期的動作發展

一、動作能力之發展

動作能力的發展，須以身體成熟為依據，大致而言，嬰幼兒期的動作發展是由未分化的全身動作，而後逐漸分化至局部性的特殊性動作。嬰幼兒動作發展能力會因個別性差異的影響而產生遲、早、快、慢不同的發展情形。此時期動作能力的獲得，有助於小孩的獨立與自主，並且能幫助孩童擴大社會接觸面，有助於兒童人格的發展。

嬰幼兒粗大動作的發展狀況顯示腦神經與肢體動作的協調性，隨著身體與大腦功能的成熟，嬰幼兒漸漸地可以覺察自己的身體，擁有正確的身體意象；且能控制自己身體的動作及協調性（陳淑琦，1998）。當孩子能在同伴面前跳得高、跑得快，則不僅表示他身體健康，同時也可強化幼

兒的自我概念，並且有助於孩子與同儕間的互動。

而精細動作也可說是小肌肉的動作發展，主要係指知覺與動作協調而成的技巧；這些技巧是以視覺和手部的協調動作居多，又稱為操作性技巧。**表6-2**及**表6-3**僅就一般的發展狀況做一整理。

二至三歲之間，動作仍繼續發展。例如大肌肉動作發展及使用大型玩物（如積木）的活動能力，及小肌肉動作發展和手眼協調的小肌肉活動（如拼圖、插樁板、樂高等）。此時，孩子可以走得很好，跑步，上下樓梯也不用幫忙，兩手可同時握不同東西，例如一手拿杯子喝水，另一手拿餅乾。所有的動作都需要身體的發展、經驗及練習機會相配合。在玩玩具，和人一起玩或玩表徵遊戲中，嬰兒的動作遊戲漸漸發展完成。

三至四歲的學前期在動作（身體）上的技巧和動作遊戲方面，也有很大的進展。幼兒不但可以走得很好、跑得很好，可以確信地，他們也有很好的平衡感，可用腳尖走路，也可以單腳站立。他們非常喜歡騎三輪

表6-2　嬰幼兒期的動作發展

動作年齡	粗大動作	精細動作
兩歲	1.會自己上、下樓梯，但仍是雙腳在同一階，再上或下第二階。 2.會向前踢球。 3.會自己由椅子上爬下來。 4.開始會跑。 5.雙腳離地跳躍。	1.重疊兩塊積木。 2.會一頁一頁的翻圖畫書。 3.會將杯子的水倒到另一個杯子。 4.會開門，轉門鎖。
三歲	1.會踩三輪車。 2.跑得很好。 3.雙腳交替上樓梯。 4.大幅度的跳躍。	1.舉手過肩的投擲動作。 2.模仿畫直線、平行線或交叉線。 3.自己刷牙、洗臉。 4.把東西放入窄頸瓶裡。
四歲	1.能跳過障礙物。 2.雙腳交替下樓梯。 3.單腳跳躍。 4.平穩地持球。	1.會使用剪刀。 2.像大人般拿筆拿得很好。 3.會扣釦子、穿襪子。

資料來源：Bredekamp, S. & Copple, C. (1997).

表6-3　三至四歲幼兒的身體動作發展進程

身體發展	動作發展
平均大小：14.4公斤（32磅）重，96.5公分（38英寸）長。 睡覺：每天需十二個小時。 視力：有些許的遠視，能輕易看到遠方。	・三歲：騎三輪車，能用腳尖走路，希望使用雙腳，跑步，一步一步地上下樓梯，扣鈕釦及解鈕釦，將水從水壺中倒出，能堆九個積木，並用三個積木做橋，嘗試一些基本形狀（三角形、圓形和方形），抓球，手臂伸直。 ・三歲半：使用基本的形狀，塗鴉變得更有形，如圖中有圖等。 ・四歲：可用一隻腳平衡五秒鐘，能用腳跟向前走，向下丟球，自己穿衣服、抓小球，走路時手肘在前，在三輪腳踏車上表演特技，減慢步伐，交互雙腳，習慣用手做事。

資料來源：Kathryn Jane Skelton著，郭靜晃、范書菁、蔡嘉珊譯（2001）。

車。此時，他們爬樓梯時，常是用單腳（左腳或右腳）上下，而不是兩腳輪流交替使用。

二、嬰幼兒基本動作技能之發展

學者D. L. Gallahue及H. G. Williams主張：轉位（locomotor）、操控經驗（manipulative experience）以及平衡移動（stability movement）這三項能力是其他動作技能發展的基礎（游淑芬等，2004）。

1.轉位動作的發展。轉位之發展透過了循序漸進的發展歷程，包括走路、跑步、跳躍、單腳跳、奔馳、雙腳交互跳躍前進等，其發展歷程與各動作的開始年齡請見表6-4。

2.操控經驗的發展。包括拿取、抓握、放置、丟擲、打擊、踢等動作，其發展歷程請見表6-5。

表6-4 轉位動作的發展里程碑

轉位形態	發展過程與特色	發展之年齡
走路 （walking）	1.無扶持之下行走	13個月
	2.向前走	16個月
	3.倒退走	17個月
	4.幫助下上樓梯	20個月
	5.自行上樓梯	24個月
	6.自行下樓梯	25個月
跑步 （runing）	1.快速走（腳底仍碰地）	18個月
	2.真正跑步（腳底離地）	2～3歲
	3.有效能的跑步	4～5歲
	4.加速地跑步	5歲
跳躍 （jumping）	1.從低位的地方走下	18個月
	2.從兩英尺的高度跳下	2歲
	3.從兩個樓梯階梯跳下	28個月
	4.從三英尺的高度跳下	5歲
	5.由一公尺之高處跳下	5歲
單腳跳躍 （hopping）	1.從自己喜歡的高處跳下三次	3歲
	2.從自己喜歡的高處跳下四至六次	4歲
	3.相同之高度跳下八至十次	5歲
	4.節律性地單腳跳	6歲
奔馳 （galloping）	1.不規律的節奏移動	3歲
	2.基本但無效性的奔跑，已有50%左右的兒童具備此能力，身體微微向前傾斜	4歲
	3.有技巧性的奔跑	6歲
雙腳交互跳躍前進 （skipping）	1.單腳跳躍前進，並無節奏且看著地上	4歲
	2.移動迅速且無節奏	4～5歲
	3.身體可以停滯在空中一小段時間，已有20%左右的兒童具備此技能	5歲
	4.有節奏地順利移動，肘關節彎曲協助身體之移動，大多數兒童已具備	6～7歲

資料來源：Gallahue (1976).

表6-5　操控經驗的發展里程碑

操控形態	發展過程與特色	發展之年齡
拿取、抓握、放置	1.原始的拿取行為	2～4個月
	2.捕捉物件	2～4個月
	3.以手掌抓取物件	2～4個月
丟擲（throwing）	1.面對目標穩定地站立，丟球時僅用前臂	2～3歲
	2.面對目標穩定地站立，丟球時除用前臂之外也用到全身的身體力量	3.5～5歲
	3.丟球時會站向丟擲手臂的那一側	5～6歲
	4.丟得更加純熟	6.5歲
	5.男生較女生丟得好	6歲以上
捕抓（catching）	1.只能追球；對於丟在半空中的球沒反應	2歲
	2.無法及時伸出手臂接空中丟來的球，總是慢半拍	2～3歲
	3.須被指導如何運用手臂	2～3歲
	4.看到球會閃躲（轉頭或跑開）	3～4歲
	5.使用整個身體接球	4歲
	6.對於小球使用手臂接球	5歲
踢（kicking）	1.向球的相反方向移動，無法正確踢到球	18個月
	2.踢球時用到腳及一些身體的力量	2～3歲
	3.會將腳向後拉高，以增加踢球的力量	3～4歲
	4.腳向後拉得更高了，且藉由手腳的擺盪增加踢球力量	4～5歲
	5.踢得更加純熟	5～6歲
碰撞、打擊（striking）	1.面對物件手臂在垂直位置擺動	2～3歲
	2.手臂水平擺動且站在物件旁邊	4～5歲
	3.藉由扭轉軀幹與臀部使身體之重量向前轉移	5歲
	4.成熟的水平形態	6～7歲

資料來源：Gallahue (1976).

3.平衡移動的發展。包括：(1)動態平衡（dynamic balance）：係指移動時步態的平衡；(2)體態平衡（static balance）：指步態停止或站立時身體的平衡；(3)身體中軸平衡（axial balance）時的身體平衡，其發展歷程請見**表6-6**。

表6-6　平衡移動的發展里程碑

平衡移動	發展過程與特色	發展之年齡
動態平衡	1.走在一英寸寬的直線上	3歲
	2.走在一英寸寬的圓圈上	4歲
	3.站在較低的平衡木上	2歲
	4.在四英寸寬的平衡木上做短距離行走 　（未交錯腳步前行）	3歲
	5.在四英寸寬的平衡木上做短距離行走 　（左右腳交錯向前行）	3～4歲
	6.走在二至三英寸寬的平衡木上	4歲
	7.執行基本的身體前滾翻	2歲
	8.執行熟練的身體前滾翻	6～7歲
體態平衡	1.扶持之下可以站立	10個月
	2.無扶持之下站立	11個月
	3.獨立站立	12個月
	4.單腳平穩站立三至五秒鐘	5歲
	5.維持身體在倒立的姿勢	6歲
身體中軸平衡	身體中軸的平衡開始於新生兒時期，動作純熟之後再執行丟、抓、踢或打擊等其他活動時，均能保持身體平衡	2個月～6歲

資料來源：Gallahue (1976).

　　學步兒童最重要的一個動作技能是從除掉尿布之後的行走（walking），幫助他們從醜小鴨轉變為天鵝，而當行走成為一項較滿意的運動形式後，新的技能如奔跑（running）和跳躍（jumping）又隨之而來，並增加成為他們的運動能力。到四歲時，幼兒可以從樓梯、桌子、走廊欄杆或梯子上跳下來，他們已開始想像飛行像什麼樣子。跳躍是他們接近飛行的活動形式，也可幫助他們想像是一隻鳥或一架飛機。Clark、Philips和Peterson（1989）指出，在整個童年期以及進入成年期後，跳躍模式中潛在的結構一直保持著穩定，這也幫助個體從探索跳躍行為中獲得愉悅及掌握感。

　　在整個學步期中，兒童的奔跑能力變得更加精緻，最初，他們只是為跑而跑，經過不斷地練習此種技能，在學步期的後期，他們發現在追逐

遊戲中，奔跑技能是有用的。除此之外，學步兒童常廣泛地接觸其他運動形式，例如游泳、溜冰、溜直排輪、跳舞等，他們似乎急於用不同方式來運用身體，而且學習能力很強也很快（Ridenour, 1978）。在現代化社會中，學步兒童最常使用也具特殊意義的是騎三輪車，因為三輪車有速度、可倒退、可轉換方向，還有喇叭，所以它可以帶給兒童許多歡樂，而且兒童也透過此種行為與成人認同。之後，幼兒也很迅速、輕易地將三輪車與自行車及汽車聯結，將其身體愉快、危險和獨立所帶來的刺激，以及機械化交通之社會意義相結合，以產生心理之意義。因此，這兩年所獲得的運動模式及能力，除了增加不同種類之動作技巧，更重要的是透過行為之精緻化，以帶來肌肉運動與控制的愉悅來證實他們的能力及自我感。

第三節　影響嬰幼兒期身體與動作發展之因素

　　嬰幼兒期的兒童身體成長已比嬰兒期緩慢，但仍持續增加，男女孩之間並無顯著差異。影響嬰幼兒動作發展因素是生理成熟，研究業已證實無論文化、教育、社會經濟條件因素為何，幼兒基本上獲得動作發展的順序是相同的，但是環境對動作能力的發展著實也有一些影響作用，而造成個人動作發展能力的個別差異。肌肉、神經和骨髓系統繼續成熟，所有乳牙均已長出。此外，動作發展的進步更為迅速、在大小肌肉和手眼協調上都有進展。影響此期兒童身體與動作發展之因素，除了遺傳與成熟因子之外，還有營養、貧窮和其他家庭壓力等。此外，意外事故更是造成兒童死亡主因之一。

一、貧窮

　　貧窮是造成健康與身體發育問題的主因之一，而且貧窮也容易造成家庭對孩子的疏忽與虐待事件，這也是兒童福利實務工作者最為關心的對

象。貧窮的家庭生活在不夠寬敞、擁擠、不衛生的居家環境中，缺乏足夠的食物和醫藥資源，因此帶來孩子後天之不足。而貧窮的問題在孩子出生之前就已存在了，貧窮母親營養攝取不足，而且無法獲得適當的產前照顧，因此容易出現早產、出生體重不足，嬰兒猝死症也較多。

二、營養

營養不良造成生理功能減弱，而飲食適當則可治療生理、心理及行為上的障礙。即使是北美地區，高度工業化的國家，貧窮仍然存在，長期的營養不良導致嬰幼兒致死，或身體及動作發展遲緩。

三、家庭環境

家庭是一複雜的系統，其對個人的成長似水一般，能載舟亦能覆舟，換言之，家庭對個人的成長是助力，亦是阻力。晚近學者皆主張家庭應從系統模式來做解釋，而且採取相互影響（mutual influence），假如父母的行為特質影響孩子的行為表現，而同樣地，孩子的行為特質也影響父母對待他們的方式（Belsky, 1981; Ambert, 1992）。舉例來說，父母如過度嚴峻要求孩子的動作表現，而造成孩子的壓力與緊張，使得孩子不敢或不願嘗試新的行為，如廁訓練亦是；而學走路的孩子如不遵守父母親的指示，也容易造成父母親強制孩子學好走路，而形成親子之間的緊張，甚至導致孩子更加叛逆（Crockenberg & Litman, 1990）。而這之間父母的另一方加入，如沒有支持協助，會引發另一方批評一方不願管教孩子，而造成夫妻之間的衝突。現代的台灣社會，單親家庭日益增加，隔代教養家庭的比例也上升，加上外籍配偶家庭的比率也不少，帶來新一代兒童可能需要父母之外的協助，如祖父母、保母、親戚等來照顧孩子，這種代理父母（surrogate parents）照顧幼兒也儼然成為一種趨勢（Pearson, Hunter, Ensminger, & Kellam, 1990; Wilson, 1989）。而這類家庭之家庭脈絡是否健全，以及教養孩子之管教風格是否一致，將會影響兒童之發展。

四、遊戲之刺激

　　嬰幼兒隨著生理的成熟，逐漸對事物產生好奇、興趣，而動作發展的成熟也促使其自主行為。此外，隨著年齡的成長，嬰幼兒逐漸發展的動作技巧也促使他們與同儕相處，並增加社會技巧，而中間的媒介就是遊戲。嬰幼兒時期的專精遊戲（master play）更引領他們學習新的動作技巧，例如溜滑梯、跳繩及跳躍、翻筋斗等（Berger, 1986）。即使是簡單的動作也能令他們驚奇，透過遊戲，嬰幼兒因而習得環境的技巧。所以說來，遊戲本身實有寓教於樂的功能，幼兒即透過遊戲而潛移默化於生活，更能促進個體之生理成長及動作成熟。

五、成熟

　　生理成熟是孩子動作發展的基石。Gesell的同卵雙胞胎爬梯研究的結論是不成熟就無從產生學習，而學習對成熟是一種促進作用。故成人對幼兒的動作訓練一定要建基於孩子的生理成熟，否則會產生揠苗助長的情形，甚至造成孩子的心理影響。

第四節　嬰幼兒身體與動作發展之輔導

一、身體發展的輔導

　　嬰幼兒體格（包括身高與體重）除了受先天遺傳因素之影響外，也受個體之情緒、生長激素、營養、生長環境、社經地位以及運動等後天條件之影響（陳淑琦，1998），故在嬰幼兒身體發展輔導上應注意：

　　1.充足嬰幼兒之營養。營養過剩造成肥胖兒，而營養不良可能導致動

作發展、行為問題及學習能力低落。

2. 注意均衡飲食。嬰幼兒大都每日應攝取一千至一千七百大卡（一歲約在一千至一千二百大卡之間；四歲男孩在一千四百至一千七百之間，女生在一千三百至一千五百之間），三十公克的蛋白質。三餐應以五穀類為主食，儘量選用高纖維的食物，及鈣質豐富的食物，烹調以少油、少鹽、少糖為原則，口渴應喝開水或牛奶為佳，儘量少給嬰幼兒多醣類之飲料。

3. 瞭解孩子的食慾，勿以食物為處罰或獎賞之工具。成人除了不要讓幼兒養成偏食之習慣，也要尊重孩子的胃口狀態，讓孩子對自己的食慾能有清楚的感受及表達，勿用食物為行為之獎懲工具。

4. 少看電視，養成運動的習慣。提供遊戲的機會以減少孩子因無聊而看電視，也切勿以電視為保母，並利用身教，透過家庭休閒活動的培養，將運動成為習慣，並形成家中快樂的源泉。營養與運動也可增加幼兒身體的免疫力，增加對疾病之預防。

5. 預防事故傷害。由於嬰幼兒仍處於半自主時期，加上行動能力的逐漸增強，常常因不經意之探索行為，缺乏危機意識，導致事故發生。因此，除了對環境的嚴格檢查，落實危機意識，及加強溝通、示範，以確保幼兒有安全的能力。

二、動作發展的輔導

動作發展包括有粗大動作及精細動作之能力，其除了與年齡增長之機體成熟度有關之外，Schmidt（1975）還強調，此能力之發展及學習與認知能力有關。故在嬰幼兒動作發展輔導上應注意：

1. 瞭解嬰幼兒之發展能力與需求。要多瞭解嬰幼兒平常的表現，並要迎合其能力所及之範圍來要求幼兒的表現，切勿以成人的觀點或依刻板化（如性別、體格）來判斷嬰幼兒的行為。

2. 儘量提供新鮮、新奇的玩物及其有興趣的活動來誘發其行為。基本

上，嬰幼兒對新鮮、新奇的事物著迷，尤其好動，其對跳、跑、丟球、鞦韆、騎三輪車等戶外遊具或對攀爬架皆很感興趣。

3. 在安全允許下，多讓嬰幼兒探索與遊戲。對幼兒熟悉的環境或物體，多儘量鼓勵嬰幼兒去體驗及探索。在安全範圍下，再增加一些不尋常或超越其能力的要求。除此之外，也可以安排一些玩伴，視為其動作發展的鷹架，並增進社會互動及學習樂趣。

4. 慎選安全的遊戲場及遊具。提供好奇、刺激及能激發不同遊戲形態（如動作、社會及語言遊戲）之遊戲場及安全功能之遊具，來滿足嬰幼兒之生理需求及遊戲樂趣。

5. 提供身教，示範正確動作。正確的示範是嬰幼兒學習動作技巧的重要關鍵，並確定讓嬰幼兒自己多練習，千萬不要一切由成人代為執行。

6. 多鼓勵，少用責罵的方式來增加學習樂趣。從行為主義之觀點，鼓勵、獎賞（y理論）比責罵及處罰（x理論）可多增強行為的功用。多強調孩子的成熟（如長大了）、多鼓勵（如你好棒），也可增加嬰幼兒嘗試的興趣，並能增加他們掌控外在環境，以強化其生活自理的技巧。

7. 少用比較方式，尊重幼兒學習能力之個別差異。掌握幼兒動作發展之順序，並瞭解個體之個別差異，在任何安全之考量下，對不同年齡及不同特性之嬰幼兒，應有適合他們的考量。

8. 應用同儕當作學習鷹架。幼兒逐漸擴大生活圈並從家庭走向托育機構，儘量利用同儕互動機會及資源，帶動幼兒模仿及學習動機，以促進幼兒動作發展的精熟。

參考書目

一、中文部分

Kathryn Jane Skelton著，郭靜晃、范書菁、蔡嘉珊譯（2001）。《教保概論：教保專業人員培育指引》。台北：洪葉。

行政院內政部兒童局（2000）。《台閩地區兒童生活狀況調查》。台北：行政院內政部兒童局。

行政院衛生署（2002）。〈國人膳食營養素參考攝取量〉。台北：行政院衛生署。

行政院衛生署（2005）。〈幼兒期每日飲食建議表〉。台北：行政院衛生署。

張媚等（2004）。《人類發展之概念與實務》。台北：華杏。

陳淑琦（1998）。〈幼兒身體動作發展與保育〉。輯於郭靜晃等著，《兒童發展與保育》。台北：國立空中大學。

陳月枝等譯（2002）。《小兒科護理學》（上冊）。台北：華杏。

游淑芬 等（2004）。《嬰幼兒發展與保育》。台北：群英。

張欣戊、徐嘉宏、程小危、雷庚玲、郭靜晃（1998）。《發展心理學》。台北：國立空中大學。

二、英文部分

Ambert, A. (1992). *The Effect of Children on Parents*. New York: Haworth.

Belsky, J. (1981). Early human experience: A family perspective. *Developmental Psychology, 3*(23), 17.

Berger, K. S. (1986). *The Developing Person Through Childhood and Adolescence* (2nd ed.). New York: Worth.

Bredekamp, S. & Copple, C. (1997). *Developmentally Appropriate Practice in Early Childhood Programs*. Washington DC: NAEYC.

Crockenberg, S. & Litman, C. (1990). Autonomy as competence in 2-year-olds: Maternal correlates of child defiance, compliance, and self-assertion. *Developmental Psychology, 26*, 961-971.

Clark, J. E., Philips, S. J., & Peterson, R. (1989). Developmental stability in jumping. *Developmental Psychology, 25*, 929-935.

Gallahue, D. L. (1976). *Motor Development and Movement Experience for Young Children*. N.Y.: John Wiley & Sons.

Pearson, J. L., Hunter, A. G., Ensminger, M. E., & Kellam, S. G. (1990). Black grandmothers in multigenerational households: Diversity in family structure and parenting involvement in the woodlawn community. *Child Development, 61*, 434-442.

Ridenour, M. V. (Ed.) (1978). *Motor Development: Issues and Applications*. Princeton, NJ: Princeton Books.

Schmidt, R. A. (1975). A schema theory of discrete motor skill learning. *Psychological Review, 82*(4), 225-260.

Scrimshaw, N. S. (1976). Malnutrition, learning, and behavior. *American Journal of Clinical Nutrition, 20*, 493-502.

Wilson, M. N. (1989). Child development in the context of the black extended family. *American Psychology, 44*, 380-385.

chapter 7

嬰幼兒的心理發展與輔導

　　嬰幼兒期又稱學步幼兒期，年齡大約在一歲半至四歲時，此階段最大特徵是活動、充滿精力。嬰幼兒期總是精力充沛、非常忙碌——不停地說話、運動、幻想、好奇及心裡總在盤算著事情。此時期的幼兒活動（活力、精力及行爲持久與複雜性）令人矚目；認知成就如潮奔湧；語言的產生和獨特表徵與幻想遊戲更是令人印象深刻；此外，各種出人意料及令人驚訝的想法與行爲也令人迷惑驚奇。

　　嬰幼兒期爲何有如此豐富的活動呢？其動機似乎是一種對自我肯定和掌握控制的需要，此時期的幼兒愈來愈意識到自己的個體性，並產生驅力促使個體行動。此外，新的活動和認知使兒童獲得新的能力，進而能在環境中自由活動，並接受廣泛的探索及遊戲的挑戰，個體也由活動的成就與控制產生愉悅和自豪的情緒。此時期也深受外界環境的影響，學會限制和調節自身行動的準備，以成爲一社會人。總而言之，學步期幼兒是一個活動和掌握控制、自我調節以及對獨立意識不斷增長的時期，在上一章已討論嬰幼兒身體和動作發展，本章將著重介紹認知、語言、遊戲、社會與情緒等發展，以及此時期應注意的心理發展之輔導議題。

第一節　嬰幼兒的認知發展

　　Jean Piaget依據觀察自己孩子所採用的語法、文字及非語言溝通、認知學習，以及因應情境之行爲，建構認知發展學說（Flavell, 1977）。認知意指瞭解（knowing），隨著年齡增長，幼兒愈來愈知道如何明確地表達事物、瞭解物體恆存概念。認知更意味著心理能力的統合。幼兒在嬰兒期之感覺動作期結束之際，開始發展表徵能力（symbolic abilities），也就是主要透過使用符號來代表記憶中的物體和行動（如文字、數目和心像），接著他們擴展並使用這些表徵的能力，如表徵遊戲，以瞭解現實世界的事物、時間順序與邏輯關係。

　　嬰幼兒期正處於Piaget認知發展的前運思期，相對於上一個階段的感

覺動作期，幼兒思維有質的躍進。此期又可分爲兩個分期：前具體運思階段（約在二至四歲）只能對知覺到的事物施以實際動作來運思，以及直覺運思階段（約在四至七歲）可以從具體行動，應用象徵及符號進行表徵思考。嬰幼兒期正處於前具體運思階段，主要思考特徵是以「自我中心」來推測周遭的事物，從不替人著想，並只注意物體的一面，而不注意另一面，思想常不合邏輯。有關直覺運思階段的思考特徵，請參閱第九章〈幼兒的心理發展與輔導〉。依Bruner之認知發展論，嬰幼兒期正處於圖像表徵期（iconic representation stage），此時幼兒常以圖像來作爲思考的形式。

在此階段的幼兒已能脫離對感覺動作的依賴，並且利用已獲得的字彙（約有一千個字）來與別人互動及對話，進而形成各種知覺概念。除了具有物體恆存概念及延宕模仿（deferred imitation）能力，加上對事物的運作有了心理表徵（mental representation），皆可幫助幼兒做表徵能力的運作與表達，這個階段稱爲概念前期，將有助於日後對事物概念的瞭解。在此階段的孩子已能透過遊戲活動的運作，以幫助日後各種概念的發展，如時間、空間、重量、質量及體積等概念。此外，此時期的幼兒仍處在以自我爲中心的階段，以自己的知覺、個人的角度來解釋事情，並用擬人化的方式來解釋一些事物，因此此時期的幼兒仍不具有因果概念。然而，此時期大都會進入教育機構，與同儕及教保人員的接觸，這些經驗可加速幼兒智力的發展。

第二節　嬰幼兒的語言發展

嬰幼兒期的幼兒是個精力充沛的談話者，並已獲得溝通能力（communication competence），他們變得善於使用語言，必須要掌握全語言（whole language）發展（Hymes, 1972），例如掌握聲音系統（語音學）、意義系統（語義學）、字詞結構的規則（語形學）、形成語句的規

則（語句），以及種種產生與理解溝通交流時之對社會環境之適應（語用學）。他們對萬事萬物均感到興趣，喜歡談論，有問不完的「為什麼」，這也是幫助他們學到語言的重要因素。語言通常是為了表達意念，意念源自於個人之認知系統，意念透過語言（包含語意、語句、語法的認識），才能產生與語言有關的外顯行為（圖7-1）。而說話只是許多與語言相關的外顯行為之一種，其他還有手語、文字等（張欣戊，2001）。

接下來本節將介紹有關嬰幼兒期語言發展進程以及影響語言發展之社會環境，共分為：(1)前語言成就；(2)有意義的字詞；(3)雙字詞句；(4)語法轉換；(5)語言發展進程與局限性；(6)社會互動與語言發展；(7)語言環境等七項，茲分述如下：

一、前語言成就

思維和語言似乎是以獨立的路線發展著，在生命的第二年間兩者才交集在一起（Anglin, 1977; Molfese, Molfese, & Carrell, 1982）。在此之前，我們觀察到無意義的發音，亦即嘟嘟囔囔（多數為母音，在一至二個月齡時較顯著）和牙牙學語（不斷重複的子音—子音的結合，大約從四個月齡時開始出現）。我們還觀察到不具有言語標示富於思想的動作模式——例如伸手抓握，或找回滾到桌下的玩具（這是在第五章中我們稱作感覺運動智力的行為類型）。

此外，我們觀察到語言知覺。嬰兒在能夠理解聲音的意義之前，便能辨認各種聲音和區分不同的聲音組合（Eimas, 1975; Trehub, 1973）。大

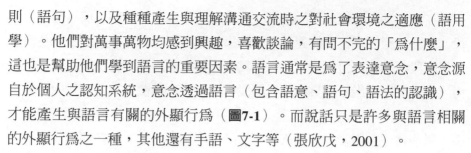

意念→　語法、語意→表面結構→　外顯行為（如說話、書寫、手語及其他）

語言

圖7-1　語言的意義

資料來源：張欣戊（2001）。

約到十至十二個月時，嬰兒發出他們第一國（自己民族）語言的聲音，以有別於人類語言的整個語音範圍，而後者在他們早期的嘟嘟囔囔和牙牙學語中曾經是很顯著的（Best, McRoberts, & Sithole, 1988; Werker & Lalonde, 1988）。最初，牙牙學語的特徵是含有許多語言所使用的語音，這時則開始反映嬰兒最常聽到的語音和語調。他們聽不到的語音則從他們的牙牙學語中消失了。

這個年紀的嬰兒也會用喉音和長鳴聲之類的聲音和其手勢結合起來，以達到某個目的，例如讓母親為他們拿一樣東西。聲音還可能用於表達情緒或引起他人的注意（Bates, O'Connell, & Shore, 1987; Dore, 1978）。這些前語言的發音是有目的交流的早期形式。在這段時間前後，可以日益清楚地看到兒童能理解某些個別語彙的意義（Huttenlocher, 1974; Oviatt, 1980）。理解語彙的能力——稱作「接受語言」——先於說出口語詞彙（字詞）和片語的能力。幼兒不是學習個別或孤立的單音，而是學習如何說出一個詞，而且是透過學習詞來瞭解語音，以便日後建立語音系統。

二、有意義的字詞

在語言產生的發展過程中，最早的重大事件之一是命名物體。由於不斷的重複，一個聲音或字詞便與某個特定的物體或一系列彼此相關的物體發生聯繫。例如，兒童一看到奶瓶時會說 "ba"（奶瓶為bottle）。如果她渴了，想要奶瓶時，她就會試圖說出 "ba"，以使母親拿出奶瓶。手勢、動作、面部表情常常伴隨著這種「字詞」出現，協助照顧者在心目中產生相應的意義。如果嬰兒的「字詞」對其母親具有意義，而且起到滿足嬰兒需要的目的，它便可能作為有意義的信號保留下來。"ba" 可能是「奶瓶」的意思，也可能是指兒童想喝的果汁、水或蘇打水之類的其他液體。

最初的詞彙的重要特徵是它們具有多重的意義。雖然 "ba" 不是真正的字詞，但它與任何一個名詞所起的作用是相同的：它命名了一個人、

一個地方或一件東西（Greenfield & Smith, 1976）。這種伴隨以手勢、動作、聲調和情緒的單詞句稱作全句字。它們表達了一個完整句子的意思。例如，一邊指著冰箱上下跳動，一邊以懇求的聲調說 "ba、ba"，這就表示「我要奶瓶」或「給我奶瓶」的意思。兒童逐漸發現每一個物體、動作和每一種關係都有自己的名稱。

年幼的兒童首先是談論他們知道的和感興趣的東西。常見的早期詞彙包括重要的人物（媽媽、爸爸、兄弟姊妹的名字）、食物、寵物、玩具、身體部位（眼睛、鼻子）、衣物（鞋、襪）、交通工具（小汽車）、喜歡的東西（奶瓶、籃子）、環境中的其他物體（鑰匙、樹）、動作（上下、再見）、是、不、請、下、再多些、代名詞（你、我），以及狀態（熱、餓）。在十五至十八個月齡期間，嬰兒在學習物體的名稱並將這些名詞應用於圖片或實物方面取得了顯著的進步（Oviatt, 1982）。在第二年間，兒童的詞彙量（瞭解字詞的字數）從十個左右增長到將近三百個。

在十八個月齡前後，兒童迅速獲得大量的新字詞，而且在整個學步期和學齡早期，詞彙一直以同樣的速度增長著（Rice, 1989）。一位研究者發現，在這段期間內，兒童學會大約一萬四千個新字詞（Templin, 1957）。為了完成這一壯舉，兒童在對話中遇到新字詞時似乎是速寫（fast-map）出其意義。所謂速寫是指對一個字詞的意義迅速形成初步的不完全的理解。兒童將這個字詞與已知的詞彙聯繫起來，並重新組織已知詞彙的存儲空間以及有關的概念範疇，由此實現速寫（Carey, 1978）。兒童只需要在能使字詞的意義很明確的情境下聽一次或少數幾次新字詞（Rice & Woodsmall, 1988）。因此，不需要直接的逐詞教學，兒童便能透過所聽到的談話，積累大量的本土文化語言的樣本，並賦予每個字詞或片語以勉強令人滿意的定義。在學齡早期和中期，兒童將相當多的時間和注意力用於發展詞彙、改正以前學得不好的某些字義，以及擴展與迅速學會的許多詞相聯繫的整個字義和潛在概念的範圍。語意的理解是兒童正確使用語言和理解語言的基礎，這更是幼兒語言發展最重要的層面。二歲嬰兒大約瞭解三百到四百字詞，三歲為一千到一千一百字詞，到了六歲約瞭

解兩千五百到三千字詞。

三、雙字詞句

　　第二年的特色在於語言發展的第二個重要階段：雙字詞句的形成。這種雙字詞句被稱為電報語言（telegraphic speech）。兒童把對於表達他們想說的內容很關鍵的兩個字詞串聯起來。然而正像是在電報中一樣，其他的詞——動詞、冠詞、介詞、代名詞和連接詞——都被省略了。兒童常說：「大球」、「還要果汁」、「車走」。在此之前，兒童往往是說出單個的字詞並伴以手勢和動作。當他們將兩個字詞串在一起的時候，他們便表達了更多的意義，並且不再過多地依賴手勢和動作傳達其意思。獲得電報語言以後，兒童便能更完整地利用語言中內在的象徵性來傳達意思。

　　兒童在使用雙字詞句時是頗有創新的。他們理解的東西一直多於他們能說出來的東西，但他們似乎是藉著數量有限的詞彙和重新發現組合這些詞彙的能力，來使他人瞭解自己的意思。兒童用相同的句子可以表達不同的意思。例如，「爸爸走」可以用來告訴別人爸爸已經走了，也可以用來對爸爸說要他離開。兒童常常用聲調和重音來表明他們的意思。使用雙字詞句是許多文化中學步兒童學習語言時的特徵（Slobin, 1985）。

　　Braine（1976）分析了英語、薩摩亞語、芬蘭語、希伯來語和瑞典語兒童最初說出的字詞的組合。他的目的是要確認出掌管這些早期組合的規則或模式的種類。在這些早期語言的樣本中，存在著十種字詞的組合模式：

1.指稱某個東西：看＋X（看媽媽）。
2.描述某個東西：熱＋X（熱咖啡）。
3.所屬：X有一個Y（比利有瓶子）。
4.複數：兩個＋X（兩隻狗）。
5.重複或其他例子：還要＋X（還要可樂）。
6.消失：全沒＋X（全沒牛奶）。

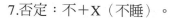

7.否定：不＋X（不睡）。

8.行動者—動作的關係：人＋X（爹爹睡）。

9.位置：X＋這裡（奶奶這裡）。

10.請求：要＋X（要它，球）。

Braine的結論認為：字詞的組合不是由所說語言中的語法範疇來指導的，而是與兒童所要表達的意思以及當時環境中的物體、人物和交往的種類有關。他發現，在同一文化中兒童使用的字詞組合有著相當大的差異。一些兒童使用的字詞組合模式與另一些兒童使用的模式完全不重疊。以後的研究證實了關於字詞組合模式差異性的觀察。兒童談論的物體或動作可能是相似的，但他們談論時所用的詞彙模式則是他們自己的（Bloom et al., 1975）。兒童獲得語言的速度、他們掌握語言的各個特定方面的方式，以及他們組合詞彙時的模式，也都有很大的差異（Ferguson, 1989）。兒童在使用名詞類詞彙時有不同的偏愛（Nelson, 1973）。喜歡使用名詞類詞彙，然後將語言運用擴展到動詞和其他詞彙的那些兒童，掌握語法時要比以另一種運用模式為開始的那些兒童早一些，且更有效一些（Bates, Bretherton, & Snyder, 1988）。

幼兒使用語義以及語義的發展有一些特性：

1.名詞

(1)名詞會以概括方式來表達。幼兒傾向用平行概括方式來表達，例如狗、猵、犬或狼狗皆是以狗而不是以動物來稱謂。

(2)擴展作用（expansion）。幼兒看到月亮是圓的，凡是看到圓的圖案，常會稱之為月亮。

(3)比喻方式。幼兒會以比喻方式來使用詞，例如看到半圓形月亮會稱之為香蕉，因為其外形相似而稱之。表現出幼兒對詞彙有擴張現象，甚至表現出創造性。此外，幼兒也表現詞義縮小現象，例如將狗、貓稱之為動物，而兔子卻不屬動物；認識的青菜稱之為蔬菜，而茄子卻不承認為蔬菜；自己的媽媽叫媽媽，

別人的媽媽不稱為媽媽。這些行為皆呈現幼兒對各類事物的基本屬性尚未達到抽象概括能力。

2.形容詞

幼兒對形容詞發展具有下列特性：

(1)從事物特徵的描述到事件情境的描述。最早使用事物特徵的形容詞是顏色，接著描述味覺、溫度覺和機體感覺的形容詞。接著發展描述動作（如快、慢等）和人體外形的形容詞（如胖、瘦等）；最後發展描述情感和個性品質的形容詞，如快樂、危險等。

(2)從單一特性到複雜性，例如胖瘦是單一特性，而年輕到老年則是複雜特徵。

(3)從方言到普通口語到書面語言。

(4)從簡單到複雜。幼兒大多只能掌握簡單的特性，如紅色、快、好等，但複雜的形容詞如雪白的、糊塗的就較難理解。

早期語言似乎與感覺運動基模的表徵有緊密的聯繫。它表達了在兒童的生活中具有重要性的物體和人物的性質與關係。語言的運用產生於一個更大的溝通系統中，它反映了一個兒童的認知能力。同時，它也反映了環境的知覺特徵和功能特徵。對日常生活十分重要的各種物體和關係，影響著兒童早期語言的內容和複雜性（Nelson, 1981）。

四、語法轉換

一種特定語言的語法（grammar）為人們提供了一套規則，使得人們複雜多樣的思想容易為他人所理解。請看「男孩打球」與「球打男孩」在意義上的差別。一個句子中的字詞序這一簡單要素對句子的意義至關重要。英語句子的基本格式——名詞短語後接動詞短語——是英語語法的主要部分。要提疑問句或說否定句，說話者必須根據一套特定的規則改變這一詞序。增加某些字形變化和限定詞，則表達出複雜的時間、所屬、數

量、關係。隨著兒童學習他們語言中的語法轉換，他們更有效地準確表達他們內心的想法。

Brown（1973）分析了三名兒童的語法發展之後發現：儘管兒童之間在獲得字形變化（inflection）的速度上有差異，但其順序卻驚人地一致。在**表7-1**中列出了兒童學習語法變化的典型順序。

令人驚異的是，兒童正確使用不規則動詞的過去時態轉換（went, gave, ran）要早於正確使用規則動詞的變化（talked, walked, jumped）。似乎兒童最初是透過機械記憶的方法學會不規則動詞的過去時態的。一旦他們學會用附加-ed來表達過去式的規則，他們便過度泛化（overgeneralize）這一規則，並開始在使用過去式時出錯。因此，一個兩歲兒童往往會說"I ran fast"，而一個三歲兒童則可能說"I runned fast"。

表7-1　增加語法變化時的基本順序

變化	例子
-ing進行式	Puppy is running（狗正在跑）
in在……裡	In the pot（在鍋子裡）
on在……上	I am on the bed（我在床上）
複數：-s	Apples
不規則過去式	Fell, bit, ran
所屬：-'s	Baby's toy
to be作爲主要動詞的不省略形式	The boys are home
冠詞	I want a battle
規則過去式	You walked too fast
規則第三人稱	He walks
不規則第三人稱	She has, he does
不能省略的進行式助詞	This is going fast
to be作爲主要動詞的省略形式	That's Bill
可省略的進行式助詞	I'm talking

資料來源：郭靜晃、吳幸玲譯（1993）。

　　年幼兒童發生的錯誤提醒了我們這樣的事實：他們正在努力瞭解用來表達意義的規則系統。這些錯誤不可能是由模仿成人的言語而造成的。兒童會說出"What dat feeled like?"或"Does are mines."這樣的句子。他們肯定不是從模仿成人而得到這樣的句子的；相反地，這些錯誤意味著一個語法的開端，它隨著兒童獲得機會使自己的言語與他人的言語相匹配，而變得愈來愈具體和精確（Schatz, 1983）。

五、語言發展進程與局限性

　　在**表7-2**中列出了Eric Lenneberg（1967）所描述的生命前四年中語言發展的里程碑。在生命的第一年裡，嬰兒對口語極為敏感。他們以遊戲的方式使用發音以作為感覺刺激的來源。逐漸地，嬰兒發出模仿口語的發音。在第二年裡，兒童開始理解字詞和片語。他們的詞彙數量在發展，並開始形成雙字詞片語。在第三年裡，語言被明確地用來交流觀念、見聞和需要。對口語的理解似乎已近於完成。他們的部分言語可能不易為家庭外的人們所理解。這部分是因為他們不能發出清楚的語音，部分是因為他們對成人語法的瞭解是有限的。在第四年裡，大多數兒童都獲得了大量的詞彙。他們能說出反映語法中大多數基本規則的句子。他們的語言乃是傳達能為兒童及家庭外的成人所理解的複雜思想的媒介。

　　雖然四歲時已經很好地奠定了語言的基礎，語言中仍有某些方面是學步兒童不能達到的。例如，你讓一個四歲男孩上樓去找一條橙色毛巾，他可能會準確地重複你的指示，但仍不能遵從它。他上樓後會忘記他所要找的是什麼，或者是拿回一個枕頭而不是一條毛巾。你還可能發現他正試圖將電視機推到樓梯那兒去。言語指示對學步兒童不一定具有所希望的影響力。兒童並不是有意要違背你的指示，他只是不能將語言指示有效地用於指導自己的行為而已（Tinsley & Waters, 1982）。Mary吵鬧著想要最大的那塊蛋糕，如果你讓她自己選擇，她選擇的卻是撒糖最多的那塊。顯然，「最大」這個詞用得不正確。雖然Mary能記住並重複「大」、「較

表7-2　語言發展的進程

實足年齡	發音與語言
12週	哭聲比8週時明顯減少；當對他講話或點頭時，發出微笑，隨後是吱吱咯咯聲，通常稱之為嘟嘟囔囔，亦即類似於母音的有音高變化的發音；嘟囔將持續十五至二十秒鐘。
16週	更明確地對人的聲音做出反應；轉頭；眼睛似在尋找說話者，偶爾發出咯咯笑聲。
20週	類似於母音的嘟囔聲開始間雜有更多的子音；所有的發音與環境中成人語言的聲音很不相同。
6個月	嘟囔轉變為類似於單音節字的牙牙學語；無論母音還是子音都沒有很固定的重複性；大多數常見的發音聽起來像是ma、mu、da或di。
8個月	重複發音（或更連續的重複發音）變得頻繁起來；聲調模式變得較分明；發音能夠體現強調或情緒。
10個月	發音中出現聲音遊戲，諸如發咯咯聲或吹泡泡；彷彿想模仿聲音，但從未非常成功地模仿過；開始透過有所區別的適應對所聽到的字詞做出區分。
12個月	相同的聲音序列以相對較高的發生頻率重複出現，字詞開始出現（媽媽或爸爸）；明確表現出對某些字詞以及簡單命令（「指指你的眼睛」）的理解。
18個月	具有一定的詞彙量——多於三個，少於五十個；仍有大量的牙牙學語，但此時是具有複雜聲調模式的多音節；無交流信息的意圖，不被理解時也無挫折感；詞彙中可能包括「謝謝你」、「來這裡」等內容，但將任一詞句組合成自發性雙語句項目的片語的能力仍很貧乏；理解能力在迅速發展。
24個月	詞彙量多於五十個（部分兒童似乎能命名環境中的任何東西）；自發地將詞彙組合成雙項片語；所有的片語似乎都是由他自己創造的；溝通的行為以及對語言的興趣在明顯上升。
30個月	詞彙量以最快的速度在增加，每天都有許多新詞；完全沒有了牙牙學語；話語具有了溝通意圖；如果不為成人所理解則感到受挫折；話語至少包括兩個字詞，有許多包括三個甚至五個字詞；句子和短語具有兒童語法的特徵，亦即它們很少是成人話語的逐字重複；可理解性仍然不太好，儘管在不同兒童之間存在很大的差異；有的兒童似乎能理解所有對他們所說的話。
3歲	大約一千個字詞的詞彙量：大約80%的話是可理解的，甚至是對陌生人；話語的語法複雜性大致相同於成人的口語語言，雖然仍有錯誤發生。
4歲	語言已很好地發展起來；與成人標準的不同往往多發生在風格上而不是語法上。

資料來源：Lenneberg, E. H. (1967).

大」、「最大」這些詞，但她還沒有理解它們所相對的概念。

這兩個例子表明，學步兒童的語言在某種程度上是易於使人產生誤解的。人們可能認爲兒童已經完全理解了他們自己所使用詞彙的抽象意義，事實上，在整個學步期中，他們的語言一直都是非常具有個人獨特性的。語言技巧正在發展，但兒童是將自己的精力用於獲得語言的基本能力之上。只有當他們已經掌握基本方面之後，才會有奇異、微妙而複雜的言語技巧。

六、社會互動與語言發展

照顧者對認知成長的最重要的影響因素，也許在於提供互動的機會。一個善交往的人對兒童的問題能做出反應、提供訊息、以出乎意料的方式做反應，以使兒童驚奇、解釋計畫或策略、給予表揚。

Burton White比較被判斷爲社會性與智力較強的兒童的母親與被判斷爲低於平均水平的兒童的母親所進行的父母教養方式（White, Kaban, & Attanucci, 1979; White & Watts, 1973）。社會性與智力較強的兒童的母親花較多的時間與她們的孩子進行交往，而低於平均水平的兒童的母親所花的時間較少。這個結果顯示在十二至三十三個月齡間的每一階段都是如此。「針對兒童的生動語言的數量也許是預示今後智力、語言和社會性成就的最有力的唯一因素」（White, Kaban, & Attanucci, 1979）。這並不意味著必須持續地與孩子在一起。其涵義之一是兒童可以從頻繁的交互作用機會中獲益；涵義之二是社會性和智力發展較強的兒童比低於平均水平的兒童引起較多的互動。

業已證明，語言交流者的某些特徵有助於兒童的語言獲得和溝通技巧（Snow, 1984）。當成人向學步兒童講話時，他傾向於改變自由的言語形態，以使自己更易於被兒童所理解。他使用適合於兒童理解水平和興趣的簡單而重複的言語。有趣的是，照顧者要對嬰兒講長而複雜的句子，但一旦小寶寶開始講話，照顧者的言語便變得誇張而且簡單（Moskowitz,

1978）。

這種對正在學話的兒童講話的風格被稱為母式口語或稱媽媽話。當向學步兒童說話時，成人以及其他兒童以下列的方式調整自己的口語（Rice, 1989）：

1.他們根據學步兒童的興趣和理解水平使話語簡單化。
2.他們強調此時此地。
3.他們使用較為有限的詞彙。
4.他們常常要把話說得更明白。
5.他們使用簡單而規範的句子。
6.他們頻繁地進行重複。
7.他們講話的速度較慢，而且句與句之間和主要詞彙之後都有停頓。

照顧者言語中的這些特徵並不是普遍的。它們似乎反映了一種向學步兒童說話的文化標準（Pye, 1986）。母式口語在西方社會中的白人中產階級最為常見。相反地，南部鄉村的黑人成人並不為年幼兒童簡化或修改自己的言語（Heath, 1989）。他們可能不直接向兒童說話，但都希望兒童聽到他們所說的話，並在有話要說的時候插進來。成人問兒童一些現實的問題，並希望得到回答。成人和兒童用特殊的指令來指導對方的行為。一個學步兒童命令成人正像周圍的其他方式一樣可以讓人接受。為了給兒童創造機會讓他們表現機智和鍛鍊執著，成人逗弄兒童，特別是有他人在場時更是如此。作為活躍的聽眾，兒童有機會聽到各種意見，蒐集到能延伸其直接經驗的訊息，並觀察到伴隨會話主題和內容變化而出現的語言聲調和風格的轉變。

語言學習過程涉及一個雙向調節和像「鷹架」一樣的上升模式。Nelson（1973）觀察到兒童努力在發音和選擇詞彙上與成人的表達方式一致。有時，兒童可能因他的發音與真正的字詞懸殊太大而被人誤解（ambulance成了ambiance, stomach ache成了snufin's cake）。同時，成人也使用母式口語或其他方法來保證自己被兒童理解。在頻繁的交互作用

中，成人既在一定程度上改變自己的言語，也為他們的孩子示範更複雜、更準確的表達方式，透過二者之間的良好平衡而促進兒童的語言發展。

　　成人對言語表達形式和與之相聯繫的認知意義之間的關係做出種種推測。他們可能透過幾種方法來明確瞭解兒童的意思。一種方法是擴展，或說是將兒童的表達詳細化：

　　兒童：狗狗搖。
　　父母：對，小狗在搖牠的尾巴。

　　另一種方法是激勵（prompting），常常是以問句的形式出現。下面是父母親要求孩子說得更多一些：

　　兒童：多多餅。
　　父母：你還想要什麼？

　　在上面兩例互動中，成人透過擴展或要求兒童詳細地說出他們感興趣的東西，來幫助兒童更有效地進行交流。成人的話語對兒童言語內容或主題的即時性匹配被稱為語義附帶句（semantic contingency）。這種方式能有效地促進語言習得。父母所使用的句子種類有助於兒童瞭解他們怎樣才能說出語法更正確、更易於被他人理解的新句子。

　　講故事、玩字謎遊戲、言語上的說笑以及一起看書等社會性互動形式，似乎也能提高語言的發展，特別是能增加詞彙以及被認為能練習讀寫能力的一種重要的語言活動。在學步時期是成人朗讀、兒童詢問並使成人與之對話。有的書由於經常被朗讀，以至於學步兒童開始能憑著記憶或看圖說話式地「閱讀」它們。當兒童進入學齡早期後，這種儀式化的閱讀活動為兒童理解作為一個讀者的涵義提供了一個架構。

　　兒童與其父母常常進行能擴展兒童的詞彙、片語的運用的語言遊戲。這些遊戲通常是不斷發展的家庭生活的組成部分。它們不是因作為一種孤立的活動而是作為有關活動的延伸而被引進。Hoffman（1985）描述了她的三歲半的兒子David的一種自發性遊戲，該遊戲是作為由言語到讀

寫能力的橋梁。隨著遊戲的發展，David的遊戲是隨母親坐車去托兒所的路上盡可能指出路標。David發明了這個遊戲，他的母親很樂意和他一起玩：

在去托兒所的路上，David說：「我們來說說標誌吧！那個標誌說的是什麼？」

我答道：「向右轉標誌。」

David繼續問：「那個黃和紅色的殼說的是什麼？」

我回答他：「它是『殼』──那是一個加油站。」

他問：「裡面有海貝嗎？」

我答：「沒有。」

我們繼續讀標誌。他問的時候大多數是我讀的。但「限速三十五哩」、「自行車道」、「禁止停車」是David讀的。當我們開到「街道這側禁止停車」時，他把它看成是「禁止停車」。

下面是我開車的時候能夠回答他提問的信號。這並不是路上所有的信號。

限速四十哩。

限速三十五哩（十二次）

禁止停車（二十次）

學校限速（二次）

街道這側禁止停車（七次）

自行車道（二次）

紅燈不准右轉（三次）

注意兒童

信號在前（三次）

勿扔垃圾

汽車專用道

從這個例子中我們可以看到，當我在開車的時候，要想和一個幼兒

進行交流是怎樣地需要耐心。（p. 90）

　　有證據顯示：母親們在言語交往方面之作法是不同的；這些差異對兒童的問題解決能力有影響。但父親們和兄弟姊妹們又如何呢？他們的交互作用也能影響語言發展嗎？在一項對低收入黑人家庭進行的研究中，觀察了兄弟姊妹對學步兒童的語言技巧的作用（Norman-Jackson, 1982）。學齡前兒童中誰的哥哥姊姊是成功的閱讀者，誰就有較強的語言能力。哥哥姊姊對弟弟妹妹來說是重要的言語刺激來源。這些差異意味著父母和兄弟姊妹們對兒童的語言環境有明顯的作用。不僅如此，兒童也可能學會以不同的方式與其母親、父親和兄弟姊妹們進行交往。

七、語言環境

　　父母們並不只是為了要教會語言技能這一個目的，才與他們的嬰兒和幼兒進行互動的。事實上，在家庭裡所發生的言語交流中，直接的語言指示只起了很小的作用。語言是一種文化工具，是教育並使幼兒社會化的一種手段；它是為創造一種群體認同感，以及將神話、智慧和文化價值觀代代相傳的眾多發明之一。語言是心理社會環境的組成部分，運用語言的才能使兒童在與其最密切的家庭中和較大的文化群體中的地位得以鞏固（Rogoff & Morelli, 1989）。

　　當然，兒童是在一個範圍廣泛的語言環境中成長的。次群體以及家庭不僅在他們所講的語言或方言上不同，而且在他們對相應於非言語表達的依賴、他們的主要交流方式，以及在幫助兒童獲得不同領域才能時，對語言這一手段的重視程度，都有所不同（Bernstein, 1972; Hess & Shipman, 1965; Wertsch, 1978）。

　　現在，美國面臨著幼兒教育方面的嚴重挑戰，其中有許多是關於幼兒語言環境的品質、幼兒語言環境與學校中的語言環境的一致性、學校的教學方法與工作場所對口頭和書面交流的要求之間的相關性。多文化教育的概念顯示：我們必須開始對各種次文化中作為智力的一個成分的語言運

用背景和風格的差異，予以認識和重視，為具有不同的語言才能的兒童創造機會，使他們在教育環境中積累實力。

有大量的證據表明：兒童是在特定的社會環境中發展問題解決策略和語言反應的（Miller-Jones, 1989）。精通語言至少包括兩個方面（Snow, 1987），一方面是在面對面的互動中運用語言——專用於社會情境的語言，另一方面是從任何特定背景中得到的語言——如詞彙測驗、語詞推理和寫作中通常測驗的語言知識。精通一個方面並不意味著也精通另一個方面。

以雙語（bilingualism）為例。雙語既是一種語言特性，也是一種社會特性。精通兩門或更多語言的兒童也是生活在一個複雜的社會文化環境中所常見的（Hakuta & Garcia, 1989）。研究發現，學習雙語一般並不妨礙兒童的認知發展，特別是，母語為哪種語言並沒有什麼不良後果（Diaz, 1983）。似乎年幼的雙語兒童能敏捷地依據對話的情境要求，從一種語言轉到另一種語言。事實上，兒童可能是在將他們的兩種語言用作社會性互動時設限，而為社會關係增加明確性。

然而，美國學校都更偏重於對英語的精通。即使是在教育家為美國學齡兒童忽視外語而感到遺憾的時候，雙語教育中的成功標準仍然是精通抽象的、學院式的英語語言技能。因而學校便在精通英語和精通母語之間的設置有了衝突，這種衝突既使兒童對非英語的語言環境的社會性認同受到挑戰，也使兒童的語言才能受到挑戰（Olsen, 1988）。

至於幼兒可不可以學外語，實為見仁見智之問題，重點是怎麼學、為何學及如何教。陳淑琦（1998）就提出六點建議，分述如下：

1. 瞭解學外語之目的：學習外文並不是關鍵期的問題，但為何學？以幼兒學習為例，其本身的母語學得如何？所以，幼兒學習外語可以類似學閩南語、國語或客家語一樣，除了發音正確之外，也要考慮其他目的（實用性）及即時性，不然，待較年長，有動機再學，也有好的學習成效。

2.環境中可提供幼兒學習的機會：語言是溝通工具，除了課堂學習之外，有否其他情境，如家中、同儕中有否機會多做練習。

3.幼兒本身的興趣：新奇事物較能吸引幼兒注意，所以學習環境的吸引可以促進學習動機，例如日本鼓勵幼兒學英文是用哆啦Ａ夢、米老鼠玩偶，以遊戲方式來鼓勵幼兒進入外語語文互動，而且嚴禁幼兒做英文考試，而我國家長希望幼兒或學齡兒童要參加英檢測試。

4.師資：誰來教？外國人或本國人？台灣常以外國人來教英語做號召，但不是所有外國人皆能教英文，須看他是否有專業訓練及教學經驗。所以說來，為了孩子，一定要有好的師資，而且能瞭解教師現場教學表現，對幼兒的態度，以確保師資的素質。

5.課程內容：目前我國學外語的管道除了家教外，最普遍的就是讀標榜雙語教學的教育機構，或是到英語補習班就讀。到底這些教室班級大小、幼兒程度、幼兒學習特徵，以及如何評量幼兒學習狀況等，皆會影響幼兒學習的品質。

6.學習狀況：No Chinese!幼兒要「小手背後面，眼睛看前面，走路走直線，最好要恬恬（安靜）」，學習就是要幼兒反覆地不吵鬧地複誦老師所念的單字，然後白天機械式的複習及考試，完全缺乏互動、溝通的情境。

7.最好學習的環境是家庭，尤其是父母的榜樣，陪讀及情境皆是促進幼兒得到第二外語的最佳助力。

　　語言技能的發展到幼兒期結束時尚未完成，重要的語言功能在學齡早期和中期得到更完整的發展。年齡大的兒童可以運用語言來幫助自己規劃一項問題解決策略，指導一系列複雜的動作活動，或確定物體之間的關係。詞彙數量在擴大，詞語的運用愈來愈多地遵循成人運用語言的方式。句子變得更為複雜，包括條件從句和描述從句。能正確地掌握和運用不規則的動詞和名詞（Moskowitz, 1978）。當兒童進入學校後，他們學習將自己的語言中的語法結構概念化。除了詞彙、語法、閱讀和寫作這些常規的

成分外，語言發展還在日後的心理社會危機（特別是青少年期的群體認同、青年期的親密關係和中年期的創生力的建立）中發揮關鍵作用。人們主要是透過自己口語的性質來達到能維持重要個人關係的坦白及揭露程度。語言還在作為調解衝突，在朋友、同事或家庭成員這些群體中建立一種凝聚感的機轉而發揮作用。

第三節　嬰幼兒的遊戲發展

一、表徵遊戲

　　嬰幼兒正處於Jean Piaget所描述的前運思期，或前運算思維階段，這是一個過渡時期，透過從嬰兒期已獲得發展起來的基模以形成內部心理表徵，這個階段最重要的是使用符號（semiotic）思維的能力（Miller-Jones, 1989）。此外，嬰幼兒已可使用五種表徵性技能——延宕模仿、心理表象、表徵性繪畫、表徵性遊戲和語言，以幫助他們不用透過實際操作物體，而在心裡（內心）即可發展概念。

　　無論是透過表徵性遊戲、表徵性繪畫還是透過講虛構的故事，假裝的能力都要求兒童能理解假裝與真實之間的區別。成人有時候對兒童是否真正能區分什麼是真實的、什麼是假裝的感到懷疑。對我們所有人來說，虛構與現實之間的界限也可能會變得模糊。當我們看電視時常常會遇到這樣的混淆：我們在電視上所看到的哪些是假裝的哪些是真實的？商業廣告中的產品是真的還是假的？電視新聞報導是真的還是假的？歷史事件的戲劇性再現是真的還是假的？所以成人必須適時扮演「事實代言人」（spokesman）的角色，有時也要與孩子一起共同看電視，必要時要幫助幼兒區分事實與幻想之間的差別。

　　在極端簡化的情境中，小至三歲的兒童也能說出一個物體「實際上

是什麼」與「某人假裝它是什麼」之間的差別（Flavell, Flavell, & Green, 1987）。例如，三歲兒童能理解海綿實際上是海綿，但你可以假裝它是一隻漂浮在水上的小船或在馬路上行駛的小汽車。在前運算思維階段之前，兒童不能真正地假裝，因為他們不會讓一件東西代表另一件東西。一旦象徵性思維的能力出現時，兒童在讓一件物體具有許多種假想的代表意義方面，就變得愈來愈靈活了。

　　幻想遊戲與語言是兩種差別懸殊的表徵形式。在獲得語言時，兒童學會將自己的思想轉換到為大家共享的信號和規則的系統中。欲使語言有效，兒童必須與家庭中年長的成員使用相同的字詞和語法。欲進行言語交流，兒童必須用現存的詞和類別來表達自己的思想。而幻想幾乎發揮著相反的作用。在幻想中，兒童所創造的角色和情境可以具有極端個人化的意義。沒有必要使聽眾理解其幻想。也許有很多時候兒童具有強烈的情感，但缺乏相對應的詞語來表達它們。他們因自己的失敗而感到沮喪或因被忽視而憤怒。他們可以在想像的世界中來表達和緩和這些情感，即使這些情感永遠不會成為與人共同交流中的一部分。

　　在嬰兒期，遊戲主要由運動活動的重複而構成。嬰兒透過吸吮腳趾或讓湯匙從高腳椅上掉下而獲得快樂，這是典型的感覺運動型遊戲活動。到了嬰兒期末，感覺運動型遊戲包括對父母動作的刻意模仿。看到母親洗碟子，兒童可能會爬到椅子上，跟著把自己的手也弄濕，而從中得到快樂。這樣的模仿最初只是在兒童看見父母的活動時才會發生。進入學步期後，兒童開始在獨自一人的時候模仿父母的活動。關於動作鮮明的心理表象使兒童能模仿他所回憶的而不是所看見的內容。這就是表徵性遊戲的開始。兒童能夠用他們自己構想的心理表象來指導自己的遊戲。學步兒童的象徵性遊戲的特徵是對極熟悉活動的簡單重複。假裝擦地板、假裝睡覺、假裝是一隻狗或貓、假裝開車，是學步兒童早期遊戲活動的部分內容。

　　在學步期，幻想遊戲沿四個向度發生變化（Lucariello, 1987）：(1)隨著兒童整合一動作系列，動作成分變得愈來愈複雜；(2)兒童的注重點轉向涉及他人的幻想和多重角色的創造；(3)遊戲涉及到使用替代物品，包

括兒童在假想中才具有的物品,最終還能構想出複雜的角色和情境;(4)遊戲變得愈來愈有組織、有計畫,出現了遊戲領袖。茲分述如下:

第一,兒童將大量的動作包括到遊戲系列中。在假裝擦地板或假裝打瞌睡之中,兒童做出一系列的活動,它們是更複雜的遊戲序列的成分。在玩救火遊戲時,兒童可能假裝是消防車、消防水管、救火梯、發動機、警報器、被搶救的人以及消防隊員。透過這一幻想性扮演,該情境中的所有情節因素便處於兒童的控制之下。

第二,兒童逐漸變得能將他人包括到自己的遊戲中,將遊戲的中心從自我轉移到他人(Howes, 1987; Howes, Unger, & Seidner, 1989)。在此人們可看到單獨的假扮、社會性遊戲和社會性假扮遊戲之間的區別。進行單獨假扮的孩子留連於他們自己的幻想活動中,他們可能假裝在駕駛汽車或給小寶寶洗澡;進行社會性遊戲的孩子則與其他兒童一起參與某種活動,他們可能一起挖掘沙子、搭積木,或相互模仿對方怪裡怪氣的聲音;進行社會性假扮遊戲的孩子則必須協調他們的假想,他們建立一個幻想結構,分擔角色,對道具的假想意義達成共識,解決假想的問題。二至三歲的兒童就能參加這類協調性的幻想遊戲,這一事實是相當不簡單的,尤其在他們只能運用非常有限的語言來建立和維持協調性的時候。

幻想遊戲變化的第三個向度,是兒童在遊戲中使用替代物品的能力變得愈來愈靈活。幻想遊戲從最接近兒童的日常經驗的領域中開始,兒童在其假想中使用真正的物品或那些物品的替代品作為遊戲道具。兒童拿起玩具電話假裝給奶奶撥電話,或用玩具杯子、盤子和塑膠食品假裝進行野餐。但是當他們的幻想技巧提高後,這些道具就不再必要了。兒童能發明物品,為平常的物品發明新奇的用途,有時還能在什麼都沒有時假裝有某個物品。

遊戲從普通的、日常的經驗,轉向以故事、電視節目,或純屬想像的角色和情境為基礎的虛構世界。兒童可能賦予人物角色以超凡的威力。他們會假裝飛翔、隱形,或者是藉著幾句神秘的話或手勢使自己變形。兒童在不同的幻想情境中扮演故事中的角色時,他們對幻想中特定的英雄人

物的認同可以持續幾天甚至幾週。

　　第四，幻想遊戲變得愈來愈有計畫和組織。計畫成分上部分是在幾個遊戲者之間協調遊戲活動之願望的產物。它也是認識到什麼是使得遊戲最為有趣、並渴望肯定這些成分被包括在遊戲之中的一種產物。在學前群體或托育群體中，某些兒童在組織幻想遊戲的方向時容易成為領導者。他們可以促使遊戲進行，或建議使用某種道具、分派角色、確定遊戲的背景，從而指導遊戲。下面我們可以看到一個兒童顯示出這種領導性：

　　小明（正爬上攀爬架）：這是我們的太空船，好嗎？小華，趕快上來！怪獸來了，它會把你吃掉！

　　小華：不！這是我們的坦克車！

　　小明：好吧！我們是阿兵哥。我們必須把敵人殺死，好嗎？我看見有好多敵人攻上來了哦！

　　小華：好，發射火砲！打死他們（他們發出大砲轟隆轟隆的聲音，用樹根當作槍做掃射的樣子）。

　　在三至五歲期間，兒童在其中扮演他人或創造幻想情境的戲劇角色遊戲穩定地增加。但是，到六歲時，兒童開始沉浸於規則遊戲中。在遊戲時，他們傾向於透過構成新遊戲或新規則來使用他們的幻想技能，而不是進行假想遊戲。如果你要尋找富於變化的、精心設計的幻想方面的專家，就請觀察四、五歲的兒童（Cole & La Voie, 1985）。

　　幻想遊戲不僅僅是一種娛樂。兒童透過幻想來體驗和理解他們的社會和生理環境，並擴展他們的思維（Hutt et al., 1988; Piers & Landau, 1980）。關於幻想遊戲的重要性或價值的看法出現較大的差異。Piaget（1962）強調遊戲的同化價值。他認為，兒童透過幻想和象徵性遊戲能夠理解那些超越其整個領悟力的事件和經驗。幻想遊戲是屬於個人的世界，在其中，社會習俗的規則和自然世界的邏輯並不是必需的。從這個角度來說，幻想遊戲使兒童擺脫了現實的直接束縛，能對物體和事件進行心理操作和改造。

　　研究那些很少參加假扮遊戲的兒童和試圖增加學步兒童的假扮遊戲之研究者發現：假扮遊戲確實能促進認知和社會性發展（Rubin, 1980; Saltz & Saltz, 1986）。具有較好的假扮技巧的那些兒童常常得到他們同伴的喜愛，並被視爲同伴中的領袖（Ladd, Price, & Hart, 1988）。這是由他們具有較發達的交際技能、較好的瞭解他人觀點的能力，以及對社會情境進行推理的能力較理想所造成的。在種種鼓勵下，透過從遊戲的幻想方式擺弄和探索物體和對象的經驗的兒童，在語言運用上表現出較高的複雜性，在問題解決的方法上也表現出更高的靈活性（Burke, 1987）。很明顯地，幻想遊戲在幼兒的整個社會性、智力和情緒發展中的重要性，是不可低估的。有的父母和教師試圖依據有關「眞實世界」的字詞和概念的獲得，來定義兒童的認知成長。他們強調學習數字和字母、記憶事實、學習閱讀的重要性。但是，關於認知發展的研究表明，象徵性思維能力的提高將爲今後的智力，如抽象推理和創造性問題的解決能力，提供根本的基礎。然而，幼兒在玩此類遊戲時並不是個人單獨地玩，而是透過與別人互動或自己創造互動情境來玩其所創造的假想情境。

二、遊戲夥伴的角色

　　認知發展理論強調表徵性思維和表徵性遊戲，被視爲在學步期中兒童認知成熟的自然結果。然而，遊戲的內容及其品質部分地取決於兒童遊戲夥伴的行爲。請看下面的例子：在一個大學附屬幼稚園中，大學生們在指導下，初次擔當幼兒的老師。一個三歲兒童試圖與實習學生老師玩假扮遊戲。這孩子拿起玩具電話，發出撥號的聲音。學生老師拿起另一個電話說：「你好。」孩子問：「你是無敵鐵金剛嗎？」學生老師說：「不是。」然後掛上了電話。在這一互動中，學生老師還沒有學會如何幫助兒童擴展其遊戲，或幫助兒童把最初打電話的表徵性遊戲推進到更精細的假想社會情境中。

　　作爲遊戲夥伴，父母、兄弟姊妹、同伴以及托兒所的專職人員，都

能顯著地提高兒童的幻想遊戲能力。遊戲夥伴能使兒童的幻想能力更精細，使幻想遊戲合法化，並幫助兒童探索新的幻想領域。研究顯示，當母親能作為遊戲夥伴時，兩歲兒童的表徵性遊戲更複雜，持續時間更長（Slade, 1987）。當訓練成人參與並鼓勵與學步兒童共同進行假扮遊戲時，學步兒童把自己的反應與成人的反應協調起來的能力便不斷提升。在十六個月至三歲期間，學步兒童在遊戲中指導成人的行為並討論各種變化時，變得愈來愈富於技巧（Eckerman & Didow, 1989）。

　　在托兒所的情境中，由於存在一個穩定的同齡夥伴群體，便產生了更複雜、更協調的遊戲。幼稚園如太過於頻繁改變，那幼兒便較少有機會參與複雜社會性的假扮遊戲（Howes & Stewart, 1987）。由於學步兒童在引發和發展他們的社會性假扮遊戲時，極大地依賴於模仿和非言語信號，所以他們在一起的時間愈多，他們的幻想遊戲就愈複雜。

三、想像的夥伴

　　也許最複雜的象徵性遊戲涉及到創造一個想像的朋友（Singer, 1975）。一個想像的朋友發自兒童內心，具有概念上的完整性。它可以是一個動物、一個小孩或其他的任何生物；他具有自己的個性，而且日復一日保持不變；他有自己的好惡，而且並不一定與其創造者的好惡相同；他也占據空間。對成人來說，要想瞭解這個朋友是很困難的，甚至是不可能的。

　　想像的朋友具有幾種功能：他在兒童周圍沒有任何人時代替其他兒童；他是傾聽兒童傾訴秘密的知己；他還常常參與兒童區分是非的努力過程。學步兒童有時會做一些他們明知是錯的事情，因為他們不可能克制自己。在這種情況下，他們覺得很難為其錯誤行為承擔責任。他們並不願意做錯事，他們不是想使父母不快。想像的朋友便成了一個現成的代罪羔羊。他們會說，雖然他們努力地勸阻他們的朋友，但他一意孤行，終於做了「壞事」。兒童在使用這類藉口時，是在告訴別人：他們理解是與非之

間的區別，但不願意或不能夠為其錯誤行為承擔全部責任。概言之，可以把想像的朋友視作學步兒童區分自己與他人的能力，以及試圖控制自己衝動的佐證。

第四節　嬰幼兒的社會發展

　　Robert Selman曾對三歲至四十五歲之間的受試樣本進行個別訪談，並鑑別出兒童友誼發展共有五個層次（○至四階段）（Selman & Selman, 1979）。而嬰幼兒期正處於Selman及Selman所鑑別出之第一個層次（○階段）的暫時性玩伴期。此時期幼兒是自我中心及尚未發展觀點取替（Perspective taking）的能力。此外，據Parten（1932）觀察日本保育所幼兒進行遊戲時的情形，她發現嬰幼兒的社會遊戲形態大都為單獨及平行遊戲，直至四歲之後才開始發展有協同遊戲及合作遊戲的形式。

　　一般說來，嬰幼兒已擁有一些社會技巧，尤其是與別人一起玩遊戲時，其也被期望能有一些複雜的社會訊息交換。幼兒必須學會以同儕團體可接受的行為來履行其意志，以達到其個人之目標（這也是其個人日後的社會能力）。社會能力（social competence）需要幼兒參與同儕之正向互動，以孕育日益發展的友誼。之後，孩子才可以從第一個社會化系統（親子關係）漸漸融入第二個社會化系統（同儕關係），於是家庭與教育機構及鄰里社區遂成為幼兒社會化之中間系統。

　　一般說來，當孩子愈年長，其遊戲中與人互動會愈多。而互動性的遊戲技巧及其延伸的社會技巧，也隨嬰幼兒社會關係的改變而有所改變。當幼兒社會遊戲日益複雜時，特定的社會行為會愈來愈顯著，常見的社會行為有：輪流、主動、維持或終止社會互動。而在社會期望下正確使用語言表達的行為，也日益精巧及複雜。

　　然而，幼兒在嬰兒期之後，漸漸脫離對照顧者的依賴，玩物（play materials）遂成為嬰幼兒在社會遊戲中最主要的因素之一（Mueller &

Lucas, 1975），玩物也被稱爲是社會奶油（social butter），可用來助長及潤滑同儕間的社會互動。因爲嬰幼兒的同儕互動不似成人般可以願意做妥協、調適，以使整個遊戲得以順利進行，因此他們必須利用社會奶油（玩物或玩具），作爲社會互動得以順利進行的機轉。開始時可能是各玩各的玩物（平行遊戲），然後再進行互動的遊戲（如協同或合作遊戲）。所以說來，玩物可成爲調節社會互動的工具。此外，嬰幼兒也同時因社會經驗的累積而增加其複雜的社會互動技巧，與別人一起玩玩具便是這種社會互動的副產品。

Jacobson（1981）的研究便發現，嬰幼兒可以藉著與同伴玩玩具及彼此互動中，獲得更好的社會遊戲技巧。之後，嬰幼兒參與各種不同情境（如幼兒園），也增加其與成人及同儕之互動經驗，可促使其增加社會技巧之能力。

第五節　嬰幼兒的情緒發展

嬰兒之情緒，諸如快樂、興趣、驚奇、害怕、生氣、傷心、挫折或討厭等，是透過簡單到複雜的分化過程，除了是與生俱來的能力外，之後也隨著與環境及人際互動之影響，漸漸形成個人之獨特情緒。Campos等人（1983）的研究就指出，嬰幼兒的情緒發展與個體之其他發展有最大的關聯，他們更以「新組織取向」的論點來說明嬰幼兒之情緒發展（陳淑琦，1998）。以下說明嬰幼兒情緒發展之特性：

一、情緒是認知判斷的決定因素

Campos等人（1983）認爲情緒深受個體之認知因素之影響，事實上，Sarason（1980）的研究也證實，個體之焦慮程度會影響個體之行爲表現。例如，嬰幼兒在成人之語言中附有焦慮感的「不可以！危險！」之

指令下，即使他們不會產生真正事故傷害行為，他們也會學到自我保護行為。

二、情緒是社會行為的決定因素

人與人之互動是相互影響的，個體會深受他人之情緒影響，同樣地，個體之情緒表現也會影響他人與你互動的回應。例如幼兒與一個笑容可掬的同儕一起玩，其正向互動之行為較多，相反地，當幼兒與一個哭喪著臉或是憂愁的同儕一起玩，其負向的互動行為會較多。

三、情緒影響個體之身體健康

情緒影響身體健康之表現已獲得相當多研究的支持。例如，長期處於負向情緒（憂鬱、焦慮、生氣等），其免疫系統對抗疾病感染能力會降低；或導致自律神經功能失調；或形成A型人格特質與心臟病（Vega-Lahr, Field, Goldstein, & Carran, 1988，摘自陳淑琦，1998）。

四、情緒影響自我發展

Campos等人（1983）以新組織取向（the new organizational approach）說明情緒發展對自我之影響，具有下列三個特性：

1. 自我覺察的發展：當過了兩歲生日之後，嬰幼兒情緒分化更為明顯，情緒逐成為他們發展自我的指標，例如害羞、嫉妒或驕傲。此外，個體是主動操弄玩物或不受外在環境所控制者，可以讓嬰幼兒覺得快樂與自豪，也可影響周遭的事物。
2. 自我調節情緒的能力：伴隨著語言發展，嬰幼兒可以利用語言尋求協助或表達感覺，或者可以利用自我語言策略降低焦慮感，及達到個體對挫折的自我控制。
3. 情緒的社會化：個體之情緒反應皆要符合社會之規範，例如因喜悅

而笑、悲傷而哭，要透過學習才能正確表達情緒，新組織取向論稱之為情緒社會化。

嬰幼兒期的情緒發展除了與生俱來的情緒表達能力之外，及其成長透過學習而漸漸分化，其分化過程也是從簡單到複雜的過程，而嬰幼兒到底發展哪些情緒能力呢？陳淑琦指出（1998）：

1. 複雜情緒的萌發：在嬰兒期結束後，嬰幼兒萌發一些害羞、不好意思、罪惡感、嫉妒及驕傲等情緒，而且這些情緒要符合社會規範的表達。

2. 自我調節情緒的能力：幼兒開始從與大人互動中或由觀察模仿學習如何表達情緒，但自己若有喜怒哀樂的心情要如何調節呢？嬰幼兒會選擇假扮遊戲或想像的玩伴（如前節所述）來加以調節情緒。但嬰幼兒的成長環境如果是整天吵架、冷酷對待的家庭，則可能無法學到調節情緒的好策略，而變得頑固或對人疏離，因此，大人要多留意幼兒的情緒調節及因應之能力。

3. 習得情緒表達之原則：一般而言，幼兒對情緒的表達是透過後天環境習得而來的，大部分來自平日與父母或照顧者的互動，以及觀察大人的言行，有些方面也可能透過電視媒體模仿而來。不過，嬰幼兒期也開始萌發假裝的能力，他們可以透過假裝遊戲來學習如何表達情緒。

4. 同理心：同理心是一種將心比心，能瞭解或察覺對方的感受，更是一種感同身受的反應。同理心是認知與情緒互動的產物。例如，當幼兒發現媽媽在哭，有的幼兒會去拍拍媽媽的肩膀，甚至給媽媽抱抱以安慰媽媽。此種能力是促進幼兒日後利社會行為（prosocial behavior）的重要因素，會隨年齡增長而增強。

第六節　嬰幼兒期的心理發展之輔導

在學步期，兒童開始意識到自己的游離性。透過各種經驗，他們發現，自己的父母並非總是知道他們想要什麼，或能夠完全理解他們的情感。在學步期的早期階段，兒童使用相當簡單的方法來探索自己的獨立性。他們可能會對給予他們的任何東西都說不，無論他們是否想要它。這個階段人們常常稱之為可怕的兩歲期。學步兒童似乎非常苛求，並堅持按照他們的方式做事情。對一個兩歲兒童講道理是非常困難的。

兒童可能對進行諸如上床、穿衣和離開家庭這類事情形成相當有條理的習慣（Albert et al., 1977）。他們堅持要嚴格地按照習慣進行，並威脅如果違反習慣他們就會極為憤怒。習慣代表著兒童將控制和秩序帶給環境所做的努力。它們還有助於在環境或狀態發生的變化可能對兒童的自我感造成威脅的情況下，為兒童提供依然如故的感覺和連續感。在日復一日的活動中，學步兒童遇到大量他們無法解釋的情境。在他們努力使這些事件具有可預測性的時候，他們設計了自己的習慣。該習慣通常並不重複成人做事情的方式。但學步兒童的習慣和成人的習慣一樣，具有重要的心理功能。

在自主性的發展過程中，學步兒童從一種有些刻板的否定的、儀式化和非理性的風格，轉變為一種獨立的、精力充沛的、堅持不懈的風格（Erikson, 1963）。年齡較大的學步兒童的特徵是說「我自己會做」這句話。他們較少關注以自己的方式來做事情，而是較關注於自己去做事情。學步兒童表現出愈來愈多樣的技能，每一個新成就都給予他們極大的自豪。當獨立做事獲得了積極的結果，其自主感便有所增長。學步兒童開始把自己的形象樹立為能較好地應付環境，並能滿足自己的多種需要的人物。被允許去體驗自主的兒童在學步期末期時會具有牢固的自信心基礎，並會在獨立行動時體驗到愉快感。

　　自主性的發展所具有的獨特特徵，是其活力和堅持性。兒童並不只是偏愛自己來做大部分事情；他們是堅持要這樣做。一旦兒童開始進行一項任務，諸如穿睡衣或穿鞋，他們就會一直奮鬥下去，直到他們掌握了為止。他們可能堅決反對他人的幫助，並堅持他們自己能應付。只有當他們肯定自己不會再有什麼進展時，他們才會讓別人幫助自己。

　　自主感的建立不但要求兒童付出巨大的努力，而且還要求父母有極大的耐心和支持。學步兒童對自己的要求常常是很惱人的，他們反對父母的好意、良好的願望和意圖，父母們必須學會教導、好言相哄、容忍無禮、等待和表揚。有時候父母必須允許孩子去嘗試一些他們不太可能做到的事情，透過鼓勵兒童參與新的任務，父母希望能提高他們的能力感。

　　有些兒童在學步期時未能獲得控制感。由於在大多數所嘗試的任務上遭遇到失敗，或由於不斷受到父母的批評和阻止——或者最有可能的是由於這兩種原因的共同作用——有的兒童產生了一種極度的羞怯和自我懷疑感。這是學步期心理社會危機的消極解決（Erikson, 1963）。羞怯是一種強烈的情緒，可來源於兩種不同類型的經驗（Morrison, 1989）。羞怯的一個來源是社會的諷刺和批評。你可以想像你因潑灑了牛奶或丟失了上衣而受到譏諷，由此重新體驗羞怯感。當你感到羞怯的時候，你會覺得自己很藐小、可笑、而且屈辱。有些文化極大地依賴公眾的貶抑作為社會控制的手段。在那樣的文化中成長起來的成人對於「保持面子」極為關注，他們最大的恐懼之一，是害怕被公眾指責為具有不道德或不誠實的行為。在有些情況下，這種羞愧會導致自殺。

　　羞怯的另一來源是內部的衝突。當兒童形成了對作為一個有教養、正派、有能力的人之涵義的理解時，他便建立了一個關於理想的人之心理表象，即自我理想。當兒童認識到自己的行為不符合自己理想的標準時，他便感到羞愧。即使他們並沒有破壞規則或做什麼淘氣的事，他們也仍可能因為自己沒有遵從自己所想像的應該怎樣做的個人理想，而感到羞愧。

　　羞愧的經驗是極不愉快的。為了避免它，兒童可能躲避各種新活動。這類兒童對自己的能力缺乏自信；他們預料自己做什麼都會失敗，因

而新技能的獲得就變得緩慢而艱難，自信感和價值感被持久的懷疑所代替。具有擴散性的懷疑感（doubt）的兒童，只有在高度結構化和熟悉的情境下，才會感到自在，在這種情境下，失敗的危險性降到最低。在自主vs.羞怯和懷疑的衝突中，這是最為消極的一種解決方法。

在正常情況下，所有的兒童在他們的大量成功中都經歷過一些失敗。即便是最有耐心的父母，偶爾也會因為孩子把事情搞得亂七八糟或打擾他人而羞辱他。這種事例有助於兒童對自己的獨立性和技能做出更現實的評估。已獲得自主性而解決危機的兒童，仍然會對自己是否能成功表示疑問。當他們失敗的時候，他們可能仍然會感到羞愧。但是他們的性情通常是傾向於嘗試大量的活動。羞怯和懷疑的少數兒童，將避免新的活動，並墨守他們已經知道的東西。

據此，照顧者如何照顧及幫助嬰幼兒成長與發展呢？以下提出一些引導原則及輔導方向供大家參考：

1. 提供各種學習機會，讓幼兒練習及掌握控制個體萌發的動作技巧（有關身體與動作發展之輔導請參考第六章第四節）。
2. 提供各種語言學習及表達的情境，以促進幼兒語言發展。
3. 增加幼兒獨立自主機會，減少羞辱孩子。
4. 提供很好的身教，利用境教機會給予孩子觀察及模仿。
5. 幫助幼兒覺察情緒的原因並學習表達自己的感覺。
6. 提供機會（真實或假扮情境），讓幼兒練習處理及因應情緒。
7. 同理心的培養。
8. 利用同儕為鷹架，在遊戲中促進幼兒社會能力及社會技巧的發展。
9. 瞭解個人及家庭的文化規範的「情緒表達原則」是否符合孩子的發展狀況，嬰幼兒的情緒獲得是透過觀察與模仿而習得，成人要儘量幫助嬰幼兒克服及處理緊張情緒，多以正向情緒表達，以幫助他們獲得正向情緒體驗。

參考書目

一、中文部分

張欣戊（2001）。〈語言發展〉。輯於張欣戊等著，《發展心理學》（修訂三版）。台北：國立空中大學。

郭靜晃、吳幸玲譯（1993）。《兒童發展──心理社會理論與實務》。台北：揚智。

陳淑琦（1998）。〈幼兒語文發展與保育〉。輯於郭靜晃等著，《幼兒發展與保育》。台北：國立空中大學。

二、英文部分

Albert, S., Amgott, T., Krakow, M., & Marcus, H. (1977). Children's bedtime rituals as a prototype rite of safe passage. Paper presented at the annual convention of the American Psychological Association, San Francisco.

Anglin, J. M. (1977). *Word, Object, and Conceptual Development*. New York: Norton.

Bates, E., Bretherton, I., & Snyder, L. (1988). *From First Words to Grammar*. Cambridge: Cambridge University Press.

Bates, E., O'Connell, B., & Shore, C. (1987). Language and communication in infancy. In J. Osofsky (Ed.), *Handbook of Infant Development* (2nd ed.)(pp. 149-203). New York: Wiley.

Bernstein, B. (1972). Social class, language, and socialization. In P. P. Giglioli (Ed.), *Language and Social Context*. Harmondsworth: Penguin.

Best, C. T., McRoberts, G. W., & Sithole, N. M. (1988). Examination of perceptual reorganization for non-native speech contrasts. Zulu click discrimination by English-speaking adults and infants. *Journal of Experimental Psychology: Human Perception and Performance, 14*, 345-360.

Bloom, L., Lightbown, P., & Hood, B. (1975). Structure and variation in child language. *Monographs of the Society for Research in Child Development, 40* (2,

serial no. 160).

Braine, M. D. S. (1976). Children's first word combinations. *Monographs of the Society for Research in Child Development, 41*(1).

Brown, R. (1973). *A First Language: The Early Stages*. Cambridge, Mass: Harvard University Press.

Burke, B. (1987). The role of playfulness in developing thinking skills: A review with implementation strategies. In S. Moore & K. Kolb (Eds.), *Reviews of Research for Practitioners And Parents*, no.3 (pp. 3-8). Minneapolis: Center for Early Education and Development.

Campos, J. J., Caplovitz, K. B., Lamb, M. E., Goldsmith, H. H., & Stenberg, C. (1983). Socioemotional development. In M. M. Haith & J. J. Campos (Eds.), *Handbook of Child Psychology: Vol. 2*. Infant and developmental psychobiology (4th ed., pp. 783-915). New York: Wiley.

Carey, S. (1978). The child as word learner. In M. Halle, G. Miller, & J. Bresnan (Eds.), *Linguistic Theory and Psychological Reality* (pp. 264-293). Cambridge, Mass: MIT Press.

Cole, D. & La Voie, J. C. (1985). Fantasy play and related cognitive development in 2 to 6 years old. *Developmental Psychology, 21*, 233-240.

Diaz, R. M. (1983). Thought and two languages: The impact of bilingualism on cognitive development. *Review of Research in Education, 10*, 23-54.

Dore, J. (1978). Conditions for the acquisition of speech acts. In I. Markova (Ed.), *The Social Context of Language*. New York: Wiley.

Eckerman, C. O. & Didow, S. M. (1989). Toddlers' social coordinations: Changing responses to another's invitation to play. *Developmental Psychology, 25*, 794-804.

Eimas, P. D.(1975). Auditory and phonetic coding of the cues for speech: Discrimination of the [r-1] distinction by young infants. *Perception and Psychophysics, 18*, 341-347.

Erikson, E. H. (1963). *Childhood and Society* (2nd ed.). New York: Norton.

Ferguson, C. (1989). Individual differences in language learning. In M. L. Rice & R. L. Schiefelbusch (Eds.), *Teachability of Language*. Baltimore: Brookes.

Flavell, J. H. (1977). *Cognitive Development*. Englewood, Cliffs, NJ: Prentice-Hall.

Flavell, J. H., Flavell, E. R., & Green, F. L. (1987). Young children's knowledge about the apparent-real and pretend-real distinctions. *Developmental Psychology, 23*, 816-822.

Greenfield, P. M. & Smith, J. H. (1976). *The Structure of Communication in Early Language Development*. New York: Academic Press.

Hakuta, K. & Garcia, E. E. (1989). Bilingualism and education. *American Psychologist, 44*, 374-379.

Heath, S. B. (1989). Oral and literate traditions among black Americans living in poverty. *American Psychologist, 44*, 367-372.

Hess, R. D. & Shipman, V. C. (1965). Early experiences and the socialization of cognitive modes in children. *Child Development, 36*, 869-886.

Hoffman, S. J. (1985). Play and the acquisition of literacy. *Quarterly Newsletter of the Laboratory of Comparative Human Cognition, 7*, 89-95.

Howes, C. & Stewart, P. (1987). Child's play with adults, toys, and peers: An examination of family and childcare influences. *Developmental Psychology, 23*, 423-430.

Howes, C. (1987). Peer interaction of young children. *Monographs of the Society for Research in Child Development, 53* (1, serial no.217).

Howes, C., Unger, O., & Seidner, L. B. (1989). Social pretend play in toddlers: Parallels with social play and with solitary pretend. *Child Development, 60*, 77-84.

Hutt, S. J., Tyler, S., Hutt, C., & Foy, H. (1988). *Play Exploration and Learning: A Natural History of the Preschool*. New York: Routledge.

Huttenlocher, J. (1974). The origins of language comprehension. In R. L. Solso (Ed.), *Theories in Cognitive Psychology*. Potomac, Md.: Erlbaum.

Hymes, D. (1972). On communicative competence. In J. B. Pride & J. Holmes (Eds.), *Sociolinguistics* (pp. 269-285). Harmondsworth: Penguin.

Jacobson, J. (1981). The role of inanimate objects in early peer interaction. *Child Development, 52*, 618-626.

Ladd, G. W., Price, J. M., & Hart, C. H. (1988). Predicting preschoolers' peer status from their playground behaviors. *Child Development, 59*, 986-992.

Lenneberg, E. H. (1967). *Biological Foundations of Language*. New York: Wiley.

Lucariello, J. (1987). Spinning fantasy: Themes, structure, and the knowledge base. *Child Development, 58*, 434-442.

Miller-Jones, D. (1989). Culture and testing. *American Psychologist, 44*, 360-366.

Molfese, D. L., Molfese, V. J., & Carrell, P. L. (1982). Early language development. In B. B. Wolman (Ed.), *Handbook of Developmental Psychology* (pp. 301-322). Englewood Cliffs, N. J.: Prentice-Hall.

Morrison, A. P. (1989). *Shame: The Underside of Narcissism*. Hillsdale, N. J.: Analytic Press.

Moskowitz, B. A. (1978). The acquisition of language. *Scientific American, 239*, 92-108.

Muller, E. & Lucas, T. (1975). A developmental analysis of peer interaction among toddlers. In M. Lewis & L. Rosenblum (Eds.), *Friendship and Peer Interaction*. New York: Wiley.

Nelson, K. (1981). Individual differences in language development: Implications for development and language. *Developmental Psychology, 17*, 170-187.

Nelson, K. (1973). Structure and strategy in learning to talk. *Monographs of the Society for Research in Child Development, 38*(1-2).

Norman-Jackson, J. (1982). Family interactions, language development, and primary reading achievement of black children in families of low income. *Child Development, 53*, 349-358.

Olsen, L. (1988). *Crossing the Schoolhouse Border: Immigrant Students and the California Public Schools*. San Francisco: California Tomorrow.

Oviatt, S. L. (1980). The emerging ability to comprehend language: An experimental approach. *Child Development, 51*, 97-106.

Oviatt, S. L. (1982). Inferring what words mean: Early development in infants' comprehension of common objects' names. *Child Development, 53*, 274-277.

Parten, M. (1932). Social participation among preschool children. *Journal of Abnormal and Social Psychology, 27*, 243-269.

Piaget, J. (1962). *Play, Dreams, and Imitation in Childhood*. New York: Norton.

Piers, J. W. & Landau, G. M. (1980). *The Gift of Play*. New York: Walker.

Pye, C.(1986). QuichéMayan speech to children. *Journal of Child Language, 13*, 85-100.

Rice, M. L. (1989), Children's language acquisition. *American Psychologist, 44*, 149-156.

Rice, M. L. & Woodsmall, L. (1988). Lessons from television: Children's word learning when viewing. *Child Development, 59*, 420-429.

Rogoff, B. & Morelli, G. (1989). Perspectives on children's development from cultural psychology. *American Psychologist, 44*, 343-348.

Rubin, K. H. (1980). Fantasy play: Its role in the development of social skills and social cognition. *New Directions in Child Development, 9*, 69-84.

Saltz, R. & Saltz, E. (1986). Pretend play training and its outcomes. In G. Fein & M. Rivkin (Eds.), *The Young Child at Play: Reviews of Research* (Vol. 4, pp. 155-173). Washington, D. C.: National Association for the Education of Young Children.

Sarason, I. G. (1980). *Test Anxiety: Theory, Research and Application*. Hillsdale, N. J.: Erlbaum.

Schatz, M. (1983). Communication. In J. H. Flavell & E. M. Markman (Eds.), *Handbook of Child Psychology* (Vol. 3, pp. 841-889). New York: Wiley.

Selman, R. L. & Selman, A. P. (1979). Children's ideas about friendship: A new theory. *Psychology Today*, 71-80.

Singer, J. L. (1975). *The Inner World of Daydreaming*. New York: Colophon Books.

Slade, A. (1987). A longitudinal study of maternal involvement and symbolic play during the toddler period. *Child Development, 58*, 367-375.

Slobin, D. I. (1985). *The Cross-Linguistic Study of Language Acquisition* (Vols. 1 & 2). Hillsdale, N. J.: Erlbaum.

Snow, C. E. (1984). Parent-child interaction and the development of communicative ability. In R. L. Schiefelbusch & J. Pickar (Eds.), *Communicative Competence: Acquisition and Intervention* (pp. 69-108). Baltimore: University Park Press.

Snow, C. E. (1987). Beyond conversation: Second language learners' acquisition of description and explanation. In J. P. Lantolf & A. Labarca (Eds.), *Research in Second Language Learning: Focus on the Classroom* (pp. 3-16). Norwood, N. J.: Ablex.

Templin, M. C. (1957). *Certain Language Skills in Children*. Minneapolis: University of Minnesota Press.

Tinsley, V. S. & Waters, H. S. (1982). The development of verbal control over motor behavior: A replication and extension of Luria's findings. *Child Development, 53*, 746-753.

Trehub, S. E. (1973). Infants' sensitivity to vowel and tonal contrasts. *Developmental Psychology, 9*, 91-96.

Vega-Lahr, N., Field, T., Goldstein, S., & Carran, D. (1988). Type A behavior in preschool children. In M. Field, P. M. McCabe, & N. Schneiderman (Eds.), *Stress and Coping Across Development* (pp. 89-107). Hillsdale, NJ: Erlbaum.

Werker, J. F. & Lalonde, C. E. (1988). Cross-language speech perception: Initial capabilities and developmental change. *Developmental Psychology, 24*, 672-683.

Wertsch, J. V. (1978). Adult-child interaction and the roots of metacognition. *Quarterly Newsletter of the Institute for Comparative Human Development, 2*, 15-18.

White, B. L., & Watts, J. C. (1973). *Experience and Environment* (Vol. 1). Englewood Cliffs. N. J.: Prentice-Hall.

White, B. L., Kaban, B. T., & Attanucci, J. S. (1979). *The Origins of Human Competence*. Lexington, Mass.: D. C. Heath.

chapter 8

幼兒的身體與動作發展及輔導

幼兒期兒童是指三至六歲的兒童，此時期的兒童整合其生理、心理、社會、認知、心靈和社交發展成就，準備歷經人生的重要轉折——入學。鞏固這些技巧必須靠持續的腦部成長、身體發展、粗細動作增進與感官系統成熟。此期兒童的生理變化除了以「神經系統的成熟」和「技巧的操作」最為重要外，最明顯的變化便是外型改變。幼兒期兒童看來還是頭大身體小的模樣，這種情況會持續到學齡前歲月結束時，不過這段期間他們會變瘦，失去嬰幼兒特徵的「嬰兒肥」。三歲以下的小孩常會胖胖圓圓的，但是三到六歲的兒童大都會變苗條，雖然仍然可以看到因為基因與環境因素所造成的身高體重差異。五歲後，兒童身高成長速度會再上揚，保持穩定一直到青春期。

幼兒期的兒童在動作技能上發展迅速，導致他們花費更多的時間在遊戲上，以及已經從平行式的遊戲逐漸發展成可以與玩伴合作性的遊戲，他們互相追逐且敢於嘗試新的事情，並且藉此發展他們的認知及技能。

兒童要發展正常，必須要有足夠的營養、睡眠和休息，兒童承襲了父母的生長潛能，但是外在因素如身體照顧、適當的營養和父母對健康和安全的態度，對幼兒生理的發展皆有影響。

本章將針對幼兒期的身體與動作發展做一剖析，共分為四節：(1)幼兒期的身體發展；(2)幼兒期的動作發展；(3)幼兒期的身體與動作發展之輔導；(4)兒童人身安全。

第一節　幼兒期的身體發展

一、身高與體重

依照Weeth的建議，二至四歲兒童的身高可計算為：2.5×年齡（歲）＋30英寸。一般而言，就身高來說，四歲時身高約為出生時兩倍，五歲時身高是出生的三倍，六歲時兒童的身體比例與其長大成人時的比例相似。

而在體重部分，兩歲半時體重約為出生時的四倍，五歲時體重約為出生時的六倍，至六歲時兒童的體重則已增加為一歲體重時的兩倍。

　　幼兒期孩童身高和體重呈現穩定的成長，一般認為三至四歲兒童的體重每年增加一點四至二點三公斤（三至五磅），身高每年增加七點五至十公分（三至四英寸）。四至六歲期間的身高成長速率則為每年增加六點三公分（二點五英寸），體重則每年增加二點三至三點二公斤（五至七磅）（Santrock, 1999）。有關各年齡兒童身高及體重增加情形整理於**表8-1**、**表8-2**（陳月枝等，1997）。

二、腦神經系統

　　幼兒期兒童最重要的生理發展是中樞神經系統的成熟，腦部發展的

表8-1　各年齡身高增加情形

年齡	增加速度
前6個月	2.5公分／月
第二個6個月	1.25公分／月
3～4歲	7.5～10公分／年
4～6歲	6.3公分／年

資料來源：陳月枝等（1997）。

表8-2　各年齡體重增加情形

年齡	體重
出生至6個月	每月增加0.5～1公斤
5、6個月	2×出生時體重
1歲	3×出生時體重
2歲半	4×出生時體重
5歲	6×出生時體重
6歲	2×1歲時體重
7歲	7×出生時體重
10歲	10×出生時體重
14歲	15×出生時體重

資料來源：陳月枝等（1997）。

速度遠超過身體其他部位。腦部發育有兩種途徑，一是腦細胞纖維的分化，一是髓鞘化。髓鞘（myelin sheath）是一層薄薄的脂肪鞘，包住軸突，使軸突與外界絕緣；當神經衝動沿著軸突傳導，髓鞘的絕緣性提高神經衝動的傳導（郭靜晃等，1998）。四歲兒童腦重量為出生的三倍，達成人的75%；六歲兒童腦重量達成人腦重量的90%，不同部位髓質的成長速率不一；三歲時脊髓神經才完成，不同神經的發展帶來不同活動的準備；四歲時聯結小腦與大腦皮質間的纖維髓鞘化（Santrock, 1999）。當幼兒髓鞘化完成及認知發展增加時，其手和手指可隨意的移動來畫畫和繪出簡單的圖形。主司概念式思考、記憶及語言的大腦皮質也愈趨精細，左大腦半球負責語言、說話及閱讀能力，右大腦半球則負責空間能力與視覺想像的技巧（**表8-3**）（郭靜晃等，1998）。四至六歲時，大腦半球的發展情況會影響優勢手（慣用手）的建立——即左大腦半球若發展較好，則右手的運作能力較佳（蔡欣玲等，2004）。根據研究，四歲左右幼兒的慣用手，有88%是右手，8%是左手，但也有4%則並未建立（Tan, 1985）。

三、骨骼肌肉系統

幼兒期的兒童雙腿雙臂增長，手腳變大，嬰幼兒期時的脊椎前屈、腹部凸出的現象已經消失，大部分兒童的身材比嬰幼兒時期修長。在幼兒期肌肉的生長要比骨骼快，到了五歲時，肌肉的發展占了兒童體重增加的

表8-3　大腦的功能

左腦	右腦
口語	非口語
閱讀	空間能力（整體）
書寫	形狀的知覺
秩序感	旋律的知覺
計算	情緒的確認及表達
右邊視野	左邊視野
控制右邊肢體	人臉辨識
	控制左邊肢體

75%，從嬰兒期到四歲的幼兒，在長骨幹含有紅色骨髓，能夠製造血球。而至四至七歲時，紅骨髓就漸漸被脂肪組織所取代，而最後只剩下脊椎骨、骨盆和胸骨才有紅骨髓（Lowery, 1978）。

四、心臟血管系統

嬰兒期心臟在胸腔占據了很大的空間（約55%），且呈橫位，但隨著年齡的成長，及肺臟的變大，至幼兒五歲時，心臟的重量會增為四倍（Lowery, 1978），且心臟的位置會漸漸傾斜並降低。

而隨著周邊循環的需要增加，且為了適應血壓的上升，幼兒期孩童的心臟左心室壁會比右心室壁厚，血管壁也會增厚。幼兒時期的兒童，心跳速率約為每分鐘八十至一百一十次（平均每分鐘一百次），收縮壓約為一百至一百一十毫米汞柱，而舒張壓通常比收縮壓低三十至四十毫米汞柱（蔡欣玲等，2004），**表8-4**、**表8-5**為各年齡層心跳速率及血壓的正常值（陳月枝等，2003）。

表8-4 血壓（毫米汞柱）

嬰兒的血壓 *	年紀	收縮壓	2個標準差	舒張壓	2個標準差
第1天：52	1天	78	14	42	14
第4天：70	1個月	86	20	54	18
第10天：80	6個月	90	26	60	20
第2個月：95	1歲	96	30	65	25
第8個月：95	2歲	99	25	65	25
	4歲	99	20	65	20
	6歲	100	15	60	10
	8歲	105	15	60	10
	10歲	110	17	60	10
	12歲	115	19	60	10
	14歲	118	20	60	10
	16歲	120	16	65	10

註：1. * 此數據得自於泛紅法（flush method）。
　　2. 收縮壓與舒張壓之判別在一歲以下是根據杜卜勒法，在一歲以上是根據聽診器的聽診——心音改變的那一點即為舒張壓。

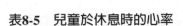

表8-5　兒童於休息時的心率

年紀	平均心率	2個標準差
出生時	140	50
第1個月	130	45
1～6個月	130	45
6～12個月	115	40
1～2歲	110	40
2～4歲	105	35
6～10歲	95	30
10～14歲	85	30
14～18歲	82	25

五、呼吸系統

　　幼兒時期因為肺的大小和容積增加，使得氧合能力增加、呼吸速率減少，因此肺的功能要比嬰兒期好。幼兒期的呼吸方式仍以橫膈為主，採腹式呼吸，一直至七歲以後才改以胸壁肌肉為主的胸式呼吸（Lowery, 1978）。呼吸速率則由出生時的每分鐘四十次減為每分鐘二十五次左右。表8-6為各年齡兒童呼吸速率的正常值（陳月枝等，2003）。

表8-6　呼吸速率

年紀	次／分	潮氣容積（毫升）	肺活量（公升）
早產兒	40～90	12	—
足月新生兒	30～80	19	—
1歲	20～40	48	—
2歲	20～30	90	—
3歲	20～30	125	—
5歲	20～25	175	1.0
10歲	17～22	320	2.0
15歲	15～20	400	3.7
20歲	15～20	500	3.8

六、消化系統

隨著肌肉的發展、乳牙的長出，嬰幼兒期已發展出咀嚼、吞嚥的功能，故幼兒期兒童已可接受多樣化的食物，且胃部的胃酸及酵素到了四歲之後可達到成人的標準，亦有助於消化功能。兩歲的嬰幼兒胃的容量約五百毫升，至幼兒期則達到七百五十至八百毫升（王瑋等譯，1990）。但由於胃容積尚比成人來得小，而胃排空仍較快，故兩餐之間給一些點心是很重要的，可以預防低血糖的發生。

七、泌尿系統

嬰兒時期腎小管過濾及吸收功能尚欠佳，但當滿兩歲時，腎臟保存水分和濃縮尿液的能力就差不多已達成人的程度（Valadian & Porter, 1977），到三歲時，尿液甚至可積留六至九小時（蔡欣玲等，2004）。

在某些情況下，細菌可以自尿道上行，而造成泌尿系統任一個部位的感染。在男孩，尿道較長，通常能保護他們免受感染。然而，女生的尿道長度不及兩公分，且直接開口於易被汙染的區域。因此，任何年齡的女性，在擦拭會陰時都應由前向後，朝向肛門的方向。教導兒童如何預防感染是很重要的。

第二節 幼兒期的動作發展

一般而言，到了幼兒期，粗大動作及精細動作的控制都已發展得相當不錯了，手－眼動作與肌肉協調的純熟可表現在日常生活行為上。對幼兒期兒童來說，身體協調的走、爬、伸、抓與放，不再純粹只是身體活動，而是變成方法、工具，這些技巧發展給幼兒新方法探索世界及完成新任務，見**表8-7**。

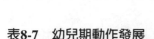

表8-7　幼兒期動作發展

年齡	動作發展
3歲	騎三輪車，能用腳尖走路，希望使用雙腳，跑步，一步一步地上下樓梯，扣鈕釦及解鈕釦，將水從水壺中倒出，能堆九個積木，並用三個積木做橋，嘗試一些基本形狀（三角形、圓形和方形），抓球，手臂伸直。
3歲半	使用基本的形狀，塗鴉變得更有形，如圓中有圓等。
4歲	可用一隻腳平衡五秒鐘，能用腳跟向前走，向下丟球，自己穿衣服，抓小球。走路時手肘在前，在三輪腳踏車上表演特技，減慢步伐，交互雙腳，習慣用手做事。
5歲	用手抓身邊跳躍的球。平均走一呎須花十秒鐘；跳躍、下樓梯、腳容易左右交替，球丟得很好，依樣畫葫蘆、寫字母、數字、三角形和方形，能把紙摺疊成兩個三角形，嘗試從圖畫中瞭解動物以及建築物。
6歲	能向後走，跑的速度增快。

一、粗大動作技巧

　　三至六歲的健康兒童經常在活動中。在這個年紀，幼兒有機會便會跑、跳、攀、爬等。他們手腳肌肉正在發展，而且這個年齡群的幼兒每日需要大量的運動與活動，而孩子已能由此獲益。三歲時可以單腳站立數秒鐘，兩腳交替地上樓梯，會自己上廁所；四歲時能單腳跳躍、兩腳交替地下樓梯；五歲時可以兩腳交替地跳繩、平穩地投球，還會以雙手接住反彈的球；六歲時跳躍、奔跑、飛馳的動作已做得很好，此年齡兒童喜歡跑得快、用力丟、跳很高來測驗身體極限，在環境擴展中主動尋求更多獨立，照顧者必須設定限制與界限，並要經常提醒幼兒遵守安全規則及使用安全設備。

二、精細動作

　　相對於粗大動作技巧牽涉身體大肌肉，精細動作則與身體的小肌肉有關，幼兒各方面的肌肉活動已能運用自如，手的動作技巧及手眼協調愈來愈好，如自行穿衣服、進食、倒水、握筆塗鴉等。三歲的幼兒能自己刷牙、洗臉、湯匙可以使用得很好，能模仿畫「○」、「＋」、「×」；四歲時可用剪刀沿線剪下圖形，可繫鞋帶（但不會打蝴蝶結）、能模仿畫

「□」；五歲時會繫鞋帶，能使用剪刀、鉛筆等簡單文具；六歲幼兒會自己使用刀子，可在部分協助下洗澡，能畫出熟悉的畫像。

三、動作發展與遊戲

(一)遊戲對動作發展的意義

幼兒的動作發展有三大重點：體能、知覺—動作發展及運動技巧。

體能指的是身體機能的能力（例如，心、肺及循環系統的功能，肌肉強度及彈性）；知覺—動作發展指的是兒童知覺及解釋感覺資料，以及透過活動而反應的能力（包括時間、空間、方向及視聽覺的察覺）；運動技巧指的是基本移位、操弄及平衡等技巧（Poest et al., 1990）。

以目前來看，兒童的體能愈來愈差。以美國為例，成人普遍花很多時間在其健康及體能的維護上，相對的，兒童花愈多的時間在看電視，從事較靜態的活動，及攝取過多高醣類食物，結果造成兒童愈來愈胖，體能愈來愈差（Jambor & Hancock, 1988）。

Deitz及Gortmaker（1985）研究發現，看電視的兒童較容易發胖，因為坐著看電視促使身體休息太久，減少能量消耗，及因常吃高醣類食物而使身體吸收過多的熱量。

有關知覺—動作發展方面，Weikart（1987）指出，如同體能般，幼兒知覺—動作發展也有日益衰退的趨勢，尤其是視覺、聽覺及時間的察覺力方面。雖然，有關訓練幼兒的知覺—動作發展中心如雨後春筍般地成立，但是相同研究卻指出其效果並不彰顯。

有關運動技巧方面，學者Seefeldt研究發現，運動技巧並不是純粹源自於個體的成熟，而是要透過教導及練習才有所改善。因此，幼兒如常參與自由遊戲，可增加其運動技巧。大肌肉活動、小肌肉活動、身體察覺活動、空間察覺活動、方向察覺活動、平衡活動、整合性活動及表達性活動等，皆可透過訓練課程來加以增強（吳幸玲，2003）。

遊戲與兒童的動作發展有其絕對的關係，嬰兒在遊戲中有身體的活

動如手腳的蹬、移動。在幼兒時，幼兒大量的大肌肉活動，如爬、跑、跳及快速移動，騎三輪車，而且也有精細的小肌肉活動，如剪東西。到了學齡兒童期，他們的運動競賽需要大量的肌肉及運動系統的練習。因此，遊戲幫助兒童精細了身體動作能力。

以上之論述，可以**表8-8**示之。

遊戲是兒童全部的生活，也是兒童的工作，因此，兒童的休閒育樂活動更是離不開「遊戲」。教育學家William Heard Kilpatrick說：「教育即生活」；John Dewey認為：「教育即遊戲」，此外，M. Montessori、Jean Piaget等亦主張，以自由開放的態度讓幼兒發展天性，並重視遊戲的教育功能，由上列的論點就可以說：「教育即遊戲」。基於兒童天性對遊戲的需求，休閒活動也是國民教育中重要的一環（鍾騰，1989）。而兒童遊戲的教育功能，也可從兒童發展的歷程看出。

一歲以上的幼兒，就會在有人陪伴之下獨自地玩或與別人一起玩，在簡單的遊戲與娛樂中，利用器官的探索逐漸瞭解這個世界及加深其感官知覺，因此，在這段時期的兒童，不論是社會性或單獨的遊戲，都是他學習的主要方式。

表8-8　遊戲與兒童發展的關係

	情緒發展	認知發展	社會發展	語言發展	動作發展
嬰兒期（0～2歲）	玩物的刺激：關心、照顧	物體的刺激，如照明刺激、三度空間	親子互動，手足互動	發聲練習：親子共讀	大肌肉活動，如跳、跑及快速移動
幼兒期（3～6歲）	玩物、情境等透過遊戲表達情感：學習控制情緒	分類能力之提增；假裝戲劇遊戲	同儕互動	兒童圖畫書賞析	感覺統合
學齡兒童期（7～12歲）	利用休閒活動滿足情緒：透過休閒或遊戲增加自我尊重之情緒穩定	加重邏輯及數學之演繹性活動	團隊比賽及運動	語言遊戲活動，如相聲、脫口秀、繞口令：瞭解各種不同族群及文化的語言	運動技巧；體能；知覺—動作發展

進入兒童早期，由於幼兒動作技巧的精熟及經驗的擴增，遊戲漸趨複雜，這個時期兒童最主要的認知遊戲為功能性（functional）及建構性（constructive）兩種：前者又稱操作性遊戲，利用固定玩物；後者意指有組織的目標導引遊戲（吳幸玲、郭靜晃譯，2003）。

到了兒童晚期，同儕團體在生活領域中地位逐漸加重，兒童在團體中受歡迎的程度決定了他參加遊戲的形式，這段時間最常做的遊戲有建構性遊戲、蒐集東西、競賽等，在兒童遊戲中，兒童慢慢建立起自我概念、性別認識，並發展出社會化行為（黃秀瑄，1981）。從此之後，當兒童步入青少年期，除了上課休息及習作功課之外，休閒活動逐變成其生活的重心。

(二)遊戲的類型

兒童的發展過程乃是循序漸進，由自我中心到與他人互動、由具體到抽象。Garvey（1977）指出，隨著兒童年齡的增長，遊戲有下列四種基本的發展與改變趨向。

1. 生物的成熟：隨著年齡增長、兒童身體與心理成長，使得兒童獲得新的遊戲能力與技能。
2. 精緻和複雜：遊戲會因兒童技能的成熟加上經驗的豐富，愈加精緻和複雜，而且也可應用多種不同的概念。
3. 減少隨機化行為，增加行為的計畫與控制：兒童可以透過想像直接操弄環境或改變事實。
4. 加深個人的遊戲經驗：兒童透過日常生活的觀察與模仿，習得社會的因果關係，並將這些事件應用在日後遊戲的主題。

◆從認知發展層面分類

從認知發展層面，Piaget（1962）將遊戲分為三類：練習遊戲（practice play）、表徵遊戲（symbolic play）和規則遊戲（games with rules）。之後，Smilansky（1968）參照Piaget的分類，將認知遊戲修訂為四類：功能性遊戲（functional play）、建構遊戲（constructive play）、戲

劇性遊戲（dramatic play）及規則遊戲，四類遊戲分述如下：

1. 功能性遊戲：約從出生到兩歲，幼兒經常以身體的重複性動作，例如，跳與跑、反覆抓握物體和操弄玩具，來滿足感官的刺激與愉悅。

2. 建構遊戲：約從兩歲起，幼兒開始使用各種可塑性的物品，如積木、拼圖、樂高或玩物、沙、水、黏土、麵糰，有目的地完成某些成品，如機器人、動物等，而隨著年齡的成長及動作發展的成熟，兒童可進一步發展自己的創作。

3. 戲劇性遊戲：約在二至七歲之間，兒童處於認知發展的前運思期，兒童逐漸展現他們的表徵能力，此時，兒童開始從事假裝（pretend）的想像遊戲，可以參與各種角色的情境、對話或行動。在三歲以前，幼兒大都獨自進行遊戲，自三歲之後，則逐漸參與兩人以上的團體社會戲劇遊戲（sociodramatic play），成員間透過彼此的對話，共同設計情節，進行協調，進而達成有主題的社會戲劇遊戲。

4. 規則遊戲：約在七至十一歲之間，正處於具體運思期，兒童認知及接受規則能力大增，可從事一些具有規則性的遊戲，例如，球賽、下棋、捉迷藏等，兒童對於規則的遵循及遊戲者的共同約定非常在意，如此一來，他們才能一起玩。

之後，Rubin、Fein及Vandenberg（1983）觀察幼兒從出生至七歲，在認知發展層面有七種認知遊戲階段：感覺動作遊戲（sensorimotor play）、建構遊戲（constructive play）、初級假裝遊戲（first pretend play）、代替性假裝遊戲（substitue pretend play）、社會戲劇遊戲（sociodramatic play）、規則的察覺（awareness of the rules）及規則遊戲，茲分述如下：

1. 感覺動作遊戲：約在一歲之前，利用已有的知覺基模探索外在的事物，嬰兒將一些玩物放在嘴裡，咬它們，捏它們，或將玩物丟在地板上，藉此，嬰兒可以瞭解物體的特性。

2. 建構遊戲：約從一至二歲，當嬰兒對物體的基模愈來愈精緻與複雜

時，他們可以使用玩物做簡單的建構，例如，玩拼圖、積木、插椿玩具或堆疊玩具，這種建構遊戲可持續至六歲，而且愈來愈複雜及具創意。

3. 初級假裝遊戲：約從十二至十四個月大開始，幼兒可以使用模擬真實器具的玩具來假裝一些動作，例如，用玩具湯匙餵洋娃娃、用梳子梳頭髮、玩具車代替開車。隨著年齡的增長，使用假裝的玩物會愈來愈不受外型影響，取而代之的是玩物的功能。

4. 代替性假裝遊戲：約在二至三歲之間，幼兒會使用玩物來代替任何他們想得到的東西。他們可能利用筷子來代替梳子，湯匙代替香蕉，或利用掃把代替騎馬。到了四、五歲之後，他們的遊戲時間中，至少有20％會使用這種新且複雜的假裝。

5. 社會戲劇遊戲：幼兒上幼兒園的時期，他們喜歡扮家家酒，尤其喜歡扮演父母、老師、警察、司機、醫生、護士及超級英雄等角色。兒童很喜歡此類遊戲，尤其是幻想遊戲。這種遊戲對幼兒的社會發展尤其重要，由於扮演別人，兒童必須融入這個角色，這使得兒童能跳脫自我中心，漸漸瞭解別人的看法及想法。

6. 規則的察覺：六歲的幼兒不僅可以自我創造戲劇，而且還可以描述戲劇的規則。他們可以預先計畫情節，分派角色。這種改變需要更進一步的認知能力才能辦到，通常是在六歲左右，在此之後，兒童便開始發展具體的運思能力。

7. 規則遊戲：上了小學後，假裝遊戲會漸漸減少，取而代之的是特定規則的複雜遊戲，例如，踢瓶子、球賽、玩彈珠等。這種堅持規則的遊戲對兒童日後的認知及社會發展有所助益。最重要的是，兒童需要時間來玩此類遊戲，然而現代兒童卻花太多時間在看電視，或做一些沒有組織及建設性的遊戲。

◆從社會發展層面分類

從社會發展層面，Parten（1932）針對日本保育學校（nursery

schools）的幼兒進行觀察，發現幼兒的社會性遊戲依序為：無所事事行為、旁觀的行為、單獨遊戲（solitary play）、平行遊戲、協同遊戲及合作遊戲，茲分述如下：

1. 無所事事行為（約在兩歲以前）：到處走動、東張西望或靜靜坐在一旁，沒有做什麼特定的事情。
2. 旁觀的行為（約在兩歲以前）：當其他孩子在玩時，幼兒只在一旁觀看，偶爾與正在玩的幼童說話，但沒有參與遊戲。
3. 單獨遊戲（約在兩歲至兩歲半）：自己一個人玩玩物，與他人沒有交談等任何社會互動。
4. 平行遊戲（約在兩歲半至三歲半）：與旁邊的小孩子玩相同或類似的玩具和遊戲，但他們彼此卻沒有進一步交談。
5. 協同遊戲（約在三歲半至四歲半）：與其他兒童一起玩，但彼此之間沒有共同目標及互相協助，仍以個人的興趣為主。
6. 合作遊戲（約在四歲半之後）：與其他兒童一起玩，彼此之間有分工及相互協助，以達成共同的目標。

　　Parten的研究提出之後，他所描述的兒童社會性遊戲發展階段，常被用以衡量兒童的社會發展層次。直到一九八○年，才由Howes從對同儕遊戲的觀察發展出Howes同儕遊戲量表。學者潘慧玲針對國內的幼兒社會遊戲情形加以觀察，發現許多幼兒進行的單獨遊戲，其實是一種有積極目標導向的行為，平行遊戲在許多時候是較大兒童在單獨遊戲與團體遊戲之間的過渡，並不是不成熟的社會行為。而Howes的同儕遊戲量表更將Parten的平行遊戲再區分為兩種：一種是簡單的平行遊戲，另一種則是彼此有共同焦點的平行遊戲。

　　就動作發展而言，兒童自出生到六歲，身體動作隨著幼兒身體的成長而更具活動性，更有力，並且更具控制力、平衡能力，和大小肌肉的協調能力，因此能呈現出更精緻的動作發展技巧，詳細發展情形請參考**表8-9**。

表8-9　遊戲發展進度量表

操弄／建築 （玩物遊戲）	表徵遊戲	社會遊戲	身體／動作遊戲
1.玩自己的身體部位（如手指、腳趾） 2.用手臂揮打玩物並獲得愉快 3.玩別人的身體部位，如摸別人的臉或頭髮 4.玩水 5.在遊戲中去拿玩物（或自己拿或從別人處獲得） 6.在玩的過程中放開玩物 7.用雙手去敲打玩物或拍手 8.做影響環境的重複性動作（例如敲打玩具產生砰砰響） 9.堆放玩物 10.自發性的塗鴉 11.拉玩具 12.將容器（籃）中的玩具倒出來 13.可以橫向排列並且是有組織性 14.玩沙（過濾、拍、抹平、倒或堆） 15.玩拼圖 　(1)三件式的形狀拼圖（三角形、四方形、圓形） 　(2)四件式個別成形的拼圖 　(3)四件組成一形體的拼圖 　(4)七件組成一形體的拼圖 　(5)十二件組成一形體的拼圖	1.在遊戲中模仿 　(1)模仿聲音 　(2)模仿別人的手勢 　(3)模仿別人的臉部表情 　(4)延宕模仿（將以前所聽過或看過的聲音或動作模仿出來） 2.在遊戲中可製造聲音 3.在遊戲中可用語言交談或叫喊 4.使用玩物來假裝、虛構（如假裝積木為車），可使玩物具有意義 5.功能性使用表徵玩具（如電話、車子、娃娃或茶具組合） 6.使用成人衣物或裝扮遊戲 7.表現單一的假裝情境遊戲（如喝茶、抽菸或開車） 8.表現虛構情境（事件之間有連續或單一角色持續在五分鐘以下，如用茶具組合在一起喝茶、吃餅乾，好像開茶會、派對；或開車去逛街或是去加油等）	1.模仿鏡中的形象 2.對鏡中的形象微笑 3.在遊戲中嘻笑 4.玩社會遊戲（如玩躲貓貓、玩拍手遊戲） 5.單獨地玩（如幼兒自己玩玩具，即使與別的幼兒一起玩，彼此處在很近的距離，也不想跟其他幼兒一起玩） 6.可以獨立自己玩遊戲，持續十五至三十分鐘 7.平行遊戲（幼兒通常玩在一起，但各自單獨做他們的活動或遊戲；通常玩相似的玩具或活動，除非他搶奪別人的玩具，不然彼此不會有社會性的互動或影響他人的活動） 8.聯合遊戲（幼兒可玩在一起，但各自擁有自己的主題的深度活動。彼此間有溝通交流，通常玩的主題是與玩物有關的活動。彼此之間各自有各自的活動目標與目的，可能彼此有所關聯，但不是一完整組織的活動）	1.可以不用支撐而坐著玩 2.玩時可以獨立站得很好 3.爬或匍匐前進 4.可以邊走邊玩 5.可以雙手將球從頭上丟出 6.可以從大人椅子爬上爬下 7.踢球 8.聽音樂、做些律動 9.踩（騎）三輪車 10.用雙腳做跳遠狀的動作（腳離地） 11.可以從十英寸高度跳下來 12.接大球 13.跑得很好（不會跌倒） 14.可以在矮的玩具和梯子爬上爬下 15.跳繩（至少跳連續兩次以上） 16.會翻觔斗、跳躍、盪鞦韆、用輪子溜冰、走平衡木等

（續）表8-9　遊戲發展進度量表

操弄／建築 （玩物遊戲）	表徵遊戲	社會遊戲	身體／動作遊戲
16.將玩具放入容器或籃子內 17.會將蓋子蓋於有蓋的容器 18.玩黏土 　(1)會用手去壓擠、滾及造型 　(2)利用工具（如棒子）形狀加上黏土做造型 　(3)利用黏土／沙做表徵的玩物（如做所熟識的物品，如電話、車子或茶杯），並能說出其名稱 19.玩積木 　(1)沒有表徵意義的建構遊戲 　(2)具有表徵意義的建構遊戲 20.用剪刀 　(1)用剪刀剪東西 　(2)將紙或布剪成碎片 　(3)沿線剪不同的形狀 　(4)剪成不同的形狀 　(5)剪圖案（除了太細小的部分之外） 21.用畫圖來表徵事物（大部分畫他所知道的故事並能說出故事中圖畫的名字） 22.遊戲建構的結果成為重要的部分 23.組織工藝技巧 24.使用顏色筆將圖案著色 25.拓印／蓋印畫或用筆做描繪	9.表現虛構情境（單一角色的遊戲可以持續五分鐘以上） 10.表現虛構情節（有情節、主題但較不具組織性） 11.表現有組織、情節的假裝遊戲 12.可以與其他幼兒做假裝遊戲（社會扮演遊戲）	9.兩人的合作遊戲（兩個幼兒參與共同目的的活動，彼此有組織能相互協調以達目的。通常幼兒是玩一些扮演、競爭／非競爭的比賽，或做一些作品，彼此相互支持以達目的） 10.團體的合作遊戲（兩個以上的幼兒能達到的目標） 11.遊戲中有分享行為 12.玩時可以等待 13.能為他人做事以達成目標的活動 14.要求同伴與他一起玩 15.能叫出同伴的名字並炫耀（自誇其所做的事情） 16.可與特定的玩伴一起玩並可將他當作最好的朋友 17.能對有規則的遊戲或比賽遵守規則，並能輪流共享玩具	

資料來源：引自Golden, D. B. & Kutner, C. G. (1980).

(三)一般兒童與異常兒童之遊戲發展

正如我們所知，六歲前的幼兒在社會、玩物、體能或表徵遊戲方面，是依年齡成熟而漸漸進展的。正常健康的孩子在社會互動、活動基模、物體使用、假裝活動、角色履行、遊戲主題、認知及語文的能力是慢慢進步的，除非孩子在發展上有異常或身心不健全。

Mindes（1982）研究了七十四位殘障孩子的社會及認知遊戲。他們之中，有的是感覺動作發展稍微遲緩，有的是學習困難但可以教育，而平均年齡大約六十三個月（在四十至七十三個月之間）。結果發現殘障孩子並不因性別、年齡、智商或殘障程度的不同，而呈現不同的遊戲行為，但患有智障之兒童比一般兒童有更多非遊戲行為或單獨遊戲行為，聯合或合作遊戲行為的比例較少。

早先的研究顯示，幼稚園及部分學齡之殘障兒在使用玩物時，會比一般兒童更依個人喜愛的方式去玩，而不是以有組織或符合社會所期望的方式。例如，Hulme及Lunzer（1966）調查殘障兒（實際年齡是三至十二歲，但智力年齡只有三至五歲）及一般幼兒的行為，結果發現智障的幼兒在建構和想像遊戲的能力與一般幼兒無異，但語文能力卻遠遜於一般幼兒。Hulme及Lunzer這兩位研究者認為，可能由於智障兒童的遊戲有固守儀式化及較少使用真實的表徵遊戲的結果。而Smilansky（1968）在觀察中度智障兒的遊戲時，發現大都是呈現功能性（指簡單的操弄遊戲），而較少有高層次的建構或社會扮演遊戲。

以往的研究大都是以評量正常兒童的工具來評量殘障兒的遊戲行為。Hill及McCune-Nicolich（1981）對患有唐氏症候群幼兒（平均智力年齡十二至二十六個月，而實驗年齡在二十至五十三個月之間）的認知遊戲做研究，結果發現在整個發展順序中，例如由呈現前表徵基模至簡單的單一假裝行為至表徵遊戲，至最後有計畫、有主題的想像假裝行為，這整個順序中呈現有年齡的差異。表徵遊戲的水準與個人的心理年齡有關。幼兒若未能透過從單一的簡單假裝行為至表徵遊戲的轉移，那麼其語文的發展

也將遲滯，Hill及McCune-Nicolich等研究者認為，這是因個人的表徵能力未能發展的因素所致。如果幼兒的語言瞭解能力及非語言的心理能力在二十個月以下，雖然會有一些刻板化的遊戲，但這些幼兒不會玩表徵遊戲。

　　Johnson及Ershler（1985）比較一般兒童與殘障幼兒在玩具的使用及社會與認知遊戲上的差異。雖然這些幼兒所處的教室環境不同，但仍很相似。這兩組的幼兒每一位都接受每次一分鐘共二十次連續觀察，結果發現：一般幼兒使用工具或剪刀的次數及參與烹飪活動的次數，遠超過殘障幼兒；而且當一般幼兒從事表徵遊戲時，較富有創造力，其結果也較不能預期，他們可使用各種不同種類的玩具（物）或不用玩物即可做模仿、假裝的遊戲。然而當殘障兒從事假裝遊戲時，所使用的玩具（物）非常有限，例如小汽車、小卡車、洋娃娃、扮演的服裝，或其他玩家家酒的用具等。一般說來，他們所玩的假裝遊戲較缺乏整合性及移轉性。他們的遊戲似乎是由身體感官的刺激所引發的，而不是由反應所導引的。遊戲應該是由後者（反應）來導引的（Hutt, 1966）。這與Garvey（1979）所認為的功能性角色遊戲的標準是由玩物或活動所促成的完全相同。

　　動作遊戲經常伴隨著其他形式的遊戲一起玩，而且跟玩物遊戲有很大的重疊。單一的動作遊戲在嬰幼兒有很大的不同，只須視其使用身體部分便可辨別，例如跑、跳躍。這種遊戲形式下，身體被當成玩物。粗野嬉鬧的遊戲是將身體動作加上社會性的遊戲，讓自己與同伴的身體成為遊戲最主要的焦點玩物。這種遊戲被認為是動作遊戲的一種，同時也是表徵及假裝的遊戲。也就是說，可能幼兒假裝在打架，但不是真正的爭吵。在粗野嬉鬧的遊戲中，幼兒假裝在遊戲，他們的身體及動作皆會與其所扮演的角色配合，此時這種表徵即變成了玩物遊戲了。

四、兒童動作發展影響因素及輔導原則

(一)影響兒童動作發展的因素

兒童動作的發展受許多因素影響，其中包括遺傳、成熟因素、環境及學習因素等，這些因素並不是單純地發生作用，而是形成複雜的結構，影響著兒童動作的發展，在兒童生長的不同時期，對兒童不同動作的發展發揮作用。因此，分析影響兒童動作發展的因素，瞭解其影響作用，對於促進兒童動作的發展有重要的意義。我們大致可從四個方向來看影響動作發展的因素：(1)遺傳因素；(2)環境因素；(3)成熟；(4)學習。

◆遺傳因素

兒童動作發展有其規律性及固定常模現象，顯示遺傳因素影響動作之發展，而男女先天不同的生心理特質及性別之體能差異，則與遺傳基因有關。如身高、體重、體適能、智能之高低均與遺傳有關，並與動作技能發展有關。

◆環境因素

1.先天：先天環境可能因母親之身心狀況、營養、年齡及藥物的服用而影響先天環境之品質，且影響出生後嬰兒動作之發展。

2.後天：後天環境就發展常模而言，影響不及先天環境，一旦有良好營養、完善的健康保健及自由隨意的動作發展機會，便能有符合常模的動作技能發展。

   (1)提供嬰幼兒自由隨意的動作發展機會。

   (2)後天環境的社會化過程也是影響動作技能的發展因素。

   (3)父母過於保護兒童，凡事為幼兒代勞，剝奪幼兒活動及驗證自己能力的機會，阻礙兒童動作技能之發展。

◆**成熟**

　　神經、肌肉骨骼、知覺系統之生理成熟是動作發展的基礎，身體處於就緒狀態學習各項動作技能，而各項動作技能之簡易程度不同，所以學習的關鍵時期也有差異。當幼兒對某些動作開始表現興趣時，會反覆練習，若父母或主要照顧者在此時能提供幼兒充分的學習機會，對幼兒動作發展而言，將可達到事半功倍之效。

◆**學習**

　　學習也是影響嬰幼兒發展的重要因素之一，而學習過程中獲取的正增強作用，兒童的自我效能和高度學習動機，更是促進學習成效之有利條件。當幼兒表現適當動作技能時，成人應適時給予讚美與鼓勵，以激發其強烈學習與練習之興趣。

(二)動作發展的輔導原則

　　以下就兒童動作發展的特質，討論其輔導的方法。

◆**配合發展原則及個別差異**

　　動作技能訓練須配合嬰幼兒之個別差異與成熟程度，如幼兒手部小肌肉功能發育尚未成熟時，切勿要求幼兒握筆寫字。

◆**提供幼兒學習的機會**

　　動作技能的學習是以練習為主，重複的練習可以使動作技能純熟，增加成就感。

◆**提供寓教於樂的環境及活動設計**

　　從遊戲中訓練幼兒之動作技能之發展；善用周遭環境的資源與空間，配合適當的道具或玩具，創造有利於兒童動作技能發展之環境。

◆**提供正確的示範與指導**

　　成人宜遵守安全守則，應教導並提供幼兒正確的動作技能的示範與

指導，以免發生意外事故。

◆家長應有的正確態度

成人指導幼兒輔導動作技能時，須修正以下四點錯誤觀念：

1. 剝奪幼兒之學習機會：如代穿鞋子或衣物，無形中剝奪了孩子學習的機會，父母宜讓孩子有機會練習，培養幼兒獨立的能力。
2. 過度保護：保護幼兒及避免意外事故是父母和主要照顧者的責任，但若因此而限制或阻止幼兒動作能力的表現，則會阻礙幼兒動作能力的發展，也會影響生存能力的訓練。
3. 抱持著時間到了就會的心態：家長認為只要年齡成熟即具備該能力，忽略了訓練及學習對動作技能之影響。
4. 過度注重智能發展：許多家長都是極力加強幼兒智力之訓練，忽視了動作技能發展的重要性。

◆多給予鼓勵，以耐心取代熱心

在指導動作技能時，父母或主要照顧者要以耐心取代熱心，勿過度干涉，並且多給予鼓勵來代替責罵，以激發嬰幼兒之自信心和學習動機。

第三節　幼兒期的身體與動作發展之輔導

一、營養

足夠的營養能提供幼兒身體足量的營養素及維持新陳代謝的平衡。幼兒期兒童熱量的需要量通常依據新陳代謝速率來推算。依據行政院衛生署公布之「國人膳食營養素參考攝取量」指出：幼兒期四歲男孩平均熱量為每天一千六百五十大卡，女孩為每天一千四百五十大卡；蛋白質的需要量每天三十公克，維生素A的需要量為四百微克，維生素D的需要量為五

微克，水分的需要量則為每公斤體重90CC.。而七歲男孩平均熱量需要量為每天二千零五十大卡，女孩為每天一千七百五十大卡；蛋白質的需要量為每天四十公克；維生素A的需要量為四百微克；維生素D的需要量為五微克，水分的需要量為每公斤體重90CC.（行政院衛生署，2003）。熱量供給的分配上，蛋白質占15%，脂肪占35%，醣類則占50%（陳順清譯，1985）。

在幼兒期最需要注意的營養素為蛋白質、鈣離子、維生素A等，蛋白質的需要量要注意所攝取的營養價值的問題，應儘量以動物性蛋白質來供給，而鈣離子則以牛乳（一天400CC.）、小魚或魚粉製品供給，維生素A的供給可利用乳油、乳酪、肝臟、蛋黃及深色蔬菜等食物。口味上應儘量以淡口味為主，不宜添加過量食鹽，以防將來高血壓提早發生（謝明哲等，2003）。

幼兒期兒童生長速率較緩慢，但呈穩定狀態，喜歡將注意力集中在遊戲活動方面，而對在餐桌上進食則沒太多興趣。有些幼兒期孩子仍保留嬰幼兒期的飲食習慣，如偏食，對食物有強烈的好惡，四歲的孩子反叛性強，對於不喜歡的食物會抗拒。五歲左右的孩子飲食習慣頗受大人影響，較願意接受新的食物，此時孩子通常能接受社會化的進餐方式，但由於較活潑、好動，富於模仿及想像力，父母宜注意安排愉快的進餐氣氛，並以身作則教導餐桌應有的禮儀。

此外，營養的評估不僅是蒐集身高體重的資料而已，必須估計營養攝取的質與量。幼兒期的營養狀況，可由下列指標來評估：

1. 以體重身高之比例來評估，或用過去與現在的體重、身高來比較；體重以穩定的速率增加，並符合生長曲線圖。
2. 以身體外觀來評估，光滑的皮膚及適當的皮下脂肪。
3. 依其年齡狀況血比容及血紅素在正常範圍內。
4. 排泄正常、睡眠良好、精力充沛。

二、視力保健

就幼兒期的兒童而言，視力保健不僅在於預防近視，也因為幼兒期為視覺發展的關鍵時期，因兒童正常視力發育約至六歲可完成，譬如斜視、弱視或其他問題，在五、六歲以前尚具有可塑性及復元的潛力，若錯過此黃金時期將錯失矯治時機，以下列出行政院保健處所提的視力保健五大方法：

(一)睡眠充足，作息有規律

1.注意營養均衡，攝取豐富的維生素。
2.多做戶外活動，眺望遠處，能放鬆眼肌。
3.走向大自然，多接近青山綠野（主要用意在配合兒童階段大肌肉的發展重於小肌肉的發展）。
4.不要讓幼兒太早接觸較傷眼力的學習，保持愉快的學習。

(二)提供安全的居家環境，預防眼睛受傷

1.避免為幼兒購置彈射玩具（如飛鏢、發射性玩具槍、箭等）。
2.居家生活用品（如剪刀、牙籤、叉子、衣架、筷子等）應小心收藏，並教導幼兒正確的使用方式。
3.居家環境的設計，尤其是幼兒眼睛高度以下的家具或擺飾，應避免突出物，或加上軟墊。

(三)培養適當的閱讀習慣

1.光源要充足，桌面照度至少三百五十米燭光以上，由左方照射，並避免燈具的炫光直接刺激眼睛（黑板照度至少五百米燭光以上）。
2.選擇紙張不反光、字體大小適宜、印刷清晰的讀物。
3.桌面會反光刺眼時，可鋪上米黃色紙或綠色墊板。
4.坐姿要正確，避免趴在桌上看書、畫圖。
5.使用符合幼兒身高、坐高的桌椅。

6.眼睛與書本保持三十五至四十公分的距離。

(四)降低電視及電腦的負面影響

1.應保持與電視畫面對角線六至八倍的距離觀看。

2.觀看電視的角度以不超出畫面左右三十度最適合。

3.夜間看電視時，要打開室內燈光。

4.電視畫面的高度比兩眼平視時略低十五度。

5.每看三十分鐘應讓眼睛休息十分鐘。

6.幼兒一天看電視的時間不要超過一小時。

7.因為八歲以後視力的發育才較為穩定，這時開始學電腦較為適當，所以為了視力健康，建議八歲以下的小孩不宜操作電腦；如須操作電腦時，應注意眼睛與電腦畫面保持七十至九十公分的距離；每操作三十至四十分鐘，應休息十至十五分鐘，休息時應走出戶外望遠凝視等，避免再近距離地用眼；建議使用十五英寸以上且解析度高之電腦螢幕；電腦螢幕周圍照度維持二百五十至三百五十米燭光。

(五)早期檢查，早期矯治

幼兒如有眼睛外觀異常（如眼位不正、歪頭斜頸）、瞇著眼或側著頭看東西、對物體抓不準距離、眼睛容易疲勞、常揉眼睛等現象，家長應趕快帶小朋友就醫，如果學校幼稚園、托兒所的視力篩檢結果有疑似異常，也請趕快就醫，以免耽誤治療的時機。兒童配眼鏡之前一定要由眼科醫師診查之後才能為之，以免誤判而延誤治療時機。

三、牙齒保健

乳齒於幼兒期初期已發育完成，而正確的牙齒保健，則是保護這些暫時性牙齒，以及指導幼兒培養良好牙齒衛生保健習慣。雖然此時期兒童對精細動作的掌控能力已改善，但刷牙時仍需要父母的協助和督導，而使用牙線則需要父母代勞。

　　齲齒是目前兒童最常見的一種流行病，會造成咀嚼不良、營養吸收困難、影響發音。因此自幼兒長牙起，家長應每三至六個月主動帶幼兒前往牙科接受定期口腔健康檢查，可以早期發現口腔疾病，儘早治療。除了醫療外，平時應如何預防兒童產生齲齒呢？

(一)保持口腔及牙齒的清潔，正確的刷牙法

　　二至三歲時，是訓練幼童開始自己刷牙的時期。要教他認清特別容易累積牙垢的地方，並仔細刷洗。這時候並不需要太講求一定要採行什麼方式的刷牙方法，最要緊的是要視其能力而定。若有刷洗不乾淨的地方，父母還是要再幫他刷洗。當然在刷牙的過程當中，仍可用遊戲的方式與孩童們相互刷牙，不僅引發動機，又可增加樂趣。總之，欲培養孩童養成刷牙的好習慣，實非一蹴可幾之事，因此，如何營造歡樂氣氛，又能耐心持之以恆的來促其達成，是口腔保健重要之事。

　　隨著幼兒年齡的逐漸增長，精細動作的運作能力也愈來愈靈巧。在培養幼兒覺得刷牙是一件有趣的事之後，父母便須漸漸講求刷牙方法的正確性。乳齒因為牙弓的形狀以及牙頸部的突出，用左右橫刷的方法效果較佳。而至六歲之後，隨著恆齒開始萌出，則須慢慢練習改用貝氏法配合旋轉法（Bass Method & Rolling Method）來刷牙。

　　貝氏法配合旋轉法的刷牙步驟如下（于祖英，2001）：

1. 牙刷刷毛與牙齒成四十五度角接觸，將刷毛尖端插入牙齦與牙齒交接處，並反覆做震動刷動五至十次（請勿將刷毛離開牙齦溝）。
2. 接著在原位刷動，上牙由上往下呈半旋轉幅度往外側刷動約五次，下牙則由下往上呈半旋轉幅度往外側刷動約五次（亦即由牙齦往牙冠方向刷洗）。
3. 每次只須刷洗二至三顆牙齒，直到牙齒內面、外側都清潔為止。
4. 欲刷牙齒咬合面時，則把刷毛垂直放入咬合面的凹溝，以旋轉與來回反覆推動方式刷約五至六次。

(二)控制飲食

一般來說，黏滯性高、軟質、含糖及精製的糕餅類，容易造成齲齒，應少食用；纖維性食物及水果較不易造成齲齒，是餐外點心理想的選擇。

餐與餐之間儘量少吃零食，易造成齲齒之食物，可在三餐前後食用，並且鼓勵兒童養成餐後潔牙的習慣，遵守刷牙後不再食用其他食物的口腔衛生習慣。

(三)利用氟化物來保護牙齒

氟化物具有抗菌作用、抗酵素作用、強化齒質，牙齒經常和氟化物接觸，可以增加牙齒對齲齒的抵抗力，因此氟化物的投與或塗抹是口腔保健的利器。氟化物最有效的使用法是使牙齒經常接觸低濃度的氟化物，如飲水加氟、含氟牙膏或含氟漱口水。飲水加氟計畫於歐美國家已行之多年，證實可以有效地降低齲齒發生率達65%。六個月的嬰兒可以開始服用氟錠，等到約三至四歲，再輔以每半年一次牙醫師定期為牙齒局部塗氟來加強（李世代等，2001）。

四、事故傷害的預防及處理

根據行政院衛生署在二○○三年的統計指出：一至十四歲的兒童十大死因中，事故傷害排名第一（占死因的36.41%）（行政院衛生署，2004）。在醫藥發展神速的現在，事故傷害事件仍是一個令人頭痛的問題，尤其是自己沒有保護能力的幼兒，此期兒童處於一個活潑好動的年齡，很可能因照顧者的疏忽而造成一生的遺憾；因此如何預防兒童事故傷害事件的發生是每個人的必修課！

(一)容易發生事故傷害的原因

1.兒童好奇心強又不知危險。
2.暴露於危險外在環境的機會增加。

3.大人疏忽（如弟妹的出生、工作家務繁忙、父母認為兒童已會自我照顧等等）。

(二)預防兒童事故傷害的一般原則

1.絕對不可將幼兒獨自留在家中，即使大人有事須短時間外出，也不可將幼兒單獨鎖在家中。

2.妥當地保護幼兒，不使其暴露在危險中；但不可過分保護，而妨礙其潛能的發展及自信心的建立。

3.仔細找出家中可能發生意外的事物，並設法排除，不要讓幼兒伸手可及。

4.萬一事故傷害發生，應設法平息並冷靜後，盡心力處理解決問題。

5.電話旁備有附近常就診的診所、其他醫療單位或救護車、計程車的聯絡電話。

6.託人照顧小孩時，必須注意對方的居家安全和育兒能力。

7.注意幼兒的食物，避免幼兒吞下果核或含有韌性物質食物，以免嗆入或堵塞呼吸道。

8.從小施予安全教育，要有良好的身教，並從小教導孩子如何避免危險。

9.坐車時，孩子應坐後座，並最好有安全椅固定。

10.注意家中的熱源、電源、瓦斯等開關，應隨時關好，並且避免孩童觸及。

11.端熱湯或放熱水時應特別注意孩子的動向。

12.勿用飲料瓶裝其他物質，例如清潔劑、農藥等。

13.平時應多研讀並蒐集安全照護之相關資料，以充實自己的知識，並可在事件發生時做最妥善的第一線處理。

14.家中應有緊急醫藥箱，家中的裝潢與設備應以安全為第一考量。

15.所有的公共設施都應有安全的考量，政府部門應嚴格執行安全把關。家人外出時，自己也應注意安全設施和逃生通道。

(三)意外傷害發生時一般處理原則

1. 冷靜沉著，先設法脫離危險。

2. 急救第一，追究其次。

3. 一般急救準則：維持呼吸道通暢；維持呼吸，若不能自行呼吸時，要立刻施行口對口人工呼吸；維持血液循環，若沒有脈搏時，應立即施行心臟按摩。此外須及早求救及送醫治療。

4. 若是燒燙傷意外，則謹記「沖、脫、泡、蓋、送」五字訣，並切實執行，切勿胡亂塗抹東西。

5. 若有傷口出血時，應避免汙染，儘量以乾淨的紗布或毛巾局部壓迫止血，並立即送醫。

6. 移動病患時，應注意是否有骨折或脊椎受傷的可能，注意固定，以免病況加劇。

7. 不當處置有可能造成二度傷害，因此平日多充實安全與急救知識是相當重要的；當對傷害程度不確定或對處理有任何疑問時，即使暫時穩定，仍應送醫診治。

五、成人的角色

　　成人角色在學前兒童的遊戲發展上占有極重要的地位，而由於殘障兒較不能由遊戲經驗中獲得發展的利益，成人的角色更形重要。成人除了是幼兒社會化的代理人之外，更是啓發幼兒心智、紓解其情感、促進其體能及動作技巧的玩伴。然而許多成人不知該如何做，或因太忙缺乏精力幫助這些殘障兒童吸取遊戲經驗來幫助他的發展。父母首先必須知道的是，兒童需要視其能力而有適當的遊戲刺激與鼓勵，才能對他的發展有所助益。一般說來，成人作為幼兒之玩伴，以加強幼兒及遊戲的發展是很重要的。

　　當小孩離開嬰兒床時，他已學會了爬、走路，他愈來愈需要父母或成人花時間陪他玩。況且有大人陪他一起玩，他會玩得更久。

　　但父母一方面要與小孩玩，一方面卻又要花時間在別的事物上，父母對小孩不斷的要求會漸漸顯得不耐煩，若父母彼此不能輪流或沒有其他社會資源來代替其陪孩子玩的角色，而小孩又一直要求或黏著父母，父母很快就會崩潰（burn-out）。在這種情況下，成人便須調整和小孩子相處的時間，成人可以透過語言的溝通讓小孩瞭解你現在需要處理一些事情，待你做完手邊的事情，你會很樂意陪他玩。不要一味地限制小孩與你玩，而要疏導或告訴他可以自己先玩些什麼，然後再利用共處的時間和他一起玩。

　　小孩與成人（尤其是父母）要有共處的時間，每個家庭的這種時間都不該被外在的人、事所侵占，父母可以訂定每週每日的固定時間是親子共同遊戲時間。讓孩子知道在固定的時間裡父母的確喜歡與他一起玩；當父母在忙自己的事物時，孩子自然不會覺得父母不愛他而不跟他玩。原則上，孩子愈小，固定的遊戲時間愈重要，當孩子長大時，就比較沒那麼重要了。那時，他會瞭解你一有空便會陪他玩。

　　若從遊戲一開始到遊戲結束都不斷的刺激及教導孩子，這是相當危險的，不僅對小孩能力的發展有妨礙，而且使小孩認為父母不親切，因為遊戲不是工作，應該是在輕鬆愉悅的心情下進行。因此父母與小孩一同遊戲時，應有遊戲的嬉笑，輕鬆、愉悅的心情，即使是無聊的事，也要當作賞心樂事。當成人不能流露愉悅的表情，也就表示你不贊同孩子的遊戲，那麼又如何能鼓勵孩子遊戲，又如何透過遊戲的經驗讓孩子獲得發展的益處？任何幽默的表示，都可以減輕緊張的氣氛，陪伴孩子玩便是你支持孩子遊戲的最佳保證。

　　成人（即使他們的工作是與小孩在一起的人）並不需要時常與孩子玩在一起，或甚至要能與孩子一同享受遊戲。我們所需要的是尊重孩子的遊戲與自發性，及瞭解遊戲對兒童發展的重要性。而孩子的照顧者的態度更是重要，我們甚至需要瞭解孩子的遊戲是以反應為導引而不是以刺激為導引的行為。換句話說，遊戲是以孩子（遊戲者）所要玩的內容為主，遊戲中的幼兒必須對情境能有所控制。如果成人老是認為幼兒需要玩一些有

意義（例如有教育性的活動、可以習得知識的活動等）的遊戲才是適當的幼兒遊戲，那麼這種主張態度需要改變，成人有必要去鼓勵或模塑一些不尋常的、卻是安全的，對遊戲情境具有意義的行為。

此外，我們要瞭解孩子因年齡的成長而逐漸成熟，其遊戲行為的結構會有所改變，也須瞭解孩子在社會遊戲、玩物遊戲、表徵遊戲及體能遊戲的發展順序。在本章**表8-9**已提供了四大遊戲領域的發展順序，成人可以參考此表，以瞭解你的孩子在某一特定年齡的發展概況及發展的下一步驟為何。更重要的，我們必須瞭解遊戲發展的最重要機轉，及幫助孩子去超越現有的限制而提升遊戲的功能。我們還得對整個環境有所瞭解，要敏感於不同遊戲行為的影響，才能為孩子提供最佳的環境，以提升孩子的遊戲行為。

最後，由於幼兒的遊戲經驗有限，成人必須依循孩子不同的遊戲經驗加以啟發，不要一味地提供高技巧的動作或經驗，那可能會揠苗助長，或破壞彼此間的關係，而幼兒未能有預期的反應也會讓成人感到失望。成人與幼兒之間的互動著重彼此間的分享。而且日後幼兒因社會化擴及至他的同儕團體，這是基於互助互惠之原則，幼兒應瞭解個人之角色及如何配合整個團體或社會性遊戲的角色，因此孩子也須瞭解一些互惠性或合作性或工具性的角色遊戲。成人應瞭解當幼兒能力可達自治階段時，應多提供幼兒與他人一起遊戲的機會，以獲得一些日後社會化遊戲的經驗。

第四節　兒童人身安全

一、人身安全之定義與辨識指標

人身安全係指對人身（指除了人的身體外，還包括生命、健康及行動之自由）所為的故意非法侵害，如傷害身體、破壞健康、鎖禁、綁架、

撕票、殺害或強迫從事性行為或性交易等。綜合上述，兒童人身安全乃是任何足以阻礙兒童最適當發展之事件的發生，又可稱為兒童虐待。例如，不能提供孩子被關愛、被需要的感受，或讓孩子處於受苦、沮喪的環境等。兒童虐待可分兩類，一為疏忽，二為虐待。前者指對身體、營養、醫療、安全等方面的缺乏注意與照顧；後者又可分為身體虐待、性虐待及情緒虐待。身體虐待係指對兒童有身體之傷害、凌虐；性虐待是由於家人或父母之監督不周，導致性侵犯，施虐者可能是年齡比孩子長很多的成人，有時是其父母或親屬；情緒虐待係指父母不能滿足孩子正常發展所需的情緒需要，甚至於拒絕、排斥、屈辱、威脅的程度。**表8-10**是以兒童虐待類型及其辨識指標來分析，在遭受虐待或疏忽時，兒童之外表與行為和父母或照顧者的行為。

表8-10　兒童虐待的類型及其辨識指標

類型 表徵	生理虐待	性虐待	情緒虐待	疏忽
兒童的外表	·異常的瘀傷、鞭痕、燒傷，或骨折挫傷。 ·咬痕。 ·經常性的受傷，而被解釋為意外發生。 ·割傷、擦傷。 ·牙齒缺少或鬆動。 ·骨骼受傷。 ·頭部受傷。 ·內傷。	·內衣被扯破、拉破或是沾有血跡。 ·生殖器官會疼痛或搔癢。 ·感染性病。 ·頸部、會陰或陰部紅腫。 ·處女膜在很小的時候就破裂。 ·體內有精液。 ·懷孕、淋菌測試為陽性反應或有經由性交所傳染的疾病。	·比其他類型的虐待表徵更不明顯。 ·行為表現為過動、退縮、過度飲食、受心理影響的疾病、自殺傾向、說話結巴或會尿床。	·經常髒髒的、顯得疲倦、沒精神。 ·經常沒吃早點就到學校，也沒帶午餐或沒錢吃午餐。 ·衣服很髒或是不合季節性。 ·看起來經常是孤獨的。 ·需要配戴眼鏡、看牙醫或其他的醫療照顧。 ·自暴自棄。 ·缺乏好的衛生保健。 ·表現得很遲鈍、冷漠。 ·缺乏適當的督促。

（續）表8-10　兒童虐待的類型及其辨識指標

表徵 ＼ 類型	生理虐待	性虐待	情緒虐待	疏忽
兒童的行為	·不快樂、很難接近、過分要求、經常不遵守規定、常惹麻煩、常與他人起衝突、經常打破毀損物品。 ·很害羞、逃避他人（包括兒童）、沒有防衛自己的能力、看起來好像隨時準備任他人擺布而不反抗。 ·逃避與成人的身體接觸。 ·穿長袖衣服遮蓋傷處。 ·對於受傷的理由不可信，也與所見的傷痕嚴重性不符。 ·似乎很害怕父母。 ·與父母分開時並無或只有一點苦惱。 ·善於討好其他成人。	·退縮、喜歡幻想或表現很幼稚的行為。 ·與其他兒童關係薄弱。 ·不願參與體育課。 ·行為不正或逃家。 ·說他曾被父母或照顧他的人強暴過。 ·退化（顯現低能的狀態）。 ·賣淫。 ·逃家曠課。 ·引人注意的行為表現。	·不快樂、很難接近、過分要求、常惹麻煩、不會留自己一個人獨處。 ·很害羞、逃避他人、太焦慮以致無法感受快樂、太過順從、對他人加諸的言語及行為無防衛力。 ·行為過度像成人或太幼稚像嬰兒（例如吸手指及經常搖晃）。 ·在生理、智力、情緒上的發展比實際年齡應有的發育落後。 ·神經過敏的皮膚病。 ·自閉症或失去生存的動力。 ·曠課或其他問題。 ·犯罪、攻擊性強。	·學習能力差。 ·缺乏注意力。 ·乞食或偷取食物。 ·在學校惹麻煩。 ·經常不做家庭作業、吸食藥品或酗酒、蠻橫行為、不正常的性關係。 ·很早就到學校很晚才離校。 ·斜視。
父母或照顧者的行為	·與孩子一樣的成長背景。 ·用嚴格的管教方式，不管年齡、情境，或做錯什麼事。 ·對孩子受傷的說詞很不合理，或根本不解釋孩子受傷的原因。	·對兒童非常保護或嫉妒、經常允許或不允許兒童有任何社交接觸、不信任兒童、歸咎於兒童的性混亂。 ·鼓勵兒童賣淫或與照顧者有性行為。	·責怪或貶低兒童。 ·冷漠、拒絕。 ·壓抑愛。 ·在家中對待兒童很不平等。 ·對孩子的問題很不關心。 ·精神疾病或不成熟的父母心態。	·濫用藥物或酒精。 ·無法建立或組織家庭生活。 ·似乎對於發生的事都不在乎，給人有種什麼事都一樣的感覺。 ·與朋友、親戚、鄰居非常疏離，

（續）表8-10　兒童虐待的類型及其辨識指標

類型 表徵	生理虐待	性虐待	情緒虐待	疏忽
	·不關心兒童。 ·視孩子為壞蛋、魔鬼。 ·濫用藥物或酗酒。 ·企圖隱瞞孩子的受傷以及逃避責任。 ·對兒童特定年齡的行為缺乏適當的瞭解。 ·家庭有危機或失業、死亡、疾病、遺棄。 ·孩子的出生是不被期望的。	·濫用藥物或酒精。 ·經常不在家。 ·與其他家庭缺乏社交以及地緣孤立。 ·近親通姦。	·持續的假想。 ·犯罪影響。 ·經常結婚及離婚。 ·亂婚或賣淫。 ·不提供休閒活動。	·不知如何與人相處。 ·長期的酒精中毒。 ·有被忽視的童年經驗。 ·生活在婚姻解組的大家庭中。 ·貧窮。 ·有冷淡、忽視特質或人格。

　　目前國內在兒童虐待實務及法律的界定上，大部分是採取此種分類，以作為判斷的標準，此外還可依兒童身心指標，評估兒童受虐待或疏忽的程度，依其危險性，以決定採取何種處遇。而處遇係指社會工作專業人員對人與環境間互動的不平衡，提供一些改變的策略，使人在其環境中能有更好的適應。這些策略主要是在改變人與情境間相互作用的本質（謝秀芬，1992）。劉可屏、宋維村、江季璇、尤清梅（1996）則將兒童保護個案輔導計畫分為兩種：(1)在個案確定保護案件之後，經過評估診斷，擬訂處遇計畫並提供服務的過程；(2)擬訂諮商或心理治療的處遇計畫，並依受虐兒童的需要與狀況來調整處遇的方式與目標。廖秋芬（1997）認為處遇計畫包含了兩個意涵，一為動態性的過程，是指從診斷到制訂處遇計畫的一個過程，社會工作員必須依其專業知識與技術歸納及分析，透過對問題的瞭解，規劃出個案的處遇計畫；另一為靜態性的層面，是指所採取的處遇方式或服務方案。因此，就處遇計畫應用到兒童保護案件，係指社會工作員在處理保護個案時，先蒐集個案的資料，經過評估與診斷，考

慮兒童受虐類型、受虐的嚴重度及危險性，根據個案之狀況，所採取的處置策略及服務措施。所以說來兒童保護工作包括通報、風險評估、處遇、追蹤及倡導的專業工作。

目前，台灣地區在兒童保護之提供基本上有通報調查、機構收容安置、寄養家庭及領養服務。而其中又以民間機構，例如中華兒童福利基金會或台灣世界展望會等，扮演極重大的角色（郭靜晃，1996）。然而，兒童保護之目標宜建立在對兒童及其家庭的照顧。涉案的家庭所需要的服務範圍很廣而且具有多元性，例如包括臨床治療到實質具體的日托、醫療、就業輔導，甚至到反貧窮、反色情等社區方案，也就是社會福利社區化之具體精神；換言之，這也是預防性及主導性的兒童福利服務，此種服務包括強化親子關係的家庭取向的育兒服務、提供親職教育、消除貧窮及其他環境壓力、降低暴力及體罰之文化增強等（余漢儀，1995）。總體說來，兒童保護服務是兒童福利主要工作內容之一，所以兒童保護之福利政策，可以說是要運用一切有效之社會資源（如專業服務及相關體系的資源），滿足兒童時期生理、心理及社會環境的需求，促使兒童得以充分發揮其潛能，達成均衡且健全發展目的之計畫與方案。

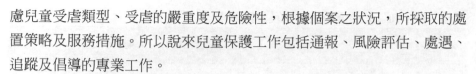

二、人身安全對兒童身心之影響與影響因素

因為大多數的兒童都缺乏自我保護的能力，長期的虐待可能造成兒童的死亡、殘障、人格發展扭曲、長遠精神打擊，並產生侵略性行為、退化行為、人際關係不良、自我形象低等情形（廖秋芬，1997）。此外，研究發現受虐兒童中有90%，終其一生都活在受虐的陰影下，其身體的創傷可以癒合，心理的創傷卻烙下永遠的傷痕，這對兒童人格成長與身心發展，是一種莫大的損傷（翁慧圓，1994）。

虐待對兒童的身心發展影響很大，郭靜晃、彭淑華、張惠芬等（1995）歸納如下：

1.在性格上：受虐兒童不快樂、孤僻、對他人缺乏信任感、否定自

我、低自尊，且有神經質的人格特徵。

2.在行為上：受虐兒童在行為上較有自我防衛。如受過身體虐待的兒童較易有攻擊行為，且對大人身體的接觸感到害怕、焦慮不安或逃避；受性虐待的兒童則會有不適當的性行為或出現性障礙。

3.在社會生活上：受虐兒童難與人建立關係，在人際關係交往上有退縮的表現，不能與他人發展持續的關係。

4.世代轉移：受虐兒童可能變成日後虐待其子女的父母。

導致孩子被疏忽及被虐待的原因，可能有：

1.兒童的因素：不是計畫中出生、智能不足、殘障、早產、照顧困難之兒童。

2.父母的因素：父母認為自己沒有價值，過分依賴或情感疏離，對孩子期望過高，社會關係疏離，本身曾有被疏忽或被虐待的經驗，精神病患或有不良嗜好。

3.家庭因素：父母婚姻失調、家庭解組、單親家庭、大家庭關係不和、父母太年輕無法適當管教。

4.環境因素：貧窮、疾病、失業、離家出走，或社會灌輸不當之教養觀念。

大致而言，國內兒童人身安全常因父母對兒童權利的不尊重，父母認為子女係我生我養，有權任意處置，他人無權干涉之觀念；幼兒又因缺乏保護自己的能力，最容易成為受害者；此外法律本身又有若干漏洞，致侵害兒童人身安全之人未受到制裁。我國社會應朝下列幾個方向來加強兒童的人身安全：

1.加強尊重兒童權利教育：建立尊重兒童的觀念，認識其為獨立個體，非任何人之財產，有與成人相同之價值及權利。

2.加強親職教育：利用親職教育來提高父母效能，培養有效管教方

式，並改變兒童是父母財產之錯誤觀念。

3.加強兒童自我保護：保護孩子是提供孩子安全技能而不是一味地威脅、恐嚇孩子不安全。教導兒童自我保護有五個步驟：

(1)保護：利用示範作用，告訴孩子及早預防，即使是陌生人對你善意的接觸，也要小心，換言之，這是從小即開始的機會教育。

(2)準備：要為孩子準備他能瞭解的訊息與技巧，並要符合孩子的年齡及發展階段，以便孩子能具體瞭解及學習。

(3)練習：安全技巧不能光說不練，因此要提供機會讓孩子練習。

(4)提醒：提醒的原則不是一味地要孩子不准做這、不准做那，而是要不斷提醒孩子應該要做的事。這種提醒是要孩子為自己負責，做正確的判斷以及獨立自主，但是這種提醒是要在大人監督之下。

(5)預習：預習是預先做準備。預先練習及做準備是要孩子多思考、多準備應付新的狀況。

有計畫、持續地、適當地培養孩子懂得如何自我保護，以避免人身侵害。

4.加強法令宣導與修訂：宣導社會大眾與相關單位，使知有關保護兒童之法規，進而利用法令來保護兒童，使立法得以發揮保護功能。如〈兒童及青少年福利法〉的責任報告制，及相關兒童保護措施得以有效落實。此外，修訂各種相關法令，形成兒童保護網絡，結合相關專業組成兒童保護團隊工作。

5.加重對傷害兒童的人處罰及教育輔導：對兒童造成傷害之人，除加重制裁外，並應同時施以教育輔導，以改善其觀念態度，使之不再有傷害行為發生。

台灣從一九七○年代由中華兒童福利基金會由國外引進的兒童保護工作概念，從指標建立、通報制度、立法、培訓社工專業到跨

領域的合作，雖然我國兒童保護工作有其進步與發展，然而在責信（accountability）仍遭到一些挑戰，其困境爲：

1. 非自願性案家，與社工關係張力大：保護型（含高風險、家暴、兒少保）的個案皆爲非自願性，對於社工要進入他們的家庭，會產生不安和受到威脅的感覺，因此和社工的關係容易處於緊繃、甚至對抗。

2. 案家刻意迴避，社工成功訪視不易：由於不歡迎社工來到家中，故案家有時故意避不見面，造成社工訪視不易，這對於案家以及案家的小孩是多了危險的存在。

3. 社工管轄區域大，權責不相對等：保護型業務需要許多專業人員一起合作，但社會的管理、活動範圍很大，當論及到權責時卻不對等。

4. 人力不足，案量過多，人力耗損嚴重：案量多一直是保護型社工最大的負擔，也導致社工在身心方面產生不適，導致社工的流動性大。

5. 無人身安全與職災保護措施，增加離職率：案家的背景複雜多元，也讓社工單獨前往和案家互動時有安全上的考量，再加上若與案家關係緊繃，也增加案家對社工言語上甚至暴力等等不好的對待，造成社工心理壓力甚大。

6. 「契約工」僱用型態，阻礙人才長期留用：約聘制無法保障社工就業的期限，受限於方案補助以及任職的期限，因此沒辦法長期留住社工人才。

參考書目

一、中文部分

Kathryn Jane Skelton著，郭靜晃、范書菁、蔡嘉珊譯（2001）。《教保概論：教保專業人員培育指引》。台北：洪葉。

于祖英（2001）。《兒童保健》（二版）。台北：匯華。

王瑋等譯（1990）。《人類發展學》。台北：華杏。

行政院衛生署（2003）。國人膳食營養素參考攝取量（Dietary Reference Intakes, DRIs）。取自http://www.dog.gov.tw/newverprog/proclaim/content-asp?class-no=621&docno=11759。

行政院衛生署（2004）。〈中華民國九十二年台灣地區死因統計結果摘要〉。衛生統計資訊網。取自http://www.doh.gov.tw/statistic/data/死因摘要/92年/92.htm。

余漢儀（1995）。《兒童虐待——現象檢視與問題反思》。台北：巨流。

李世代等（2001）。《健康檢查》。台北：空大。

吳幸玲（2003）。《兒童遊戲與發展》。台北：揚智。

吳幸玲、郭靜晃譯（2003）。《兒童遊戲——遊戲發展的理論與實務》。台北：揚智。

張媚等（2004）。《人類發展之概念與實務》（四版）。台北：華杏。

翁慧圓（1994）。〈兒童虐待個案的診斷、處置與評估〉。《社會福利》，114，頁37-40。

陳月枝等（1997）。《兒科護理學》。台北：空大。

陳月枝等（2003）。《實用兒科護理》（三版）。台北：華杏。

陳順清譯（1985）。《臨床兒科學》。台北：南山堂。

郭靜晃譯（1992）。《兒童遊戲——遊戲發展理論與實務》。台北：揚智。

郭靜晃、彭淑華、張惠芬（1995）。《兒童福利政策之研究》。內政部社會司委託研究。

郭靜晃（1996）。〈兒童保護輸送體系之檢討與省思〉。《社區發展》，75，頁144-145。

郭靜晃、黃志成、陳淑琦、陳銀螢（1998）。《兒童發展與保育》。台北：空

大。

黃秀瑄（1981）。〈從輔導觀點談休閒活動〉。《輔導月刊》，17，頁11-
　　12。

蔡欣玲等（2004）。《當代人類發展學》（二版）。台北：偉華。

廖秋芬（1997）。〈社會工作員對於兒童保護案件處理計畫的價值抉擇之研
　　究〉。東海大學社會工作研究所論文。

劉可屏、宋維村、江季璇、尤清梅（1996）。《兒童保護個案輔導計畫研
　　究》。內政部委託研究。

鍾騰（1989）。〈兒童休閒活動面面觀〉。《師友月刊》，266，頁11。

謝秀芬（1992）。《社會工作辭典》。中華民國社區發展研究訓練中心。

謝明哲等（2003）。《實用營養學》（二版）。台北：華杏。

二、英文部分

Deitz, W. H. & Gortmaker, S. C. (1985). Do we fatten our children at the television set? Obesity and television viewing in children and adolescents. *Pediatrics, 75*, 807-812.

Garvey, C. (1977). *Play*. Cambridge, MA: Harvard University Press.

Garvey, C. (1979). An approach to the study of children's role play. *The Quarterly Newsletters of the Laboratory of Comparative Human Cognition, 1*(4), 69-73.

Golden, D. B. & Kutner, C. G. (1980). *The Play Development Progress Scale*. Unpublished manuscript.

Hill, P. M. & McCune-Nicolich, L. (1981). Pretend play and patterns of cognition in Down's syndrome children. *Child Development, 52*, 611-617.

Hulme, I. & Lunzer, E. L. (1966). Play, language and reasoning in subnormal children. *Journal of Child Psychology and Psychiatry, 7*, 107-123.

Hutt, C. (1966). Exploration and play in children. *Symposia of the Zoological Society of London, 18*, 61-81.

Hutt, C. (1977). Towards a toxonomy and conceptual model of play. Paper presented at the Johnson and Johnson Panel on Play and Learning. New Orleans, LA.

Jambor, T. & Hancock, K. (1988). The potential of the physical education teacher as play leader. Paper presented at the American Association for the Child's Right to play conference. Washington, DC.

Johnson, J. & Ershler, J. (1985). Social and cognition play forms and toy use by nonhandicapped and handicapped preschoolers. In J. Neisworth (Ed.), *Toys in Early Special Education: Developmental Toys, 5*, 69-82.

Lowery, G. H. (1978). *Growth and Development of Children* (7th ed.). Chicago: Year Book.

Mindes, G. (1982). Social and cognitive aspects of play in young handicapped children. *Topics in Early Children Special Education: Play and Development, 2*(3), 39-52.

Parten, M. B. (1932). Social participation among preschool children. *Journal of Abnormal and Social Psychology, 27*, 243-269.

Piaget, J. (1962). *Play, Dreams, and Imitation in Childhood*. New York: Norton.

Poest, E. A., Williams, J. R., Witt, D. D., & Atwood, M. E. (1990). Challenge me to move: Large muscle development in young children. *Young Children, 45*, 4-10.

Rubin, K. H., Fein, G. G., & Vandenberg, B. (1983). Play. In P. H. Mussen (Ed.), *Handbook of Child Psychology: Socialization, Personality and Social Development* (4th ed.), Vol. 4, pp. 695-774. New York: Wiley.

Santrock, J. W. (1999). *Life-span Development* (7th ed.). St. Louis: McGraw-Hill.

Smilansky, S. (1968). *The Effects of Sociodramatic Play on Disadvantaged Preschool Children*. New York: Wiley.

Tan, L. E. (1985). Laterality and motor skill in four-year-old. *Child Development, 56*, 119-124.

Valadian, I. & Porter, D. (1977). Physical Growth and Development: From Conception to Maturity. Boston: Little Brown.

Weikart, P. S. (1987). *Round the Circle: Key Experiences in Movement for Children Ages Three to Five*. Ypsilanti, MI: High/Scope Press.

chapter 9

幼兒的心理發展與輔導

在脫離可怕的兩歲嬰兒期之後，父母回顧一下此時的幼兒，是充滿精力，而且伴隨著認知與社會化的成長，加上其身體與動作也成熟了不少，父母心中充滿著許多驚嘆！兒童早期（early childhood）漸漸發展其情緒與社會能力，換言之，此時幼兒可以忍受挫折、發展自我衝動控制，也能與父母、同儕、手足溝通與互動，所以說來，此時之個體可以說是不折不扣的完整個體（whole child）。

除了上一章所述，個體之生理發展（包括生理成熟及身體之育成）依循著一定的順序之外，其認知、社會、情緒、道德與人格之發展亦是，例如幼兒要認識外在現實環境，與外界之人、事、物打交道，透過對事務之參與而獲得成長與發展，這些能力更與早期之發展狀況相接軌。

Pillari（1998）認為學齡前之兒童的發展任務分類如下：

1.達成控制統合神經和視覺。
2.控制大小便排泄的能力。
3.達成生理的平衡性。
4.提升溝通及瞭解他人表達的能力。
5.達成自我照顧、獨立飲食、穿衣及洗澡之自理能力。
6.分辨性別差異及習得性別角色認同。
7.學習應對進退、對人對事的簡單概念及行為。
8.發展與父母、手足及同儕之溝通與情感交流。
9.能分辨善惡好壞的價值判斷及發展內在之良知良能。

基本上，三至六歲之間的幼兒期兒童，身體與動作成長持續增加，但比前兩期（嬰兒及嬰幼兒期）速度來得緩慢，家庭之生態因子（例如貧窮、營養、是否被虐待、家庭壓力等）仍是影響兒童身心健康之最大因素，此時造成兒童死亡之主因為意外事故。從認知論之觀點，此時兒童正處Piaget之前運思期，兒童利用直覺、幻想及符號功能來做思考，仍處於自我中心思考。從Freud之性心理發展階段而言，幼兒正處於性器階段，經由性器官之刺激而獲得本我之滿足，而且經歷戀父（母）情結之衝突，

以壓抑性衝動，達成性別認同；從心理分析之另一觀點，Erikson認為幼兒之發展危機為：進取與愧疚感，為求得此衝突之平衡，幼兒必須能著手計畫，並進行種種行動。Kohlberg認為學齡前之幼兒已能理解道德考量之基本原則，而且能將這些原則內化並引以為鑑。就情緒發展而言，幼兒的情緒雖隨情境而改變，不過他們對別人之情緒等有辨識之能力。就社會發展而言，幼兒逐漸發展其與同儕之關係，並能分辨別人與自己之不同，年紀較大之兒童也能呈現較高之同理能力。本章就針對三至六歲之學齡前兒童之認知、語言、道德、情緒、社會及遊戲發展做一概述，最後並從家庭、托育機構及電視媒體針對幼兒之社會化做一討論。

第一節　幼兒期的認知發展

即使幼兒還很小（兩歲之前），處於感覺動作期即已發展有質量保留之基礎，換言之，即使物體被隱藏起來，他還是知道物體是存在的，這就是所謂的物體恆存概念基模（object permanence schema）。隨著此種概念的發展，幼兒在感覺動作期結束時，由於已具有心理表徵，也開始發展表徵能力，也就是主要透過符號來代表記憶中的物體和行動（例如字母、數和心像）。

大腦的發展，尤其腦細胞的突觸及髓鞘之同步活動，強化大腦的功能；此外大腦皮質層的發育也幫助幼兒處理外界刺激並轉化成感覺及知覺，進而形成個人之認知能力。

一、Piaget的前運思期階段

幼兒在兩歲之後開始進入Piaget認知理論之第二階段——前運思期，也一直要到學齡期才會開始進入第三階段——具體運思期。

在前運思期仍包括有兩個分期點：概念前期（preconceptual stage），

又稱為表徵思考期（symbolic thought stage），以及直覺思考期（intuitive thought stage）。在感覺動作期結束之後，幼兒可利用符號來代表物與人，其心理運作過程是主動的，而且也是反映式的。此外，由於幼兒發展延宕模仿，也使得他們看了事物，對它形成心像的心理表徵，稍後，即使他們未能實際看到此事物，也能模仿此物體之行動。此時，兒童可以將幾個物體串聯起來，並以所代表之表徵意義串聯之，最能代表此種思考能力的是兒童所玩之表徵遊戲。直覺思考最常呈現在四歲之後，兒童能思考更周延、複雜，且能延伸某種概念的行動，此也意味著幼兒自我中心思考逐漸為其他的社會行為及互動所取代。

Piaget認為此一階段的幼兒只具備部分邏輯或半邏輯（a partial logic or semi-logical）思考能力（Flavell, 1977），其有一些認知功能及特性，分述如下：

1. 自我中心主義（egocentrism）：兒童常以個人之想法來推測別人的想法，幼兒如果過於自我中心會導致其無法理解另一個人，幼兒深信「別人都跟我一樣，看到我所看到的事物」。

2. 集中化（centering）：兒童只能著重事件的某一細節，而無法看到其他部分的重要性，即見樹不見林。此種思考也常讓幼兒在事件中做出不合理的類推。

3. 專注靜態（focus on states）：前運思期之幼兒心智只著重物體之靜態情況，即使你操作一個物體，幼兒眼看物體之轉換過程，他還是只能專注在兩個靜態的物體。

4. 缺乏可逆性（irreversibility）思考：此種思維使得幼兒無法獲得保留概念，也就是幼兒無法在思維中回溯到其最早的起始點。假如若是問一位四歲大的孩子（小明），是否有哥哥（大明），他會回答有，名字叫作大明。當再問他那「大明有沒有弟弟？」他會回答：「沒有」。

5. 萬物有靈（animism）：幼兒會將任何事物加上生命的傾向，這可

以從幼兒所畫的圖畫,如火車、太陽、車子等皆會擬人化看出。Piaget曾對幼兒問及太陽、風、雨、雲時,幼兒會分不清楚其是否為生命或無生命之物體。

6.人為論(artificialism):幼兒相信任何事物是由人所製造,為了瞭解自然的起源,他們開始實驗因果關係,尤其喜歡問人是如何產生的。

7.分類與排序(classification and series)之認知:依Piaget和Inhelder(1969)的觀點,分類係指辨識事物的顏色、形狀或大小特徵以及分門別類的能力。從兩歲到四歲,幼兒透過遊戲來操作分類,待孩子再成長一些,他們才可用虛擬來分類,並能混合事物加以歸類;但要到學齡期(約中年級)時,他們才能做多個層次之分類(可參考第十一章之學齡期認知發展)。排序是依據順序將一個或更多的層次安排事物,例如排Montessori之粉紅塔或序列棒,可以從尺寸大小排列,或以重量增減排列順序。

8.直接推理(transductive reasoning)思考:幼兒缺乏演繹及歸納的推理能力,而是對一特殊事件推理到另一特殊事件。例如小明認為義大利人吃義大利麵,那小明吃義大利麵,則他是義大利人。

二、Vygotsky之社會文化脈絡

Vygotsky生於一八九六年,卒於一九三四年,英年早逝,得年三十八歲。Vygotsky是蘇俄的發展心理學者,其論述在一九六〇年之後才漸漸被社會認知論學者加以引述,也影響心理學門及教育學門之應用。Vygotsky主張:(1)認知發展於社會文化脈絡中形塑而成;(2)兒童顯著的認知技巧起源於父母、同儕、手足及老師們等良師益友的啟發,也就是他所主張的「近似發展區」。

有關Vygotsky之認知發展說可參考本章之第二節,其認為嬰幼兒與生俱來的基本心理功能,亦受到文化之影響,諸如個人之感覺及記憶,

進而幫助日後發展及提升至更精確的高階心理功能。在早期生物性之成熟之後（生物成熟線），兒童受到其特定文化所提供人文技巧調適之工具，如語言、圖像等，以協助他們開發本身所具有的基本認知潛力。因此，Vygotsky堅信每個人智能的發展在結構脈絡上絕無「普同性」（universal）（Pillari, 1998）。

　　Vygotsky與Piaget皆認為幼兒是主動及好奇的探險者，不斷地自我學習及尋求新原則以建構知識。Piaget認為幼兒的學習是基於自我建構（self-construction），但Vygotsky則認為幼兒自動自發的認知成長與探索，是來自社會文化脈絡，因此，其認為是社會建構（social/contextual construction）。舉例來說，當幼兒來幼兒園對玩物的吸引而表現出主動及自發性的學習行為。Piaget針對上述之行為認為是幼兒主動參與獨立性的自發學習，而Vygotsky則認為幼兒的學習是受環境的吸引，以及同儕和老師的示範與互動下，達到觀念的內化，進而形成主動的操作。透過老師安排與同儕合作協同的學習模式，在學習過程中應用近似發展區之社會脈絡，鼓勵幼兒與同儕互相協助以及模仿，以達到認知的啟迪。

第二節　幼兒期的語言發展

　　幼兒期的兒童是個精力充沛的談話者，他們對萬物均感到興趣，而且喜歡討論，永遠有問不完的「為什麼」，一方面是求知心切，另一方面是藉此使談話能持續。此時，幼兒能正確說出動物、身體部分及日常生活事物的名稱，能使用複數及過去式（英文），及瞭解代名詞（你、我、他）的使用，而且能要求別人或遵循簡單的命令。

　　四、五歲的幼兒已有超過一千個字彙量及使用大約四、五個字的句子，而且能使用介系詞及動詞。五、六歲的幼兒使用大約六至八個字的句子，能定義簡單的字詞，知道某些相反詞。雖然他們在日常語言會以過度泛化來使用文法，並忽略文法的特例（例如所有複數皆加"s"，過去式

加 "ed"），但是他們的語言結構已能相當合乎文法。六至七歲時，幼兒已能使用合乎文法的複合句，也使得他們的語言變得更複雜及合乎現實社會的語言結構（黃慧眞譯，1989）。

隨著幼兒期的發展，幼兒的語言結構及形式也產生變化，伴隨著語言的功能也有所不同。大約幼兒早期（約二、三歲），其語言是屬於「自我中心式」的語言，目的不在乎溝通，除了自娛功能之外，還有重複字語和片語以練習其語文基模。此外，自言自語之另一功能是促進個人願望實現，尤其是超乎個人之能力，例如小明討厭下雨，他會自言自語：「下雨討厭，趕快走開，小明要出去玩。」

另一種語言的方式是集合式的獨白（collective monologues）的說話：幼兒輪流說話，彼此相隔一段距離，各說各話，也不知道亦不在乎對方在說些什麼或是否在聽。

社會語言（social speech）是一種具社會化的語言，幼兒在三歲之後，可考慮他人的需要，並用這種彼此可溝通的語言來維持接觸或與他人建立關係。其實兒童在很早的嬰兒時期即可使用社會化語言來與照顧者溝通，但是他們不知如何因應特殊情況的需要來修正自己的語言（黃慧眞譯，1989）。此時幼兒的詞彙已可以被人瞭解了，雖然仍有錯誤產生，但其語法複雜性已大致能合乎成人的口語語言，並能應用口語的理解來與別人溝通。

第三節　幼兒期的道德發展

在學步期，嬰幼兒的注意力集中在行為的界限和標準上。嬰幼兒感到對正確行為的要求並不是來自他們自己，而是來源於外部世界。在幼兒期，行為的標準和界限變成了兒童自我概念的一部分。特殊的價值觀是從父母那裡獲得的，但它們會被整合成兒童的世界觀。

兒童社會化的核心即是將兒童養育成一個具有德育的社會人，能遵

守社會習俗的道德規範和行為準則的人。早期的道德發展涉及到一個把父母的標準和價值觀據為己有的過程。這個過程叫內化（internalization），它是在幼兒期這幾年中逐漸發生的。

例如，一個三歲的男孩可能從他用棍棒打狗的過程中獲得很大的快樂。在一次這樣的攻擊中，他的母親訓斥了他。她堅持他應該停止這樣做，並解釋說傷害狗是很殘忍的。假如她的懲罰不是十分嚴厲，她可能得一再提醒這個男孩打狗是不允許的。當這個男孩內化了這個標準，他開始體驗到對他自己行為的內部控制。他看見狗靜靜地躺在陽光下，眼睛一亮，開始撿棍棒。就在這時，他的行為被一種緊張感打斷，與之伴隨而來的正是那一想法：打狗是錯誤的。假如這個標準已被成功地內化，這種情緒的緊張以及想法便足以阻止這個男孩打狗了（摘自郭靜晃、吳幸玲譯，1993）。

對學齡兒童來說，在道德發展上的成就包括學習家庭和社會的道德規範，並用它們指導行為。心理學家提出的主要問題是：「內化過程是怎樣發生的？」對此有各種理論闡述（Windmiller, Lambert, & Turiel, 1980），茲分述如下：

一、學習理論

行為學習理論提供了對道德行為塑化的解釋，人們可以把道德行為看作是對環境的增強和懲罰的反應（Aronfreed, 1969）；受到獎賞的行為有可能被重複。因此，內化可能源於能導致較為舒適、較少不愉快或威脅的環境的行為。

社會學習理論認為幼兒道德學習來自對榜樣的觀察與模仿。幼兒透過觀察與模仿好行為與不好行為之榜樣，學會了社會行為或抑制不當之行為。

二、認知發展理論

認知發展理論強調兒童關於道德問題的思維之有序發展過程。Piaget 認爲個人之道德判斷是由生物性的無律到社會性之他律與自律。Kohlberg 進一步擴展Piaget之認知發展，創立了道德思維之三層次及六階段論（詳見**表9-1**，同時有關此二學者之道德論說也可參閱第十一章）。

幼兒期的道德發展是在第一層次的道德習俗前期中，階段一對公平的判斷是基於行爲是否受到獎勵或懲罰；階段二的道德判斷是基於一種功能論，即行爲的後果是否有利於「我及我的家庭」。所以說來，幼兒期之道德發展觀是關注行爲後果之功利主義（utilitarianism）傾向（Kohlberg, 1976）。

兒童對後果之專注凸顯了家庭與學校環境對幼兒之道德形成與支持的重要性。幼兒之道德判斷基礎建基於他們必須理解其行爲對他人所造成的後果，因此誘導（induction）的管教策略，就是提供幼兒瞭解他們的行爲會對他人造成影響之解釋，也提供幼兒感受道德氣氛及瞭解道德準則內容。

三、心理分析理論

心理分析理論認爲道德意識是兒童對父母強烈認同的產物，此理論在道德發展中強調價值觀的內化，以及在有誘惑的條件下維持衝動控制的因素。心理分析理論以良心（視爲超我），看作是父母的價值觀和道德標

表9-1 道德判斷的階段

I.道德習俗前期	階段1：判斷是基於行爲是否受到獎賞或懲罰。 階段2：判斷是基於行爲後果是不是有益於自己或所愛的人。
II.道德習俗期	階段3：判斷是基於權威人物是贊成還是反對。 階段4：判斷是基於行爲是符合還是違反了社會法律。
III.道德習俗後期	階段5：判斷是基於建立在協同合作基礎上的社會契約。 階段6：判斷是基於適應於不同時間和不同文化的倫理原則。

準在兒童身心的內化，並堅信兒童的超我是其內在的性衝動、攻擊衝動，與其父母對待這些衝動在外顯行為方式之間衝突的產物。心理分析論認為父母愈是嚴格地強制兒童抑制衝動，兒童的超我將會愈強烈。Freud假設男性的超我比女性來得更分化且更具懲罰性，因為男性的衝動比女性來得強烈。

四、良心發展的研究

此類研究的發現未能支持Freud的假設。年幼的女孩比男孩更能抗拒誘惑，而且嬰幼兒與幼兒的女孩出現違反道德的行為有愈來愈少的趨向（Mischel et al., 1989）。針對父母親的態度與幼兒道德行為之相關研究發現：母親的價值觀與孩子的道德行為有高度相關存在，但父親的價值觀與孩子的道德行為卻沒有任何相關（Hoffman, 1970）。然而針對父母之管教方式與兒童道德行為之研究卻發現：權威式的父母傾向用身體侵犯性懲罰孩子，而使孩子即使在家庭外也不能控制自己的衝動與行為（Anthony, 1970; Chwast, 1972）；但父母以溫暖、民主式和抗拒誘惑的管教風格，似乎較能促成孩子有高層次的社會行為及社會責任感（Baumrind, 1975; Hoffman, 1979）。此種觀點提出與Freud有不同的論述：父母的價值觀在兒童道德準則形塑之過程。此派論點認為可能Freud低估兒童對確保父母愛的需要之作用，並解釋父母與孩子之間強烈的情感聯繫，是促進積極道德行為之最有效的力量。

五、同理心與觀點取替的研究

同理心定義為共同感受及知覺到別人的情感（感同身受，將心比心），這也是兒童正向之情緒反應。一個人是否能同理他人，取決於他人所發出訊息的清晰性以及他本人以前的經驗。

Hoffman（1987）對幼兒能對他人感受痛苦之知覺，分類了四種同理層次（摘自郭靜晃、吳幸玲譯，1993：332-333）：

1. 整體的同理（global empathy）：目睹他人的痛苦而體驗並能表現出痛苦。

2. 自我中心的同理（egocentric empathy）：認識他人的痛苦並能對它做出反應，好像是個人的痛苦一般。

3. 對他人情感的同理（empathy for another's feeling）：能對廣泛情感移情，並能預測對他人施以安慰的反應。

4. 對他人生活情況的同理（empathy for another's life condition）：能瞭解他人的生活狀況或境遇，並體驗到同理情感。

同理能力從嬰兒期即已發展，但隨著幼兒對自我及他人的理解，以及能使用語言來描述情緒能力的增加，同理能力也逐漸提增。能辨別別人的情緒並同理他人的幼兒較易於道德教導，同理也使幼兒能努力幫助別人，從而產生促進道德形成之作用；同理還能夠使幼兒在造成他人的情緒狀態感到後悔，從而具有抑制衝動的功能。

觀點取替係指一個人從他人的立場來看待一種情境的能力。這種要求能認識別人的觀點與自己的觀點的不同，也促進個人自我發展。Robert Selman（1980）透過分析兒童在結構化訪談中的反應，以研究社會性觀點取替的發展過程，並將兒童之自我發展分為五個時期、四個階段（參考第十一章）。

許多進退兩難的道德問題皆要求兒童服從於他人，而要解決此種兩難困境，兒童需要將個人願望與他人願望加以區分。Selman（1980）的研究顯示，十歲以下的兒童很少能以這種客觀性來解決人際衝突。

六、父母紀律訓練的研究

父母之紀律訓練（discipline）可對兒童產生四種行為影響：(1)幫助兒童停止或抑制禁止的行為；(2)指出可接受的行為形式；(3)提供誘導，解釋何種行為是不恰當；(4)激發兒童對錯誤行為的受害者同理的能力（郭靜晃、吳幸玲譯，1993）。

紀律訓練被視為是道德教育的一種機轉，個體藉此開始體驗道德行為與紀律訓練之間的交互影響。而對兒童施行道德教育時，最有效的紀律訓練技巧即是能幫助兒童控制自己的行為，懂得自己的行為會對他人產生影響，以及擴展自己同理情感的技巧。

綜合上述，學齡前的幼兒正處於早期道德規範的發展過程中。對這一課題的六種理論總結在**表9-2**中。每一種方法都凸顯說明了較廣泛、較複雜的現象中的一種基本元素。學習理論指出，一種外在的獎賞結構抑制或增強行為。認知發展理論指出，這一道德發展階段的特徵是概念的不成熟性。心理分析理論特別關注對父母的認同與良心發展之間的關係。關於

表9-2　對道德發展研究的貢獻

概念來源	重要的貢獻	對道德行為的特定方面的影響
學習理論	・外在的獎勵和懲罰系統的相關性 ・對榜樣的模仿 ・形成對獎賞結構的期望	・道德行為 ・道德準則的內化
認知發展理論	・對意圖、規則、公平和權威的認識的概念化發展 ・道德判斷的階段	・道德判斷 ・對違反道德和社會習俗的區分
心理分析理論	・與父母的認同 ・超我的形成	・父母價值觀的內化 ・內疚體驗
對良心發展的研究	・性別差異 ・父母的教育：紀律訓練和溫暖	・衝動控制 ・價值觀的內化
對同理心與觀點取替的研究	・體驗他人的情感的能力很早就產生了，並隨著年齡而變化 ・對觀點上的差異的認識能力在學齡前和學齡期慢慢出現 ・同伴間的衝突和互動以及具體的角色扮演訓練，均能提高角色取替技巧	・同理加強了對他人的關心；有助於抑制可能造成痛苦的行為 ・角色取替能夠促進助人和利他主義
對父母紀律訓練的研究	・父母確定道德內容 ・父母指出兒童的行為對他人的影響 ・創造一種獎賞結構 ・強制、愛的取消、慈愛和誘導對兒童的不同影響	・道德行為 ・道德推理 ・導德價值的內化 ・同理和內疚

資料來源：郭靜晃、吳幸玲譯（1993）。

良心發展的研究對Freud關於超我形成過程的某些看法提出了挑戰，關於同理心和觀點取替的研究顯示，道德行為要求對他人的需要有情緒和認知上的理解。這些利社會技能有助於兒童瞭解其他兒童或成人是怎樣感受現實的。透過這種洞察，兒童能改變自己的行為以使之有利於他人。關於父母的紀律訓練的理論與研究指出，當父母努力促進兒童理解自己的行為對他人產生影響時，道德發展便可提高。所以說來，道德行為涉及道德判斷、對獎賞結構的理解、與父母認同及對他人的同理的整合。最重要兒童的社會化最終的目標是幫助個人在無人監督的情況下，無論在個體活動或集體活動中，達成自我控制。此也是個體迎合社會化及實現社會化的重要工具。

第四節　幼兒期的情緒發展

　　學齡前之幼兒階段是一快速擴展其社會及情緒經驗的時期。在社會層面上，幼兒暫時與第一個社會化的場合——家庭分離，並漸漸參與家庭外之社會化機構，如托育機構、同儕團體等。此時，情緒發展除了奠基於早期嬰兒及嬰幼兒期的發展外，最重要的是，個人透過與家庭中的父母、托育人員、同儕及其他成人的愛及穩定的照護及互動，建構自我感覺及概念。基本上，此時期的幼兒是快樂的，充滿想像及好求知欲。一個發展良好的幼兒滿意個體的能力以執行心智計畫，而且透過表徵及想像的遊戲來扮演現實成人生活的角色，此外，透過與同儕之互動獲得自我概念以及瞭解個體之性別認同，並透過討論及互動增進個體之遊戲技巧。本節將介紹有關幼兒期之情緒發展及影響情緒發展之因素。

一、幼兒情緒之發展

　　個體之基本情緒反應，例如快樂、驚奇、好奇、害怕、生氣、悲

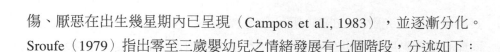

傷、厭惡在出生幾星期內已呈現（Campos et al., 1983），並逐漸分化。Sroufe（1979）指出零至三歲嬰幼兒之情緒發展有七個階段，分述如下：

1. 零至一個月：基於個體保護的隔離外在刺激（absolute stimulus barrier built-in protection）。新生兒時期會基於個體不成熟與保護獨立生活，因此隔離所有外在的刺激，基本的行為是來自於反射反應（reflex response）。

2. 一至三個月：對外在刺激產生興趣（turning toward orientation to external world）。個體會轉頭迎向外在刺激，不過對此刺激的反應仍很脆弱。新生兒有自發性的微笑（endogenous smile），常因觸覺或聽覺的反應而產生，也常發生在快速眼球運動睡眠中（REM sleep）。兩個月大的嬰兒已能有社會性微笑（social smile），其會對熟悉的事物有微笑反應。

3. 三至六個月：正向情緒（positive affect）。情緒的產生具有內涵，愉悅的刺激導致快樂，挫折、沮喪的刺激導致負向的情緒（哭）。

4. 七至九個月：主動參與（active participation）。在社會互動中的勝任感導致歡樂（joy），但如果其期望的行為被打斷會產生沮喪；個體能分辨正負向之情緒反應。

5. 九至十二個月：依戀。對令其愉悅的人產生情緒聯結；個體能整合及協調正負向之情緒反應，並與他人建立安全堡壘（secure base）。

6. 十二至十八個月：演練情緒（practicing emotion）。主動趨向安全堡壘，如母親；可以延宕或儲存情緒反應，情緒可依情境脈絡來表達，並已能控制個人之情緒表現。

7. 十八至三十六個月：萌發自我概念（emergence of self-concept）。以行動者（主動因應、正向自我評價、羞恥）來表達自我感；並發展分離感（情緒、意志的衝突）的建立。

當嬰兒期結束進入幼兒期階段，個體已發展了複雜的情緒反應，例

如羞恥、困窘、罪惡感、羨慕及自傲等，這需要一些認知與社會能力的提增才能促進其發展，此種情緒反應不似基本的情緒是與生俱來的。之後，幼兒逐漸從互動中學會一些控制及管理情緒的技巧，例如情緒的自我控制與情緒的自我調節（emotional self-regulation）（**專欄9-1**）及情緒表達規則（emotional display rules）。此時期最常見的情緒有恐懼、攻擊及利社會行為，分述如下：

專欄
9-1

自我控制

　　自我控制（self-control）一直被定義為不必在他人的引導指示下便能遵從要求，根據情境改變行為，延遲行為，以社會所接受的方式進行活動的能力（Kopp, 1982）（**圖9-1**）。這些能力反映出一種不斷增長的自我感，此種行為也反映了幼兒能評估情境，並將它與以前所習得的行為規範進行比較的認知能力。最後，此行為還反映了為降低緊張感而表現衝動方向的能力。

　　早在嬰兒期，幼兒便能提高或降低其喚醒水準（arousal level）（Kopp, 1982），這些個人的動作發展與氣質有關，例如嬰兒透過轉身、

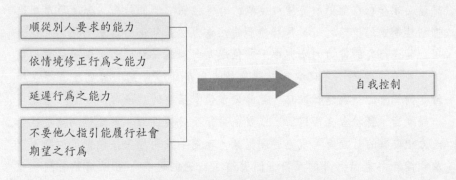

圖9-1　自我控制之行為能力組成

資料來源：Kopp (1982).

哭叫或入睡來反抗過度刺激，自三個月至九個月內，動作的發展使得其對物體和行為的控制愈來愈強。伸手抓物和爬行使嬰兒獲得指導自己的行動和嘗試行動效果的經驗；而此時也是兒童開始發展對重要他人之依戀行為，獲得依戀及安全感的嬰兒對環境的探索也會較多，此外，從九個月至十八個月的「學步期」，嬰兒表現出遵從成人要求的能力。學步期幼兒之自我控制可以以兩個方向發展，茲分述如下：

1.衝動的控制

在二至四歲期間，兒童忍受延遲滿足其衝動的能力正在萌芽，一方面兒童經歷到挫折（因個人之行為能力及語言表達能力之提增）遠比以前少，另一方面，他們發展有效地因應自己所經歷到挫折的方法（Vaughn, Kopp, & Krakow, 1984）。

兒童體驗較少挫折的原因是他們發展基本的時間感。這種時間感涉及到對未來的正確評價。學步兒童一再發現：儘管他們不能立即得到自己所想要的東西，經過短暫的間隔，他們通常都能得到。他們的信任感也有助於兒童認識到這一點。當他們意識到他們的需要在經過一段延緩期後很可能得到滿足，這種延緩便較少引起挫折感。這一序列極大地依賴於照顧者的反應性，以及他們為要求兒童延緩滿足其需要而提供報償的能力。

當然，即使最有耐性的兒童的承受限度也會受到一些事件的考驗。兒童必須學會在他們的情緒被喚醒的時候控制它們的技巧。兒童最早用來抑制其衝動的策略之一，是將他們的注意力從被禁止的對象上移開。在一項對延遲行為的能力的研究中，一位成人向兩歲兒童出示一個不尋常的電話，並要求他們不要碰它，然後他就走出房間一會兒。當實驗者不在場時，對兒童的行為進行觀察，記錄兒童碰電話前的那段時間。當一名兒童一碰電話，實驗者立即返回，或者在兩分半鐘後返回。與延緩觸摸電話的能力相聯繫的行為有：視線避開電話，玩雙手或用雙手掩住自己的臉，以及談論一些電話之外的事情。隨著這項研究的進行，可以清楚看到一些初期的延遲策略，到三歲和四歲時變得愈來愈複雜、有效（Vaughn et al., 1986）。

語言和幻想是兒童所具有的應付衝動的最有效工具。兒童在表達他們的希望時說得愈清楚，他們的需求得到滿足的可能性就愈高。當他們的希望得不到滿足時，他們可以運用語言來表達自己的感受。表達出來的情感對兒童來說要比沒有表達出來的情感容易控制。兒童還能夠學會運用語言來中斷衝動性行動。例如，當兒童面前放著一個小丑盒時，他們可以透過說「我不會看小丑先生的盒子」或「不要煩我」這樣的話來抗拒分心，轉而做自己的事（Mischel & Patterson, 1976; Patterson & Mischel, 1976）。

當要求兒童抗拒誘惑時，他們運用了多種言語策略，包括安靜地對自己說話、唱歌來分散自己的注意力（Mischel, Shoda, & Rodriguez, 1989）。

會對自己說話的學步兒童也許能夠控制自己的恐懼，修正自己的憤怒，減輕自己的失望。他們可能重複父母或照顧者對他們說過的安慰話，也可能自己發展一套言語策略來降低疼痛和痛苦。當一個為某種事感到不好受的男孩對你說「超級英雄是不哭的」時，你會瞭解他正在努力控制自己的情緒狀態。

象徵性想像的發展使兒童能夠創造想像的情境，惱人的問題可以在這種想像的情境中得到表達和解決。在幻想性遊戲中，學步兒童能控制超越其現實能力的情境（Singer, 1975）。他們能夠懲罰和原諒，傷害和治癒，害怕和戰勝害怕，所有這些都在他們的想像範圍內。

透過談論自己和把自己編排進幻想性情境，兒童能夠減輕他們的一部分衝動強度。他們逐漸成為自己情緒的主宰，而不是它們的奴隸。兒童是在情緒衝動的鞭策下進入學步期這個階段的。他們似乎很容易受挫、不耐煩和苛求。他們的情感能夠迅速地獲得動力，直到超出他們的控制範圍。到學步期末，兒童開始占據控制地位。他們能夠較好地控制情緒發展的速度和表達情緒的方式。兒童也會不時失去控制，正像趕車的人偶爾也會脫離正常速度一樣。但總體來說，隨著對時間的理解、語言運用和幻想性表達能力的發展，學步兒童開始有效地調節自己的衝動了。

Walter Mischel及其同事用三十年的時間研究了兒童延遲滿足的過程。他們的一項一致性發現是：延遲滿足的能力因人而異。在四歲的時

候，傾向於較長時間地延遲滿足的兒童，也傾向於更聰明，更有可能抗拒誘惑，表現出更強的社會責任感，具有更高的成就奮鬥性（Mischel, Shoda, & Rodriguez, 1989）。

四歲兒童運用自我調節策略來延遲滿足的能力，似乎具有持久的影響。在十多年後，那些曾在四歲時在要求自我實施延遲滿足的實驗情境中等待過較長時間的兒童，現在被他們的父母描述為比同伴具有較強的社會性和學術才能。父母們把這些兒童評定為言語較流利、善於表達思想；他們已習慣並服從於說理，而且他們更富於才能和技巧。他們的注意力更強，能夠全神貫注，能事先計畫和思考。他們還被認為能更好地應付挫折和抵抗誘惑。

正如Freud所假設的那樣，延遲滿足的能力似乎是自我發展的一個重要成分。Mischel和他的同事們的工作顯示：能夠延遲滿足的學步兒童在整個學步期的自我發展中前進得較快。雖然大多數兒童在長大後都能獲得成功地進行延遲所需要的技巧，但最早表現出這些技巧的兒童，似乎由於能更有效地組織不斷發展的自我技能的網絡而贏得了一定的優勢。

2.自我調節的目標實現

自我控制的發展在第二種意義上，是與學步兒童能指導自己和他人的行為來實現期望中的結果的情感相關聯（Messer et al., 1987）。在嬰兒期，兒童已愈來愈意識到自己是引起某種結果的主體。他們能使種種事情發生。在學步期，兒童在發起行動、堅持行動、決定什麼時候應該結束活動等願望上，變得更為武斷。他們的主體感（agency）——關於他們是活動發起者的看法——擴大到包括大量的行為。兒童努力參與決定什麼時候上床、穿什麼衣服、吃什麼東西和進行什麼樣的家庭活動。他們想做他們見到父母和哥哥姊姊所做的事情。他們對自己能夠完成非常困難的任務的自信，並不會因對他們技能的真實評估而修正。在學步兒童看來「你能做的事，我都能做得更好」。當他們有機會進行一些生疏而複雜的事情並獲得成功時，他們便產生了對自己和自己能力的自信。當他們幫助完成每天的家務事時，他們便會感到自己是這個家庭中的一名有用成員。他們的自

信和價值感是與獲得廣泛的複雜而協調的技能相匹配的。

在兒童能夠進行自我調節、目標指向性的行為之前，兒童必須具有幾種能力。首先，行動者必須能期待尚未實現的目標狀態，並必須瞭解目標可透過特定活動而達到。其實，行動者必須能描述出在活動與其結果之間的手段—目的關係……然而，除這種表徵能力之外，我們稱為意志技能（volitional skill）的其他技能，對於將知識化為成功的行動也是必不可少的。一般說來，意志技能關係到保持任務的定向，亦即在頭腦中保持所預期的目標，並監視邁向預期目標狀態的進展。這其中包括等待或尋找恰當的行動機會，抗拒分心，克服障礙，導正行動，以及在實現目標後停止行動（Bullock & Lutkenhaus, 1988）。

有時候學步兒童的熱情和自信超出了他們的操作潛能。他們見到父母很輕易地從事一項任務，便以為自己也同樣能輕易地完成它。如果讓他們自己去嘗試那項任務，他們便會失敗。由於他們並沒有預期到不成功的後果，他們變得洩氣和沮喪。如果父母勸他們不要去嘗試，他們也會感到喪氣，因為他們肯定自己能做得很好。解決這種問題的最好方法也許是和學步兒童一起合作，讓他們去做他們能完成的部分，在他們需要的時候給予幫助。當兒童進行某種在一定程度上超越其能力的任務時，他們便學會更現實地評價他們的力量和技能，而不會因失敗感到丟臉。到學步期末，兒童能更好地評價完成許多種任務的要求。他們能夠判斷自己是否能單獨完成一項任務。

在自我控制這一發展任務中，我們已經討論了兩種相當不同的現象。兒童控制自己衝動的能力，是和Freud用來描述口腔期和肛門期的發展的心理分析概念——延宕滿足——密切相關的。能夠說明兒童透過持續的探索和靈巧的問題解決能力，來努力提高自己能力的普通動機，則是專精或控制（Harter, 1982; White, 1960）。上述兩種能力都促進了學步兒童對自身的意識的不斷增長。要想作為家庭成員有效地發揮作用，學步兒童必須確信自己具有控制內在情感世界和外在決策與任務世界的能力。當學步兒童發現自己能承受緊張壓力，適當地表現或抑制憤怒，進行困難的任務並獲得成功，他們也會提出重新確定其自我的要求。學步期在個人的自我效

用感，即對自己能夠完成某一特定情境所要求的行為之信心的發展上，是一段重要的時期（Bandura, 1989）。學步兒童自己能做的事愈多，他們對自己控制自身行動後果和實現自己目標的能力便具有愈強的信心。目前幫助兒童／青少年達成自我控制的訓練方法有：(1)有意轉移注意力；(2)自我暗示；(3)自我監督；(4)積極鼓勵；(5)榜樣作用及對工作難度的準備。對年紀較長的輔導方法是用自我管理、角色扮演或同儕輔導而年紀輕輕則是用改變環境、行為改變或榜樣策略。

資料來源：郭靜晃、吳幸玲譯（1993）。

(一)恐懼

二至六歲的幼兒期增加最多的情緒反應是恐懼，或許兒童有過被驚嚇的經驗，例如被關在黑暗的空間、迷路、憂傷、親人死亡等，同時他們也從真實生活、故事（書）和電視上聽到發生在別人身上的可怕事情。此時幼兒可能從真實事件或幻想中，得知許多可怕的事物；女孩表現比男孩多，其中一個原因或許是較依賴父母的孩子較會感到恐懼，而女孩一向被預期較為依賴，或許是由於男孩較不願承認自己的恐懼（Bauer, 1976）；此外，較處於社經劣勢的孩子比情況較富裕的孩子害怕的東西更多，也可能是較貧窮的孩子較缺乏安全感所致，但這種恐懼感會隨著年齡增長而降低（Bauer, 1976; Saarni et al., 1998）。

過去幾十年來孩子的恐懼也深受社會的影響，美國兒童過去最害怕的是超自然生物和事物，接著是共產黨，現在則是類似九一一的恐怖攻擊，或地震與海嘯，台灣的兒童則是害怕自然禍害與被綁架（Yudkin, 1984）。這種改變深受媒體（如電視與電影）所影響。

對於這些孩子有恐懼的情緒，雖然隨時間增長，無力感消失，恐懼感也可能隨之化為烏有。如果未能消除，千萬不要以嘲笑、強迫或忽視的態度來試圖消除孩子的恐懼。幫助孩子克服不合現實恐懼的最佳方法，除

了觀察他人或模仿別人無畏的情形之外，得包含孩子的自身行動。當孩子瞭解（找出）自己解決恐懼的辦法，並在成人的幫助下逐漸經歷令他害怕的情境〔如系統減敏感法（systematic desensitization）〕；除此之外，可以配合主動的制約，輔以言語說明的方式也有助益。

(二)攻擊

兩歲之前的嬰兒不會表現真正意圖傷害別人的攻擊行為（aggressive behavior），縱使別人由他身上粗暴地搶奪玩具時，他所想要的只是玩具，並非想傷害或支配他人。但幼兒期時，孩子則常常表現打、踢、咬、丟擲玩物等攻擊他人之行為。

兒童早期的攻擊會由身體的行動轉變為口頭的表示，例如對別人採取威脅的姿態，以達到嚇阻或拿到個人所想要的物品。幼兒期之攻擊則以爭奪玩物和空間的占有為主，最常出現在社會遊戲之中，最好鬥的孩子通常也是最善交際的。最能幹的孩子，漸漸在個體成為人際優勢時，通常是領袖或擁有物權及空間使用權，攻擊行為也隨之減少。當孩子以攻擊方式達到目的，次數愈多，他持續攻擊的可能性也愈高，因為權力的沉醉會促使他持續用此方式對待別人。

到了六、七歲之後，大多數孩子會減少攻擊行為，或以話語來代替身體上的侵犯，攻擊的根源也從對物體的爭奪轉變為自我的確保，所用的方式是汙辱他人。直到他們發展自我概念，或有了更肯定的社會技巧，特別是與別人的言語溝通和合作之後，攻擊行為則大幅減少。

攻擊行為的導火線最可能是因挫折而來，挫折通常來自被懲罰、汙辱和恐懼，雖然挫折並不一定導致攻擊性的行為，但是一個受挫折的孩子會比一個滿足的孩子更可能做出攻擊的行為（Bandura, Ross, & Ross, 1961）。

影響幼兒攻擊行為之原因可能來自遺傳（男性荷爾蒙之因素），也可能來自對父母（成人）行為之模仿，父母管教方式、受挫折、攻擊行為得到酬賞，或從實際生活看電視或電影中得到的行為模式。

(三)利社會行為

兒童有一些慷慨大方、富同情心，並善體別人的需要等行為，心理學者稱為利社會行為，或稱利他行為（altruistic behavior）。Mussen和Eisenberg（1977）進一步解釋為：「想幫助或有利於他人，而且不預期外在酬賞的行動。這種行動通常包含著某些成本，自我犧牲，以及行動者本身所冒的風險。」（摘自黃慧真譯，1989）。

研究性別在利社會行為的發現各有支持，性別未呈現有一定的結論。有些研究指出女生較為慷慨、助人、體貼，或許這些研究偏向解釋照顧的行為一向為女性的特質，所以女生較常被鼓勵去幫助別人，也可能女性較少使用身體上的攻擊或處罰，得到較多溫情。

年齡是促成利他行為的重要因素之一，幼兒到了四歲左右開始呈現出顯著的利他行為，到了學齡期此行為會穩定地增加，顯然與其發展出考慮別人立場之觀點取替有很大的關聯。有些研究顯示出這與孩子觀賞的電視節目內容有關，如果兒童被鼓勵較多利社會行為暴露之節目（如「羅傑先生的鄰居」），則孩子可發展出更富同情心、更慷慨、更樂於助人（NJMH, 1982），反之，如果看更多的卡通（暴力情節），則孩子顯現出較多的攻擊行為。

二、影響情緒發展之因素

兒童的情緒發展來自遺傳及環境之相互作用，隨著個人機體成熟，嬰兒開始利用感官表達以獲得周遭環境之反應，加上個人之認知及語言成熟，個人瞭解及學會如何表達情緒，加上社會化過程，個人習得社會規範及懂得呼應社會參照之情緒，例如有安全依戀的孩子似乎呈現較多正向之情緒，所以說來，家庭是最早影響孩子情緒發展的重要場所，再來是其同儕團體及電視媒體，以下將分述前列之影響因子。

(一)家庭

　　個人除了與生俱來的特性——生理上的耐久力、智力水準、氣質傾向等會影響人格、情緒及社會發展，最重要也最先影響個人之情緒發展的是家庭環境。家庭環境帶給嬰兒在一種氛圍下成長（例如被剝奪、受威脅或愉快之氣氛下），這種情形可影響日後一生。父母的管教方式直接對孩子的成長有重大影響，例如如果父母想要孩子聽話採取講道理、令孩子愧疚，或不給予贊許和愛的方式，將比採取打、威脅或羞辱等，更能令孩子產生強烈的良知，並因內疚而難過。父母多傾向對女孩採取前者，而對男孩採取後者，通常這種方式會使女孩覺得愧疚，而男孩傾向好攻擊。

　　柏克萊大學的心理學家D. Baumrind參考有關研究文獻，及利用深度晤談，標準化測驗，對一百零三位育幼院兒童的九十五個家庭進行研究，最後區分三類父母育兒風格——獨裁式之父母管教、威權式之父母管教及放任式之父母管教。獨裁式家庭之孩子常為懲罰或愧疚感嚴加控制，以至於他們經常無法對事件及行為有明白的選擇，因為他們會過分在乎父母的反應。相對地，來自放任式家庭管教之孩子，由於所獲得的引導太少，使他們經常無法確定自己的作法是對是錯，並因此而感到焦慮。但在威權式家庭中，孩子知道自己是否達到預期，學到如何評判這些期望，並能決定為得到目標之價值判斷，那孩子會由主動參與及透過溝通及互動，達到父母或自我期望水準，以獲得成功的滿足感。

　　在家庭的另一社會互動關係是手足關係，手足在早期關係除了競爭之外，也會存有某些程度的感情、興趣和友誼。雖然年紀發展要到四到六歲，他們才會與人發展比較公平、平等之夥伴關係，手足之間的關係是我們與他人關係的建立，如果手足之間的關係是正向的，將會幫助日後與朋友與愛侶之關係；但相對地，如果早期手足關係是充滿攻擊，它也將會影響日後我們的社會及情緒發展。

(二)酬賞與懲罰之使用

　　行為之制約（酬賞與懲罰）的行為修正也影響孩子的行為及人格養

成。外在的酬賞（如儀容、讚美、食物、賺錢、玩具等）在孩子出現良好行為從而獲得，將會增強此行為之再現；相對地，如果好的行為出現反而帶來一些負向的處罰效果，將會減少此類行為的再現。Parke（1977）對於以懲罰來控制孩子行為迎合社會規範，提出下列結論：

1. 時效性：較早好過較晚。當行為與懲罰時間間隔愈近，懲罰愈有效。
2. 說明：懲罰如伴隨著說明，將會更有效。
3. 一致性：孩子受懲罰一致性愈高，該懲罰將愈有效。
4. 施予懲罰的人：懲罰者與孩子關係愈好，懲罰愈有效。
5. 孩子扮演的角色：在懲罰的程序上，孩子扮演著最重要的關鍵。如果犯錯之後，孩子反抗或不理會，那懲罰會較嚴重；如果孩子表示後悔並試圖補償，通常此孩子不會被懲罰或只是輕微處罰。
6. 懲罰之長期影響：X理論（性惡）比Y理論（性善）對行為之長期效果及動機上會較弱。雖然懲罰有立即的效果，但也有副作用（例如，缺乏動機、逃避）。此外，常被懲罰的孩子可能產生無助感（helplessness），因而在行為上會變得畏縮被動。

(三)媒體

　　兒童的情緒行為之表現，如攻擊，會深受電視節目之楷模所影響。自一九五○年代以來，許多研究報告即指出，孩子觀看電視上的暴力節目，會使得孩子在真實生活中變得更具攻擊性，美國健康與人類服務部（USDHHS, 1999）也指出，兒童從電視中學習攻擊行為，也從中習得電視所傳遞之價值，並接受攻擊行為是恰當的。

　　當然父母可抵抗電視媒體的影響，首先要做不具攻擊性的楷模、選擇適宜孩子觀看的節目、限制孩子觀看的時間量，最重要的是能與孩子共視，從中監督孩子所看的節目，並與孩子談論劇情。

　　除了上述的因素之外，減少孩子面臨壓力情境及增加孩子成為有毅力（resilient）的人格特質，都有助於透過成人教育這些保護因子（有關

如何培養有毅力之兒童可參考第十一章），以幫助孩子成爲環境適應的成功者，並成爲一有能力之個體。

三、兒童情緒的輔導與治療

兒童自三歲之後，情緒發展才具有真實情境之影響，這也深受孩子之認知發展及社會規範之互動作用所左右。幼兒自三歲後開始經歷一些負向情緒，這些影響因子可能來自個人氣質，與成人之信任依附關係，家人互動及媒體之影響，而到了學齡兒童可能加劇產生了情緒困擾。

兒童情緒困擾之因素取決於諸多因素：問題的本質、兒童的人格、家庭參與的意願、社區中治療的可得性、家庭的經濟狀況，以及最常見的因素：第一次諮詢專家的取向（引自黃慧真譯，1989）。其治療可能應用下列模式：

(一)個別的心理治療

雖然心理治療有幾種不同的模式，如心理分析、Carl Rogers的來談者中心、理情治療等；但針對兒童的焦慮或壓力治療者，可能應用遊戲的方式來瞭解困擾兒童的訊息，此方法又可稱爲遊戲治療。大多數個別的心理治療是試圖讓孩子對本身的人格特質，過去和目前與他人之間的關係有所洞察（insight）（Barker, 1979），因此，治療者爲達此目標會接受、處理兒童的種種情緒，幫助、瞭解他們，進而促成兒童的良好適應。

(二)家庭治療

家庭治療（family therapy）是以整個家庭成員爲對象，視家庭爲一整體，從治療中觀察成員互動的形態，並指出哪些是健康、哪些是破壞或抑制的互動形態。其治療方式也可應用個別治療的模式來進行。

(三)行爲治療

行爲治療（behavior therapy）又可稱爲行爲改變（behavior modification），是採用增強或處罰之學習理論原則來進行特定的行爲改

變，以消除不好的行為，如遺便、緊張；或模塑（shaping）好的行為，如守時；行為治療常用的方式如代幣法、嫌惡法、洪水法、爆炸法、反應代價法、系統減敏感法等。行為治療並不探究兒童行為的內在原因，也不想提供兒童對所處情境的頓悟，其目的只是改變行為（Weisz, Weiss, Han, Granger, & Morton, 1995）。

(四)藥物治療

藥物治療（drug therapy），如使用鎮靜劑、反抑制劑、興奮劑等方式來處理兒童的情緒失調。以藥物改變兒童的行為是一種急進方式，因為這些藥物可能皆有一些未知的副作用（side effect），而且這些藥物只是解除行為的症狀，並不能消除其內在的原因，所以藥物治療最好是配合其他治療方式一併進行。自一九九○年代之後，藥物治療常伴隨其他治療方式，已成為美國對兒童情緒困擾之處理模式（USDHHS, 1999）。

(五)遊戲治療

利用遊戲讓兒童表達及揭露感覺、想法、經驗及行為，並透過良好訓練的治療者，選擇遊戲素材，讓兒童在安全關係下來宣洩情感，例如藝術、玩沙、圖書、說故事、舞蹈等方式來幫助孩子處遇其認知、情緒及社會之困擾（Wilson & Ryan, 2001）。

第五節　幼兒期的社會發展

友伴關係的社會發展與其日後人格、社會適應和是否犯罪息息相關。良好的社會發展，不但消極方面能使個人控制攻擊衝動，抑制自我的意圖，且積極方面可有與人共同分享、互助合作、自我尊重與自我價值肯定、選擇朋友及尊重他人等行為呈現。

社會化過程是使兒童從一「自然人」成為「社會人」。兒童的人際關係發展形態是由垂直式的互動關係（例如親子、手足、師生關係）到平

行式的互動（友伴關係）。所有互動關係又以友伴關係最能減少兒童的壓力，且能有平等地位的相處。友伴關係可幫助兒童從依賴父母走向自我獨立的地位，以幫助兒童達成自我認同。至青少年時期，個體在追求獨立、自主的同時，更需要友伴的情緒支持，而成年時期，友誼與性的混合使得個體在友伴關係獲得親密需求，進而發展婚姻關係。因此友伴是個體社會化過程的催化劑。本節將介紹有關幼兒友伴關係的重要性及影響友伴關係發展的因素。

一、友伴關係的重要性

兒童的友伴關係是日後人格和社會發展的重要指標，對青少年及成人時期待人處事的態度及應對進退的社交技能，有相當的影響作用（Asher, Oden, & Gottman, 1977; Ausubel, Sullivan, & Ives, 1980; Hartup, 1975, 1984; Oden, 1982; 簡茂發，1983；簡茂發與朱經明，1982），甚至影響其日後的犯罪行為（Papalia & Olds, 1981）。

兒童與他人的互動系統包括了親子、手足與同儕三種，每一系統都有其單一形態的互動特色，也為其相互的互動關係負起相當重要的地位。隨著年齡的成長，兒童從嬰兒期、嬰幼兒期、幼兒期至學齡兒童，互動的系統也由與重要的成人互動，轉至與友伴同儕的互動，尤其在幼兒期，藉著遊戲活動開始其同儕社會化。

Corsaro（1981）指出，在孩子結交朋友前，社會情感的聯繫主要來自父母或重要照顧者，其互動的關係是透過社會學習去接受、適應或被迫式的承認父母與手足間的關係。然而，到幼兒期，幼兒會透過主動探索、參與選擇、與同儕們互動，學習到同儕們的特質，並從中學會如何與人交往。一般人常認為，孩子們在一起時，都在遊戲、玩，較少有思想、情緒或心靈上的溝通；其實，有人際關係困擾的兒童，可能是由於缺乏從遊戲中學到正確的人際交往觀念或人際溝通技巧；也可能因幼兒個人氣質較害怕陌生情境（Berberian & Snyder, 1982），而影響兒童與他人建立依戀

關係；或是幼兒缺乏認知上的限制，例如，缺乏瞭解別人觀點的能力（觀點取替能力），使得他們不能與別人共同計畫或參與活動（Bowlby, 1980; Marvin & Greenberg, 1982）；Piaget在他早期著作中曾提到，孩子的社會經驗來自於與地位平等的同伴的相處。在遊戲中，爭執或衝突會發生，而這些衝突卻有助於兒童排除自我中心（decentration），體認他人的觀點，進而促進其與同儕相處的壓力（Shaffer, 1979）；也可視爲是學齡兒童處於壓力狀態（如疲倦、飢餓、家庭紛爭、課業問題等），更加需要關懷的表徵；即使是青少年，他們可能因獨立及自治能力增加，或因荷爾蒙的改變，使得與父母頻頻發生齟齬，進而疏離，轉而產生對同儕的依戀（這是青少年發展正常的現象）。

然而，Steinberg（1990）及Kuo（1988）皆指出，父母的情緒支持與青少年的幸福感（well-being）、快樂具有正相關存在：即使青少年已很有自律。因此，個人的人際困擾，可能因個人的氣質、生物因素（如荷爾蒙的影響）、個人在從小到大的成長環境中（如缺乏愛、挫折的情境）造成個人對情境的害怕，缺乏信任感；或不知與人如何建立友誼而產生。所以，人際關係的困擾，是自小就慢慢形成的，兒童的人際關係需要大人多花些時間來注意及培養。

今日的父母送幼兒去幼兒園，多只注重幼兒學科教育及知識技能的學習，一味要孩子多學些才藝；中、小學教育在聯考壓力下，也是注重知識技能的學習，以擠進明星中學或大學的窄門，因此，大多數的家長只注重孩子自小到大的學業成績如何，鮮少問及他們的人際關係如何。這種情形，不但對兒童日後的發展有不良影響，也引發諸多的社會問題。

事實上，多位學者的研究指出：兒童只要在早期能與母親發展出安全依戀的親密關係，日後可能社會性較好、自我尊重高、與手足關係良好、較獨立、較少發脾氣或有攻擊行爲、服從性高、有同理心、較少有行爲問題以及有較高的問題解決能力（Cohn, 1990; Frankel & Bates, 1990; Greenberg & Speltz, 1988; Lutkenhaus, Grossmann, & Grossmann, 1985; Mates, Arend, & Sroufe, 1978; Plunkett, Klein, & Meisels, 1988; Teti & Ablard,

1989）。

Parten（1932）從對日本保育學校自然遊戲行為的觀察，發現隨著年齡的增加，兒童平行遊戲的量減少，而合作遊戲的時間增加。

Hartup（1975）的研究指出，兒童隨著年齡的增加會減少彼此爭吵的次數，而學齡前兒童之爭吵可算是一種友伴間的社會學習；同時亦認為學齡前兒童已可以建立一對一的彼此互動關係。

Shaffer（1979）指出，三至四歲的幼兒已開始減少與父母的接觸，相對地增加與友伴的互動。Hartup（1983）並檢視學者Smith及Connolly的研究後指出，幼兒在二至四歲間，與人談話及互動性的社會遊戲會增加。同時，Hartup（1983）及Furman與Masters（1980）亦指出，學前兒童的一對一互動較正向性、相互性及分享性。

而Corsaro（1981）也發現，當托兒所中的兒童發現自己是單獨一人時，往往會試著去進入其他同伴的活動。

Sroufe（1989）針對夏令營的十歲至十一歲的學齡兒童觀察中發現：與母親安全依戀評分高的兒童，有較高的自信及社會能力，對營隊指導員的要求較有反應，對人較會表達正向情感，也比較有好的能力去達成任務；而當兒童與母親較有趨避性的依戀（avoidant attachment），他們較可能有奇怪的行為，或被同儕所隔離；但是當兒童與其母親有不安全的依戀（insecure attachment）時，較可能產生偏差行為。

當兒童進入青春期之後，逐漸脫離父母而獨立，與同儕相處的時間增加，與父母相處的時間逐漸減少，因而同儕的影響力漸增，相對地，父母的影響力漸減。雖然如此，青少年受同儕之影響也僅局限於衣著打扮、物品購買或解決學校相關的疑難，但對於日後的生涯、工作、複雜的道德衝突等，則受父母影響較大（Brittain, 1963; Atwater, 1992）。青少年選擇同儕常受到一些因素所影響，例如，社經地位、父母的價值觀念、居住的鄰里環境、學校特性、個人特殊才能與能力，以及人格特質（Zastrow & Kirst-Ashman, 1987）。一旦青少年加入同儕團體之後，同儕之間相互影響，甚至給予同儕力要求成員順從（conformity），以達成在社會活動、

讀書習慣、衣著打扮、性行為、藥物使用、職業追求或興趣嗜好等，有其共通性（communality）及相似性。

同儕與朋友幫助青少年及成年從依賴父母到尋求獨立。朋友甚至給予他們情緒支持及當作參考團體（reference group）來比較個人信念、價值、態度及能力，以達成個人之自我認同（self-identity）。Weiss及Lowenthal（1975）的研究發現，青少年在選擇同儕及想到與他們維持友誼關係有賴於五個因素：

1. 相似性：在價值、人格、態度、共享活動或經驗。
2. 互惠性：瞭解、互助、相互接受、共同信任及分享信心的態度。
3. 共處：在一起的喜悅。
4. 結構性：地理相近性及熟識的期間。
5. 角色模塑：對他人好品質的尊重及欣賞。

成人時期最重要的友伴發展是從同性關係到異性關係，尤其是親密感（intimacy）的尋求。親密感是個人與他人經驗開放、柔和、支持的互動關係的能力，同時也不會畏懼失去個人的認同。成年期（約在二十歲之後）之重要發展任務是親密感的建立，是男女雙方試探是否能建立親密情緒，共享興趣，對未來有共同的願景及性關係等。如果找到一個情投意合的對象，接下來即開始約會、訂婚和到結婚，共組家庭而形成共同的生活形態（life style）。

從上述學者的研究可知，在幼兒社會化過程中，友伴關係的發展的確很重要（Halliman, 1981），透過與友伴的互動、遊戲、分享並學習如何與人交往、溝通、同理，甚至於克服對環境畏縮及羞怯，學習主動的表達善意，及學會不自私與熱心助人等，這些對幼兒的人格、情緒、認知及未來人際適應，皆具有相當重要的影響作用（簡茂發，1983；簡茂發與朱經明，1982）。兒童期的友誼是建立在一起活動、遊戲的情境上，而青少年及成年期的友誼則建立在親密關係的感情基礎上，而且是從同性關係發展到男女兩性的關係。

二、友伴關係發展

大多數社會與人格發展的理論都十分強調親子互動關係，而較忽略同儕關係的重要性。直到最近才有相關學者開始強調同儕水平關係對兒童發展的影響，幼兒大部分與人相處的平等關係，只能從同儕互動中獲得，而這種同儕關係也幫助兒童從依賴於父母的關係，走向自我獨立的地位。以下即就幼兒友伴關係的發展加以介紹：

嬰兒開始對其他嬰兒發生興趣大約在六個月左右，此時如果我們將兩個嬰兒放在地板上，他們將會相互注視、觸摸、拉彼此的頭髮，或對對方的行為加以模仿，或相互微笑（Bee, 1992）。將近一歲時，這種行為更趨明顯。雖然，依嬰幼兒的發展，此時期較喜歡玩一些物品，但如果沒有物品可玩時，他們便喜歡與同伴玩。

十四至十八個月之後，幼兒開始發展一些平行遊戲，有時還有協同或合作行為產生。因此，同儕互動關係可以說開始於嬰幼兒期。到了三至四歲，在幼兒園的兒童，尤其需要學習如何與別人在一起玩（Harper & Huie, 1985）。兒童可以呈現一些有組織的遊戲，並且也較喜歡與同伴（特別是同性別的友伴）在一起玩。

三、兒童特定的社會化發展

在介紹幼兒一般同伴關係發展之後，讓我們再看看兒童較特定的社會化發展：友誼及利社會行為。

(一)友誼

幼兒在兩歲左右，就對同儕發生興趣。這些關係對兒童未來與人的互惠平等及親密感有顯著的影響。Mueller及Brenner（1997）將幼兒的同儕互動分成三個階段：

1.目標集中階段（object centered）：幼兒專心注意某一玩具，與同儕

互動的行為不多。

2. 簡單互動階段（simple interactive）：此時，幼兒會注意其他幼兒，但其行為只是做一簡單的動作反應，也代表初始的社會行為，大約在七個月左右。

3. 互補－互動階段（complementary-interactive）：此時幼兒會有角色互換與互動的行為，大約在十六至十八個月大。例如，彼此交換玩物玩，但是還不會用語言指揮同儕。

Howes（1983, 1987）對托兒所十二至十四個月大嬰兒的觀察，發現這些嬰兒在一年的研究觀察期中，顯示出偏好某一個或多個的玩伴。

然而，Hinde及其同事（1985）以較嚴格的朋友定義來做研究，結果發現三歲半的幼兒中有20%的兒童有交朋友的行為出現，到了四歲大約有50%的幼兒已開始與朋友交往。

幼兒園內交朋友的特徵與學齡兒童大不相同。學齡前幼兒常表露對朋友的喜歡、公平互惠、延伸的互動較多、較正向而少負向的行為、對陌生新奇的環境彼此也較支持。雖然如此，但所交的朋友並不持久，端看彼此有多接近及能共享的遊戲多寡來決定（Berndt, 1981）。到了學齡期，友誼在兒童的社會化扮演相當重要的角色。

Reisman及Schorr（1978）的研究發現，國小二年級的學童平均有四個同學認為是以他為好朋友；到了國中一年級提高到了七個。學齡兒童的友誼是相當穩定的。Berndt和Hoyle（1985），以及Berndt、Hawkins和Hoyle（1986）都發現，學齡兒童的友誼關係可以持續整個小學生涯，而且有性別分化（sexual differentiation）的現象。

Gottman（1986）的研究指出，美國學齡前幼兒有35%的友誼是不分性別的，而小學低年級則呈現同一性別。

學齡兒童對待朋友與非朋友的方式也有所不同，對非朋友是較客氣的，然而對待朋友則較開放，不僅支持而且也帶有批評。

到了思春期及青少年期，友誼依然保持一穩定的狀態，只是彼此愈

加親密，他們可以分享更多內在的情感與秘密。尤其是青少年期，忠誠與信賴更是友誼的最大特徵。

綜觀幼兒的友誼關係，具有以下幾個特徵：

1. 兒童隨著年齡的成長，社會化經驗愈多，能力愈強，對同儕也愈有反應。從嬰兒期對自身的探索興趣，逐漸擴大為與家人、鄰里朋友的互動，進而到托育機構與他人接觸更加頻繁，體驗更多同儕互動的機會。

2. 幼兒的同儕關係對其道德的發展有著極大的影響。同儕關係是一平行的關係，透過與同儕平等、互惠的互動，習得較成熟的道德觀，此與幼兒和他人，例如父母、老師、兄姊等垂直關係不同，因為這些垂直關係大都為權威性結構，不能帶給幼兒取與予之經驗。

3. 幼兒的同儕關係與其認知發展狀況密切相關，因為要與同儕相處良好，幼兒必須具備溝通能力及角色取替能力（Piaget, 1962; Shaffer, 1979）。國內章淑婷（1992）的研究亦發現，幼兒社會能力愈高，社會性遊戲愈多，正向行為愈多，愈受歡迎，被同儕喜愛的程度亦愈高。

4. 同儕關係促進幼兒的社會化。從友伴的相互模仿，幼兒學得適應情境的行為模式，而累積的社會經驗，有助於幼兒學得以適當的社會態度及以社會所期望或所接受的方式來表現。

5. 幼兒經由同儕的友誼，獲得情緒上的滿足，也幫助其個人獨立成長。

(二)利社會行為

所謂利社會行為，又可稱為親社會行為，依Eisenberg和Miller（1990: 240）的定義為「有意圖及自願的行為，旨在幫助別人」。這其中也有利他主義（altruism）的涵義。

幼兒大約二、三歲左右最願意與其他兒童一起玩，此時也是利社會行為的首次呈現。他們會給哭泣或受傷的幼兒玩具，以寬慰他（Marcus,

1986; Zahn-Waxler & Radke-Yarrow, 1982）。在這時期，幼兒明顯地呈現瞭解他人的情緒並願意給予支持與同情。

然而，我們對於利社會行為的發展趨向並不十分瞭解。某些利社會行為似乎隨著年齡的成長而增加，例如，成人對幼兒解釋有其他小朋友很想吃糖，要他把糖分給他們吃，年紀較長的幼兒會比年紀較小的幼兒分得多。此外，年紀較長的幼兒也較願意幫助別的小朋友；然而，會去安慰其他幼兒的，似乎學齡前幼兒及國小低年級兒童，會比國小中、高年級的兒童來得多（Eisenberg, 1988）。

第六節　幼兒期的遊戲發展

兒童發展主要是在研究兒童行為隨年齡成長而產生個體行為改變的歷程。應用於兒童遊戲，即是研究遊戲的內容與結構的改變。遊戲學者已從許多研究文獻來對遊戲加以描述，並發現遊戲和個體情緒、學習因素有關。同時學者已用不同結構的名詞將遊戲加以分類、定義。例如，有些學者認為嬰兒的動作發展與遊戲是相互聯結的。就此觀點，可將遊戲分為四種類型：動作遊戲、社會遊戲、玩物遊戲及表徵遊戲。這分類是人為的，目的在於幫助讀者做一系統性的整合。但請務必明瞭，這些分類方式並不是獨斷或絕對的，有時遊戲是可以存在於多種形態的遊戲類別中。總體來說，嬰兒的遊戲主要是表現在操弄物體及動作遊戲方面；兩歲之後，其表徵能力及社會遊戲的發展才逐一出現。

成人與孩子一起遊戲時，應特別注意在兒童遊戲行為中兩種改變的意義：(1)發展有時間的因素。遊戲的結構或過程到底因時間因素呈現何種變化？真正的改變意義為何？(2)遊戲活動的速率、強度和種類可能在短時間內改變，並且反應也較富有彈性；其次，改變可視為是在長時間內一種行為的轉移，例如，兩種不同發展年齡層的兒童呈現不同的遊戲發展階段。本節將以遊戲與兒童發展及影響幼兒遊戲發展之因素兩部分分述如

下：

一、遊戲與兒童發展

「遊戲學習化」、「學習遊戲化」一直是推廣學前教育的一種口號，也反映遊戲與兒童學習與發展之關係。從一九七○年代迄今，已有無數的研究在調查遊戲與兒童發展之關係，研究方式大都以相關、實驗室及訓練室等實徵研究，其內容多針對兒童的成長，包括認知、語言、社會技巧和情緒適應等，此外還有身體大肌肉的發展及自尊等部分。

影響美國社會對研究遊戲的態度可歸納為下列因素（Arnaud, 1974: 73）：

1. 動物學家如Jane Goodall對猩猩的研究，DeVore對狒狒的研究及Harlow對恆河猴的研究皆發現，動物愈聰明，其遊戲行為的量及種類愈多。動物透過遊戲，可發展生存的技巧，並且愈可能與同儕相處。
2. Piaget對智力理論的闡述，認為人的智力是個體與環境互動之結果。
3. 對於傳統幼稚教育學程的不滿意，轉向強調解決問題技巧及學習者自主的學程。
4. 個人增加時間、精力及金錢於休閒活動，如運動、娛樂、旅行及藝術的追求。

在一九九○年代，美國對於遊戲及遊戲環境再度感到興趣，其理由如下（Frost, 1992: 26）：

1. 美國大學社會科學學院愈來愈重視遊戲的研究。
2. 專業組織如美國及國際遊戲權利協會、美國教育協會、人類學協會、美國健康聯盟、體育協會、娛樂及舞蹈協會，及國際幼教協會等對遊戲的重視。

3.父母及教育專業人員對於學科教育的過度重視，給予兒童過多的壓力。

4.電視對兒童健康、體能、道德發展及學業成就之不良影響。

5.社會充滿對遊戲不安全的訴訟。

6.對於美國大多數遊戲場所因設計不良及不當維持的失望。

7.對於遊戲場所及遊樂設施安全的重視，而設立設施安全的標準及指引。

(一)遊戲與情緒發展

　　一九三〇至一九六〇年代，遊戲理論大都採用心理分析論來做解釋及探討，例如，以遊戲作為兒童情緒診斷的工具，也探討遊戲在情緒發展中所扮演的角色。只是研究方法以個案研究為主，而且採取非實驗性方式。Axline（1964）根據遊戲理論來解決兒童情緒困擾，國內程小危教授及宋維村教授也做過有關兒童遊戲治療的研究。Rubin、Fein和Vandenberg（1983）曾對此類研究加以批評，他們認為這種方法沒有實驗性的控制，方法論過於薄弱，不能達到科學上的有效控制，而且工具也缺乏信效度。所以，這方面的研究結果不一致，眾說紛紜，而且出現前後矛盾的情況。例如，有些研究用玩偶遊戲來驗證「取代作用」（displacement）的防衛機轉假設（當一個人有負向情緒時，個人會尋求一發洩管道或替代品來加以紓解），這假設提出當一個人因被父母嚴厲處罰，心有不甘時，較容易在遊戲中有攻擊行為。但在Levin和Wardwell（1971）的研究中，此項假設並沒有獲得支持。

　　遊戲不僅對兒童獲得一定的社會能力有關，而且在發展兒童的自我控制、活動方式以及改造兒童問題行為有一定的作用，例如假裝性遊戲就是提供兒童表達情感的重要機轉。

　　由過去的研究結果令人不滿意，再加上日後認知理論在遊戲的影響與日俱增，造成一九七〇年代很少人用遊戲觀點去看情緒發展的構念。

　　日後，Guerney（1984）曾發表用遊戲來治療兒童的情緒創傷。

Barnett及Storm（1981）也發現遊戲與人類焦慮的發生有關；此外，Robert及Sutton-Smith（1962）發現，兒童藉由遊戲來紓解因父母嚴厲管教態度所造成的壓力。如用此觀點來建構正性情緒成長或調節，那此類研究仍是十分有前途的。之後，此類研究應用到遊戲治療中表達情感、控制情感以及自我控制能力的發展。

(二)遊戲與認知發展

由於年齡的增長，幼兒信息處理能力提增，兒童就喜歡在遊戲中加上複雜、新奇的情境以促進學習及消除厭倦。透過遊戲中的探索、觀察以及試驗，幼兒增加了生活經驗及生活能力。

一九六〇年代，Piaget和Vygotsky的認知理論興起並蓬勃發展，主要是由認知發展理論中發現，遊戲會在情緒調節中扮演重要的角色，這刺激此派研究者找出遊戲與各項智能技巧的關係。大部分遊戲與認知發展的研究中，都以智力、保留概念、問題解決能力和創造力來探討其與遊戲的關係。

遊戲和智力之關係研究結果，大都著重在假裝遊戲。根據Vygotsky的研究，在假裝遊戲中使用象徵性事物可幫助孩子的抽象思考能力；Piaget認為遊戲可幫助兒童熟練新的心智技巧。最近研究顯示，學前兒童的社會戲劇遊戲次數與智力和擴散性思考能力呈現正相關（Johnson, Ershler, & Cawton, 1982）。但有的研究則顯示，學前兒童的智力分數與其想像遊戲的次數及複雜度並沒有顯著相關。然而，另外的研究則顯示，智力與兒童建構遊戲有顯著正相關，但對戲劇遊戲則沒有相關。而在遊戲訓練的實驗研究則發現，社會戲劇遊戲和主題幻想遊戲訓練（多以幻想遊戲為主）能明顯增進兒童智力分數（Christie, 1983; Saltz, Dixon, & Johnson, 1977; Smith, Dalgleish, & Herzmark, 1981）。

此外，Rubin、Fein及Vandenberg（1983）認為，在虛構的遊戲中，藉由角色的扮演可使孩子有保留概念所需的兩種認知操作：(1)排除自我中心（decentration）：瞭解自己及其所扮演角色之意義；(2)可逆性

（reversibility）：可從所扮演之角色回到原來的角色。

　　研究指出這種遊戲可以幫助幼兒角色的逆轉並察覺其間的轉換，使幼兒在保留概念中表現更好（Golomb & Cornelius, 1977）。

　　有關兒童遊戲與問題解決能力關係的研究，大都依認知心理學家Kohler早期對猩猩的頓悟學習（insight learning）為主要參考。Bruner（1983）認為遊戲可增加兒童對行為的選擇，促進其對問題解決的能力，兒童在遊戲中海闊天空地嘗試不同的玩法，而這些玩法有助其日後解決問題的能力。Sylva、Bruner和Genova（1976）及日後Simon和Smith（1983）的研究也支持Bruner的看法：遊戲可增強兒童解決問題的能力。Sylva等人的實驗讓幼兒須將兩根棒子用夾子連接成為一長棒，才能挑出他們原先拿不到的彈珠或粉筆。Sylva等人將幼兒分為三組：實驗情境（遊戲）組、觀察組和控制組。每一組幼兒須先觀察研究者示範將夾子夾在棒子中間，然後，讓情境組自由玩十分鐘，觀察組幼兒觀看研究者示範將兩根棒子用夾子連接成延長的棒子，控制組兒童則不觀察也不遊戲。隨後，兒童必須做問題解決的作業。結果發現遊戲組與觀察組的幼兒比控制組的幼兒，在達成問題解決的作業來得好。此研究顯示，讓幼兒自由的玩與成人教他們如何解決問題的效果是一樣的。

　　有關遊戲與創造力之關係研究，因遊戲與創造力兩者具有象徵、想像和新奇的特性，兩者的關係具有最大的聯結。例如，研究發現，遊戲除了可讓孩子產生較多解決問題的策略及方法外，同時也可直接引導其創造力（Pepler & Ross, 1981）。Lieberman（1977）的研究發現：幼稚園的兒童在遊戲的評分愈高，其在智力測驗的擴散思考（divergent thinking）能力也較好。Smilansky（1968）設計社會戲劇的課程，透過大人參與兒童的遊戲並示範遊戲品質，結果發現可增進兒童在創造測驗的分數。此外，Dansky及Silverman（1973, 1975）利用實驗證實遊戲與創造力具有因果關係。研究中允許孩子自由玩玩具，隨後發現孩子並不以一定的玩法來使用這些玩具，而是賦予更多創造性的玩法。之後，Dansky（1980a, 1980b）根據遊戲結果來設計課程，以刺激小孩的創造力。

(三)遊戲與語言發展

Weir（1962）觀察兒童遊戲時，發現兒童常玩一些不同形式或規則的語言遊戲，例如，兒童常重複一些無意義的音節、語意和語句，這種語言遊戲可使兒童熟悉新的語言技巧，並增加對語音規則的瞭解（Cazden, 1976）。由於兒童在社會扮演遊戲會透過計畫、角色、玩物、規則，而使得遊戲具有練習語言的功能，從中瞭解會話的法則，然後再使用正確語言去溝通，進而計畫遊戲活動的結構，並指出在遊戲中設定的角色，以及個人如何假裝活動和物品如何被佯裝等等。這在在顯示社會戲劇遊戲可促進兒童的語言發展（Garvey, 1977; Smith & Syddall, 1978）。

Smilansky（1968）認為兒童在遊戲時，語言具有一些功能：(1)成人語言的模仿；(2)可用於佯裝；(3)用於解釋、要求或討論遊戲。此外，語言也可幫助兒童擴大他們所看到的意義；保持想像的角色；幫助兒童從外在環境聽到自己；允許兒童在他們自己與所扮演的角色之間內在對話，又可增加語彙。

遊戲與語言發展的研究很多，而且大多數研究都發現，遊戲與語言發展呈現正相關（Goodson & Greenfield, 1975; Muller & Brenner, 1977; Fein, 1979; McCune-Nicolich, 1981）。Levy（1984）檢閱一些遊戲與語言發展的研究，並做了下列的結論：

1. 遊戲刺激了語言的創新（Garvey, 1977; Bruner, 1983）。
2. 遊戲提供並澄清新的語彙和概念（Smilansky, 1968）。
3. 遊戲激勵語言的使用（Vygotsky, 1962; Smilansky, 1968; Garvey & Hogan, 1973; Bruner, 1983）。
4. 遊戲發展後設語言（meta-linguistic）的察覺（Cazden, 1976）。
5. 遊戲鼓勵語言的思考（Vygotsky, 1962）。

而後，Levy（1984）又增加了下列的結論：語言可促進遊戲的行進，語言的遊戲及遊戲中的自我中心語言，亦可促進遊戲與認知發展。

(四)遊戲與社會發展

誠如遊戲與創造力及語言發展的關係一樣，兒童參與社會戲劇活動可學習輪流、分享、溝通，讓大家能一起玩。團體戲劇遊戲提供兒童練習社會技巧的機會。在Connolly及Doyle（1984）的研究中發現：玩團體戲劇遊戲，兒童會有機會去練習及熟練社會技巧，進而運用社會技巧。此外，郭靜晃（1982）發現社會戲劇遊戲訓練課程，也可以增加兒童合作等之社會技巧。

在社會戲劇遊戲中，角色的扮演也可幫助幼兒發展排除自我中心及培養角色取替能力（由他人的觀點來看另一件事物的能力）（Burns & Brainerd, 1979）。在遊戲訓練的實驗研究中發現，建構遊戲和戲劇遊戲可增加兒童知覺、認知及情感等三種角色取替能力。此外，遊戲也可鼓勵幼兒的耐心及持久性的人格特性。

總而言之，幼兒年紀愈大，其遊戲愈趨社會化。而常參與社會幻想遊戲的幼兒，比不參與者，其社會能力較強。因此，幼兒的父母或老師應常鼓勵幼兒在戶外或是室內玩幻想遊戲。

二、影響兒童遊戲發展的因素

幼稚教育的最終目標，乃在建立孩子具有道德、邏輯與自發性的思考，也就是透過教育或讓孩子遊戲的機會，可能培養孩子的自發能力，讓孩子有主見，可以自己提出疑問，並找出解決問題的可能答案，以成為自我建構知識的主宰。因此，幼稚教育應秉持下列原則以提升學習的最大可能性。

1. 成人的權威與影響力愈小愈好。
2. 讓孩子有自治、自我做決策的能力。成人在確定環境安全的情況下，讓孩子儘量去探索及遊戲，以便孩子增進自己的技巧。
3. 同儕之間要能分享、互動、輪流遊戲，以建立「排除自我中心」及

協調彼此觀點的能力。

4.孩子要具警覺性、好奇心、自信心，並且有自己做決定的能力。

因此，在孩子的學習環境中，下列因素可能直接或間接影響孩子的遊戲發展：

1.父母的管教態度：父母如能具有敏銳的觀察力及對幼兒的關心，對遊戲採取正向的態度，能陪伴孩子一起遊戲，並提供孩子安全的環境來讓孩子探索及遊戲，那麼孩子可以發展出更安全的依戀關係，也可增進孩子的認知和發展。

2.同儕的影響：兒童和同伴一起創造故事情節、溝通、分享輪流遊戲，會有更多機會進行社會扮演等高品質的遊戲，而且遊戲的內容與行為也會較為複雜。

3.環境的影響：如空間、玩物、時間等環境因素，都會影響兒童遊戲的性質及類型。

4.電視等傳播媒體：電視又稱為「有插頭的毒藥」，電視可能抑制孩子的幻想及創造性行為。另外，也有研究發現，觀看較多暴力動作卡通電視節目的孩子，日後將較少參與想像遊戲。

第七節　幼兒的社會化

孩子自三歲後，個體的身心成長也促進其漸漸發展出社會關係，不過，個體深受其社會化機構（social agency）所影響，而個體之社會化機構仍以家庭、托育服務機構及電視媒體影響最深。

一、家庭

家庭對個人之成長是助力也是阻力，而家庭亦是個體第一個社會化

（primary socialization）的場合。家庭被視爲一個社會系統，是由夫妻、手足、親戚等成員所組成。雖然早期研究親子關係皆以父母的特質、特徵來影響孩子之行爲模式的單一線性關係，但近代的理論學者不但不同意此種簡單單一線性關係，進而提出更周延的家庭社會化歷程的「系統解釋」模式。此模式同意父母的行爲特徵會影響孩子的行爲模式，同樣地，孩子的行爲特徵也會影響父母的行爲模式，此種基調認爲家庭是一複雜的系統，深受外在相互作用之社會脈絡所形塑，進而形成家庭成員之互動關係或聯盟。

Belsky（1980）就以生態系統（ecological system）來解釋兒童虐待的個例，當父或母用不當的嚴格管教方式造成兒童受虐，而孩子的衝動與不聽話造成父母用權威方式來控制孩子，此種方式也造成夫妻之間的關係。所以說來，家庭之間的關係，包括夫妻、母子（女）、父子（女）或兄弟姊妹，這種三角關係會牽連到其他系統關係的變化。

除了父母的影響外，家庭的其他資源如親戚等，也可兼替父母職務幫忙照顧子女，甚至成爲代理父母來照顧幼兒。

家庭系統中影響幼兒之行爲發展，有父母管教方式（有關管教方式對子女之影響可另參考第十一章）、社會階層、兄弟姊妹之影響、父母之婚姻關係等，因此兒童發展的健康與否以及家庭脈絡的健全性，有賴於每個家庭特有價值觀、中心信仰、家庭文化價值，以及是否獲得足夠的社會支持。

二、托育服務

上一節所討論家庭，尤其是親子結構中的父母管教，是幼兒社會化的主要機轉。然而，今日的幼兒大多數是處於形式各異的各種社會化環境中，在這些環境中，幼兒的行爲被期望有所不同。

托育服務在西方國家，尤其是北歐、法國等一直是國家經濟政策及社會政策的重點。過去二十年來，在職母親的增加導致兒童受非母親照顧經驗的提增。托育服務是一項很重要的補充性兒童福利服務，且其需求量

持續增加。根據Hayes等人（1990）的估計，美國有近一千六百萬三歲以下兒童及一千八百萬六至十二歲的兒童，其父母有一方或雙方皆在工作。而近二十一世紀初期，美國約有80%的學齡兒童及70%的學齡前兒童，其父母雙方或一方在工作，在一九九六年，美國三歲以下子女之有偶婦女勞動率大約是55%，而育有學齡子女之有偶婦女勞動率大約為74%。這些兒童只有不到10%在Head Start或受家庭保母照顧，其餘約有二十至三十萬兒童需要進私立托育機構。由此可知，托育服務已深深影響美國家庭的生活，且每個家庭皆須支付龐大的托育費用（平均每家兩個小孩，一星期約須支付一百至一千美元），尤其是單親家庭及雙生涯家庭更需要此類服務。托育服務在工業國家是非常普遍的兒童照顧方式之一，尤其是瑞典、法國，更以提供國家為責任的兒童照顧政策與服務，而反觀台灣呢？

(一)台灣托育服務執行現況

托育服務是一種「補充」而非「替代」父母親對孩子照顧的兒童照顧方案；而Kadushin及Martin（1988）則認為托育服務是一種補充性的兒童福利服務，主要是幫助暫時欠缺母親角色的家庭，並增強與支持正向的親職角色的功能。由此看來，托育服務是具有補充父母角色暫時缺位的功能，「照顧」和「保護」為托育服務之首要工作，「教育」則為托育服務的附帶功能。

基本上，無論是主觀的個人感受抑或是客觀的事實反映，在在都說明了「托育服務」已經是台灣一項重要的社會事實（social facts）（內政部，1997）。事實上，從一九九一年及一九九五年內政部統計處所統計的有關學齡前兒童托育之調查報告中顯示：由母親在家帶育幼兒是理想且實際的最大優先順序，但這種相對地位的重要性卻也日漸減緩；相對地，將幼兒送往幼稚園以及托兒所的比例反而有逐漸上升的趨勢。行政院主計處一九九〇年報告指出：台灣地區各育齡階段女性勞動參與率調查顯示，有六歲以下子女之婦女勞動率從一九八三年的28%提升到一九九九年的49%，其中46%的職業婦女的子女是三歲以下（引自邱貴玲，2003）。

　　幼教品質一直以來良莠不齊，加上幼兒教育在國家政策上定位不明，如缺乏幼稚教育之專責單位，幼教相關法令未能明確幼教經費之來源及比例，公私立幼稚園因分配失衡，私立幼稚園學費昂貴，造成家長負擔沉重（heavy affordability）。托育機構之主要機構為幼稚園與托兒所，分別隸屬於不同主管機關，因管理法規、師資培育管道不同，造成不能在幼稚園立案及取得資格之幼稚園及教師，紛紛轉向到社政單位立案為托兒所，並取得保育員資格。長期以來，由於幼托工作人員薪資偏低、福利差、又無工作保障等因素，使得工作人員流動率高，也造成幼教師資供需之間嚴重失衡，衝擊整個幼教生態及品質，加上公立托育機構因數量有限，城鄉及地區分布不均，而且托育又有可近性（accessibility）之需求，所以造成幼兒入園所比例低，並且轉移到私資源之親自照顧或委託親人照顧。這些未能解決的問題皆是攸關托育服務品質提升的首要條件，以及未能紓解國家育兒及兒童照顧之壓力。有鑑於此，教育部與內政部積極整合托兒所與幼稚園，訂定幼托整合方案，並於二〇〇四年度從郊區及偏遠地區先行實施，二〇〇五年再普及全省。但可惜的是此政策因地方業者持不同意見，現正整合各方之意見，再重新規劃幼托整合之政策。最後終於於二〇一一年完成幼托整合並公布「幼兒教育及照顧法」，將三至六歲的托育整合之幼兒園由教育部主管，而零至二歲的托育則由內政部主管。

　　然而，從公資源的角度來看，政府辦理兒童托育服務之目的在於補充家庭照顧之不足，然隨著社會結構轉型及價值觀念變遷，導致親職任務的重新界定與分工，為協助轉型中的家庭及婦女多元角色的擴展，使其在家庭與職場間能取得平衡，自一九五五年起即積極推展托兒服務，一九九一年起更擴大補助各縣（市）政府興設「示範托兒所」，在一九九一至一九九五年間，計補助二十個縣市設立五十六所示範托兒所，一九九六年起補助項目修正為一般性「公立托兒所」，以擴大範圍，並續編相關經費補助辦理至今，至一九九九年計補助興建一百一十三所公立托兒所（劉邦富，1999）。此項措施除了讓托兒所在「量」的擴增之餘，更帶動「質」的同步提升。除此之外，政府也積極參照「兒童福利法」之規範，給予私

立托兒所獎勵及補助，目前公、私立托兒所共計有二千五百一十五所，收托兒童約有二十六萬三千餘名，而至二○○三年底，公私立托兒所共計有三千八百九十七所，收托兒童約有三十二萬一千餘名（內政部，2004）。

為提升收托品質，並導引托育福利朝向專業領域發展，訂頒「兒童福利專業人員訓練實施方案」，並委託大專院校積極辦理專業訓練，對提升托兒所體系之專業素質有莫大的助益。另除督導各地方政府辦理家庭保母培訓工作外，並於一九九八年三月正式實施保母人員技術士技能檢定，其目的為培訓更多專業保母人員，至一九九九年已有一萬三千零四十一人，迄二○○三年底已有二萬六千零五十人取得保母證照，提升托育品質的質與量（內政部，2004）。

為保障課後托育安親班之品質及有效監督，兒童局於二○○○年十月二十日頒布「安親班定型化契約範本」，藉以提供幼童家長及托兒機構之溝通參考，減少爭議事件。為嘉惠照顧更多幼童就托福祉，政府自一九九五年開辦托育津貼，凡政府列冊有案之低收入戶及家庭寄養幼童，就托於各級政府辦理之公立托兒所、政府核准之社區托兒所、立案許可之私立托兒所者，均補助每名幼童每月一千五百元。內政部兒童局為減輕家境清寒者之育兒負擔，責成各地方政府加強督導所轄各托兒所，落實對列冊有案之低收入戶幼兒優先並免費收托之照顧，清寒家庭子女亦可享有減半收費之福祉（劉邦富，1999）。自二○○四年起針對年滿五足歲實際就托之兒童發給中低收入戶幼童托教補助（內政部，2004）。此外，兒童局為配合教育部執行陳水扁總統之五五五方案，於二○○○年起發放幼兒教育券，補助就托於私立托兒所之五歲幼童每年一萬元（一學期五千元補助），以減輕家長負擔，一年約有九萬名幼童受惠。

整體看來，我國對於兒童照顧的方式除了健保給付低收入戶的生活扶助之外，另外就是提供托兒照顧。國內托兒照顧不但機構數量不夠，品質的部分也有待提升。兒童的照顧不只反映兒童是否受到良好照顧的福利需求，也反映了婦女就業問題的福利需求。由於家庭結構改變，婦女就業人口增加，尤其是家庭育有學齡前兒童的婦女，使得托兒服務成為國家擬

定家庭政策中必須考慮的要項。依先進國家的作法，兒童照顧的提供應朝向多元化的發展模式，所提供的內容應足以讓不同類型家庭有彈性的選擇，同時尚須和政府其他體系，如教育、衛生、戶政等行政系統充分配合，將兒童照顧建立為支持家庭的兒童福利服務。支持家庭本位的兒童照顧係指建構一個支持性的體系或環境（supportive environment），來協助家庭達成各種家庭的功能，如社會性、教育性、保護性和經濟性等功能。而有關此種支持兒童照顧的家庭政策包括：兒童照顧、家庭諮商、親職教育、收入維持、就業服務及兒童保護等相關福利服務措施。

(二)托育服務之品質

看護兒童的需要和對範圍廣泛的托兒安排的需要正不斷增長，在這種背景下，父母、教育者和政策決策者提出了以下關鍵的問題：(1)合格托育的基本特徵是什麼？(2)托育對幼兒發展有什麼作用？(3)今後我們應該怎麼做以保證那些父母在工作的兒童的看護品質？

◆合格托育的基本特徵

合格的護理包括哪些內容？對於二至四歲的學步兒童而言，品質是建立在「三個P」的基礎上：人事（personnel）、計畫（program）、硬體設備（physical plant）。

與人事有關的關鍵成分是：教師所擁有的訓練品質，每一位教師只負責較小的兒童群體，以及員工的低流動率（Phillips, McCartney, & Scarr, 1987）。教員必須有兒童發展方面的訓練。他們必須具有監察幼兒工作的經驗，以及將自己的知識有效地傳授給兒童父母的能力。如果他們得到有關自身角色的恰當教育，他們將會懂得如何作為一個敏感的關懷成人而發揮作用的需要。他們會知道如何提供適合於發展水平的經驗，如何擴展幼兒的興趣，以便促進認知和社會性的發展。這樣的照顧者會重視幼兒體驗控制感的需要，並為鍛鍊自主能力提供各種機會。他們會理解所有的象徵性活動對兒童智力和情緒幸福感的作用，並能透過不同的媒介來促進想像遊戲。他們會期望兒童具有強烈的進行身體活動的願望，並會贊成活潑的

運動。他們還會期望兒童具有強烈的得到愛和讚賞的需要，並會慷慨地給予兒童慈愛。

在與大量的幼兒進行交往後，托育護理人員會熟悉兒童在氣質、學習風格、情緒表現和精力上存在的個別差異。他們會為表現這些差異而設計活動，他們也會鼓勵自己所照料的兒童瞭解並重視彼此間的差異。

計畫的重點在不同的托育中心可以是不同的。但是，高品質的計畫應該照顧到兒童的整體發展，包括生理、情緒、智力和社會性的發展。因為兒童需要有機會體驗多樣性，所以計畫應該為兒童提供各種各樣的感覺經驗，或者請客人來訪問兒童，或者把兒童帶入社會之中，以此引進新鮮題材和機會，使兒童體會到社會的不同風貌。

計畫應予結構化，以使其具有可預測性。這意味著應遵循一個有計畫的日程表，其中的一些常規步驟是兒童能夠預料的。計畫還應具有足夠的靈活性，以便能對群體的興趣和需要的變化做出反應。活動應適合兒童的不同發展水平，這樣，當兒童還沒有達到某種技能水平時，也不會被排斥在外。

為了發展能促進從屬感和友誼的一系列社會技能，兒童應該有機會在大、小群體中，以及兩者之間進行交互作用。兒童還應該有機會與成人進行一對一的互動，他們也應該有獨處的時間，這並不是受群體的孤立或排斥，而是自願的獨處。

計畫應該包括許多能促進溝通、為兒童進入讀寫環境做準備的策略。這意味著：應鼓勵兒童用言語表達自己的思想和情感，描述自己觀察到的事物，大聲地做計畫、講故事並對故事做出反應，透過詩歌、音樂、舞蹈、戲劇和藝術來體驗表達方式，探索印刷類的材料，以及瞭解口語和書面詞語之間的關係。

一個托育中心的硬體設備在相當大的程度上，取決於它的坐落位置。在教堂的底層、專為托養兒童設計的建築物、小學教室，以及醫院的病房中，都可找到托育中心。要想得到執照，托育中心必須符合國家關於建築法規、防火及安全規則、相對於收托兒童數目的室內室外空間的最小

面積等的具體法律。通常國家標準規定出最低要求。

　　然而，所有高品質的托育中心都具有某些物理特徵。它們有足夠大的建築面積，以便兒童在惡劣的天氣裡在室內安全地進行大肌肉活動。室外空間方便以利於隨時使用，並不受環境中的意外事件和闖入者的干擾。家具、洗手間和生飲機的規格應適合兒童，以使兒童在該環境中能儘量自主地生活。應有安靜的地方供兒童睡覺，也應有不受他人干擾的地方以供兒童脫離群體片刻，同時又不走出照顧者的視線範圍。光線、溫度和通風情況應能使兒童活躍地玩耍時不會過熱，同時又能在地板上舒適地活動。材料應是耐用的，兒童的探索活動不應因為害怕他們會損壞設施而受到限制。兒童應有機會擁有能保留個人物品的特殊小房間、小臥房、有鎖的抽屜或架子，以此來標示某些地方是屬於他們自己的。

　　除這些要素外，合格的計畫還主動地將父母包括在內。教職員努力與兒童父母形成同僚，將有助於孩子的生長與發育。父母會在家庭中進一步延伸托育中心的活動，並瞭解兒童在發展上取得的進步。教職員鼓勵父母幫助制定和評估計畫。他們力圖對困擾父母並影響兒童成功參與托育計畫能力的那些生活條件，諸如貧困、疾病或離婚保持敏感。托育中心的老師常常透過將父母與他們所需要的健康、教育和經濟的支援聯繫起來，而對一個家庭的幸福做出貢獻（Schweinhart & Weikart, 1988）。

◆托育的影響

　　托育經驗對兒童的影響，一般是從它對智慧能力、社會情緒發展和同儕關係的影響來評估的。研究傾向重視托育中心及極貧困家庭的兒童，尤其有學習不及格、文盲和由此造成日後低就業率或失業危險的兒童所具有的影響。

　　儘管研究者們愈來愈一致地認為，托育中心對二到三歲兒童具有積極的影響，有關的文獻尚在發展中，而且許多問題仍未得到解答。從IQ分數來看，合格的托育中心對學前兒童和一年級兒童的智力成就有促進作用（Burchinal, Lee, & Ramey, 1989）。在一項長期的追蹤研究中，早期接

受過合格的托育計畫的十九歲青年，與對照組從未參加過合格托育計畫的極貧窮的年輕人相比，具有更高的成績，較少的成績不及格，對學校生活的態度更為積極，而且會閱讀寫作的比率也更高（Schweinhart & Weikart, 1988）。

美國的研究者在探討托育中心對智力和學習成績的影響時，傾向於關心合格的托兒活動在克服貧窮消極影響上的作用。這樣的偏重使人無法瞭解早期托育經驗是否有益於中產階級父母的孩子，這一階層的人們的經濟來源和教育背景，對兒童的智力成就可能具有更強的支持作用。在一項對瑞士的兒童養育進行的研究中，對具有低、中兩種收入水平和具有不同的教育背景的父母的孩子進行了觀察，發現早期托育經驗（有時是從六或七個月齡時開始）對認知活動和教師的評分有著正向的影響（Andersson, 1989）。

合格托育對社會情緒的影響被描述為能提高社會性才能、自尊及同理心。在托育環境中與成人進行過積極互動的兒童，在小學中更有可能繼續積極而自如地與學校中的成人和同學進行互動（Vandell, Henderson, & Wilson, 1988）。有些研究發現，具有托育中心經驗的兒童比未進過托育中心的兒童更少服從父母，對同伴更具有攻擊性（Clarke-Stewart & Fein, 1983）。這種任性表現也許是由於為滿足個人需要，而在群體中堅持自我的較強要求所造成的。它也可能反映了由於生活在多種社會化環境而帶來較高的獨立性水平（Clarke-Stewart, 1989）。這些不服從和攻擊的特性是否會造成長期的社會適應問題，尚未確定。

合格的托育中心也對同伴關係有所影響。在隨時有成人幫助兒童做決策和解除差異的環境中，兒童可以從與各種夥伴進行交互作用的機會中獲益。當兒童一直待在同一個托兒環境，而不是從一種環境換到另一種環境時，社會性遊戲的品質和複雜程度會特別得到提高。在穩定的條件下，語言技能有限的學步兒童與他人協調遊戲和探索共同的幻想的策略會得到擴大（Clarke-Stewart, 1989; Howes & Stewart, 1987）。當他們到八歲時，那些在四歲時曾經歷過合格托育中心的兒童和經歷低品質托育中心的兒童

相比，更有可能與同儕友好地進行交互作用，較少單獨地遊玩、較少被描述爲羞怯的。

◆今後的步驟

對收費適中的合格托育中心的需求和它的現存數目之間，存在著嚴重的差距。對收費適中的合格托育中心需求的關注，既表現在希望進入勞力市場的人們身上，也表現在正處於勞力市場中的人們身上。我們需要制訂允許父母請假的政策，這樣父母就可以花時間照料自己的新生兒，同時又不存在失業的危險。此外，還需要有政策和資金來提高對專業幼保人員的訓練、提供津貼來彌補托兒費用、改進在家庭中開辦托育中心的人們發放執照的法規（Buie, 1988）。

公司及企業正體認到滿足它們的雇員照顧孩子需要的必要性。對孩子的擔心和提供足夠托兒安排的困難，會令父母焦慮、曠班或生產力下降。公司正以下列幾種方式解決這些問題：

1.緊急照顧（emergency care）：當雇員平時的托育安排落空時，暫時看顧孩子幾天。

2.優惠（discount）：公司爲雇員安排優惠10%的公立托兒機構，或代付10%的費用。

3.擔保（voucher）：公司爲父母選擇的任意一種托兒安排承擔費用。某個公司爲所有收入低於某個標準的雇員提供特別資助。另一個公司在雇員的孩子不滿一歲時提供津貼。

4.參考服務（referral service）：公司確定和列出可向其雇員推薦的托育中心。

5.現場托育（on-site day care）：在工作場所創辦托兒所。美國的參議院和衆議院爲其成員和雇員提供現場托育中心。

6.靈活的優惠（flexible benefit）：雇員決定從自己的工資中扣除錢款來支付托兒費用。這部分錢款不算在應稅收入之內。

制訂一項詳盡的、將合格幼保視作當務之急的國家政策的進展相當緩慢。部分人始終不願意接受婦女、特別是有幼兒的母親進入勞動市場。公眾傾向於低估和輕視對於提供合格的護理十分必要的訓練及專業知識。這種態度導致了專業幼保人員的薪金較低、工作條件非常艱苦。不僅如此，大多數成人很少或從未受過兒童發展及為人父母方面的訓練，因此對合格幼保的特徵也所知甚少。他們不知道該尋求什麼或提出什麼問題。結果是，他們把自己的孩子安置到符合他們對收費和方便性的要求，但並不能將孩子送到較高品質或責信較高的托育機構。

三、電視之影響

目前在歐美或台灣社會中，擁有一至兩台電視是非常普遍的情形，美國甚至高達98%以上，因此，電視在兒童社會化有其主要之影響力。年齡在三至十一歲的兒童，平均每天看二至四小時的電視節目，十八歲以下的青少年除了睡覺之外，最大的嗜好就是看電視，平均每天所花的時間不下七小時，而且男生比女生及貧困的家庭比富裕的家庭的小孩花在看電視的時間更多。台灣從最近的兒童或少年生活狀況調查（內政部，1999，2001）中也顯示，我國兒童花最多時間的娛樂是看電視。

電視節目對小孩可能造成負面的影響力，尤其是美國電視上播放的暴力影片，推陳出新層出不窮，約80%的黃金時段中，至少有一部血淋淋的暴力影片。推估一個十六歲的孩子平均大概已看過一萬三千部有殺人劇情的影片（Pillari, 2003）。每星期六早上的卡通影片，每小時至少有二十個暴力動作。反觀台灣，每天在傍晚及吃晚餐時段的卡通亦是如此，除此之外，有線電視所播放的港片及Hollywood的動作片也是暴力頻現的電視節目。此外，電視上也常傳遞一些有關性別與種族歧視的訊息，加上商業廣告，也深深影響幼兒之認知及社會情緒發展之結果。

(一)認知後果

很多父母和教育者擔心：電視會把我們的孩子變成「沙發上的馬鈴

薯」（generation of couch potato），他們被誘哄而過著身體和精神都十分消極的生活。對兩百多項關於電視對兒童認知發展影響的研究所進行的綜述發現：研究者對電視的影響力描繪出一幅雜亂的圖像（Landers, 1989a）。收看電視確實取代了孩子可能參與的其他活動，例如看電影、看連環漫畫雜誌、聽收音機，以及參加有組織的體育活動。在一項自然實驗中，Williams和Handford（1986）對加拿大三個鄉鎮中的成人和兒童的日常活動進行了比較，其中一個鎮沒有電視，一個鎮只有一個電視頻道，一個鎮有四個電視頻道。他們蒐集了電視進入無電視鎮之前和四年後電視進入該鎮的數據。有電視之前，無電視鎮的兒童和青年明顯比另兩個鎮的青年更多地參加社會活動和體育活動。而一旦無電視鎮有了電視接收設備，對這些活動的參與便急遽下降了。

電視似乎並不侵占做家庭作業的時間。使許多成人苦惱的是，孩子經常在做家庭作業的時候開著電視（Sheehan, 1983）。但是，即使電視開著，孩子實際並沒有不停地盯著電視看。人們觀察到，學齡前兒童在看電視時經常注意別處。他們經常忽略電視中長時段的利用聽覺的節目（Hayes & Birnbaum, 1980）。他們特別容易因玩具的出現、節目中看起來沒有生氣或令人討厭的部分，以及反正是已經看了一段時間電視這一事實，而分散注意力（Anderson, 1977）。一項關於在自己家裡的五歲兒童的研究發現：當電視開著的時候，兒童看電視的時間只占他們在房間中的時間的67%（Anderson et al., 1985）。在任何評估電視的影響作用的嘗試中，分清經常看電視者確實是把注意力集中在電視上，還是把它作為其他活動的背景，是很重要的。

關於認知發展的研究顯示：社會互動是認知發展的重要刺激因素。透過與表達不同觀念和意見的人進行交流，孩子們獲益匪淺。日復一日的與成人和同伴的交流，迫使孩子檢查自己的觀點，並且在孩子作為團體中的一員而尋找解決問題的方法或制訂計畫時，促使他們脫離自我中心期。從這個角度來看，由於電視減少了社會互動，所以電視對認知發展具有消極影響。我們已經看到，在一個社區中僅僅因為電視的存在，便減少了對

社區活動的參加。即使是在家庭中，當電視開著的時候，交談也減少了。
一項關於家庭收看電視情況的觀察研究發現：在看電視時，兒童彼此之間
以及與其父親之間的互動，比不看電視時少（Brody, Stoneman, & Sanders,
1980）。和同伴團體進行互動的需要，在兒童收看電視的那段時間內肯定
得不到滿足（Gadberry, 1974）。對多數幼兒來說，看電視是一種寂寞的
活動，這是一段既不與同伴也不與成人進行互動的時間。電視無互動的特
點沒有減少幼兒的自我中心主義。由於沒有互動，孩子不可能發現他們對
觀看到東西的理解與它本來的意思是相同的還是不同的。

　　已經引起注意的關於看電視問題的一個方面，是電視廣告對兒童的
態度和購物傾向的影響（Comstock, 1977; Liebert & Sprafkin, 1988）。小
到三、四歲的兒童通常便能講出電視節目和商業廣告的不同。但是，八歲
以下的兒童並不能清楚地認識到廣告的市場意圖。兒童往往相信在商業廣
告中關於一件產品所說的或所展示的是準確、真實的。他們不懂得否認，
不懂得公司推出商業廣告的意圖。從八到十二歲，兒童在理解廣告的獲利
動機方面有顯著的進步，隨之而來的是對商業訊息信賴程度的降低。

　　以年輕觀眾為目標的廣告至少有兩個不良後果。首先，當兒童想購
買從電視廣告上看到的產品時，他們有可能與其父母發生衝突。因為兒童
與成年人相比更容易受騙。他們感到很難接受他們的父母對廣告的產品的
實際價值做出的判斷。產品是否真像孩子所相信的那樣有趣？在這個問題
上，父母和孩子極可能不一致。能使某些孩子更有鑑別力的唯一方法是買
一樣東西，然後便對它感到失望。

　　第二個不良後果主要是與高糖分食品有關——糖果、水果味甜飲
料、加糖的麥片粥。這類產品的廣告約占兒童電視廣告的80%（Liebert &
Sprafkin, 1988）。看這些廣告很可能影響兒童對食物和進餐的選擇，同時
可能影響兒童的營養觀。兒童並不知道吃這些高糖分食物會引起蛀牙，也
不知道吃過多高糖分食物有可能增加體重。當孩子看到這些含糖小吃的商
業廣告時，他們一有機會便可能選擇這些東西，即使他們知道水果和蔬菜
是比糖果更有益於健康的食物（Gorn & Goldberg, 1982）。

(二)社會情緒後果

關於收看電視對社會情緒的影響作用的研究重點，集中在電視中的暴力行為對兒童的信仰和行為會起什麼樣的作用。兒童的道德意識正在形成發展之中，在這一背景下關心電視暴力就更有意義了。二十多年的實驗室實驗、田野實驗和對自然發生的行為的分析得出這樣的結論：電視暴力對幼兒的信仰和行為具有明確的不良後果。

對美國和其他國家的兒童進行的研究支持這一看法：至少有三種過程可能提高收看電視暴力的兒童的攻擊層次（**表9-3**）（Huesmann & Eron, 1986; Huesmann & Malamuth, 1986; Josephson, 1987; Liebert & Sprafkin, 1988）。首先，兒童觀察電視中採取攻擊性行為的角色榜樣，特別是當英雄受到挑釁並以攻擊性行為還擊時，兒童很可能模仿這種攻擊性行為。於是收看電視暴力在兒童的行為項目中增加了新的暴力行動。此外，當英雄獲得獎勵或因他的暴力行為而被視作成功者時，兒童表現攻擊性行為的傾向更加強了（Bandura, 1973）。

表9-3　可能提高收看電視暴力的兒童的攻擊層次的三種過程

過程	可能的結果
觀察正在進行攻擊性行為的角色榜樣	在下述情況下可能模仿暴力行為： ・英雄受到挑釁並以攻擊性行為還擊。 ・英雄因為暴力行為而受到獎賞，在兒童的行為項目中增加了新的暴力行為。
觀看攻擊性行為導致更高的喚醒水準	・使各種攻擊性想法、情感、記憶和行為傾向構成的網絡進入意識。 ・重複的刺激加強了這一網絡。 ・刺激與攻擊性氣質交互作用，提高了攻擊性行為的可能性。
觀看攻擊性行為影響了人們的信仰和價值觀	・攻擊性行為被看作是可接受的解決衝突的方法。 ・收看者在同伴間的交互作用中更堅定地運用攻擊性行為。 ・攻擊性行為被用作受挫折時的反應。 ・收看者期待他人對別人有攻擊性。 ・收看者擔心成為攻擊性行為的受害者。 ・收看者把這個世界看作是一個危險的地方。

　　與電視暴力相聯繫的第二個過程是喚醒水準的提高。通常是與電視暴力相伴隨的快速動作吸引住了觀眾的注意力。暴力事件提高了兒童的情緒性，使其他的攻擊性情感、想法、記憶和行為傾向復甦。這些成分構成的網絡被激起得愈頻繁，它們之間的聯繫就會愈強。因而，看過大量的電視暴力、氣質上又具有攻擊性的幼兒，很可能由於電視刺激所引發的喚醒強度，而進行外顯的攻擊行為（Berkowitz, 1984）。

　　最後，觀看電視暴力影響到兒童的信仰和價值觀。經常觀看電視暴力情節的兒童，很可能相信攻擊性行為是一種可以接受的解決衝突的方法，並且在同伴間的互動中使用攻擊性行為時變得更堅定；他們在遇到挫折時更容易運用攻擊性行為作為反應。此外，觀看電視暴力的兒童（以及成人）很可能認為別人將對他們採取攻擊性行為；他們更容易擔心自己會成為攻擊性行為的受害者；並把這個世界看作是一個危險的地方（Bryant, Carveth, & Brown, 1981; Gerbner et al., 1980; Thomas & Drabman, 1977）。

(三)電視作為刺激最佳發展的因素

　　研究人員幾乎還沒有開始對電視促進最佳發展的用途有任何的瞭解。有明確的證據顯示，收看利社會型電視節目的兒童可受影響，而有更多的積極的社會性行為（Hearold, 1986）。諸如「羅傑先生的鄰居」之類的節目努力教給兒童積極的社會訊息，這有助於兒童發展自我價值感，接受自己的情感，表達對他人的關心以及重視社會中的其他成員。人們發現，與沒有看過「羅傑先生的鄰居」這個節目的兒童相比，把這個節目作為有計畫的學前課程的一部分來收看的兒童，對任務表現出更高的堅持性。他們也更願意容忍延遲，更容易與權威人物合作（Friedrich & Stein, 1973）。

　　很多別的節目——其中一些是為兒童製作的，另一些則為廣大的觀眾服務——傳遞了關於家庭生活的價值，為了達到重要目標而努力工作並做出犧牲的需要、友誼的價值、忠實和承諾在人際關係中的重要性，以及其他許多文化價值觀的積極的倫理訊息。當前的許多節目都包含具有各種

種族及倫理背景的角色。許多節目刻畫了在權威地位上發揮作用或表現出英雄主義行爲的婦女。透過觀看這些節目，兒童可以學會抗拒陳腐的種族和性別觀，並對其他種族和文化群體的人們形成良好的印象。觀看這類節目並且有機會和別人討論其潛在觀點的兒童，有可能把這些觀點結合進自己的信仰和價值觀（Liebert & Sprafkin, 1988）。

公共電視在直接面對幼小兒童在教育上的需要而製作節目方面是成功的。「芝麻街」是這類工作中最著名並被引用得最多的節目。經常收看「芝麻街」的兒童明顯地在各種各樣的智力性任務中獲得幫助，例如辨認字母、數字和形狀，把物體按類分組，以及確定物體間的關係。當「芝麻街」介紹一個簡單的西班牙語詞語時，經常收看這個節目的兒童在辨認這些詞語時也有所獲（Bogatz & Ball, 1972）。儘管製作這個節目最初的打算，是努力促進各種類型的兒童學習方面的技能發展，但看起來卻像是富裕家庭中與父母一起收看「芝麻街」的兒童，比社會經濟地位較低的兒童，更有可能表現出智力的提高（Cook et al., 1975）。

在「芝麻街」獲得成功之後，其他以閱讀書寫、科學教育和數學技巧的培養爲目標的節目也出現了。專業人員相信，我們可以向兒童介紹知識和觀念，並且有能力生產出高質量的公共電視節目，以對各種類型的兒童進行補充教育，並提高他們的閱讀書寫能力。但是，這種活動面臨缺少資金的困難。日本、英國和澳洲在發展針對兒童的公共電視節目上的投資，都比美國多得多。「在一九八五年，英國廣播公司（BBC）播出了五百九十個小時新製作的兒童節目，相比之下，美國只有八十七‧五個小時」（Landers, 1989b）。

(四)避免電視產生負面影響之輔導

很多家庭發現他們最後談論的往往是孩子看電視時間的多少。不能看電視成了對許多種錯誤行爲的懲罰，包括說謊話或在學校裡惹了麻煩。父母和兒童可能爲了應該看哪個節目或是到就寢時間是否要關電視而爭論。孩子可能覺得父母對電視太入迷，以致他們無法引起父母的注意；並

且，當父母不在家時，他們可能用電視代替自己與孩子作伴。由於電視是現代生活的組成成分，所以，幫助兒童儘量從電視中獲得助益，是很有意義的。把電視變成因為控制而產生的衝突和爭鬥的焦點，似乎並不是很有建設性。父母和教師必須對兒童的電視經驗採取更積極的姿態（Tangney, 1987）。他們應該更多地強調怎樣做而不是不許做。

1. 在你可能的時候和你的孩子一起看電視，並談論播出的故事和訊息，談論在電視上出現的情境與真實生活是怎樣的相似或不同（真實的代言人）。

2. 在恰當的時候，按照教育節目的想法和建議，在家中或教室進行一些活動，這些活動教孩子怎樣更積極地對待在電視中出現的訊息。

3. 鼓勵孩子看各種各樣的電視節目。除兒童節目以外，也向他們介紹特別新聞、科技節目、歌劇、音樂會、古典電影，以及對特殊事件的報導。

4. 和孩子談廣告的目的，它們是如何製作的，它們打算怎樣影響孩子的行為，以及孩子在評價商業廣告時應該注意什麼。

5. 限制幼兒觀看電視暴力行為。完全取消它大概是不可能的。但是，應該做一些特別的努力以減少學齡前兒童在睡覺前收看暴力節目，並且和孩子一起談論暴力的使用方式和原因。

6. 談論孩子可以不看電視而去參加的其他活動，幫助孩子在時間的多種用途中進行選擇。

7. 用錄影機選擇適合兒童發展的節目。當孩子生病在家時，或者當晚間的固定節目被認為不適合某種氣質或發展層次的兒童時，這樣做尤其重要。

 參考書目

一、中文部分

行政院內政部（1997）。《中華民國台灣地區兒童生活狀況調查報告》。台北：行政院內政部。

行政院內政部（1999）。《青少年生活狀況調查報告》。台北：行政院內政部社會司。

行政院內政部（2004）。《中華民國九十二年社政年報》。台北：行政院內政部。

行政院內政部兒童局（2001）。《中華民國九十年台閩地區兒童生活狀況調查報告》。台中：行政院內政部兒童局。

行政院內政部兒童局（2001）。《兒童生活狀況調查報告》。台北：行政院內政部兒童局。

王麗容（1994）。《邁向二十一世紀社會福利之規劃與整合——婦女福利需求評估報告》。台北：內政部委託研究。

邱貴玲（2003）。〈托育服務的國際觀：從丹麥經驗談起〉。《社區發展季刊》，101，頁266-275。

俞筱鈞、郭靜晃（1996）。《學齡前兒童托育服務之研究》。行政院研考會委託專案。

Vimala Pillari著，洪貴貞譯（2003）。《人類行為與社會環境》。台北：洪葉。

章淑婷（1992），〈幼兒社會能力、遊戲行為、互動特質與其同儕地位之研究〉，《花蓮師院學報》，1，頁1-91。

郭靜晃（1982）。〈兒戲對兒童合作行為之影響研究〉。中國文化大學兒童福利研究所未出版之碩士論文。

郭靜晃、吳幸玲譯（1993）。《兒童發展——心理社會理論與實務》。台北：揚智。

馮燕（1993）。《台北市未立案托兒所課後托育中心全面清查計畫報告書》。台北市政府社會局委託研究。

黃慧真譯（1989）。《發展心理學——人類發展》。台北：桂冠。

劉邦富（1999）。〈迎接千禧年兒童福利之展望〉。《社區發展季刊》，88，頁97-103。

簡茂發（1983）。〈國小學童友伴關係的相關因素之分析〉。《教育心理學報》，16，頁71-88。

簡茂發、朱經明（1982）。〈國中學生的友伴關係及其相關因素之研究〉。《測驗年刊》，29，頁93-103。

二、英文部分

Anderson, D. R. (1977). Children's Attention to Televeison. Paper presented at the biennial meeting of the Society for Research in Child Development, New Orleans.

Anderson, D. R., Field, D. E., Collins, E. P. L., & Nathan, J. G. (1985). Estimates of young children's time with television: A methodological comparison of parent reports with time-lapse video home observation. *Child Development, 56*, 1345-1357.

Andersson, B. (1989). Effects of public day-care: A longitudinal study. *Child Development, 60*, 857-866.

Anthony, E. J. (1970). The behavior disorders of children. In P. H. Mussen (Ed.), *Carmichael's Manual of Child Psychology* (3rd ed. Vol. 2). New York: Wiley.

Arnaud, S. H. (1974). Some functions of play in the educative process. *Childhood Education, 51*, 72-78.

Aronfreed, J. (1969). The concept of internalization. In D. A. Goslin (Ed.), *Carmichael's Manual of Child Psychology* (3rd ed. Vol. 2). New York: Wiley.

Asher, S. R., Oden, S. L., & Gottman, J. U. (1977). Children's friendship in school settings. In L. G. Katz (Eds.), *Current Topics in Early Childhood Education* (Vol. 1). Norwood, NJ: Ablex.

Atwater, E. (1992). *Adolescentce*. NJ: Prentice-Hall.

Ausubel, D. P., Sullivan, E. V., & Ives S. W. (1980). *Theory and Problems of Child Development* (3rd ed.). New York: Grune & Stratton.

Axline, V. (1964). *Dibs: In Such of Self*. New York: Ballantine.

Bandura, A. (1973). *Aggression: A Social Learning Analysis*. Englewood Cliffs, N. J.:

Prentice-Hall.

Bandura, A. (1989). Regulation of cognitive processes through perceived self-efficacy. *Developmental Psychology, 25*, 729-735.

Bandura, A., Ross, D., & Ross, S. A. (1961). Transmission of aggression through imitation of aggressive models. *Journal of Abnormal and Social Psychology, 63*, 575-582.

Barker, P. (1979). *Basic Child Psychiatry* (3rd ed.). Baltimore: University Park Press.

Barnett, L. A. & Storm, B. (1981). Play, pleasure, and pain: The reduction of anxiety through play. *Leisure Sciences, 4*, 161-175.

Bauer, D. (1976). An exploratory study of developmental change in children's fears. *Journal of Child Psychology and Psychiatry, 17*, 69-74.

Baumrind, D. (1975). *Early Socialization and the Discipline Controversy*. Morristown, NJ: Prentice-Hall.

Bee, H. (1992). *The Developing Child* (6th ed.). New York: Harper Collins College Publishers.

Belsky, J. (1980). Child maltreatment: An ecological integration. *American Psychologist, 35*, 320-335.

Berberian, K. E. & Snyder, S. S. (1982). The relationship of temperament and stranger reaction for younger and older infants. *Merril-Palmer Quarterly, 28*, 79-94.

Berkowitz, L. (1984). Some effects of thoughts on anti-and prosocial in fluences of media events: A cognitive-neoassociation analysis. *Psychological Bulletin, 95*, 419-427.

Berndt, T. J. & Hoyle, S. G. (1985). Stability and change in childhood and adolescent friendships. *Developmental Psychology, 21*, 1007-1015.

Berndt, T. J. (1981). Age changes and changes over time in prosocial interactions and behavior between friends. *Developmental Psychology, 17*, 408-416.

Berndt, T. J., Hawkins, J. A., & Hoyle, S. G. (1986). Changes in friendship during a school year: Effects on children's and adolescents' impressions of friendships and sharing with friends. *Child Development, 57*, 1284-1297.

Bogatz, G. A. & Ball, S. (1972). *The Second Year of Sesame Street: A Continuing Evaluation*. Princeton, N. J.: Educational Testing Service.

Bowlby, J. (1980). *Attachment and Loss: Sadness, and Depression* (Vol. 3). New York: Basic Books.

Brittain, C. (1963). Adolescent choices and parent-peer cross-pressures. *American Sociological Review, 8*, 385-391.

Brody, G. H., Stoneman, Z., & Sanders, A. K. (1980). Effects of television viewing on family interactions: An observational study. *Family Relations, 29*, 216-220.

Bruner, J. S. (1983). *Child's Talk: Learning to Use Language*. New York: W. W. Norton.

Bryant, J., Carveth, R. A., & Brown, D. (1981). Televison viewing and anxiety: An experimental examination. *Journal of Communication, 31*, 106-119.

Buie, J. (1988). Efforts for better child care increase. *APA Monitor, 19*, 28.

Bullock, M. & Lutkenhaus, P. (1988). The development of volitional behavior in the toddler years. *Child Development, 59*, 664-674.

Burchinal, M., Lee, M., & Ramey, C. (1989). Type of daycare and preschool intellectual development in disadvantaged children. *Child Development, 60*, 128-137.

Burns, S. M. & Brainerd, C. J. (1979). Effects of constructive and dramatic play on perspective taking in very young children. *Developmental Psychology, 15*, 512-521.

Campos, J. J., Caplovitz, K. B., Lamb, M. E., Goldsmith, H. H., & Sternberg, C. (1983). Socioemotional development. In M. M. Haith & J. J. Campos (Eds.), *Handbook of Child Psychology: Vol. 2*. Infancy and developmental psychobiology (4th ed., pp. 783-915). New York: Wiley.

Cazden, C. B. (1976). Play with language and meta-linguistic awareness: One dimension of language experience. In J. S. Bruner, A. Jolly, & K. Sylva (Eds.), *Play: Its Role in Development and Evolution* (pp. 603-608). New York: Basic Books.

Christie, J. F. (1983). The effects of play tutoring on young children's cognitive performance. *Journal of Educational Research, 53*, 93-115.

Chwast, J. (1972). Sociopathic behavior in children. In B. B. Wolman (Ed.), *Manual of Child Psychopathology*. New York: Mc Graw-Hill.

Clarke-Stewart, K. A. & Fein, G. G. (1983). Early childhood programs. In P.

兒童發展與輔導

H. Mussen (Ed.), *Handbook of Child Psychology: Vol. 2*, Infancy and developmental psychobiology (pp. 917-1000). New York: Wiley.

Clarke-Stewart, K. A. (1989). Infant day care: Maligned or malignant? *American Psychologist, 44*, 266-273.

Cohn, D. A. (1990). Child-mother attachment of six-year-old and social competence at school. *Child Development, 61*, 151-162.

Comstock, G. (1977). Priorities for action-oriented psychological studies of television and behavior. Paper presented at the annual convention of the American Psychological Association, San Francisco.

Connolly, J. A. & Doyle, A. B. (1984). Relation of social fantasy play to social competence in preschoolers. *Developmental Psychology, 20*, 797-806.

Cook, T. D., Appleton, H., Conner, R. F., Shaffer, A., Tabkin, G., & Weber, J. S. (1975). *"Sesame Street" revisited*. New York: Russell Sage.

Corsaro W. (1981). Friendship in the nusery school: Socail organization in a peer enviroment. In S. Asher & J. Gottman (Eds.), *The Development of Children's Friendships*. New York: Cambridge University Press.

Dansky, J. L. & Silverman, I. W. (1973). Effects of play on associative fluency in preschool-aged children. *Developmental Psychology, 9*, 38-43.

Dansky, J. L. & Silverman, I. W. (1975). Play: A general facilitator of associative fluency. *Developmental Psychology, 11*, 104.

Dansky, J. L. (1980a). Cognitive consequences of socio-dramatic play and exploration training for economically disadvantaged preschoolers. *Journal of Child Psychology and Psychiatry, 20*, 47-58.

Dansky, J. L. (1980b). Make-believe: A mediator of the relationship between play and creativity. *Child Development, 51*, 576-579.

Deitz, W. H. & Gortmaker, S. C. (1985). Do we fatten our children at the television set? Obesity and television viewing in children and adolescents. *Pediatrics, 75*, 807-812.

Eisenberg, N. & Miller, P. (1990). The development of prosocial behavior versus nonprosocial behavior in children. In M. Lewis & P. Miller (Eds.), *Handbook of Developmental Psychopathology* (pp. 181-190). New York: Plenum.

Eisenberg, N. (1988). The development of prosocial and aggressive behavior. In M.

H. Bornstein & M. E. Lamb (Eds.), *Development Psychology: An Advanced Texbook* (2nd ed., pp. 461-496). Hillsdale, NJ: Erlbaum.

Fein, G. G. (1979). Play in the acquisition of symbols. In L. Katz (Eds.), *Current Topics in Early Childhood Education*. Norwood, NJ: Ablex.

Field, T. M., De Stefano, L., & Koewler, J. H. III. (1982). Fantasy play of toddlers and preschoolers. *Developmental Psychology, 18*, 503-508.

Flavell, J. H. (1977). *Cognitive Development*. Englewood, Cliffs, NJ: Prentice-Hall.

Frankel, K. A. & Bates, J. E. (1990). Mother-toddler problem solving: Antecedents in attachment, home behavior an temperament. *Child Development, 61*, 810-819.

Friedrich, L. K. & Stein, A. H. (1973). Aggressive and prosocial television programs and the natural behavior of pre-school children. *Monographs of the Society for Research in Child Development, 38* (whole no. 4).

Frost, J. C. (1992). *Play and Playscapes*. New York: Delmer.

Furman, W. & Masters, J. (1980). Peer interactions, sociometric status, and resistance to young children. *Development Psychology, 16*, 229-236.

Gadberry, S. (1974). Television as baby-sitter: A field comparison of preschoolers' behavior during playtime and during televison viewing. *Child Development, 45*, 1132-1136.

Garvey, C. & Hogan, R. (1973). Social speech and social interaction: Egocentricism, revisited. *Child Development, 44*, 565-568.

Garvey, G. (1977). *Play*. Cambridge, MA: Harvard University Press.

Gerbner, G., Gross, L., Morgan, M., & Signorelli, N. (1980). The "mainstreaming" of America: Violence profile Piagetian revision. *Human Development, 22*, 89-112.

Golomb, C. & Cornelius, C. B. (1977). Symbolic play and its cognitive significance. *Developmental Psychology, 13*, 246-252.

Goodson, B. & Greenfield, P. (1975). The search for structural principles in children's play. *Child Development, 39*, 734-746.

Gorn, G. J. & Goldberg, M. E. (1982). Behavioral children of the effects of televised food messages on children. *Journal of Consumer Research, 9*, 200-205.

Gottman, J. M. (1986). The world of coordinated play: Same and crosssex friendship in young children. In J. M. Gottman & J. G. Parker (Eds.), *Conversations of*

Friends: Speculations on Affective Development (pp. 139-191). Cambridge University Press.

Greenberg, M. T. & Speltz, M. L. (1988). Attachment and the ontogeny of conduct problem. In J. Belsky & T. Nezworski (Eds.), *Clinical Implications of Attachment* (pp. 177-218). Hillsdale, NJ: Erlbaum.

Guerney, L. F. (1984). Play therapy in counseling settings. In T. D. Yawkey & A. D. Dellegrini (Eds.), *Child's Play: Developmental and Applied* (pp. 291-321). Hillsdale, NJ: Erlbaum.

Halliman, M. T. (1981). Recent advances in sociometry. In S. R. Asher & J. M. Gottman (Eds.), *The Development of Children's Friendship*. New York: Cambridge University Press.

Harper, L. V. & Huie, K. S. (1985). The effects of prior group experience, age, and familiarity on the quality and organization of preschooler's social relationships. *Child Development, 56*, 704-717.

Harter, S. (1982). The perceived competence scale for children. *Child Development, 53*, 87-97.

Hartup, W. W. (1975). The origins of friendship. In M. Lewis & L. Rosenblum (Eds.), *Friendship and Peer Relations*. New York: Wiley.

Hartup, W. W. (1983). The peer system. In E. M. Hetherington (Eds.), P. H Mussen (Series Eds.), *Handbook of Child Psychology: Socialization, Personaility, and Social Development*. New York: Wiley.

Hartup. W. W. (1984). The peer context in middle childhood. In W. A. Collins (Eds.), *Development During Middle Childhood: The Years From Six to Twelve* (pp. 240-282). Washington, DC: National Academy Press.

Hayes, C. D., Palmer, J. L., Zaslow, M., & National Research Council Panel on Child Care Policy (1990). *Who Cares for America's Children? Child Care Policy for the 1990's*. Washington DC: National Academy of Science Press.

Hayes, D. S. & Birnbaum, D. W. (1980). Preschoolers' retention of televised events: Is a picture worth a thousand words? *Developmental Psychology, 36*, 410-416.

Hearold, S. (1986). A synthesis of 1043 effects of television on social behavior. In G. Comstock (Ed.), *Public Communications and Behavior* (Vol. 1, pp. 65-133). New York: Academic Press.

Hinde, R. A., Titmus, G., Easton, D., & Tamplin, A. (1985). Incidence of "friendship" and behavior toward strong associates versus nonassociates in preschoolers. *Child Development, 56*, 234-245.

Hoffman, M. L. (1970). Moral development. In P. H. Mussen (Ed.), *Carmichael's Manual of Child Psychology* (3rd ed. Vol. 2). New York: Wiley.

Hoffman, M. L. (1979). Development of moral thought, feeling, and behavior. *American Psychologist, 34*, 958-966.

Hoffman, M. L. (1987), The contribution of empathy to justice and moral thought. In N. Eisenberg & J. Strayer (Eds.), *Empathy and It Development* (pp. 47-80). Cambridge: Cambridge University Press.

Howes, C. & Stewart, P. (1987). Child's play with adults, toys, and peers: An examination of family and childcare influences. *Developemntal Psychology, 23*, 423-430.

Howes, C. (1983). Patterns of friendship. *Child Development, 54*, 1041-1053.

Howes, C. (1987). Social competence with peers in young children: Development sequences. *Developmental Review, 7*, 252-272.

Huesmann, L. R. & Eron, L. D. (1986). *Television and the Aggressive Child: A Cross-National Comparison*. Hillsdale, N.J.: Erlbaum.

Huesmann, L. R. & Malamuth, N. M. (1986). Media violence and antisocial behavior: An overview. *Journal of Social Issues, 42*, 1-6.

Jambor, T. & Hancock, K. (1988). The potential of the physical education teacher as play leader. Paper Presented at the American Association for the Child's Right to Play Conference. Washington, D. C.

Johnson, J. E., Ershler, J., & Cawton, J. T. (1982). Intellective correlates of preschoolers' spontanceous play. *Journal of General Psychology, 106*, 115-122.

Josephson, W. L. (1987). Television violence and children's aggression: Testing the priming, social script, and disinhibition predictions. *Journal of Personality and Social Psychology, 53*, 882-890.

Kadushin, A. & Martin, J. A. (1988). *Child Welfare Services*. New York: McMillan.

Kohlberg, L. (1976). Moral stage and moralization: The cognitive-developmental approach. In T. Lickona (Ed.), *Moral Development and Behavior*. New York: Holt, Rinehart, & Winston.

Kopp, C. B. (1982). Antecedents of self-regulation: A developmental perspective. *Developmental Psychology*, 18, 199-214.

Kuo, J. H. (1988). A muttidimensional analysis of quality of communication and well-being in families with adolescents: A cross-sectional and longitudinal comparison (Doctoral dissertation, Ohio State University). *Dissertation Abstracts International, 49*.

Landers, S. (1989a). Watching TV, children do learn. *APA Monitor, 20*(3) , 25.

Landers, S. (1989b). Big Bird, experts sing praises of kids' shows. *APA Monitor, 20*(7) , 32.

Levin, H. & Wardwell, E. (1971). The research uses of doll play. In R. E. Herron & B. Sutton-Smith (Eds.), *Child's Play* (pp. 145-184). New York: Wiley.

Levy, A. K. (1984). The language of play: The role of play in language development. *Early Child Development and Care, 17*, 49-62.

Lieberman, J. N. (1977). *Playfulness: Its Relationship to Imagination and Creativity*. New York: Academic Press.

Liebert, R. M. & Sprafkin, J. (1988). *The Early Window: Effects of Television on Children and Youth* (3rd ed.). New York: Pergamon.

Lutkenhaus, P., Grossmann, K. E., & Grossmann, K. (1985). Infant-mother attachment at twelve months and style of interaction with a stranger at the age of three years. *Child Development, 56*, 1538-1542.

Marvin, R. S. & Greenberg, M. T. (1982). Preschoolers' changing conceptions of their mothers: A social-cognitive study of mother-child attachment. *New Directions for Child Development, 18*, 47-60.

Mates, L., Arend, R. A., & Sroufe, L. A. (1978). Continuity of adaptation in the second year: The relationship between quality of attachment and later competence. *Child Development, 49*, 547-556.

McCune-Nicolich, L. (1981). Toward symbolic functioning: Structure of early pretend games and potential parallel with language. *Child Development, 52*, 785-797.

Messer, D. J., Rachford, D., McCarthy, M. E., & Yarrow, L. J. (1987). Assessment of mastery behavior at 30 months: Analysis of task-directed activities. *Developmental Psychology, 23*, 771-781.

Mischel, W. & Patterson, C. J. (1976). Substantive and structural elements of effective plans for self-control. *Journal of Personality and Social Psychology, 34*, 942-950.

Mischel, W., Shoda, Y., & Rodriguez, M. L. (1989). Delay of gratification in children. *Science, 244*, 933-938.

Muller, E. & Brenner, J. (1977). The origins of social skills and interaction among play group toddler. *Child Development, 48*, 854-861.

Mussen, P. H. & Eisenberg, N. (1977). *Roots of Caring, Sharing, and Helping: The Development of Prosocial Behavior in Children*. San Francisco: Freeman.

National Justitute of Mental Health (NJMH) (1982). *Plain Talk About Adolescence*. Rockville, MD: U. S. Department of Health and Human Sernies. U. S. Government Printirp Office: 1981 0-33-61.

O'Brien, S. F. & Bierman, K. L. (1988). Conceptions and perceived influence of peer group: Interviews with preadolescents and adolescents. *Child Development, 59*, 1360-1365.

Oden, S. (1982). Social development. In H. E. Mitzen et al. (Eds.), *Encyclopedia of Education Research* (5th ed.). New York: Free Press.

Pan, H. (1994). Children's play in Taiwan. In J. Roopnarine, J. Johnson, & F. Hooper (Eds.), *Children's Play in Diversive Cultures*. Albany, NY: SUNY.

Papalia, D. E. & Olds, S. W. (1981). *Human Development* (2nd ed.). New York: McGraw-Hill.

Parke, R. (1977). Some effects of punishment on children's behavior-revisited. In P. Cantor (Ed.), *Understanding a Child's World*. New York: McGraw-Hill.

Parten, M. B. (1932). Social participation among preschool children. *Journal of Abnormal and Social Psychology, 27*, 243-269.

Parten, M. B. (1932). Social play among preschool children. *Journal of Abnormal Psychology, 27*, 243-269.

Patterson, G. J. & Mischel, W. (1976). Effects of temptation-inhibiting and task-failitating plans on self-control. *Journal of Personality and Social Psychology, 33*, 209-217。

Pepler, D. J. & Ross, H. S. (1981). The effects of play on convergent and divergent problem solving. *Child Development, 52*, 1202-1210.

Phillips, D., McCartney, K., & Scarr, S. (1987). Child care quality and children's social development. *Developmental psychology, 23*, 537-543.

Piaget, J. & Inhelder, B. (1969). *The Psychology of the Child*. New York: Basic Books.

Piaget, J. (1962). *Play, Dreams, and Imitation in Childhood*. New York: Norton.

Pillari, V. (1998). *Human Behavior in the Social Environment*. New York: Wadsworth.

Pillari, V. (1998). *Human Behavior in the Social Environment*. (2nd ed.). Singapore: Wadsworth, Thomson Learning Inc.

Pillari, V. (2003). *Human Behavior in the Environment*. New York: Wadsworth.

Plunkett, J. W., Klein, T., & Meisels, S. J. (1988). The relationship of pretern infant-mother attachment to stranger sociability at 3 years. *Infant Behavior and Development, 11*, 83-96.

Poest, E. A., Williams, J. R., Witt, D. D., & Atwood, M. E. (1990). Challenge me to move: Large muscle development in young children. *Young Children, 45*, 4-10.

Reisman, J. M. & Schorr, S. I. (1978). Models of development and theories of development. In L. R. Goulet & P. B. Baltes (Eds.), *Life-span Development Psychology* (pp. 116-149). New York: Academic Press.

Robert, J. M. & Sutton-Smith, B. (1962). Child training and game involvement. *Ethnology, 1*, 166-185.

Rubin, K. H., Fein, G. G., & Vandenberg, B. (1983). Play. In P. H. Mussen (Eds). *Handbook of Child Psychology: Vol. 4*. Socialization, personality, and social development (4th ed., pp. 695-774). New York: Wiley.

Saarni, C., Mumme, D. L., & Campos, J. J. (1998). Emotional development: Action, communication, and understanding. In W. Damon (Series Ed.) & N. Eisenberg (Vol. Ed.), *Handbook of Child Psychology: Vol. 3*. Social, emotional, and personality development (5th ed., pp. 237-309). New York: Wiley.

Saltz, E., Dixon, D., & Johnson, J. (1977). Training disadvantaged preschoolers on various fantasy activities: Effects on cognitive functioning and impulse control. *Child Development, 48*, 367-388.

Schweinhart, L. J. & Weikart, D. P. (1988). The High/Scope Perry preschool program. In R. H. Price, E. L. Cowen, R. P. Lorion, & J. Ramos-McKay (Eds.), *Fourteen*

Ounces of Prevention (pp. 53-66). Washington, D.C. : American Psychological Association.

Seefeldt, V. (1984). Physical fitness in preschool and elementary school-aged children. *Journal of Physical Education, Recreation and Dance, 55*, 33-40.

Selman, R. (1980). *The growth of Interpersonal Understanding: Developmental and Clinical Analysis*. New York: Academic Press.

Shaffer, D. R. (Eds.) (1979). *Social and Personality Development*. California: Brooks & Cole.

Sheehan, P. W. (1983). Age trends and the correlates of children's television viewing. *Australian Journal of Psychology, 35*, 417-431.

Simon, T. & Smith, P. K. (1983). The study of play and problem solving in preschool children: Have experimenter effects been responsible for previous results? *British Journal of Developmental Psychology, 1*, 289-297.

Singer, J. L. (1975). *The Timer World of Daydreaming*. New York: Colophon Books.

Smilansky, S. (1968). *The Effects of Socio-Dramatic Play on Disadvantaged Preschool Children*. New York: Wiley.

Smith, P. K. & Syddall, S. (1978). Play and non-play tutoring in preschool children: Is it play or tutoring which matters? *British Journal of Educational Psychology, 48*, 315-325.

Smith, P. K., Dalgleish, M., & Herzmark, G. (1981). A comparison of the effects of fantasy play tutoring and skill tutoring in nursery classes. *International Journal of Behavioral Development, 4*, 421-441.

Sroufe, L. A. (1979). Socioemotional development. In J. D. Osofsky (Ed.), *Handbook of Infant Development*. New York: John Wiley & Sons, Inc.

Sroufe, L. A. (1989). Pathways to adaptation and maladaptation: Psycholopathology as developmental deviation. In D. Cicchetti (Eds.), *The Emergence of a Discipline: Rochester Symposium on Developmental Psychopathology* (Vol. 1, pp. 13-40). Hillsdale, NJ: Erlbaum.

Steinberg, L. (1990). Autonomy, conflict, and harmony in the family relationship. In S. S. Feldman & G. R. Elliott (Eds.), *At the Threshold: The Developing Adolescent* (pp. 255-277). Cambridge, MH: Harvard University Press.

Sylva, K., Bruner, J. S., & Genova, P. (1976). The role of play in the problem-solving

children 3-5 years old. In J. S. Bruner, A. Jolly, & K. Sylva (Eds.), *Play: Its Role in Development and Evolution* (pp. 244-257). New York: Basic Book.

Tangney, J. P. (1987). TV in the family. *Bryn Mawr Now, 14*, 1, 14.

Teti, D. M. & Ablard, K. E. (1989). Security of attachment and infantsibling relationships: A laboratory study. *Child Development, 60*, 1519-1528.

Thomas, M. H. & Drabman, R. S. (1977). Effects of television violence on expectations of others' aggression. Paper presented at the annual convention of the American Psychological Association, San Francisco.

U. S. Department of Health and Human Services (USDHHS) (1999). Mental health: A report of the surgeon general. Rockville, MD: US Department of HHS, SW Stance Abuse and Mental Health. Service Administration, NIH, NJMH.

Vandell, D. L., Henderson, V. K., & Wilson, K. S. (1988). A longitudinal study of children with day-care experiences of varying quality. *Child Development, 59*, 1286-1292.

Vaughn, B. E., Kopp, C. B., & Krakow, J. B. (1984). The emergence and consolidation of self-control. From 18 to 30 months of age: Normative trends and individual differences. *Child Development, 55*, 990-1004.

Vaughn, B. E., Kopp, C. B., Krakow. J. B., Johnson, K., & Schwartz, S. S. (1986). Process analyses of the behavior of very young children in delay tasks. *Developmental Psychology, 22*, 752-759.

Vygotsky, K. (1962). *Thought and Language*. Trans., E. Hanfman & G. Valar. Cambridge: M. I. T. Press.

Weikart, P. S. (1987). *Round the Circle: Key Experiences in Movement for Children Ages Three to Five*. Ypsilanti, ML: High Scope Press.

Weir, R. (1962). *Language in the Crib*. The Hague: Mouton.

Weiss, L. & Lowenthal, M. (1975). Life-course perspectives on friendship. In M. Lowenthal, M. Thurner, & D. Chiriboga (Eds.), *Four Stages of Life*. San Francisco CA: Jossey-Bass.

Weisz, J. R., Weiss, B., Han, S. S., Granger, D. A., & Morton, T. (1995). Effects of psychotherapy with children and adolescents revisited: A meta-analysis of treatment outcome studies. *Psychological Bulletin, 117*(3), 450-468.

White, R. W. (1960). Competence and the psychosexual stage of development. In

M. R. Jones (Ed.), *Nebraska Symposium on Motivation* (Vol. 8). Lincoln: University of Nebraska Press.

Williams, T. H. & Handford, A. G. (1986). Television and other leisure activities. In T. H. Williams (Ed.), *The Impact of Television: A Natural Experiment in Three Communities* (pp. 143-213). Orlando, Fla.: Academic Press.

Wilson, K. & Ryan, V. (2001). Helping parents by working with their children in individual child therapy. *Child and Family Social Work (special issue), 6*, 209-217.

Windmiller, M., Lambert, N., & Turiel, E. (1980). *Moral Development and Socialization.* Boston: Allyn & Bacon.

Wolf, D. & Gardner, H. (1979). Style and sequence in early symbolic play. In M. Franklin & N. Smith (Eds.), *Symbolic Functioning in Childhood*. Hillsdale, NJ: Erlbaum.

Yudkin, M. (1984). When kids think the unthinkable. *Psychology Today, 18*(4), 18-25.

Zahn-Waxler, C. & Radke-Yarrow, M. (1982). The development of altruism: Alternative research strategies. In N. Eisenberg (Eds.), *The Development of Prosocial Behavior* (pp. 109-138). New York: Academic Press.

Zastrow, C. & Kirst-Ashman, K. K. (1987). *Understanding Human Behavior and the Social Environment*. Chicago, IL: Nelson-Hall.

chapter 10

學齡兒童的身體與動作發展及輔導

　　學齡期兒童（schoolagers）係指六至十二歲的兒童。學齡期身體的發展是以「緩慢而穩定」的方式來進行。其特徵是細胞本身的增長肥大（hypertrophic），取代早期發展時的細胞數目的增生（hyperplastic）。在身高與體重方面，每年約成長一點四至二點二公斤及四至六公分。兒童腦容量的部分，到十二歲左右約重一千四百公克，已接近成人之腦容量。此外，骨骼的成長及心肺功能增強也促成學齡兒童的肌能及體適能的增加。

　　此時期在身體發展存在著個體差異，以及性別、族裔背景的差異。例如，若以骨骼成長、脂肪比例和乳牙個數來判斷，非裔美國人大都較歐裔早成熟。亞裔的身體成熟速率則較慢，通常在兒童期比較不會顯現出青春期的特徵（Hartup, 1983）。

　　這個時期的兒童開始正式進入學校，真正置身於一個比家庭更大的、更具衝擊性的社會單元裡。雖然個體的體型、成熟度差異是很正常的事，然而分布在兩個極端的孩童，往往會因為「與眾不同」而自覺有缺陷，尤其當同儕以體能及外表來判定吸引力、受歡迎程度時，更會加深這種自卑的感覺。

　　學齡期兒童也逐漸發展穩定的身體能力與技巧，以應付日常生活中跳、跑、運動的能力。經由學校的教育，兒童學習社會所傳輸的文化技能，如語言、數學、科學、社會及藝術。對許多學齡期兒童來說，這是一段充滿活力、歡樂的時光；他們已具備基本的身體動作及認知能力，並在信任、自主及進取的基礎下，渴望拓展更寬闊的學習領域，建立更複雜的人際互動關係。

　　所以說來，學齡期兒童應發展與未來生活或工作有關的技能，以及適用於社會交往的技能。換句話說，學齡期（middle childhood stage）是兒童培養一些技能以應付日後成人社會所需。這些技能有關於認知、身體以及同伴友誼的發展，進而影響其個人之自我評價和情緒發展。此外，學齡兒童又是瀕臨青春期，而青春期發展的兩大特徵：身體發育與性的分化也是很顯著的。學齡期兒童可能也有體重過重、齲齒、視力不良等健康問題。本章將針對學齡期兒童的身體與動作發展及輔導做一剖析，共分為四

節：(1)兒童健康照顧的重要性；(2)學齡期兒童的身體發展；(3)學齡期兒童的動作發展；(4)學齡期兒童的身體與動作發展之輔導。

第一節　兒童健康照顧的重要性

一、兒童健康照顧對兒童個人身心發展的意義

「發展」是指個人在結構、思想、人格或行為的改變，既是生物性成長，也是環境歷程的函數。發展是漸進的、累積的，例如大小的增加，以及動作、認知和語言能力的增加。發展的某些層面主要依賴生物性元素，而某些層面主要倚重於環境及文化的元素（楊語芸、張文堯譯，1997）。施怡廷（1998）則提出兩個派別對影響兒童發展因素的看法：一是優生學者Galton主張的遺傳決定論，一是行為主義的始祖Watson所主張的環境決定論，強調家庭、社會、學校等環境的影響，並且進一步指出，後期發展理論實際上綜合了兩派的觀點，認為發展為遺傳因素與環境互動的結果。因此，當我們指稱「兒童發展」時，實質上即涉及了兒童本身的生物遺傳性因素，以及兒童與環境的互動因素。

在正常的情況下，個體會按其生理及心理的發展里程，逐漸在結構、形態、統整性和功能性上漸趨於成熟。腦神經細胞學者指出，幼兒在三歲以前，腦細胞數目大約成長至60%，六歲細胞數目可達80%，而至青春期結束後，可達100%。由於兒童時期就幾乎決定了腦神經細胞生長的結果，加以這種發展的歷程往往也可能因為疾病、營養不良或不利的社會互動環境，而產生延緩或發生問題，使個人的發展無法到達生物上原先設定可達到的水準，或抑制了個人潛能的發展，使個人出現生活適應問題。由於兒童時期的發展是往後發展的基礎，若能預先或適時地針對兒童發展需求，提升各種健康發展的醫療照顧或服務介入，那麼就可以提供兒童發

展上的支持，使其能夠順利完成階段性的身心發展任務，順應往後階段之發展，並持續地維持個體的成長與成熟。因此，提供兒童健康照顧對兒童個體發展實有深遠的影響。

二、兒童健康照顧對社會發展的意義

提供健康照顧服務除了對兒童個體的身心健康發展具有重大影響之外，對於社會整體的發展來說，也有其深刻的意義，因為今日的兒童即國家明日的主體，兒童身心發展的優劣，與社會整體的發展實密不可分。

馮燕（1998）指出：一個高度發展的國家，必須能體認到兒童的重要性，不僅僅因為其未來可能的貢獻與生產力，更是基於保護弱勢族群的生存、維護社會公平與正義的立場，而予以保護與提供相關福利服務。因此，一個國家的發展程度，實可由兒童人權伸張與否看出端倪。從積極的層面來看，對兒童提供健康照顧，即是對兒童生存權和健康權的保障和實踐，是在促進社會健全的發展。

另外從消極層面來看，提供兒童健康照顧，可以有效的節省日後醫療成本的支出，避免社會資源浪費和增加社會負擔。雷游秀華（2000）指出國內外專家的經驗，如果三歲就能進行早期療育，其一年之療效等於三歲以後十年之療效，並且提出美國針對三至四歲之兒童每投資一美元，追蹤至二十七歲時即可節省七美元的經驗成果，提供預防性的健康照顧服務對減輕社會成本的效益可見一斑；呂鴻基（1999）也認為，政府與民間如能更加重視兒童的健康，並肯積極改進兒童的醫療保健，則兒童的死亡率，亦即夭折率，可望下降一半，且有更多兒童將免致身心障礙。

三、將兒童健康照顧需求提升成為政策性議題

由於健康照顧對兒童個人與社會發展均具重要價值，政府基於對兒童健康權的保障，將兒童的健康照顧需求提升成為政策議題實有其必要性，而且為了避免對於兒童健康權保障的承諾流於宣示性質，政府應該扮

演積極介入的角色，主動規劃出兼含兒童身心發展的健康照顧服務輸送體系，以確實保障兒童生理及心理的良好發展，使能免於疾病或障礙的產生，造成發展上的延緩、停頓，甚至死亡。

兒童健康照顧體系的建構主軸必須在考量個體身心發展的前提下，同時涵蓋兩個面向，除了提供彌補性的醫療照顧之外，更應該具有預防性的觀點，規劃優生及兒童保健服務，使介入層次兼具兒童的預防保健，以及後設的疾病醫療服務，如此始能規劃出符合兒童身心發展的健康照顧服務及社會需要。為了建構普及式的健康照顧服務，在服務規劃上，一方面必須針對發展上有特殊需求的身心障礙兒童與發展遲緩兒童，規劃提供切合其發展所需求的醫療復健、照顧及福利服務；另一方面也必須對一般兒童提供普及式的健康照顧服務。

第二節　學齡期兒童的身體發展

一、身體發展

(一)身體的外觀及比例

在幼兒時期身體的外型並無顯著改變，而到了學齡期末，兒童則會隨著個別的生長形態及速度而產生迅速的變化。頭部與身體的比例已逐漸地與成人相似，並且這時期的體型也與將來成年的體型相近。

學齡期兒童的體型受遺傳及環境因素的影響，而有個別差異性，到了學齡末期此現象更為明顯。一般來說，兒童進入小學時期六至九歲之間，一年體重約增加二至三公斤，身高約增高四至四點五公分，呈穩定性的成長。在六歲時男孩平均身高比女孩來得高，但在九歲時女孩的身高體重與男孩相當，而於十歲高於男孩（**表10-1**）（教育部體育司，1995）。男孩大約在十二至十三歲、女孩在十至十一歲左右會呈快速成長的狀

表10-1　台閩地區學齡期身高、體重之變化

年齡	身高（公分）		體重（公斤）	
	男	女	男	女
6	119.8	118.8	23.5	22.2
7	123.5	122.5	25.3	24.0
8	128.8	128.0	28.2	26.8
9	133.8	133.8	31.6	30.3
10	139.0	140.3	35.4	34.9
11	145.0	146.9	39.4	39.6
12	152.1	152.3	44.7	44.2

態，亦稱為發育激進期（spurt），之後增加情況會呈緩和（謝明哲等，2003）；此時期體型特徵分別為女孩的皮下脂肪開始增厚，造成外型變得較圓潤且細緻，而男孩方面則是大肌肉開始發達，變得較具肌肉與結實。

(二)神經系統

　　腦部的成長在學齡期階段已較緩和，九歲兒童的腦重量約為一千三百五十公克，十二歲約為一千四百公克，已接近成人。腦神經細胞體積增大，神經纖維也增長。隨著大腦皮層的發育生長，兒童腦的興奮過程和抑制過程逐漸趨向平衡，這使得兒童的睡眠時間縮短，覺醒時間延長。七歲兒童平均每天需要睡眠的時間為十一小時，十歲為十小時，十二歲為九小時（郭靜晃等，1998）。

　　學齡期時，腦部與神經系統會髓鞘化，兒童心智運作過程的能力、速度及效率隨之增進，記憶力也呈現穩定增加。其中，反應速度加快也是一種效率提高的表現，這項進步部分有賴於腦部發展所促成，但有部分則要歸功於孩子運用認知策略的技巧變得熟練，使他們能夠解決較難的問題（周念縈譯，2004）。

(三)肌肉骨骼系統

　　在兒童期體重的增加，主要是源於肌肉骨骼之生長，肌肉的量與強度之逐漸增加。所以大、小肌肉配合神經系統的發展，進而促進粗大動作

與精細動作的發展。

　　學齡兒童骨骼比學齡前兒童更堅固，但仍有許多軟骨組織。由於骨骼中所含的石灰質較少、膠質較多，故富有彈性，所以不易骨折，但卻容易變形、脫臼。身體逐漸增長、胸腔加寬、頸部增長、雙臂與雙腿比兩歲時增加一半的長度；但此時肌肉仍未顯著發育，肌力雖有發展但仍很柔軟，內含蛋白質相對較少，水分較多，缺乏耐力，容易疲勞（郭靜晃等，1998）。肌肉與骨骼的成長會造成兒童成長的痛苦（growing pains），因而促使兒童去使用他們的肌肉。這也解釋了為何學齡兒童很少能保持長時間的不運動或舒展筋骨。因此，平時要注意防範運動傷害，且要穿著合適的鞋子，拿重物時應輪用雙手，以免發生垂肩或脊椎側彎等症狀。

(四)心臟血管系統

　　學齡期心臟的特徵是左心室變大。七歲時，心尖的位置由幼兒期的鎖骨中線上的第四肋骨，延伸至第五肋骨；在心臟的重量部分，九歲時大約為出生的九倍，至青春期則增加為十倍。

　　生命徵象（包括體溫、脈搏及呼吸）大致與成人相似（張媚等，2004）：

1. 心跳：因受迷走神經的支配，速率逐漸變慢，每分鐘約七十至八十次。
2. 呼吸速率：每分鐘十八至二十次。
3. 血壓：隨左心室的發育而上升，平均收縮壓為九十至一百一十毫米汞柱，平均舒張壓則為五十五至六十毫米汞柱。

(五)呼吸系統

　　嬰幼兒期的呼吸運動是以橫膈為主，七歲以後則轉變為以胸壁肌肉為主（蔡欣玲等，2004）。肺臟的重量在此時期已發育成出生時的十倍，而肋骨的方向也由橫軸轉成斜面，且肺容積與身體的相對比例增加，故呼吸速率隨著潮氣容積（tidal volume）的加倍而變慢且變深，由出生時的每

分鐘四十至六十次，減為每分鐘二十至二十四次，因此增進了兒童對粗大動作的耐受力。

(六)腸胃系統

學齡時期，腸胃道的消化、吸收、分泌以及排除的功能已臻成熟。胃的容量增加，胃容積約為750～900CC.，而此時期食物的攝取量也因生長和代謝的需要而增加。

(七)泌尿系統

學齡期腎臟的大小、重量及尿道結構已近似於成人，且腎臟能適當地保留水分，以維持體液及電解質的平衡。在十歲時，約有5%～6%的兒童仍有尿床現象，且男孩比女孩常見。尿床的原因，可能和膀胱神經系統的延遲發展，或者是情緒困擾有關。大多數的兒童並不需要特別治療，僅少數兒童須輔以藥物或心理治療。

(八)免疫系統

兒童在此時期淋巴組織已達成熟，其特徵是腺樣體及扁桃腺的淋巴組織出現擴大現象，所以學齡期常見的上呼吸道感染、喉頭發炎及中耳炎情形，常常是因組織生長過度、黏膜脆弱造成充血及發炎，不過，這些腺體至青春期以後，會逐漸變小，此現象則會較少出現。

(九)性生理的發展

在學齡末期進入青春期之前，這段期間的男女生多半已開始有第二性徵出現。大約八歲以後，腦下垂體開始釋放性腺刺激素至血液中，所以學齡末期生理方面出現的特徵包括身材比例改變、身高與體重突然增加、體毛長出、皮脂腺分泌旺盛（特別是臉部、胸部與背部的部位）、血管收縮不穩定（容易出現臉紅），一般而言，男孩在性生理發展上比女孩約慢兩年開始。男女生此時期性生理發育之順序及年齡如**表10-2**（張媚等，2004）。

表10-2　學齡末期及青少年期性生理發展的順序

年齡（歲）	女生	男生
8～9	子宮開始發育，骨盆開始變寬，臀部開始變圓，皮脂腺分泌增加	
10～11	乳房、乳頭開始發育，出現陰毛	睪丸及陰莖開始增長
12	乳暈、乳頭突出、生殖器變大	喉結開始增大
13	陰道分泌物從鹼性變成酸性，乳頭色素沉著，乳房增大	出現陰毛，睪丸、陰莖增大
14	月經初潮，腋毛生長	聲音變粗，乳房發脹
15	骨盆明顯的變化	陰囊色素增加，腋毛生長，開始長鬍鬚，睪丸增長完成，出現遺精
16～18	月經規則，骨骺閉合，停止長高	陰毛呈男子型
19～22		骨骺閉合，停止長高

(十)牙齒

第一顆恆齒大約在六歲長出，在乳臼齒後面，其他則大約以乳齒生長的相同順序長出。

在學齡期恆齒的生長快速，平均每年換四顆恆齒，一直至十二歲二十八顆恆齒便生長完畢，其更換年齡如**圖10-1**。通常男童牙齒比女童的大，而女童換牙時間則比男童來得早。此時期兒童的齲齒情形相當普遍，根據行政院衛生署二〇〇〇年針對學校的全國性調查統計資料顯示，七至十二歲兒童的齲齒率，依序為：七歲23.79%、八歲47.61%、九歲57.07%、十歲67.10%、十二歲66.50%。

此時期的兒童因為乳齒與恆齒之替換，兒童會有不同程度的咬合異常（malocclusion）現象，造成原因除遺傳因素外，可能源於：(1)長時間吸吮手指導致舌頭突出與上齒列外暴；(2)由於照顧不當導致乳齒過早脫落，造成恆齒向異常位置生長；(3)顎骨與牙齒大小不成比例，造成空間過寬或過窄（王瑋等譯，1991）。

(十一)視力

幼兒期孩童的視力多半為遠視，但到了學齡期開始，視力的發展已

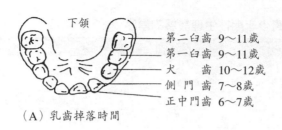

（A）乳齒掉落時間

第二臼齒 9～11歲
第一臼齒 9～11歲
犬　　齒 10～12歲
側 門 齒 7～8歲
正 中 門 齒 6～7歲

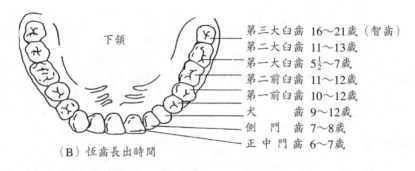

（B）恆齒長出時間

第三大臼齒 16～21歲（智齒）
第二大臼齒 11～13歲
第一大臼齒 $5\frac{1}{2}$～7歲
第二前臼齒 11～12歲
第一前臼齒 10～12歲
犬　　齒 9～12歲
側 門 齒 7～8歲
正 中 門 齒 6～7歲

圖10-1　乳齒掉落與恆齒的長出時間

資料來源：Murray, R. B. & Zentner, J. P. (1989).

漸轉變成正常視力20/20，且雙眼（周邊）視力皆處於高峰，曲光狀況由透視逐漸趨向正視，可以分辨顏色、區別形狀及大小。以性別來說，一般女童的分辨顏色能力較男童佳，但男童的視覺敏銳度則比女童好。

　　由於國內的兒童在學齡期不當使用眼睛的頻率較高，及未能保持適當距離和適度休息，造成此時期是兒童罹患近視比率最高的時期。國內研究指出：五至六歲及九至十歲為國內兒童罹患近視的兩個高峰期（郭靜晃等，1998）。

二、百年趨勢

　　如果有機會到歷史博物館參觀，我們可發現先人所穿的衣服、所睡的床較小。我們不禁要問：難道他們的品種與我們不同嗎？他們是侏儒

嗎？還是他們為了省錢所以布做得省？答案皆不是，事實上，以前的人是比我們現在的人來得矮。研究顯示：現在的人比以前來得高大，而且達到性成熟的年齡也比以前來得早。這種現象，我們稱為百年趨勢（secular trend）。Tanner（1968）比較一九○五到一九六五年的兒童，發現大約每隔十年的性成熟會早了三個月，也就是說相差四十年時，其成熟比率約早了一年。例如，一九六五年的五歲幼兒比一九○五年的五歲幼兒高出兩英寸；一九六五年的十一歲兒童比一九○五年的十一歲兒童大約高出四英寸。Zastrow和Kirst-Ashman（1987）指出，在美國，兒子普遍比其父親高一英寸，重十磅；女兒是高二分之一英寸，重二磅。女兒進入青春期的年齡平均也比其母親早十個月左右（Muuss, 1970）。會造成成長提升的原因還不是很清楚，但有人假設可能是營養及暴露在燈光下所使然。在進小學之前達到青春期是百年趨勢的極限。然而，雖然在身體發展及達到性成熟方面發現有提前的現象，但在兒童之心智與情緒發展方面卻無此記載，這可能是社會變遷造成社會複雜化。

第三節　學齡期兒童的動作發展

　　學齡兒童有更多能力控制自己的身體，並瞭解自己身體的限制，一般來說，他們滿意自己的身體，並對自己的能力充滿自信。由於成長緩慢、優雅及協調，所以他們可以發展一些技巧。當他們到青春期，由於身體快速成長及身體比例變化太快，他們失去身體的優雅及精準性，因此他們必須不斷練習其手眼或手腳協調性。

　　此時期兒童身體的比例改變且重心下移，有利於四肢、軀幹的運用，使兒童更容易進行跑、跳、爬等種種身體活動（蔡欣玲等，2004）。漸漸地，隨著年齡的增長，神經及肌肉系統的成熟，兒童已可發揮熟練的控制技巧及準確度，並可做較長時間、較費力氣或需精細協調能力的活動。

學齡期兒童的動作發展，我們可以歸納為兩類：粗而大的動作發展及精細而小的動作發展。

一、粗大動作發展

六至七歲兒童的粗大動作技巧（大肌肉活動）比精細動作（小肌肉活動）協調要來得好（王瑋等譯，1991）。六歲幼兒一般已可以騎三輪車、腳踏車、跳繩或溜冰，甚至是溜直排輪。進入小學低年級的兒童已發展不錯的大肌肉動作技巧，如跳、跑、丟球、接球、踢球，這些是許多團體運動的基本技巧。八至十歲時，兒童便能從事具節律性的動作；此外，因注意力能力的增長，較能夠參與耗時間的體能活動。十至十二歲動作發展已趨近於成人，能依自我意願自在活動（張媚等，2004）。

學齡兒童的動作能力與其年齡及體型有關。雖然男女在學齡兒童時體型相似，但動作技巧發展卻有很大不同。男孩較屬於肌肉型，特別是腿及肩膀的肌肉；而女孩較有準確性的發展，如跳躍或跳高。所以說來，女孩較傾向視覺動作協調成熟，而男孩有較強的肌肉發展。隨著年齡的增長，動作技巧的協調與平衡會愈來愈好。**表10-3**呈現學齡兒童的動作要素、一般測驗、特定技巧測量及其綜合分析。

二、精細及小肌肉發展

學齡時期，隨著中樞神經系統的髓鞘化及成熟，此時期的精細動作（小肌肉動作）會獲得改善，其手眼協調及平衡能力也會因此而大有進步。

學齡兒童不但已開始發展大肌肉動作的控制與協調，而且也控制得很好，同時他們也開始發展手及手指動作的技巧。在小學一年級時，學齡兒童對握筆寫直線的字常有些困難。但之後六年，他們不但可彈鋼琴、拉小提琴、組合飛機模型、畫圓，也可拆建小零件的電子設備。這些能力需要控制小肌肉發展及其手眼之視覺協調能力。此外學齡兒童的認知技巧也

表10-3　學齡兒童的動作發展與分析

動作要素	一般測驗	特定技巧測量	綜合分析
協調性	・跳繩 ・單腳跳 ・用手帶球 ・用腳帶球	・大動作身體協調 ・小動作身體協調 ・手—眼協調 ・手—腳協調	隨著年齡增長，其協調性發展更好。六歲之後，男孩優於女孩。
平衡	・走平衡木 ・單腳站立	・動態平衡 ・靜態平衡	隨著年齡增長，此能力發展更好。女孩優於男孩，尤其是動態平衡。之後，男女相差不大。
速度	・30公尺賽跑 ・50公尺賽跑	・奔跑速度	隨著年齡增長，速度增快。在六、七歲時，男女相差不多；之後，則是男孩優於女孩。
敏捷性	・迂迴穿梭的跑	・奔跑敏捷性	隨著年齡增長，其能力會增加。十三歲以前，女孩優於男孩；之後，男孩在此能力大有改善。
力量	・跳高 ・立定跳遠 ・擲遠	・腿的力量與速度 ・手臂的力量與速度	隨著年齡增加而增加其能力。男孩優於女孩。

資料來源：參考Gallahus (1981).

逐漸提升，加上其手指操作技巧的能力，皆可以使兒童處理更複雜的動作技巧。複雜的動作技巧與認知、知覺、動機和神經肌肉的系統是有關的（Bee, 1992）。一個人的動作技巧是與個人運動、非運動和操作技能有關。**表10-4**是兒童的動作、非動作與操作技巧的發展順序。

三、慣用左手vs.慣用右手

　　出生時，雙手可左右開弓；而到幼稚園，吾人可發現幼兒已習慣會用哪隻手做特別的動作。其中也有一些幼兒是雙手靈巧。在我國文化中及美國文化中，還是較傾向慣用右手，而且整個教育設備還是以右手為導向。左右手傾向一直被認為與個人之左右腦發展有關。人腦分為左右兩對稱的半球，左大腦與身體右部器官相連，右大腦則與身體左部相連接。因此，左大腦控制右手而右大腦控制左手。在嬰兒期，兩側大腦運用相同的

表10-4 動作、非動作與操作技巧的發展順序

年齡	動作技巧	非動作技巧	操作技巧
18～24月	跑（20個月）；走路走得很好（24個月）；用雙腳上下樓梯。	可推、拉盒子或有輪子的玩具，打開瓶蓋。	可顯現慣用手；可堆放四至六個積木；可翻書。
2～3歲	跑得很穩；在家具上爬高爬低。	可從障礙物間搬運大玩具。	可撿拾小物件；站立中丟球。
3～4歲	單腳上下樓梯；用腳尖走路。	騎三輪車；拉大玩具車行進。	接大球；用剪刀剪紙，用大拇指及兩個手指握拿。
4～5歲	可用雙腳交替上下樓梯；用腳尖站、走、跑得很好。		擊球、踢球或接球；可用串珠穿線，但不是用針線；握筆較成熟點。
5～6歲	可用雙腳輪流輕躍；直線走得很好；溜滑梯或盪鞦韆。		球打得很好；會用針線。
7～8歲	可輕躍超過十二次或以上。	騎三輪的自行車，但不能騎太遠。	字寫得很好，會寫字母或名字。
8歲以上	自由輕躍。	自行車騎得很好。	

資料來源：參考Connolly & Dalgleish (1989); Thomas (1990); Bee (1992).

控制；但隨著年齡的增加，兩側大腦逐漸控制不同功能，並發展一側為優勢。若左大腦較優勢，那麼此兒童較傾向為右撇子；相反地，如果右大腦較優勢，則此兒童較傾向為左撇子。

在我們生活中，我們也常看到兒童被父母糾正要使用正確的手，通常是要兒童使用右手。雖然有臨床醫學報導，強迫兒童使用慣用手會造成情緒困擾，如神經症狀或口吃。現在的發展學家較鼓勵父母不要強迫孩子使用慣用手，但社會還是要求孩子改變慣用手，理由之一可能是社會對於左手所提供的工具並不很普遍，如剪刀、高爾夫球桿，甚至課堂的單人座椅。

第四節　學齡期兒童的身體與動作發展之輔導

一、營養

　　學齡期兒童由於進入學校的團體環境，營養方面已不再受父母嚴密的監督，而開始決定他們自己的飲食。通常學齡期的兒童食慾都不錯，但有時為了遊戲或其他活動，會倉卒進食，或只是以高醣類、高脂肪的點心當一餐，而降低了下一餐的胃口。若此期經常吃只含熱量的食物代替均衡的飲食，會引起學齡兒童日趨嚴重的肥胖問題。而有些學童會因為早上賴床晚起，或父母沒時間料理早餐等因素，有時沒吃早餐就到學校上課。由於空腹及低血糖，使兒童上課時無法專心、反應遲鈍，而影響記憶力及學習狀況。有研究調查顯示，5%的國小學童有偏食的習慣，30%有邊吃飯邊看電視的不良習慣，並且對食物的認識不足，有過與不足的營養不良現象（洪允賢，1989）。

　　發育激進期所涵蓋的學齡期及青春期均是成長最快速的時期，因此其必要的熱量、蛋白質、鐵、鈣及各種維生素等均隨著增加，如在此時期有營養素攝取缺乏，則對於成長即會產生明顯的影響（謝明哲等，2003）。

(一)營養需求

　　依據國人膳食營養素參考攝取量（Dietary Reference Intakes, DRIs）指出（**附表1**）（行政院衛生署，2003）：

1.熱量：學齡期的攝食狀況，因消化吸收及內臟器官機能均還未達到與成年人相同的狀態，不可以太過於勉強或過於強制營養素的攝取。七至十歲的兒童每日所需熱量男生為二千零五十大卡，女生

一千七百五十大卡；十至十三歲時，男生需二千二百大卡，女生則需二千二百五十大卡。

2.蛋白質：蛋白質應隨著成長而增加攝取，尤其是營養價值較高的良性蛋白質，如動物蛋白質應占總蛋白質供給量的45％以上，每日大約需要量四十至五十公克。

3.脂肪：脂肪應儘量以必需脂肪酸含量較多的植物性脂肪的攝取爲佳，約占總熱量的30％。

4.維生素：成長期間維生素的必要量也隨著增加，尤其是維生素A與C，此時期對組織等的增殖成長需要量明顯增加。

　(1)維生素A：每日需要量爲四百至五百毫克。

　(2)維生素C：每日需要量爲六十至八十微克。

　(3)維生素E：每日需要量爲八至十毫克。

　(4)維生素B_1：每日需要量爲○點八至一點一毫克。

　(5)維生素B_2：每日需要量爲○點九至一點二毫克。

　(6)維生素B_6：每日需要量爲○點九至一點一毫克。

　(7)維生素B_{12}：每日需要量爲一點五至二微克。

5.鈣質：於成長發育期間最爲重要的礦物質，應多攝取，來源則以牛乳或乳製品爲主，故每日約需八百至一千毫克之需要量。

6.磷：每日需六百至八百毫克。

7.其他營養素：

　(1)硒：每日需要量爲三十至四十微克。

　(2)菸鹼素：每日需要量爲十至十四毫克。

　(3)葉酸：每日需要量爲二百五十至三百微克。

　(4)泛酸：每日需要量爲三至四毫克。

　(5)生物素：每日需要量爲十五至二十微克。

　(6)膽素：每日需要量爲二百七十至三百五十毫克。

行政院衛生署（2002）建議學齡期兒童的營養須知（**表10-5**）：

表10-5　學齡期兒童的每日飲食指南

食物＼年齢		6～9歲	10～12歲
奶類		2杯	2杯
蛋豆魚肉類		2至3份	3份
五穀根莖類		3碗	4碗
油脂類		2湯匙	2湯匙
蔬菜類	深綠色或深黃紅色	1碟	1碟
	其他	$\frac{1}{3}$至1碟	1碟
水果類		2個	2個

1. 每日的營養素應平均分配於三餐，並應養成定時吃三餐的習慣。

2. 教導孩子認識食物的名稱及營養價值，可幫助孩子發展為自己的飲食行為負責的能力。

3. 多變化菜單的內容，養成孩子喜歡吃各種食物的習慣。

4. 孩子進餐時應專心進食，千萬不可邊吃邊看電視或邊吃邊玩，父母尤其應以身作則。

5. 進餐的氣氛應和樂，避免在吃飯時間責罵兒童；父母亦不宜在進餐時吵架，或討論影響情緒的問題。

6. 不以食物作為獎勵或處罰孩子的工具。

(二)營養判斷的指標

學齡期兒童的營養狀況可依據台灣地區兒童及青少年生長曲線圖，或依健康體適能訂定之標準（**附圖1至附圖4、附表2、附表3**）（陳偉德等，2003），來比較某孩童所占百分位，才能下結論。為了確定孩童從出生到現在體重增加理想與否，須合乎以下三個條件（于祖英，2001）：

1. 與出生時體重所屬的百分位比較時，並未下降。

2. 與身高所屬的百分位相同。

3. 在所有同年齡的小孩中，所占的百分位應該在25至75百分位之間。

從外觀、表情、精神和消化、排泄等系統可判斷營養的狀況。

(三)學齡期兒童常見的營養問題

◆兒童肥胖

在台灣由於經濟的發展帶來物質文明的進步，大家對飲食都變得相當講究，在吃得多、吃得好，又缺乏適當運動的情況下，再加上飲食的嗜好改變了（由於電視廣告的促銷，兒童也偏向高醣的速食文化），如此一來，就造成小胖子愈來愈多。肥胖除了帶給兒童身體活動的不便，最令人擔心的是日後的健康問題，因為高血壓、糖尿病、心臟病與肥胖有密切的關係（Marieshind, 1980）。

專家認為「肥胖成為本世紀最大的健康問題」，兒童肥胖已逐漸成為「流行病」，行政院衛生署已將國人肥胖定義以身體質量指數（BMI）為標準，定義出兒童與青少年體重過重與肥胖的標準與處理程序（**附表4**、**附圖5**）（行政院衛生署，2002）。目前台灣地區兒童肥胖的盛行率，男生為9.86%～18.34%，女生為7.57%～14.76%，男生大都較女生為高，尤其在九至十二歲間為高峰（施純宏等，2002）。

造成肥胖症（obesity）的原因可能來自遺傳、內分泌失調、環境、飲食、生活習慣等，但是在現代的社會裡，主要的原因還是吃得太多與運動太少。

兒童肥胖的治療有三種：

1.飲食治療：導致兒童肥胖的原因之一為飲食習慣，學齡期兒童除了油炸食品攝取頻率增加以外，含糖飲料取代白開水的趨勢，也是一個影響因素，青少年攝取含糖飲料的頻率，以男生平均一週五次，女生約二點四次，且喝飲料的比率會隨年齡增加而增加，喝牛奶的情況卻相反，隨著年齡增加而減少（黃桂英，2002）。這種高熱量、高脂肪及高糖食物的飲食習慣，勢必導致肥胖。故小胖子們要減肥，首先要斷絕可樂、汽水、果汁等飲料及高油炸食物、零嘴，

其實許多學齡兒童能做到這點，便有很好的減肥成效。

2. 運動治療：一般來說，運動七千大卡的能量消耗才能減少一公斤的體重，而我們一般成年人以每小時六公里的速度慢跑，要跑上三十二個小時才能消耗掉七千大卡。由此看來，想要由運動來達到減肥的目標，是要靠日積月累的工夫才能達到，由於運動是最健康的減肥方法，故務必要小朋友養成每日運動三十分鐘以上的習慣。大部分肥胖兒童若減少久坐的活動，如電視及電腦，多活動身子，如走路上學、做家事、少搭電梯、少做室內活動、多做戶外活動等，就能達到減輕體重的目的。當然運動有許多好處，增加能量消耗、促進身體脂肪流失、促進飲食治療的配合度、養成終身體能運動的目的。每週要運動三至五天，每次運動時間至少三十分鐘，多做使用大肌肉的有氧運動如慢跑、散步、游泳、騎腳踏車、溜冰、划船等運動，且須運動到流汗才有效。

3. 行為治療：行為治療是重要但耗時的，可增加長期減重及預防體重增加的成功率，包括自我控制、營養教育、刺激控制、飲食習慣、體能活動及態度調整等。自我控制就是記錄每天體重、飲食及活動。它可幫助肥胖兒童自我察覺吃什麼、何時吃、為何吃、哪裡吃等。營養教育對於肥胖兒童及父母也很重要，可讓他們知道食物代換，增加食物選擇性，促進長期減重。另外，若肥胖兒童達到預定的任何目標，應該給予有形的獎勵或口頭勉勵，也是很有幫助的。最後，肥胖兒童減重是一件不簡單且長期的奮鬥，因為三分之二肥胖成人減重後一年內又胖回去。且兒童在體型與體重上相似於其父母親，有研究認為若雙親皆肥胖，則孩子肥胖的機會高達80%，若僅有一人肥胖，也有50%的機率，而雙親皆不肥胖者，則僅有10%的可能性（施純宏等，2002）。故預防成人肥胖的根源在於學齡期，在學齡期就應注意使用正確方式來預防肥胖。

◆神經性厭食症

　　另外一個與肥胖症相反的是「神經性厭食症」（anorexia nervosa），此種症狀大都發生在青春期的少年身上。病徵是厭惡飲食、食慾不振、體重急遽下降，甚至無月經等現象；但也有人有嘔吐、便秘的現象。它的重要病徵是吃少量食物，但精神激昂、不知疲倦。嚴重的患者要送往精神科做專門性的治療。

二、牙齒保健

　　學齡兒童的另一特徵是換牙。第一顆恆齒大約在五至六歲開始長出，此時兒童的乳齒開始掉落，之後的幾年中，每年大約長出四顆恆齒，臼齒大約在六歲、十二歲及二十歲左右，分三次長出（Behrman & Vaughan, 1983）。

　　有鑑於牙齒健康對營養、身體健康和外觀的重要性，牙齒毛病經常也是發展國家中的健康話題之一，如美國。我國學齡兒童患齲齒的比率也很高。根據中華民國牙醫師公會全國聯合會統計顯示，國內兒童齲齒率仍然居高不下，六歲兒童乳齒齲齒為五點八八顆，齲齒率高達88.43%，而十二歲兒童的恆齒齲齒則為三點三一顆，齲齒率為66.5%，治療率是54.3%；而十五至十八歲的青少年，齲齒率更高達80%，且有牙周病的問題（雅虎奇摩新聞，2001）。

　　齲齒（蛀牙）的原因很多，主要是由於日常生活所吃的食物中碳水化合物附在牙齒上，發酵產生酸，使口腔內的乳酸菌、鏈球菌、葡萄球菌等活動增加，而產生「牙菌斑」，直接腐蝕牙齒表面，形成蛀洞。學齡前幼兒的乳牙比學齡兒童的恆牙的蛀牙率來得高，理由之一是幼兒較無法妥善照顧自己的牙齒和不適當的飲食，另外是乳牙的鈣化程度比恆牙來得低，從飲食中吸收氟的時間較短，牙齒表面硬度較低，抗酸力較弱等原因。

　　針對兒童齲齒率之嚴重情形，政府及民眾應努力協助兒童改善口腔

衛生，其方向為：

1.培養兒童口腔清潔習慣：
(1)幼兒時期即開始培養刷牙習慣。
(2)推廣國小學童午餐後刷牙習慣。
(3)加強國小、國中口腔衛生教育及大眾傳媒口腔衛生宣導。
2.減少甜食攝取，提升口腔衛生認知：
(1)幼兒奶粉中減少蔗糖比率，並避免幼兒含著奶瓶入睡。
(2)改善兒童飲食習慣，製作口腔衛生教材廣為宣傳。
(3)避免吃容易引起蛀牙的食物，尤其是柔軟、帶黏性的糖果和餅乾等甜食。多吃含蛋白質、鈣質和維生素的食物，如魚、肉、蛋、牛奶、豆腐、水果、蔬菜等，有助於兒童身體發育和牙齒健康。此外，梨子、蘋果、甘蔗、芹菜、紅蘿蔔、黃瓜等食物含有維生素，能幫助除去吃過甜食所留下蓋在牙齒表面的醣類，更有潔淨牙齒的作用。
3.氟化物之使用：
(1)推廣國小學童接受局部塗氟工作。
(2)社區學校給水氟化工作。
4.提高學童口腔診療服務工作：
(1)普及口腔衛生特別門診。
(2)透過區域醫療系統建立國小學童口腔篩檢、轉介治療等服務工作。
(3)充實國小簡易牙科設備，提供簡易牙科診療工作。
(4)偏遠地區加強牙科巡迴醫療服務。

三、視力保健

學齡兒童的另一個保健問題是視力。當兒童到達學齡時，視覺較以前敏銳得多，而此時的視覺器官系統發展也較成熟。學齡前兒童大都為遠

視（視力超過1.0），主要原因是其眼部發展尚未成熟，形狀也與大人有所不同。到了學齡兒童期，他們雙眼共同運作的協調能力逐漸發展成熟，有利於更好的對焦。

學齡兒童依賴視力的活動愈來愈多，例如看書、看漫畫、玩電動、畫圖、玩樂高玩具等。這些皆需要近距離看物體，加上時間一長，又缺乏休息或調節看遠方距離，使得視力習慣近距離，又因過度使用使之產生疲勞，因此很容易造成近視。目前最容易罹患近視的年齡層是五至六歲及九至十歲，約在幼稚園大班和國小三年級這兩個時期。一旦發現近視，如果不加以改變使用視力的習慣，每年大約平均會增加一百度。不少國小學齡兒童還有視覺上的問題，如近視及遠視，但這些孩子仍有許多都沒有戴眼鏡矯正。

營養不均衡、課業壓力、觀看電視的時間太長等因素，都可能導致學齡中期的兒童出現視力問題。根據一九九四年「第四次台灣地區六至十八歲中小學生眼屈折狀況調查研究報告」顯示，國小一年級的學童其近視比率為12.1%，國小六年級則高達55.4%（行政院衛生署，1995）。

因此，在視力預防保健方面，平日應加強視力保健教育的宣導，加強兒童視力篩檢的工作，改善兒童視力環境。平時也要隨時提醒兒童注意閱讀及看電視時的光線，距離及休息時間的長度是否合宜：

1. 書本與眼睛保持三十公分以上的距離，桌燈宜由左方照射並避免光線直射眼睛。
2. 不要躺在床上或在搖動的車上看書；閱讀四十至五十分鐘後必須休息十分鐘。
3. 電視畫面的高度應比眼睛平視時低十五度。每看三十分鐘的電視宜休息十分鐘；與電視的距離應保持在電視畫面對角線的六至八倍。

四、事故傷害的預防

兒童事故傷害的預防及安全維護，是學齡期兒童最嚴重、且最須關

切的健康問題，根據衛生署二○○三年的統計資料顯示，一至十四歲兒童的死因中占第一位的是事故傷害，占該年齡層總死亡人數之36.41%（行政院衛生署，2004）。一至十四歲兒童以溺水、窒息和異物所致死亡及機動車交通事故致死為主因；三分之二的意外情形發生在九歲以前，而以六歲前居多，但大多數的意外事故是可以有效加以預防的。大部分兒童的意外事故發生在戶外，每一個年齡層的男孩所發生的意外事故都比女生多，其中以頭部為最多，雙腳占最少，**圖10-2**為兒童身體在非致命意外中受傷的部位。

常見的事故傷害原因有：車禍（包括乘客與行人）、溺水、燒燙傷、嗆傷與窒息等等。每一種傷害在不同年齡有不一樣的發生率，舉例而言，行人招致車禍意外傷害，最主要發生於五至九歲的兒童，因為此年齡的兒童，無法對距離與車速做正確的判斷，況且此年齡的兒童容易為外界事物所吸引，常常未專心於留意道路的交通狀況，行人車禍的比例也就因

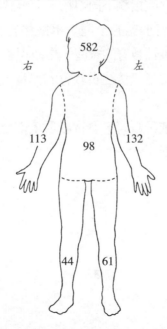

圖10-2 兒童身體在非致命意外中受傷的部位

資料來源：胡海國譯（1990）。

此增高。瞭解不同年齡層兒童常見的事故傷害，及其發生原因，可協助於不同階段做有效的預防工作。

事故傷害的預防可從三方面著手，教育、環境設計的改良與產品設計的改良。而愈是後者的傷害預防效果，較前者更有立竿見影之效。舉例而言，要預防兒童誤食藥物，將藥物裝於有兒童專用安全瓶蓋的藥罐中，其安全性就較將藥物鎖於櫥櫃中爲佳，更較只是教導兒童不要亂拿不明藥物服用，更有實際之預防效果。但無論如何，此三種預防方式仍應同時並行，以達最佳之預防效果。

兒童事故傷害常見的危險因子有下列數種：

1. 年齡：不同年齡不僅好發不同的事故傷害，相同的事故在不同年紀的兒童身上，也會有不同程度的傷害。
2. 性別：與其說男童與女童在心智、身體肌肉張力上發育的不同，不如說是因爲男女之間接觸不同事物，而導致不同形態的意外傷害。
3. 家庭：在不同教育形態的家庭，事故傷害發生的機率也會有所不同，通常愈是權威性教育的家庭，事故傷害發生的比例也較低。
4. 社會狀況：通常愈是無法注重教育的兒童，如單親家庭，意外事故發生率也會較高。
5. 環境：無論家庭或是政府，愈肯於環境安全上投資，其意外事故發生率也會因此降低。

 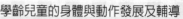 
附表1　國人膳食營養素參考攝取量（Dietary Reference Intakes, DRIs）
行政院衛生署中華民國九十一年修訂

年齡(1)（活動）	身高(cm) 男/女	體重(kg) 男/女	熱量(2)(3) 大卡 男	熱量 大卡 女	蛋白質(4) 公克 男/女	鈣 AI (mg)	磷 AI (mg)	鎂 RDA (mg) 男/女	碘 AI (μg)	鐵(5) (mg)	氟 AI (mg)	硒 (μg)	維生素A(6) (μgRE) 男/女	維生素C RDA (mg)	維生素D(7) AI (μg)	維生素E(8) AI (mgα-TE)	維生素B1 (mg) 男/女	維生素B2 RDA (mg) 男/女	維生素B6 RDA (mg)	維生素B12 RDA (μg)	菸鹼素(9) (mgNE) 男/女	葉酸 RDA (μg)	泛酸 AI (mg)	生物素 AI (μg)	膽素 AI (mg) 男/女
0月~	57.0	5.1	110~120/公斤	110~120/公斤	2.4/公斤	AI=200	AI=150	30	AI=110	7	0.1	AI=15	AI=400	AI=40	10	3	AI=0.2	AI=0.3	AI=0.1	AI=0.3	AI=2mg	AI=65	1.8	5.0	130
3月~	64.5	7.0	110~120/公斤	110~120/公斤	2.2/公斤	AI=300	AI=200	30	AI=110	7	0.3	AI=15	AI=400	AI=40	10	3	AI=0.2	AI=0.3	AI=0.1	AI=0.4	AI=3mg	AI=70	1.8	5.0	130
6月~	70.0	8.5	100/公斤	100/公斤	2.0/公斤	AI=400	AI=300	75	AI=130	10	0.4	AI=20	AI=400	AI=50	10	4	AI=0.3	AI=0.4	AI=0.3	AI=0.5	AI=4	AI=75	1.9	6.5	150
9月~	73.0	9.0	100/公斤	100/公斤	1.7/公斤	AI=400	AI=300	75	AI=130	10	0.5	AI=20	AI=400	AI=50	10	4	AI=0.3	AI=0.4	AI=0.3	AI=0.6	AI=5	AI=80	2.0	7.0	160
1歲~ （稍低）	90.0	12.3	1050	1050	20	AI=500	400	80	65	10	0.7	20	400	40	5	5	0.5/0.6	0.6/0.7	0.5	0.9	7	150	2.0	8.5	170
1歲~ （適度）			1200	1200																	8				
4歲~ （稍低）	110/110	19.0	1450	1300	30	600	500	120	90	10	1.0	25	400	50	5	6	0.7/0.7	0.7/0.8	0.7	1.2	10/9	200	2.5	12.0	210
4歲~ （適度）			1650	1450													0.8/0.8	0.9			11/10				
7歲~ （稍低）	129	26.4	1800	1550	40	800	600	165	100	10	1.5	30	400	60	5	8	0.8/0.7	0.9/0.8	0.9	1.5	12/10	250	3.0	15.0	270
7歲~ （適度）			2050	1750													0.9/0.8	1.0/0.9			13/11				
10歲~ （稍低）	146/150	37/40	1950	1650	50	1000	800	230/240	110	15	2.0	40	500/500	80	5	10	1.0/0.9	1.1/1.0	1.1	2.0	13/13	300	4.0	20.0	350/350
10歲~ （適度）			2200	1900													1.1/1.0	1.2/1.1			14/14				
13歲~ （稍低）	166/158	51/49	2200	1950	65/60	1200	1000	325/315	120	15	2.0	50	600/500	90	5	12	1.1/1.0	1.2/1.1	1.3	2.4	15/13	400	4.5	25.0	350/350
13歲~ （適度）			2500	2250													1.2/1.1	1.4/1.3			16/15				
16歲~ （低）	171/161	60/51	2050	1650	70/55	1200	1000	380/315	130	15	3.0	50	700/500	100	5	12	1.0/0.8	1.1/0.9	1.4	2.4	13/11	400	5.0	30.0	450/360
16歲~ （稍低）			2400	1900													1.2/1.0	1.3/1.0			16/12				
16歲~ （適度）			2700	2150													1.3/1.1	1.4/1.2			17/14				
16歲~ （高）			3050	2400													1.5/1.1	1.7/1.3			20/16				
19歲~ （低）	169/157	62/51	1950	1600	60/50	1000	800	360/315	140	10/15	3.0	50	600/500	100	5	12	1.0/0.8	1.1/0.9	1.5	2.4	13/11	400	5.0	30.0	450/360
19歲~ （稍低）			2250	1800													1.2/1.0	1.3/1.0			15/13				
19歲~ （適度）			2550	2050													1.3/1.0	1.4/1.1			17/13				
19歲~ （高）			2850	2300													1.4/1.1	1.6/1.3			18/15				
31歲~ （低）	168/156	62/53	1850	1550	56/48	1000	800	360/315	140	10/15	3.0	50	600/500	100	5	12	0.9/0.8	1.0/0.9	1.5	2.4	12/10	400	5.0	30.0	450/360
31歲~ （稍低）			2150	1800													1.1/0.9	1.2/1.0			14/12				
31歲~ （適度）			2450	2050													1.2/1.0	1.4/1.1			16/13				
31歲~ （高）			2750	2300													1.4/1.1	1.5/1.3			18/15				

（續）附表1　國人膳食營養素參考攝取量（Dietary Reference Intakes, DRIs）
行政院衛生署中華民國九十一年修訂

營養素	身高	體重	熱量(2)(3)	蛋白質(4) RDA	鈣 AI	磷 AI	鎂 RDA	碘 RDA	鐵(5) RDA	氟 AI	硒 RDA	維生素A(6) RDA	維生素C RDA	維生素D(7) AI	維生素E(8) AI	維生素B1 RDA	維生素B2 RDA	維生素B6 RDA	維生素B12 RDA	菸鹼素(9) RDA	葉酸 RDA	泛酸 AI	生物素 AI	膽素 AI
51歲~	165/153	60/52		54/47	1000	800	360/315	140	10	3.0	50	600/500	100	10	12			1.6	2.4		400	5.0	30.0	450/360
（低）			1750/1500													0.9/0.8	0.9/0.8			12/10				
（稍低）			2050/1800													1.0/0.9	1.1/1.0			13/12				
（適度）			2300/2050													1.1/1.0	1.3/1.1			15/13				
（高）			2550/2300													1.3/1.1	1.4/1.3			17/15				
71歲~	163/150	58/50		58/50	1000	800	360/315	140	10	3.0	50	600/500	100	10	12			1.6	2.4		400	5.0	30.0	450/360
（低）			1650/1450													0.8/0.7	0.9/0.8			11/10				
（稍低）			1900/1650													1.0/0.8	1.0/0.9			12/11				
（適度）			2150/1900													1.1/1.0	1.2/1.0			14/12				
懷孕 第一期			+0	+0	+0	+0	+35	+60	+0	+0	+10	+0	+10	+5	+2	+0	+0	+0.4	+0.2	+0	+200	+1.0	+0	+20
第二期			+300	+10	+0	+0	+35	+60	+0	+0	+10	+0	+10	+5	+2	+0.2	+0.2	+0.4	+0.2	+2	+200	+1.0	+0	+20
第三期			+300	+10	+0	+0	+35	+60	+30	+0	+10	+100	+10	+5	+2	+0.2	+0.2	+0.4	+0.2	+2	+200	+1.0	+0	+20
哺乳期			+500	+15	+0	+0	+0	+110	+30	+0	+20	+400	+40	+5	+3	+0.3	+0.4	+0.4	+0.4	+4	+100	+2.0	+5.0	+140

* 未標明AI（足夠攝取量Adequate Intakes）值者，即為RDA（建議量Recommended Dietary Allowance）值。

註：(1)年齡係以足歲計算。

(2)大卡（Cal; kcal）=4.184焦耳（kj）：油脂熱量以不超過總熱量的30%為宜。

(3)「低」、「稍低」、「適度」、「高」表示工作勞動量之程度。

(4)動物性蛋白在總蛋白質中的比例，一歲以下的嬰兒以占三分之二以上為宜。

(5)日常國人膳食中之鐵攝取量，不足以彌補因女性懷孕、分娩失血及泌乳時之損失，建議自懷孕第三期至分娩後兩個月內每日另以鐵鹽供給30毫克之鐵質。

(6)R.E.（Retinol Equivalent）即視網醇當量。
1μg R.E.=1μg視網醇（Retinol）=6μgβ-胡蘿蔔素（β-Carotene）。

(7)維生素D係以維生素D₃（Cholecalciferol）為計量標準。1ug=40 I.U.維生素D₃。

(8)α-T.E.（α-Tocopherol Equivalent）即α-生育醇當量。1 mg α-T.E.=1 mg α-Tocopherol。

(9)N.E.（Niacin Equivalent）即菸鹼素當量。菸鹼素包括菸鹼酸及菸鹼醯胺，以菸鹼素當量表示之。

第5、10、15、25、50、75、85、90、95百分位身高曲線

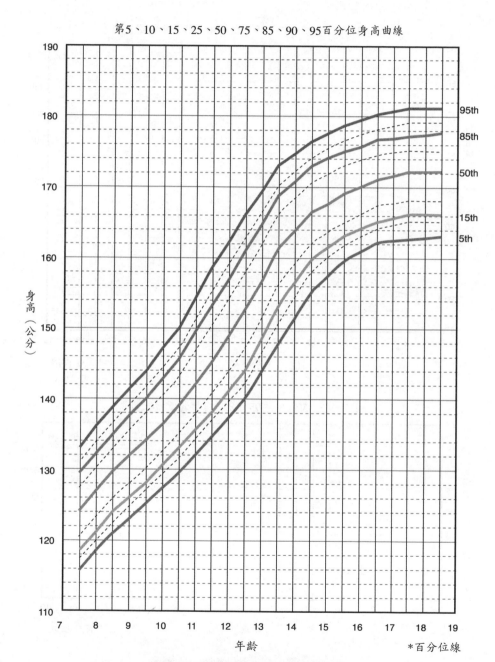

附圖1 台灣地區男生生長曲線圖

資料來源：陳偉德等（2003）。

第5、10、15、25、50、75、85、90、95百分位體重曲線

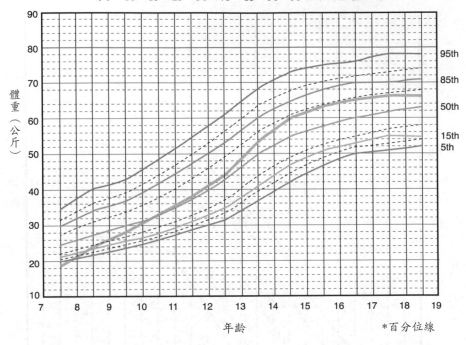

第5、15、50、85、95百分位身體質量指數曲線

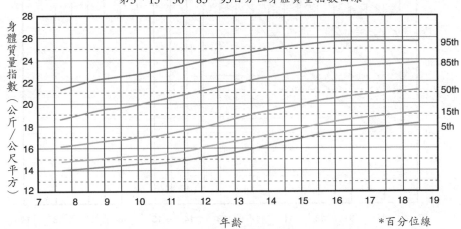

附圖2　台灣地區男生生長曲線圖

資料來源：陳偉德等（2003）。

附表2　台灣地區男生年齡別身高、體重與身體質量指數各百分位之標準值

年齡	7	8	9	10	11	12	13	14	15	16	17	18
身高（公分）												
95th	133.0	138.9	144.0	150.0	158.5	166.0	173.0	176.2	178.5	180.0	181.0	181.0
90th	130.9	136.7	141.5	147.0	155.4	163.0	170.1	174.0	176.5	178.0	179.0	179.0
85th	129.4	135.0	140.0	145.5	153.2	161.0	168.7	172.8	175.0	176.5	177.0	177.5
75th	127.5	133.0	138.0	143.0	150.4	158.0	166.0	170.5	173.0	174.5	175.0	175.0
50th	124.0	129.5	134.0	139.0	145.0	152.5	161.2	166.2	169.0	171.0	172.0	172.0
25th	120.5	126.0	130.0	135.0	140.5	147.0	156.0	162.0	165.0	167.3	168.0	168.0
15th	118.5	124.0	128.0	133.0	138.1	144.0	153.0	159.6	163.0	165.0	166.0	166.0
10th	117.5	122.5	127.0	131.5	137.0	142.1	150.7	157.8	161.7	164.0	165.0	165.0
5th	115.8	121.0	125.0	129.5	134.5	140.0	147.5	155.0	159.5	162.0	162.5	163.0
體重（公斤）												
95th	35.0	40.4	43.1	48.6	55.0	61.2	68.5	73.0	75.0	76.0	78.0	78.0
90th	32.0	36.6	39.5	44.2	50.2	56.3	63.6	68.0	70.4	72.0	73.0	74.0
85th	30.0	34.3	37.0	41.8	47.5	53.2	60.4	65.0	68.0	70.0	70.0	71.0
75th	27.8	31.4	34.0	38.0	43.5	49.5	56.4	61.0	64.0	66.0	67.2	68.0
50th	24.9	27.6	30.0	33.0	37.6	43.0	50.0	54.9	58.0	60.0	62.0	63.0
25th	22.5	25.0	27.0	29.8	33.0	37.3	44.0	49.5	53.0	55.1	57.0	58.0
15th	21.5	23.8	25.8	28.0	31.2	35.0	41.0	47.0	51.0	53.0	55.0	55.0
10th	21.0	23.0	25.0	27.2	30.0	33.5	39.6	45.0	49.1	52.0	53.0	54.0
5th	20.0	22.0	24.0	26.0	28.9	31.7	37.0	42.4	46.9	50.0	51.0	52.0
身體質量指數（公斤／公尺²）												
95th	21.2	22.0	22.5	22.9	23.5	24.2	24.8	25.2	25.5	25.6	25.6	25.6
85th	18.6	19.3	19.7	20.3	21.0	21.5	22.2	22.7	23.1	23.4	23.6	23.7
50th	16.1	16.5	16.8	17.1	17.7	18.3	19.1	19.7	20.3	20.7	21.0	21.2
15th	14.7	15.0	15.2	15.4	15.8	16.4	17.0	17.6	18.2	18.6	19.0	19.2
5th	14.0	14.2	14.4	14.6	15.0	15.4	16.0	16.6	17.2	17.6	18.0	18.2

資料來源：陳偉德等（2003）。

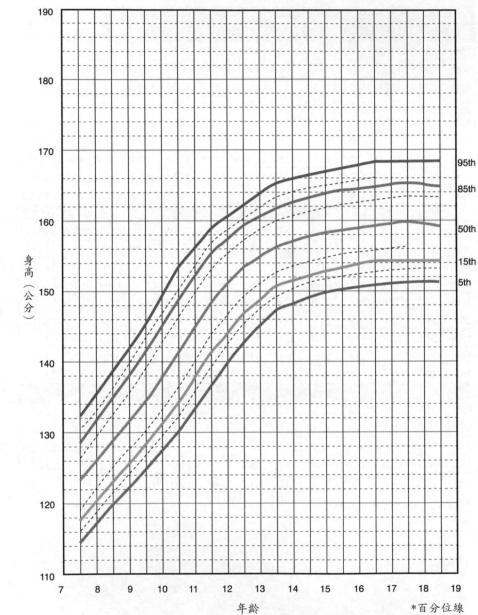

第5、10、15、25、50、75、85、90、95百分位身高曲線

附圖3　台灣地區女生生長曲線圖

資料來源：陳偉德等（2003）。

第5、10、15、25、50、75、85、90、95百分位體重曲線

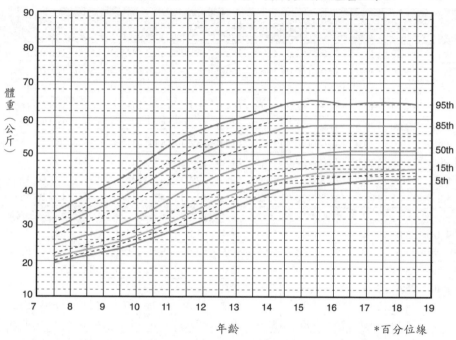

第5、15、50、85、95百分位身體質量指數曲線

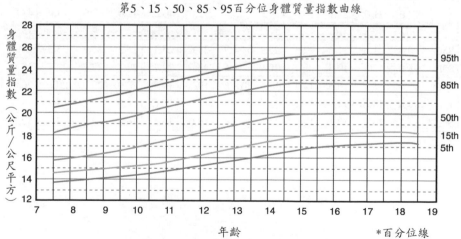

附圖4　台灣地區女生生長曲線圖

資料來源：陳偉德等（2003）。

附表3 台灣地區女生年齡別身高、體重與身體質量指數各百分位之標準值

年齡	7	8	9	10	11	12	13	14	15	16	17	18
身高（公分）												
95th	131.9	138.4	145.0	153.0	158.5	162.0	165.0	166.2	167.0	168.0	168.0	168.0
90th	130.0	136.0	143.0	150.0	156.5	160.0	163.0	164.4	165.0	166.0	166.0	166.0
85th	128.1	134.5	141.0	148.5	155.0	159.0	161.5	163.0	164.0	164.4	165.0	164.5
75th	126.2	132.2	138.5	146.0	152.7	157.0	159.7	161.0	162.0	162.5	163.0	163.0
50th	123.0	128.5	134.0	141.0	148.0	153.0	156.0	157.5	158.3	159.0	159.5	159.0
25th	119.0	125.0	130.0	136.0	143.5	149.0	152.4	154.0	155.0	155.5	156.0	156.0
15th	117.5	123.0	128.0	134.0	141.0	146.5	150.5	152.0	153.0	154.0	154.0	154.0
10th	116.0	121.5	126.5	132.0	139.0	145.0	149.0	151.0	152.0	152.5	153.0	153.0
5th	114.5	119.8	124.5	130.0	136.4	142.4	147.0	149.0	150.0	150.7	151.0	151.0
體重（公斤）												
95th	33.0	38.0	42.5	49.0	55.0	58.4	61.0	64.0	65.0	64.0	64.5	64.0
90th	30.0	35.0	39.0	45.0	50.5	54.5	57.5	59.5	60.2	60.0	60.0	60.0
85th	28.5	33.0	36.9	42.7	48.2	52.0	55.0	57.0	58.0	58.0	58.0	58.0
75th	26.6	30.1	34.0	39.4	45.0	49.0	52.0	54.0	55.0	55.0	55.0	55.0
50th	24.0	26.8	29.6	34.0	39.7	43.7	47.0	49.1	50.0	51.0	51.0	51.0
25th	21.6	24.0	26.5	30.0	35.0	39.1	42.6	45.0	46.3	47.0	47.3	47.0
15th	20.6	23.0	25.0	28.1	32.5	37.0	40.4	43.0	44.6	45.0	45.4	45.9
10th	20.0	22.0	24.4	27.0	31.0	35.0	39.0	42.0	43.0	44.0	44.5	45.0
5th	19.0	21.0	23.1	25.9	29.2	33.0	37.0	40.0	41.0	42.0	43.0	43.0
身體質量指數（公斤／公尺^2）												
95th	20.3	21.0	21.6	22.3	23.1	23.9	24.6	25.1	25.3	25.3	25.3	25.3
85th	18.0	18.8	19.3	20.1	20.9	21.6	22.2	22.7	22.7	22.7	22.7	22.7
50th	15.8	16.1	16.5	17.1	17.9	18.6	19.3	19.8	20.0	20.0	20.0	20.1
15th	14.4	14.6	14.9	15.2	15.8	16.4	17.0	17.6	18.0	18.2	18.3	18.3
5th	13.7	13.9	14.1	14.4	14.9	15.4	16.0	16.5	16.9	17.2	17.3	17.3

資料來源：陳偉德等（2003）。

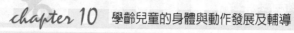
附表4 兒童與青少年肥胖定義

年齡	男生			女生		
	正常範圍（BMI介於）	過重（BMI≧）	肥胖（BMI≧）	正常範圍（BMI介於）	過重（BMI≧）	肥胖（BMI≧）
2	15.2～17.7	17.7	19.0	14.9～17.3	17.3	18.3
3	14.8～17.7	17.7	19.1	14.5～17.2	17.2	18.5
4	14.4～17.7	17.7	19.3	14.2～17.1	17.1	18.6
5	14.0～17.7	17.7	19.4	13.9～17.1	17.1	18.9
6	13.9～17.9	17.9	19.7	13.6～17.2	17.2	19.1
7	14.7～18.6	18.6	21.2	14.4～18.0	18	20.3
8	15.0～19.3	19.3	22.0	14.6～18.8	18.8	21.0
9	15.2～19.7	19.7	22.5	14.9～19.3	19.3	21.6
10	15.4～20.3	20.3	22.9	15.2～20.1	20.1	22.3
11	15.8～21.0	21	23.5	15.8～20.9	20.9	23.1
12	16.4～21.5	21.5	24.2	16.4～21.6	21.6	23.9
13	17.0～22.2	22.2	24.8	17.0～22.2	22.2	24.6
14	17.6～22.7	22.7	25.2	17.6～22.7	22.7	25.1
15	18.2～23.1	23.1	25.5	18.0～22.7	22.7	25.3
16	18.6～23.4	23.4	25.6	18.2～22.7	22.7	25.3
17	19.0～23.6	23.6	25.6	18.3～22.7	22.7	25.3
18	19.2～23.7	23.7	25.6	18.3～22.7	22.7	25.3

BMI=體重（公斤）／身高^2（公尺^2）

資料來源：行政院衛生署（2002）。

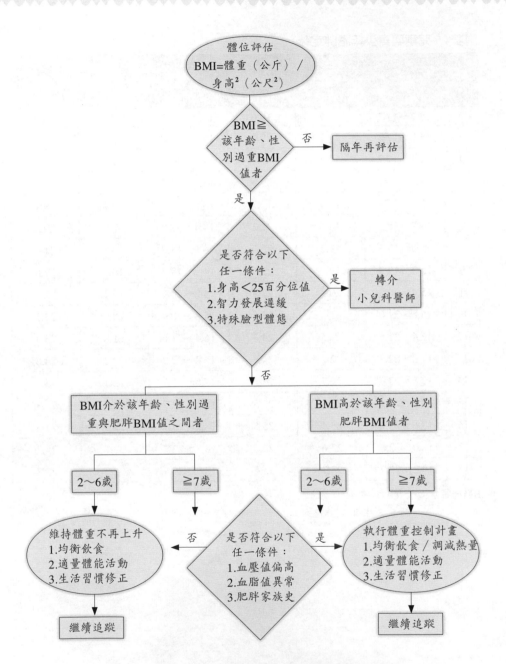

附圖5　過重／肥胖兒童與青少年之篩選及處理流程

資料來源：行政院衛生署（2002）。

一、中文部分

于祖英（2001）。《兒童保健》（二版）。台北：華杏。

王瑋等譯（1991）。《人類發展學》。台北：華杏。

王傳淵（1993）。〈兒童用藥安全〉。靖娟幼兒安全文教基金會，兒童安全研討會會議實錄。

行政院教育部體育司（1995）。《台閩地區各級學校學生身高體重胸圍測量報告書》。台北：行政院教育部體育司。

行政院教育部（1995）。《國民中小學公共安全管理手冊》。台北：行政院教育部。

行政院衛生署（1990）。中華民國台灣地區婦幼衛生之主要統計。

行政院衛生署（1995）。《國民保健手冊》。台北：行政院衛生署。

行政院衛生署（1999）。中華民國台灣地區民國87年衛生統計。行政院衛生署編印。

行政院衛生署（2000）。〈台灣地區六至十二歲年齡層人口恆齒之齲齒率、齲齒、缺牙及填補狀況調查〉。行政院衛生署網站。http://www.doh.gov.tw/ufile/doc/32_六至十八歲齲齒率_030115.doc。

行政院衛生署（2002）。〈學童期的營養〉。行政院衛生署網站。摘自http://www.doh.gov.tw/lane/health_edu/k3.html。

行政院衛生署（2002）。〈國人肥胖定義及處理原則〉。行政院衛生署網站。摘自http://www.doh.gov.tw/newverprog/proclaim/content.asp?class_no=79&now_fod_list_no=2452。

行政院衛生署（2003）。〈國人膳食營養素參考攝取量〉（Dietary Reference Intakes; DRIs）。取自http//www.dog.gov.tw/newverprog/proclaim/content-asp?class-no=621&docno=11759。

行政院衛生署（2004）。〈中華民國92年台北地區死因統計結果摘要〉。衛生統計資訊網。取自http://www.doh.gov.tw/statistic/data/死因摘要/92年/92.htm。

李宏才（1993），〈兒童食品安全〉。靖娟幼兒安全文教基金會，兒童安全研

討會會議實錄。

呂鴻基（1999）。〈三十五年來台灣兒童的健康水平〉。《台灣醫學》，3(5)，頁505-514。

吳幸玲（2003）。《兒童遊戲與發展》。台北：揚智。

周錦鍾（1993）。〈校園（外）活動的安全〉。編錄在《幼兒安全教育——教師手冊》。台北市政府教育局、社會局編印。

周念縈譯（2004）。《人類發展學》。台北：巨流。

洪允賢（1989）。《兒童營養》。台北：五南。

胡海國譯（1990）。《兒童心理學》。台北：桂冠。

施怡廷（1998）。〈發展遲緩兒童家庭對兒童照顧需求之研究〉。東海大學社會工作研究所碩士論文。

施純宏、李宏昌（2002）。〈兒童肥胖〉。《當代醫學》，29(2)，頁125-132。

徐櫻芳（1993）。〈兒童玩具安全〉。靖娟幼兒安全文教基金會，兒童安全研討會會議實錄。

徐立言（1993）。〈幼兒遊戲學習功能與空間探討〉。兒童遊戲空間規則與安全研討會。台北：中華民國建築學會。

張媚等（2004）。《人類發展之概念與實務》（四版）。台北：華杏。

陳偉德等（2003）。〈台灣地區兒童及青少年生長曲線圖：依健康體適能訂定之標準〉。《中台灣醫誌》，8（Supplement 2）。

郭靜晃譯（1992）。《兒童遊戲》。台北：揚智。

郭靜晃、黃志成、陳淑琦、陳銀瑩（1998）。《兒童發展與保育》。台北：國立空中大學。

雅虎奇摩新聞。〈台灣兒童齲齒率改善但青少年牙齒變差〉。雅虎奇摩網站。摘自http://tw.news.yahoo.com/2001/10/18/leisure/cna/2609403.html。

黃桂英（2002）。〈與孩子息息相關的飲料〉。摘自http://www.cgh.org.tw/營養組/27DIET.html。

馮燕（1998）。〈我國中央兒童局的功能與意義〉。《社區發展季刊》，81，頁29-48。

楊語芸、張文堯譯（1997）。《社會環境中的人類行為》。台北：五南。

雷游秀華（2000）。〈發展遲緩兒童的早期療育〉。中華民國醫務社會工作協會舉辦「發展遲緩兒童早期療育」課程訓練之基礎班講義。

蔡欣玲等（2004）。《當代人類發展學》（二版）。台北：匯華。

謝園（1993）。〈兒童設施安全〉。靖娟幼兒安全文教基金會，兒童安全研討會會議實錄。

謝明哲等（2003）。《實用營養學》（二版）。台北：華杏。

二、英文部分

Bee, H. L. (1992). *The Developing Child* (6th ed.). New York: Harper Collins College Publishers.

Behrman, R. E. & Vaughan, V. C. (1983). *Nelson Textbook of Pediatrics* (12th ed.). Philadelphia: W. B. Saunders.

Connolly, K. & Dalgleish, M. (1989). The emergence of a tool-using skill in infancy. *Developmental Psychology, 25*, 849-912.

Gallahus, D. L. (1981). *Understanding Motor Development in Children*. N. Y.: John Wiley & Sons Inc.

Hartup, W. W. (1983). The peer system. In E. M. Hetherington (Eds.), P. H. Mussen (Series Eds.), *Handbook of Child Psychology: Socialization, Personality, and Social Development*. New York: Wiley.

Marieshind, H. I. (1980). *Women in the Health System*. St. Louis: C. V. Mosby.

Murray, R. B. & Zentner, J. P. (1989). *Nursing Assessment and Health Promotion Strategies Through the Life-Span*. Norwalk CN: Appleton & Lagnge.

Muuss, R. E. (1970). Adolescent development and the secular trend. *Adolescent, 5*, 267-284.

Tanner, J. M. (1968). Earlier maturation in man. *Scientific American, 218*, 21-27.

Thomas, R. E. (Ed.)(1990). *The Encyclopedia of Human Development Education: Theory, Research and Studies*. Oxford: Pergamon Press.

Tizard, B., Philips, J., & Plewis, I.(1976). Play in preschool centers-(1). play measures and their. relation to age, sex and IQ. *Journal of Child Psychology and Psychiatry, 17*, 251-264.

Zastrow, C. & Kirst-Ashman (1987). *Understanding Human Behavior and the Social Environment*. Chicago: Nelson-Hall Publishers.

chapter 11

學齡兒童的心理發展與輔導

　　「穩定成長」（steady growth）最能形容學齡兒童的身體動作與心理的成長，比起嬰幼兒期，兒童身體及動作成長速度已緩慢了許多，也不像下一階段青少年期的成長突刺，而智力發展似乎也朝向一種較放鬆及平均的步調進行，在情緒上除了一些兒童有健康與安全的困擾外，基本上他們大多數是快樂的，充滿活力及鮮少壓力的。基於個體的能力及認知的成熟，他們比上一期在情緒發展少有焦慮與恐懼，由於希望、願望，加上個人勤奮學習的特質，更加添兒童的活力，並且擴展其社會互動，享有團體中（尤其是同性別之同儕）之資源分享，也因此大大擴展其社會能力。本章就學齡兒童的認知、語言、道德、情緒、社會及性發展做一探討，分述如下。

第一節　學齡兒童的認知發展

　　兒童期的認知發展，主要在於學習瞭解自己及他們自身的處境，Jean Piaget形容此時為兒童的具體運思期，此時兒童可使用語言、記憶和一些因應策略以增進記憶的能力，此外，加上快速的語言擴展及廣度的運用，也促使他們對符號之運用，以促使其心智活動的運思。由於兒童尚未能轉換當下之時空，所以他們對遙遠的未來、自我以外的認知，以及理解虛擬假設的抽象空間的思考（如演繹及歸納）是有限的。

　　測量兒童之運思能力是運用Piaget的認知測驗，其利用一些實驗測試兒童對於事物和事件之心理表徵的運用，以瞭解兒童對於事物分類、處理數字及質量保留之原則。兒童能排除集中（不似幼兒期只注意集中的圖像來運思，是謂集中化），對事物之推理可將各情況加以考量，並能瞭解物體之操作具有可逆性，此外更發展出從別人觀點來思考之觀點取替能力，在情感上可以對別人感同身受的同理心，此種能力能擴展其自我概念，與別人溝通能力，及對習俗道德規範之判斷。

　　學齡兒童的具體運思認知發展以四個層面最為顯著：保留概念、分

類技能、組合技能（combinational skill）及後設認知（metacognition）
（Newman & Newman, 1999；郭靜晃，2005）。

一、具體運思思考

在之前幾章中，我們已討論嬰兒用感覺及動作的模式來探索物體，在幼兒期，他們開始發展心理表徵，以完全脫離對物理環境的依賴，而他們可以用思考、幻想及語言來創造情境以及解決問題。Piaget和Inhelder（1969）提出兒童在六至七歲後（約在前運思期，又稱為前操作期），發展了一種新的思維方式，此思維方式為具體運思思維（concrete operational thought）。Piaget認為具體運思思維最大的突破，是思維可以建立在心理操作上而不是行動上。而心理操作更是在物體關係中進行轉換的內部心理表徵。例如學步期兒童（toddlers）能玩套環組合（由一根棍上套上由大至小的一組圓圈），但他們卻說不出來這種順序動作，但具體運思期的兒童不但可以做出此種行為，而且內心還能說出此種物理關係。Piaget的運思理論具有下列幾種性質（引自張欣戊等，1994：161）：

1. 心理運思是來自早期的知覺動作能力，而動作的基模是心理運思的基礎。知覺動作內化（internalize）之後，便可突破原有的局限，例如可逆性。
2. 心理運思有完全的可逆性。動作的可逆性（如把物件O由A移至A'再由A'移回A）受外界環境或物性的限制，不可能完美，但心理或思考上，可以透過想像達到百分之百的可逆。
3. 運思是內化的動作，所有的運思都是在內心中進行，因此運思等於思考。

在具體運思期，兒童逐漸獲得了許多抽象的技能。最顯著的技能有：(1)保留概念的技能；(2)分類技能；(3)組合技能。每一技能都包含一組相互聯繫的操作；這些技能使兒童與客觀世界的邏輯與順序保持一致，

而且這些技能也允許兒童體驗外部事件的可預言性。接下來，兒童會運用自己所增加的推理能力來解決其人際間的問題，並安排至他們的日常生活，以滿足他們的需要與興趣。

(一)保留概念

保留概念是指物體在某些轉變下，不會神奇性地增加或減少（張欣戊等，1994）。保留概念可適用於各種向度，包括質量（conservation of substance）、重量（conservation of weight）、數量（conservation of number）、長度（conservation of length）、面積（conservation of area）、體積（conservation of displacement volume）等。且保留概念的兒童能夠抵制變換物外形的知識線索。Piaget用了三個概念使兒童得以確定在任何一個物理向度上的均等都沒有改變（**圖11-1**）。首先兒童會解釋說，橢圓餅與球的黏土一樣多，黏土沒有增加也沒有減少，這是同一性（identity）；第二，兒童會指出球可以做成橢圓餅，也可以再變成球，這是可逆性；第三，兒童會注意到，雖然橢圓餅的周長大但球比較厚，這是相互性（reciprocity）的概念。保留概念能力似乎有一個發展序列，通常先有數量，然後是長度、質量、面積、重量，最後是體積數量（郭靜晃、吳幸玲譯，1993）。各種保留概念與年齡發展之關係可參考**圖11-2**。

Piaget認為孩子達成保留概念必須經過下列三個步驟：(1)建立相等；

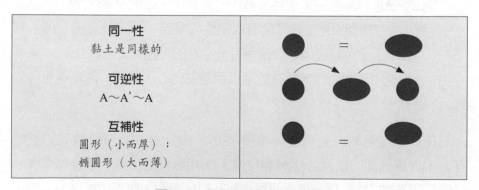

圖11-1　保留概念的三個概念

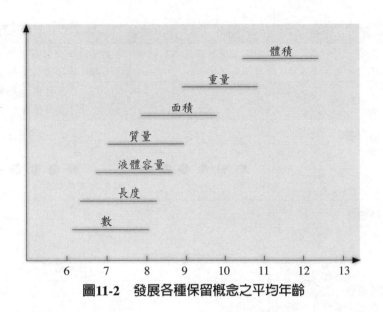

圖11-2　發展各種保留概念之平均年齡

(2)將兩物中之一物變形，中間過程不增減物質；(3)詢問兒童是否這兩物體仍相等或哪一個多（或重）。**圖11-3**即是Piaget詢問兒童保留概念的過程。

　　有一些研究指出：訓練學齡前幼兒會保留概念是可能的（Brainerd, 1977），這些訓練研究有理論及實務之意義。例如：訓練研究指出對四歲幼兒教導同一性和可逆性使獲得保留概念是可能的。而且，保留概念還能從訓練中涉及到轉移（transition）或再處理（rearrange）到其他物質的向度上（May & Norton, 1981）。如此說來，學齡前兒童能夠整合與應用比教育學家曾設想的還要抽象的概念。研究幼兒發展的學者也發現：經過探索、實驗以及描述物質轉換的系統程序，人們可以指導幼兒以一種系統的、抽象的方式形成自然界的概念。然而現在的認知研究較強調援引Vygotsky的社會建構，換言之，幼兒會從社會脈絡情境中（鷹架）去獲得邏輯與表徵概念以及社會意義。

保留前	轉移中		具保留概念
兒童只集中一個向度，如杯子高比杯子低具有更多水	兒童呈現有時有但有時沒有保留概念		兒童可以任由容器之變換而認為這兩杯子容量仍是相等的
保留概念種類	建立相等	轉移或再處理	保留概念與否之間題為修訂
數量保留概念 數不會因分派之不同而有所影響？	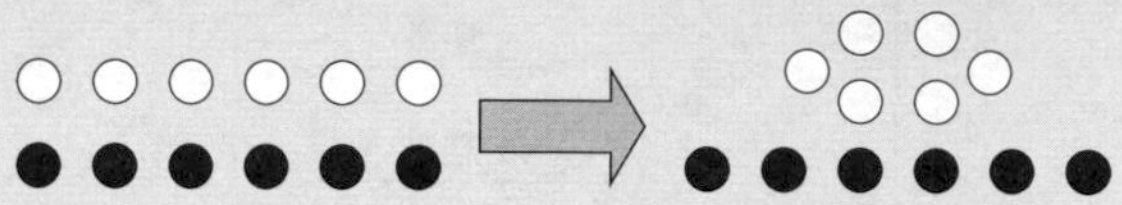		白色與黑色的彈珠一樣多嗎？
長度保留概念 線的長度是否會受其形狀或設置所影響？	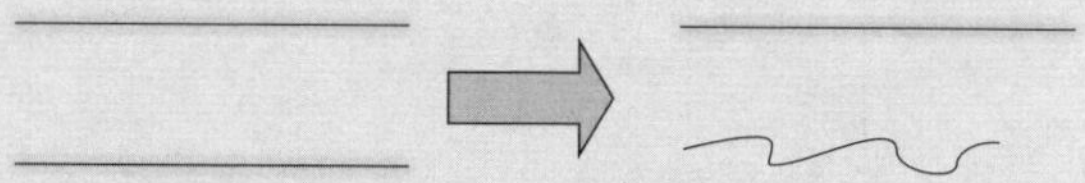		螞蟻走的路是否一樣長？
容量保留概念 容量是否會受容器形狀不同所影響？	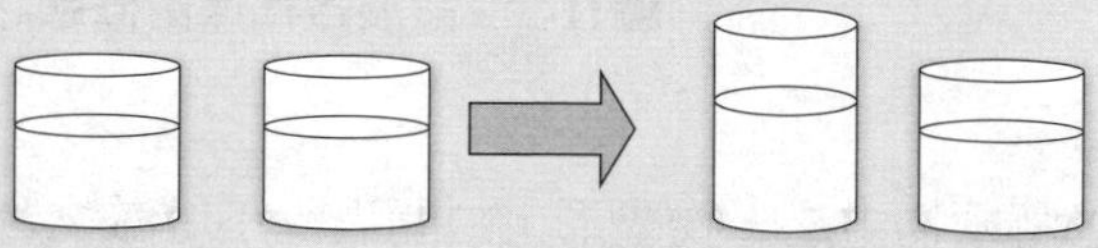		杯子的水是否一樣多？
質量保留概念 質量是否會受其形狀所影響？	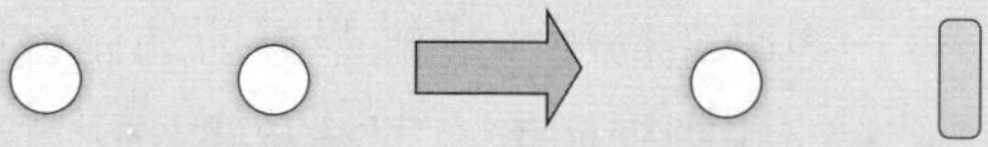		是餅的形狀還是香腸的形狀比較多或一樣多？
面積保留概念 一雙向度物體的空間是否受其形狀擺設不同而有所影響？			牛所吃的草是否一樣多？
重量保留概念 黏土的重量是否依形狀不同而有所影響？	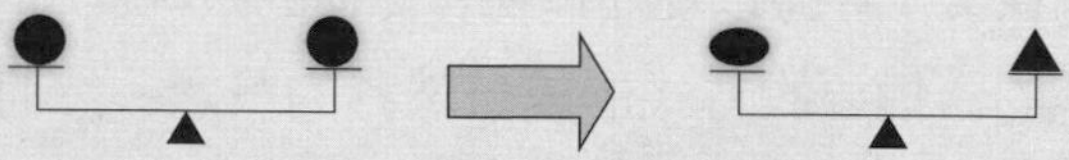		黏土的形狀不同，哪一個比較重或一樣重？
體積保留概念 水的體積是否因其形狀不同而有所影響？	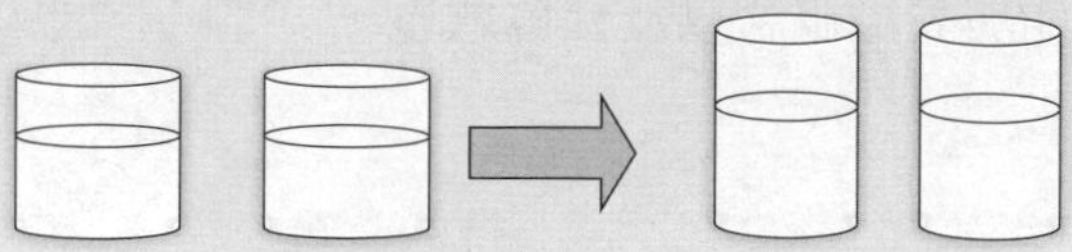		哪一杯水的高度較高？

圖11-3　Piaget的保留概念測試

Piaget警告了這種訓練的危險性：「每當一個人過早地教兒童某些東西時，他就會發現，這種作法阻礙了兒童親自去發現它的機會，也阻礙了兒童對這些東西的完全理解。」（Piaget, 1983: 113）。因此，應使幼兒能開放的探索及主動理解問題。保留概念在物體操作上並不具通論性，例如兒童對不熟悉的物品（例如籌碼）不具有數量之保留，但改用他所熟悉的用品（例如M&M's巧克力），他會變成有數的保留概念（Gulko et al., 1988; Perret-Clermont et al., 1991）。

(二)分類技能

分類技能的一個成分是依物體具有的向度對其進行分組的能力。另一個成分是建立子群（subgroup）的等級順序，以便有一新的分類能包括先前的所有子群的能力，這是謂層級包含（class inclusion）能力。尚未進入具體運思的幼兒，傾向於只注意一個向度，例如速度、顏色、形式，而較少注意雙重向度，如小的白花、跑得快且輕聲等。具體運思的兒童可以利用嘗試錯誤的方法，直到他們發現自己錯誤並重新調整解決問題策略。

一般說來，學齡前幼兒缺乏層級分類的認識，如果你拿了七個紅色三角形及五個白色三角形，問他紅色三角形多還是三角形多，他常會回答紅色三角形多。他似乎注意（看到）而且比較紅色三角形與白色三角形，而非比較紅色三角形（看到）及三角形（抽象層次）的多少（Chapman & McBride, 1992）。

自學齡期開始，兒童分類之知識及其相關資訊會迅速發展。此外，他們有更廣闊的分類能力以幫助其整合新的觀察。分類技能的價值不純粹在分類物品或經驗至子群的等級順序，而是幫助他們從已知的分類推論至相同的屬性、等級順序之分類，以及不同屬性的分類能力（Kalish & Gelman, 1992; Lopez et al., 1992）。

在層級分類的研究中，McCabe等人（1982）發現：三及四歲幼兒不能重複問題，而且顯然沒有分類的任何規則，但他們卻比五至六歲的幼兒更有可能做出正確的回答。七至八歲的兒童則比四至六或五至六歲的兒童

回答得好。五至六歲的幼兒回答很快且自信滿滿，但常常出錯，他們似乎不能抑制更明顯的比較形式，以便幫助他們考慮實際的問題。

(三)組合技能

具體運思的第三個特徵是組合技能的發展。在兒童有了數量保留概念之後，他們便瞭解物質不滅定律，而且知道物體數量不會因集中或分散而改變。在具體運思階段，兒童皆已學會加法、減法、乘法及除法。無論涉及什麼特殊的物體或數量，兒童都會應用同樣的運算。因此，Piaget曾斷言，學校教育始於六歲並在此時教兒童算術的基本技能並非巧合，兒童在這個時期已有了智力準備。

總體而言，無論是保留概念、層級分類，或組合技能，都是具體運思能力的表現。隨著兒童具體運思智力的發展，兒童頓悟了自然界的規則和控制物體間關係的原則。**表11-2**總結了具體運思的成分。

(四)後設認知

Piaget在做有關具體運思的研究時，曾提出：兒童是如何知道他們所知道的事情？兒童是如何解釋其解答？這些問題其實已提出了後設認知的研究方向。後設認知指的是我們用以評價和監控知識的一套過程和策略，這也是訊息處理（information processing）的研究者一直很關心到底兒童如何知道他們所瞭解的事，也就是說一個人思考過程的知識。例如我們給一大堆事物要兒童記憶，然後要求他之後要告訴我們他是如何記得的。

表11-2　具體運算思維的成分

成分	新的能力
保留概念	覺察同一性的能力。 覺察可逆性的能力。在互補中同時操縱兩個向度的能力。
分類技能	根據一些共同的向度對物體進行分組的能力。 建立子群的等級順序的能力。
組合技能	運用加法、減法、乘法和除法處理數字的能力。

資料來源：郭靜晃、吳幸玲譯（1993）。

這些技巧又可稱爲執行過程（executive processes），而且其中包含計畫與組織（Bee, 1992）。此種「認知的感覺」（feeling of knowing）的基本要素是瞭解一個人的信念來源。例如，當我們被告知某事物時，我們可以觀察它、觸摸它及感受它，而此三種訊息整合可以成爲個人之信念，或者我們可以察覺我們所看到、所感受到的與別人所言有所差異。一直到四至五歲時，我們才能瞭解此三種訊息來源是如何成爲我們個人的經驗（O'Neil & Gopnik, 1991）

後設認知伴隨著問題解決的「認知的感覺」，還包含分別哪些是我們確信的答案與哪些是我們疑問的答案的能力（Butterfield, Nelson, & Peck, 1988）。Carr等人（1989）指出，後設認知包含審查探討問題的各種策略，以便選出一個最有可能導出解決方法的策略能力。它也包括監控一個人理解剛讀過材料的能力，以及選擇增加理解策略的能力（Cross & Paris, 1988）。

這些技巧可隨年齡增長而增加，並且與其他認知能力並行發展。隨著兒童在探討問題中注意更多變項能力的發展，他們同時也增強對認知的「執行」準備的能力。如果兒童發覺有不確定性，並採用策略去減少這些不確定性，他們便可學會增強其組織與回憶訊息能力的學習方法，而成爲更老練的學習者。

第二節　學齡兒童的語言發展

學齡兒童另一顯著發展是能使用更精確的語言結構，具溝通能力和後設溝通（metacommunication）。

一個正常的兒童，在五歲左右已能掌握母語的基本語法及語意的規則。此外，他對會話的實用技巧（pragmatic skills）也有相當的瞭解。但台灣社會中父母、坊間才藝班，甚至媒體常常會催促幼兒要及早學習第二種語言，最近研究指出，幼童學英語，學得早不如學得巧（最需要的是家

庭環境的配合）。在筆者小時候學習英語時，雖然單字識得多，也看得懂英文文章，文法也可以掌握，但就是發音不準，有時看看外國人學中文也是怪腔一大堆，可見學習語言是一個複雜又不易掌握的知識系統（張欣戊，2001）。

雖然語言學習開始於嬰兒期，萌芽於幼兒期，至學齡兒童期，卻是展現更多的實用技巧，及學習更精奧的文法結構。縱使六歲兒童能說出熟練的母語，甚至第一外國語文，可使用完整的句子及符合複雜的文法，並懂得上千至萬的字彙，但對於完全把握語義（semantic meaning）之精密，仍有一段距離，有時他們也還不瞭解語言的幽默。語言的功能不僅在於瞭解符號、溝通，有時也兼具社會化之功能，直至下一階段青少年期，語言仍發揮相當大的功能，而此功能會受到語言知識、認知能力和社會能力所影響。

一般剛進入兒童期的孩子仍對文法規則不熟悉，一直到九歲或之後才開始發展出對語句構成的複雜瞭解（Chomsky, 1969）。Chomsky（1969）曾測試四十名五至十歲的孩子對各種語義結構的理解，其發現能理解和不能理解的孩子在年齡上呈現很大的差異。

在語言知識方面，學齡兒童逐漸增加首語重複（anaphora）的修辭應用（Tyler, 1983），以及使用「是……不是」的對照句型來加強對方注意新資訊（吳敏而，1998）。此外，由於認知的成熟，推理能力的發展有助於兒童理解對方語言談話中的涵義以及處理多項訊息的能力，以幫助兒童歸納和掌握對方談話重點及大意，但在運用諷刺、說謊（出於善意）及說謊技巧上，需要多年社會經驗的累積，是發展較慢的語言功用（Menyuk, 1988）。

與人溝通上的順利不是端賴語言能力，而是需要對口語訊息能力的理解，一般低年級的學齡兒童在溝通上仍有一些問題存在，但此種能力會隨年齡增長而改善。年齡較大的孩子對語言的理解和自我監督較好，他們較會注意到言語指示內容是否充分，不瞭解時有停頓及困惑的表達，他們較明白自己不瞭解之處，並視此為溝通不明的結果（Flavell, Speer, Green,

& August, 1981；引自於黃慧眞譯，1989）。

此種訊息對成人（尤其是兒童父母或保育者）更具有重要的涵義，如果發現兒童對自己所聽、所看、所閱讀的內容的瞭解並不多，而且也不會表達或意識自己的不瞭解，或許他們已習慣對外界的不瞭解，所以這對他們而言是順乎自然之事，他們大都也以點頭，遵循不清楚的指示，順乎自然，通常不會呈現困惑或不發問。故成人應要留意此種現象，不能視孩子的理解爲理所當然，成人應幫助孩子表達、分析其是否眞正明白以及能自我肯定地與成人溝通。

後設溝通是兒童用來組織或建構整個互動（或遊戲）的溝通。此種能力約在幼兒期四至六歲中開始發展，尤其是在幼兒玩社會戲劇遊戲中應具備的必要能力。Garvey（1974）的觀察研究發現，幼兒在參加團體主題遊戲時會使用兩種口語交換：假裝溝通及後設溝通，以配合其角色及與同伴在玩此共同主題的語言。前者是在兒童所設立的遊戲架構中進行，後者則發生在兒童暫時打破遊戲架構而對遊戲本身做解釋時。後設溝通被用於解決關於角色、規則、物體的假裝身分和故事內容等的衝突，換言之，即是在戲劇化過程中所發生的衝突。Rubin（1980）認爲，這些衝突是許多遊戲對社會發展有其正向的影響。

此類能力也隨著幼兒進入兒童期迅速的發展，隨著個人之角色取替能力的增加及自我概念的發展，兒童亦增加對整個溝通情節及溝通中所扮演角色的理解，這些能力也皆能增加學齡兒童的後設溝通能力。

第三節　學齡兒童的道德發展

兒童從出生的無律階段到幼兒及學齡兒童期的他律階段及到青少年期後的自律階段，個體的道德行爲深受情緒、認知及行爲現象中之互動所影響。歷史上已有許多學派，例如心理分析學派、行爲學派、社會學習學派、認知建構學派，除此之外，哲學家、社會學家以及人類學家也從不同

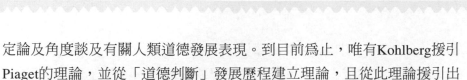

定論及角度談及有關人類道德發展表現。到目前為止，唯有Kohlberg援引
Piaget的理論，並從「道德判斷」發展歷程建立理論，且從此理論援引出
相當多的實徵研究，已在學術上占有一席之地。

　　Piaget及Kohlberg皆相信兒童除非到達某種認知成熟層次，並排除唯
我式思考，否則無法做道德判斷，Kohlberg並依此想法，發展出一套理
論，解釋兒童的道德發展歷程。

　　Kohlberg是猶太人，一九二七年生於美國，一九八七年逝世，享年
六十歲，由於生活中親身經歷二次大戰浩劫，面對猶太人被屠殺，面對一
些兩難問題，其為能夠解決這些問題，進入芝加哥大學心理系，一九五八
年畢業，獲得博士學位，一生致力道德判斷歷程的研究。

　　Kohlberg認為，個人身處於不同道德判斷發展階段，反映個人理解社
會事實和選擇道德價值的社會觀點（social perspective），他以對社會習
俗尊重、瞭解的程度，或個人與社會成規發生關聯時可能採取的三種觀
點，將個體的道德判斷發展歷程劃分為：道德習俗前期（preconventional
level，階段一、二）、道德習俗期（conventional level，階段三、四）與
後道德習俗期（postconventional level，階段五、六）等三個發展層次，並
分述如下（引自程小危，2001）：

一、道德習俗前期

　　在這個時期，大都為學齡前及學齡中低年級的兒童，但也有一些青
少年或成年人仍持有此時期的道德推理的層次，他們尚未瞭解及尊重社會
的規範與期望。此時期的道德推理層次又可分為兩個階段：

◆階段一：避免懲罰與服從權威取向

　　由於此階段的兒童仍具有自我中心（ego centric）的社會觀點，他們
的自我尚未分化，也分不清楚權威的觀點與自己的觀點有何不同，其道德
判斷基於後果會導致懲罰及違反規定就是錯的，相對地，凡是後果能獲得
獎賞便是對的。

◆**階段二：現實的個人取向**

此階段的兒童瞭解每個人皆可追求自身利益，而且會彼此衝突。對與錯並非絕對，而是依不同的情況及當事人的觀點而定，此階段之道德判斷的原則，便是使自己達到最大的滿足並將傷害減至最少。

二、道德習俗期

此時期主要發生在學齡階段（尤其是中高年級），進入國中、高中後繼續發展，且大部分成人仍停留在此時期的層次，其道德判斷及推理依循社會習俗及成規，自我也與社會成規認同，並能從一個社會或團體成員的觀點來解決兩難的問題。

◆**階段三：和諧人際的取向**

到了此階段，個體可以同時考慮自我及他人的觀點，並加以協調，換言之，即以第三者的觀點看人際之間的互動。此階段中個體最看重彼此的信任、情義，相互關懷的人際互動，希望成為別人心目中的好人，也要求自己不違背重要他人的期望。

◆**階段四：社會體制和制度取向**

此階段個體的道德推理不似上一階段是從個人與個人的相對關係為著眼點，而是站在整個社會視為一運作體系的立場來考慮道德的兩難情境。最重要的，社會中每個人要維持整個社會的秩序、法律規定，所以每個人皆要奉公守法，善盡其職，貢獻社會。

程小危（2001）認為此一階段的人不一定把社會的法律奉為最高價值，個體可能站在社會主義的立場否定資本主義社會中的法律，或認為唯有宗教的律令才是神聖不可侵犯的。若他們的推理不能跳脫情感認同、團體壓力及習慣性信念而從事道德問題的思考，反而皆是從一套固定的法律或信念為推理的出發點，就都屬於此階段的特徵。

三、後道德習俗期

在此階段中的人占較少數，大都在一般大學生或成人中。這一層次的人既瞭解社會的習俗成規，且能以一種超越所認同社會團體的觀點看待該團體的社會成規。個體一方面尋求、服膺普遍性的倫理原則，另一方面因瞭解成規會因不同的文化團體有別，不同的人有不同的立場和觀點。因此，對於尚未有定論的問題，可以透過辯論和協談程序來達成約定及契約，而讓問題有了合宜的解決。

◆階段五：基本人權和社會契約取向

此階段的個體將自己置於尚未隸屬或認同特定文化團體的立場，而將道德推理訴求於理性的判斷，每個人要服膺公正社會不可缺的基本價值與權利。因此，社會契約（social contract）遂成為該階段的一個重要概念，而且要有普遍性之原則，以維繫整個社會有效運作及維護全體成員利益及社會福祉。

◆階段六：普遍主義原則

階段六是構成Kohlberg所提出道德判斷發展的最高位階，這是由道德哲學家所稱之道德原則。然而從Kohlberg的實徵研究卻發現，社會持有第六階段之「道德觀點」之人甚少，目前，此階段應被認為是實徵上不確定的階段。此階段的道德哲學是要有「正義原則」（justice principles），其與功利主義是大不相同的。

道德判斷與推理與認知成熟度有關，大約發軔於學齡前的幼兒期或學齡期低年級學童，但隨著時間推移，兒童的認知成熟，及與其他成人或同儕之互動增加，而提升個人之自我概念，在想法上也可以較少使用自我中心思考，此外，他們的社會化經驗擴增，也增加他們與各類觀念接觸，而產生與過去所教及所學到的經驗大異其趣，漸漸地，兒童發展並沒有所謂不可變異、放諸四海皆準、絕對的道德標準，但個人可依自己判斷是非

的模式，決定自己所依循的法則，來建立個人之自我道德標準。

學齡兒童的道德判斷推理除了與年齡成熟度有關外，也與個人之性別智力、父母之管教態度、社經地位、個人之觀點取替能力、同理心及文化差異等因素有關。在成人之實務上運用可用價值澄清（value clarification）方式：透過教導兒童分析自己的口語和實際生活所採行的價值觀之技能，也是協調兒童之道德想法與道德行為來幫助兒童提升道德判斷之能力。

Simon及Olds（1976）利用七個步驟：(1)由各種不同選擇中挑出一種想法與作法；(2)考慮自己所選擇的後果；(3)不考慮他人所言，自我選擇作法；(4)對自己的選擇感到滿意；(5)願意公開自己的價值；(6)將想法化為行動；(7)一再練習及執行自我價值行事，一直到成為自己內心的想法及生活形態。此種教導孩子如何做道德判斷的策略，利用不具威脅性的練習來教導兒童如何形成個體的自我價值觀。

第四節　學齡兒童的情緒發展

根據Robert White（1960）的能力模式（competence model），學齡兒童不再似幼兒期滿足虛構、幻想的遊戲境界，他們希望能像成人般運籌帷幄，也希望與成人打交道，能做出成人認為重要的事物，Sullivan（1953）稱這是兒童的現實社會，而Erikson（1968）則稱為兒童的客觀世界。

據Erikson的心理社會理論，學齡兒童最重要的發展任務是勤奮vs.自卑。自慚形穢的感覺來自兒童的自我成長與社會環境。個體不能勝任社會所要求，造成他們不能發展勝任感，進而使機體自卑；兒童因個人的性向、嗜好及特殊才能的差異性，他們多少會在某些方面（例如語文、數理、社會、常識、科學等學科）的技術學習感到力不從心，而造成個體產生負向的自卑感。如果能擷其長補其短，適度平衡成功與失敗，皆可以減

少其力有未逮及心理社會的危機和焦慮感。因此,技能學習,如閱讀、數學、自然科學、寫作、電腦、運動、機械、音樂、舞蹈、戲劇、藝術、烹飪、縫紉、工藝等,也會在此時期中慢慢學習,習得技能及精熟。對個體的自尊發展,如自動功效之正性自我評價有相當之影響。

此外,周邊之社會環境也不時釋放出不同成就的獎罰訊息與賞罰規則,帶給他們發展正負向之情緒感受。例如兒童在學校因缺乏運動技巧而被同儕排斥,或老師不小心的嘲笑,忽略兒童的感受而引發他們的自卑感,這種因失敗內疚也通常伴隨兒童退縮的社會行為。

在學齡期中的學齡兒童之情緒發展比其在嬰兒期及幼兒期的幼兒要來得複雜許多。學齡兒童要奮力學習及瞭解個人及他人的錯綜複雜的情緒,甚至要忍住別人不贊許的負向情緒(例如生氣及恐懼)。年齡漸長,他們將更瞭解自己及他人的感受,甚至他們更能調節在社會情境中的自我情緒表達,及回應別人不順利或苦惱的情緒反應(Saarni, Mumme, & Campos, 1998)。

瞭解自我情緒幫助學齡兒童在社會情境中引導個人行為及表達個人情感(Laible & Thompson, 1998)。此種能力也將促使其個人控制自我情感及敏感他人情感反應(Garner & Power, 1996)。

誠如之前所提及,幼兒約在獲得自我察覺意識及接受社會規範之後的三歲左右,開始瞭解自我,並發展罪惡感、羞恥及自尊的情緒反應,例如違反社會規範,個體可能產生羞恥及罪惡感,反之獲得社會贊許則得到自尊。Harter(1996)利用故事敘事的訪問調查研究發現,幼兒從四歲起對自我之受挫情緒反應的瞭解顯現五個層次(四個階段)的發展(**表11-3**)。

學齡兒童期的情緒發展正如心理分析大師S. Freud所說,是介於紛擾的伊底帕斯戀父(母)情結(Oedipus complex)與狂飆的青少年期之間的潛伏期。兒童在此時期的情緒是平穩的而且具有一致性。也就是說學齡期兒童的情緒發展是穩定且無重大衝突的。然而,兒童在此時期的心理發展有了重大的變化,如認知發展以及道德推理能力的增加,加上社會化的

表11-3 兒童對衝突情緒的發展層次

階段	大約年齡	兒童瞭解什麼	兒童可能如何表示
0階段	3～6歲	兒童不瞭解任何兩種情緒可能同時存在。他們甚至也不能承認兩種情緒是同時存在（例如悲傷與生氣）。	小明說：因為一個人只有一顆心，所以不能同時有兩種情緒反應。
1階段	6～7歲	兒童正發展正向與負向之不同情緒反應。他們可能同時存在這兩種情緒，但是只能產生同時是正或負向。	小華說：假如我媽打我，那我很生氣及悲傷。
2階段	7～8歲	兒童瞭解個體可以同時有兩種衝突情緒反應。但是，他們不能承認同時擁有兩種矛盾的情緒反應。	小萱說：要去日本玩，還有過年可以看到祖父母，好高興哦！我不會感到害怕；我不能同時又害怕又高興的，因為我只有一個人啊！
3階段	8～10歲	兒童可能整合不同正負向之情緒。他們瞭解個人可以同時有正負向之情緒，只是要針對不同之目標（情境）。	小莉對小弟的霸道感到生氣（因為他頑皮，所以她打他），但是對父親沒有打她，感到高興。她不能對他人同時擁有正負向之情感。
4階段	11歲及之後	兒童能對相同情境指述正負向之情感。	小威說：轉學讓我感到高興，但同時我也有點害怕。

資料來源：Harter (1998).

影響使得兒童透過人際交往而建立社會行為的歷程。在兒童時期，兒童變得更能理解他人的觀點，從脫離父母中學習獨立自主，與同儕交往密切，也因而發展本身的性格，如此一來，個體也掌握自己的情緒、技能及認同。雖然大多數兒童均為身心健康，快樂及充滿活力，但有些卻有情緒方面的困擾或失調，有時是由壓力引起，有時則是由生理不良作用所引起。

　　情緒是心理行為的重要層面之一，與認知、行動傾向（action tendency）是行為的三個層面。認知、情緒或行動傾向皆是個體對客觀事物的一種反映，所不同的是，情緒是對客觀事物與個人需要之間關係的反映。兒童應是快快樂樂、活活潑潑的，但此時兒童也會悶悶不樂，顯得有些焦慮、憤怒、暴躁。到底兒童的不良情緒是如何發展的，而學齡兒童又有哪些情緒困擾呢？這些都是本節即將討論的問題。

據估計美國兒童中約有四百萬兒童有心理健康的問題，而青少年有約10%～20%的人有心理上的困擾（Rutter & Garmetz, 1983; Bootzin & Acocella, 1988; USDHHS, 1999）。但不幸地，這些人只有一半可以得到專業的幫助。相形之下，在其他未開發的國家只有更少數的比例能得到專業的幫助或治療，這意味著有數以百萬計的兒童及青少年需要幫助卻沒有獲得專業的治療（Offer et al., 1988）。

心理困擾

心理困擾的程度常是以其行為表徵的形式來做判斷。Achenbach和Edelbrock（1981）將心理困擾症區分為兩類：(1)外在精神衝突者（externalizers）：係指對外在世界展現衝突，例如攻擊行為、犯罪行為或性問題者；(2)內在精神衝突者（internalizers）：係指展現於內在精神（心理）之衝突，例如有憂鬱、焦慮、恐懼症、過胖症及身心症。

外在與內在精神衝突者是由於兒童、青少年社會化所造成的。例如外在精神衝突者常因有外顯行為問題的父母；而且其父母對子女不關心，造成青少年、兒童學習用外顯行為表達其攻擊衝動，對學校或社會（如警察）有反社會之問題。而內在精神衝突者可能來自穩定的家庭，父母很少有外顯行為問題，並且對子女關心，結果這些青少年、兒童常將壓力反應至其內心世界而形成內在之心理衝突。

通常男生比女生出現較多外在精神衝突，此外，低社經地區也有較多外在精神衝突者。兒童之發展為困擾之聯結反映了兩種危險信號：(1)過度詮釋兒童困擾之象徵，因此不知覺傷害了兒童自信及創造自我實現的預期（self-actualized prophecy）；(2)忘掉兒童嚴重的心理困擾，因此免除必需的處置，讓其困難或問題失去控制。

為了減少上述的危險，父母或教師應注意：

1.這問題是否出現在不適當的年齡。
2.這問題出現頻率是否太高。

3.此種行為是否需要精力（努力）去改變。

4.此問題是否對成人或同儕關係有所干擾。

5.此問題是否會干擾學業。

6.如果此種行為延續，是否會影響日後成人之適應。

　　孩子的情緒困擾不論是外在型或內在型，最常見的方式是呈現在行為層次，例如過度吸引別人注意、打架、說謊、偷竊、損壞財物、破壞規則等，嚴重者可能誤蹈法網。

(一)兒童的害怕和情緒障礙

◆害怕的發展

　　隨著年齡的增強，兒童害怕的情緒也會產生變化，有些過去不害怕的人物或事件，漸漸成為兒童害怕的對象，換言之，兒童的害怕情緒具有發展特性，例如嬰兒害怕陌生人或陌生情境、噪音、疼痛；幼兒怕想像的生物、黑暗、獨處、死亡；到了學齡兒童害怕個體安全、想像中的生物及學校和社會關係，尤其是學校霸凌行為（**專欄11-1**）。嬰幼兒產生害怕受到父母（是否在場）、環境（是否熟悉）、陌生人特點（臉部特徵）、對成人的熟悉度，以及嬰兒的氣質和照顧者的依戀關係有關。

◆情緒障礙

　　到了學齡兒童的害怕的情緒障礙可能受個人的內在精神衝突或外在精神衝突有關。內在精神衝突的症狀可能有沮喪、社會退縮、焦慮、抑鬱等：

1.沮喪：沮喪的兒童伴隨傷心、易哭、感傷、可能與個人的認知和社會學習有關，這些兒童常伴隨無助感，也可能與家庭的變異、受虐有關。

2.社會退縮：社會退縮兒童不敢與其他兒童交往，呈現害羞或害怕，這可能與兒童缺乏兒童認知能力，例如不瞭解別人意圖、不知與別

霸凌行為

在等了很久以後，小明終於動手搶了小娟的鞦韆。然後，小娟又搶回來，並推小明一把，讓他跌倒。小娟比小明來得高且強壯，她常常會霸占玩物，並隨心所欲地不加考慮別人來滿足個人需求，她才七歲，已被公認為霸凌者。

霸凌行為（bullying）在各種不同文化之間是一件常見及長久以來即有的問題。當一位兒童常被同儕以負向行動對待，例如，身體攻擊、惡言相對或被排斥時，他可能會還以霸凌行為。Dan Olweus（1995）自一九七○年代一直對兒童攻擊及霸凌行為加以研究，發現大約有9%七歲至十六歲的兒童曾被霸凌，而約有7%的學齡兒童霸凌他人。這代表約有五百萬美國兒童每年曾遭到或對同儕霸凌。

台灣社會結構的轉變，社會漸趨多元與複雜，經濟成長帶來了物質的充裕，但是相對的傳統觀念早已日趨淡薄，充斥著個人與享樂的風氣，而這樣的現象也影響到了校園，功利主義、速食文化的盛行，逐漸在青少年的認知、價值、行為上有了很大的影響（賴雅琦，2002）。而近年來台灣地區青少年在人格適應上面臨了許多問題，學生打架、械鬥、受恐嚇、勒索、彼此間的鉤心鬥角或言語上的攻擊行為，經常在校園中發生，因此，中小學校園安全問題已亮起了紅燈（林雨璉，2003）。顯而易見的是校園霸凌行為比例有逐漸上升的趨勢，學校除了傳道授業之外，如今也加入了一些複雜的色彩。由破壞公共設施到打架械鬥，對象擴及老師、同學，更有發現學生在地下室「開堂審問」毆打，或利用放學時間找校外人士圍毆等事件發生，使得原本安寧的學習環境已染上了暴力的氣息（賴雅琦，2002）。

校園霸凌行為已經成為一個世界性的問題。從歐、美等先進國家，乃至於台灣皆是如此（賴朝輝，1998）。實際上校園霸凌行為一直是長久持續的現象，但由於校園霸凌行為事件日趨普遍化與惡質化，才成為政府與民眾矚目的焦點（張保光，1996）。兒童聯盟在二○○四年八月十六日至

二十四日，針對台北、台中與高雄地區安親班內小學四年級至六年級的學童，進行校園霸凌現象問卷調查，有效問卷共四百二十六份。結果發現，有66.9%的學童知道霸凌現象的存在，更有63.4%的學童有被欺負的親身經驗，台灣地區有高達七成的國小學生曾經遭受到霸凌行為，然而，在受霸凌形式方面，其中最多且占五成以上是以語言欺負，其次是肢體欺負占有三成六。顯然，該種校園霸凌的嚴重情形遠遠超乎一般民眾的認知想像，只不過，擴大來看，從家庭霸凌、學校霸凌以至於社會霸凌的殘暴行為，已經是一種不得不加以警戒小心的客觀事實。

國外方面：從一九八四至一九八六年Michele Elliot進行了一項兒童安全的試驗性研究，四千位五至十六歲的孩子參與並被問到他們的擔憂與掛念，孩子的話題從走丟到做了令人害怕的噩夢，到被陌生人帶走步上死亡等無所不談。令人驚訝的研究發現是壓倒性的霸凌問題，二千七百二十位（68%）孩子抱怨在某段時期曾被霸凌，大部分事件發生在上下學途中，這些孩子說通常在大人不在場時遭到霸凌。然後，這些孩子被問到細節，其中一千五百二十位（38%）說他們不只一次被霸凌，或是經歷特別可怕的霸凌，這一千五百三十位遭到特別嚴重霸凌的孩子中，有一千零三十三位（68%的受害者）是男生，四百八十三位（32%的受害者）是女生，一百二十一位（8%）男生受害者以及六十三位（4%）女生受害者遭受長期並且嚴重的霸凌，到了嚴重影響他們日常生活的程度，有些孩子害怕上學，經常曠課、生病或企圖自殺。兒童福利聯盟（2004）指出：根據國外的研究顯示，曾是霸凌兒童的男性，到二十四歲止，有60%的人至少有一次犯罪紀錄，有40%高達三次或三次以上的犯罪紀錄；非霸凌兒童者僅10%有犯罪紀錄，顯示兒童時期的霸凌行為與成年期的犯罪行為息息相關。

根據學者專家調查，校園霸凌行為的實際發生率要比官方統計高出許多，但受害者大都抱持花錢消災的態度，悶在心裡不敢聲張（蔡德輝等，1999）。兒童福利聯盟（2004）在開學前所做的「校園霸凌現象調查」發現，校園霸凌事件普遍存在，在發生霸凌事件的時候，雖然有將近七成五小朋友知道應該向大人求助，但在實際上，卻有四成二學童選擇忍耐不

說，選擇回家告訴家長者占三成三，願意告訴老師的孩子只有兩成八，會報復的則占一成左右。該調查亦指出，大部分的受訪學童（66.9%）都知道霸凌現象的存在，表示從未聽聞的僅33.1%。顯示在國小中高年級的同儕團體之間，霸凌行為是普遍存在的一種現象。所以面對霸凌，多數男孩子採取忍耐的息事寧人態度，其次是報復反擊；女生則是向家長或老師投訴。值得大人省思的是：為什麼孩子被欺負會寧願不吭聲？其實，這個問題的答案大人心裡有數，因為，就算孩子向大人求救，得到的回應可能是「不當一回事」，也可能是「反應過度，再惹一堆麻煩」，讓孩子在同儕間難以立足。上述研究都先後提到一個警訊：發生霸凌行為會對學齡兒童造成負面影響，最明顯的傷害是針對孩子的身體，但有時這些霸凌行為也會造成心理方面的創傷，甚至延續至成年期，而產生心理層面的問題，所以身為教育人員應該要重視霸凌行為。

當兒童被霸凌或霸凌他人時，有何行為特徵？霸凌者通常比同儕顯示身體更強健，他們有較強的權力需求及喜歡控制他人，而且他們從小生活在被忽略、低互動及缺乏溫暖的家庭環境，如此家庭環境氛圍造成他們缺乏對他人同理和對他人有高度的敵意。霸凌者也對老師及其他權威人士具有敵意，同時也對同儕如此。惡性循環下霸凌者會對其欺凌別人而獲得酬賞與增強，特別是他們要受害者給予金錢、禮物或有價值的物品，以及他們受到其他同儕崇拜與尊崇時，更對其行為得意洋洋。

相對地，被霸凌者通常具有低自尊，他們常是焦慮的、小心翼翼的，及符合被拒絕的退縮者。與霸凌者相對照之下，受霸凌者（特別是男生）常是身體較為弱小者。一旦被欺侮，他們常不會採取報復行動，結果造成他們持續被欺侮而且程度每下愈況。

學校輔導人員應採取一些策略，以圖減少或預防學童被騷擾或欺凌，Olweus（1993）建議五種策略，分述如下：

1.創造讓兒童經歷溫暖、產生興趣及與成人經常互動的環境。

2.明訂清楚、堅定的規定：在家庭及學校不可犯規的行為。

3.一有人破壞約定或規定，不應用具敵意及暴力的處罰，而且要持續

以口語告誡這些規定應被遵守。

4.在校及放學後的活動（例如下課、午餐、午休，或開長家會等）應有成人加以監督。

5.老師應常與同學討論有關學校的社會環境並努力創造更完善的社會環境。

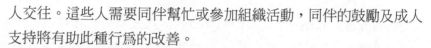

人交往。這些人需要同伴幫忙或參加組織活動，同伴的鼓勵及成人支持將有助此種行為的改善。

3.焦慮：有嚴重焦慮反應也會引發兒童害怕，他們常會有心神不定、煩躁不安、伴隨頭昏、頭痛、嘔心等症狀。有時這些兒童會有睡眠障礙、惡夢或夜遊。

4.抑鬱症：較年長的兒童，尤其是女生較有此種症狀，另外如缺乏友情（感情）或空虛感也常伴隨高度焦慮和抑鬱，嚴重抑鬱症也有可能尋求自殺。

外在的精神衝突症狀如出軌行為、過度活動及自我控制差。

1.出軌行為（acting-out behavior）：說謊與偷竊是兒童期最常見的出軌行為。偷竊在我國法律稱為竊盜，是屬於違規犯法的行為。今日台灣地區少年犯罪的類型中，竊盜案始終名列榜首，約占三分之二，比率相當高（刑事警察局，1988），年齡層亦有下降趨勢。這些兒童不是接受觀護處分，就是在輔育院接受矯治處分。Schaefer和Millman（1988）認為偷竊行為在孩童時已經存在，隨年齡增加，到學齡時期會達到最高峰，而後逐漸消退。如果在青少年期仍有出現規則性之偷竊行為，則表示孩子可能有一些嚴重的情緒困擾。

所有孩子都會有一些空想的故事，或偶爾說謊以逃避處罰。幼兒可能因缺乏安全感或故意對父母顯示；但到了學齡兒童，可能已具備

了說謊動機，或出現一些反社會形態的謊話，以逃避處罰、占人便宜或貶低別人；學者Rotenberg亦指出：說謊是隨年齡而發展（引自林正文，1993）。

2.過度活動（hyperactivity）：過動兒的原因有很多種說法，如腦傷、不正常的腦生理反應、食物過敏、發展緩慢，或遺傳的人格特質等，但至目前為止仍不明白其真正原因（Achenbach, 1982）。過動兒其正式學名為注意力缺陷過動症候群（Attention Deficit Hyperactivity Disorder, ADHD）。其主要有三個症狀：不專心、衝動，以及不適時不適地的大量活動。孩子多多少少具有此種特質，但3%的學齡兒童（男生是女生的十倍）具有此種特質，甚至於干擾其在校或日常的生活。每個兒童之個別活動的調節裝置將其活動維持一穩定的狀態（Mean Optimum Daily Activity Level, MODAL），若有一兒童其MODAL比其同年齡兒童之平均還多，超過成人可接受的範圍，我們稱之為過動兒。

(二)克服害怕的輔導方法

目前常用克服害怕的輔導方法有行為修正法，如反條件制約法（counter conditioning）、系統減敏感法、模範榜樣法（modeling）及認知療法，分述如下：

◆反條件制約法

所謂反條件制約法是指一些能喚起害怕情緒反應的刺激伴隨愉快的活動，最後以愉快活動所產生的積極情緒來克服由害怕刺激所引起的消極反應。但要小心的是，如果不成功可能將害怕的情緒反應擴散到愉快活動。

◆系統減敏感法

系統減敏感法是將害怕情境由低階到高階排列，輔導時先設立低階害怕情境，伴隨身體放鬆指導，安排患者逐漸地接近所害怕的對象或情

境，以逐漸減低其對對象或情境的害怕。

◆模範榜樣法

　　模範榜樣法目的不僅使兒童獲得良好的行為習慣，同時建立高尚的行為並幫助兒童克服害怕的情緒。此方法是應用社會學習理論的榜樣模仿學習，其原理可參考第一章第四節的社會學習理論。

◆認知療法

　　個體的行為與情緒皆有一定的思維作指導作用，要改變情緒必然要改變不合理的思想，不然不合理的思想要導致困擾行為，此種方法常應用理情治療模式，教導孩童合理的信念，透過指導及日常生活練習，以教會兒童採用新的認知去塑造新行為。

第五節　學齡兒童的社會發展

　　台灣在社會變遷下，也造成個人、家庭與社會產生轉變，例如：家庭功能式微、結構解組，以往依賴家庭教養孩子已儼然由其他機構所代理，社會及國家更要發展制度來支持家庭。今日的兒童獨生子女較往昔來得多，而且也有相當比例曾處在單親家庭中，在台灣，至少有近七分之一的孩子是外籍配偶家庭所生，此外，父母也占相當比例是雙生涯家庭，未成年母親，及父母有一些問題，如酗酒、兒童時期受虐、貧窮或意外懷孕等，這些因素會影響其與子女之依附關係，甚至造成孩子受凌虐之可能。Bowlby認為溫暖、親密、持久的母子關係對兒童未來性格的發展非常重要，最近的研究也支持這個觀點（Cicchetti & Toth, 1998）。有安全依附的孩子能夠發展出健全的能力，能夠自救，必要時也能夠求助於人（Sroufe, Fox, & Pancake, 1983）；和同儕的關係良好（Lieberman, 1977; Mates, Arend, & Sroufe, 1978）；比較能夠自我瞭解，學習能力佳，學校表現也比較好（Jacobson & Hoffmann, 1997）。

近年來，科技的發展也帶給兒童生活的變化，透過媒體的傳播，無形中也給孩子一些學習與壓力，許多父母覺得子女必須學得更多、更好，以因應未來社會的要求，因此也深受媒體廣告之影響，不斷購買媒體廣告之產品，甚至及早將他們送去魔鬼訓練營，以加強腦力開發，接受特別課程，這種望子成龍、望女成鳳的過度要求，反而是揠苗助長。電視、電腦無形中已成為孩子生活的伴侶，它開啓了一扇見聞之窗，但也常占去了孩子與成人、同儕互動，或從事主動遊戲和閱讀的時間。

美國兒童心理學家David Elkind曾描述這一代的孩子是「匆忙的孩子」（the hurried child）以及父母錯誤的教育（miseducation）。David Elkind非常關切這類影響來源使得孩子成長過速，並使得快樂的童年被壓縮並讓兒童承受成人的壓力，面臨現實生活的殘忍考驗。今日的兒童必須承受學業壓力，與同儕競爭，滿足父母的情緒需求以及社會新聞的威脅等。然而兒童並非小大人，他們仍會有孩子的感覺和想法，而且他們也需要一段童年時光來從事健康的認知與情緒的發展（黃慧眞譯，1989）。

本節將介紹學齡兒童的社會發展，分述如下：

一、學齡兒童社會發展之重要性

小學階段，兒童較喜歡與同性別的兒童玩在一起，而且不同性別的兒童彼此之間有著不同的地盤，這種行為是具有高度儀式化與刻板化的。試著回想我們在小學階段，曾經因為異性同學在桌上超線而大吵一架。美國學者Barrie Thorne在一九八六年曾觀察小學兒童在遊戲場玩的情形，發現男童常扮著鬼臉以挑釁的口吻說：「你抓不到我，哈哈……」然後便跑開了，隨後便是追逐與女孩的尖叫聲，再來便是一番的爭執：誰超越了地盤，一直持續到四、五年級都是這樣，如果男生女生彼此有接觸，便會遭受其他兒童的非議，說是男生愛女生或女生愛男生，羞羞羞。

兒童平行的友伴關係隨著學齡兒童期的發展變得愈來愈重要，然而，垂直的親子或師生關係並未消失，相反地，親子或師生關係強烈地

提供兒童安全依戀及情緒支持，回答疑惑或幫助兒童解決問題。雖然如此，學齡兒童還是喜歡與同伴玩在一起，尤其是同性別的幫團（crowds of cliques）。他們會聚在一起，只是彼此喜歡在一起做些事（玩在一起），活動不外乎一起打球、打電動、讀書、下棋等等；很少是因為彼此享有共同的態度或價值。

　　兒童的社會發展（如同儕關係）與其日後人格和社會適應息息相關，良好的社會發展，不但消極方面能使個人控制攻擊衝動、抑制自我的意圖；積極方面可與人共同分享、自我尊重與自我價值肯定、選擇朋友和尊重他人等。因此，兒童社會發展對於其日後長大成為青少年或成人時期，待人處事態度及應對進退的社交技能有相當的影響作用（郭靜晃、吳幸玲譯，1993）。

　　兒童透過社會化歷程（例如上一代藉由塑化的方式傳遞所期望的行為及人格給予下一代。或透過同儕互動來累積別人對自己的看法，及從別人之意見反映中形成個人對自己的看法）來習得社會所期望的行為。同伴團體幫助兒童形成態度和價值觀，它為兒童由父母處得來的價值觀做一過濾，決定何者保留、何者放棄，也由於和不同背景及不同價值觀的兒童相處，兒童更能澄清自己的意見、感受及瞭解自我。同時，同伴也可提供情緒上的安全感。

　　兒童會選擇年齡、種族、性別、社經地位，與個人特質類似的同伴。小學時期的同伴團體會為同性別，這是由於團體教導性別適合行為的結果並合乎其社會性角色，透過探索與澄清，學齡兒童對於社會性別角色是非常在乎同儕及老師的回饋。同時也是由於男女性別不同的孩子產生不同的興趣，如男孩喜愛電動玩具、球類活動；女孩則偏向畫圖、扮家家酒等靜態活動，此外，也由於男女之成熟度不同（一般女孩比男孩成熟）。他們平常在一起的玩伴平均約四至六個（Reisman & Schorr, 1978），年齡相差不大（約一兩歲），因為年齡範圍太廣，彼此體格、興趣、能力不同，會導致玩不起來或容易起衝突。

　　今日的兒童在生活、行動和想法上與過去的兒童大大不同。現在的

家長常抱怨或為之生氣或沮喪，他們的孩子不能和他們過去一樣有快樂的童年，如在田埂上烤地瓜、抓泥鰍、在四合院或巷道上玩。現在的孩子永遠有補不完的習，看不完的電視，加上社會治安敗壞，家居或鄰里安全沒有保障，造成父母親自接送孩子上下學，這是否也意味著孩子需要在陌生的社區長大並少有機會結交朋友，而且父母必須要工作加上時間有限，所以對兒童希望他們能快速成長。雖然很多人將童年美化為人生中最快樂、最無憂無慮的時期，但實際上每個人在童年時也都體驗過壓力。正常童年的壓力如生病、不能遂自己所願、與兄弟姊妹的互動或嫉忌弟妹的出生，或父母的暫時分離；有的人遭受比較嚴重的有失親或父母離異，受成人的人身侵犯、天災、人禍或貧窮壓力等（黃慧真譯，1989）。據一些研究指出，這些事件都具有影響兒童情緒健全發展的可能。

根據Hill之ABC-X家庭壓力理論，A指壓力事件，B為個人之能力如人格特質、能力、社會資源，C指的是個人對壓力之認知結果，X為個人之適應狀況。孩子對壓力事件之反應取決於不同的因素：(1)事件本身：不同的壓力來源對孩子有不同的影響；(2)兒童的年齡：年齡不同對於事件之解釋也會有所不同；(3)性別：一般而言，男孩比女孩較容易受到傷害；(4)孩子的能力：如課業成就與他對壓力之反應有關；個人之人格特質，如高自尊及自信的孩子其壓力感受度較小；其他因素如遺傳或氣質等（請參考Rutter, 1983, 1984）。

Rutter（1984）指出，具有彈性的孩子是可以對壓力有所反擊及超越逆境。而這些孩子可以界定出一些保護因素，兒童可藉此減少壓力的影響。它們分別是：

1. 兒童的人格：有彈性的孩子具有適應能力，足以調適變動的環境，能自我肯定、友善、獨立、對他人敏感，擁有高度自尊。
2. 兒童的家庭：家庭中父母能提供支持給孩子，這類孩子較會與父母之間擁有良好的關係，也對人較有信任感，及較有自信。
3. 學習經驗：兒童除了擁有一些學習技能之外，也有一些解決社會

問題的經驗。例如父母及兄姊擁有一些朋友，並與朋友有良好的互動。孩子有機會觀察到父母、兄姊或其他人解決問題，並對不良情況做最好的處理模式。兒童利用上述的認知，面對自己的人際困擾，透過挑戰並自行找出解決之道，從而學到處理的經驗。

4. 有限的壓力源：「屋漏偏逢連夜雨」，有時壓力會連續不斷，研究指出只有一種壓力事件，孩子比較能克服壓力，但當兩個或兩個以上壓力事件同時存在時，孩子的困擾將多出三倍以上（Rutter, 1979）。

5. 多方面的成功經驗：孩子在課業、球類、音樂，或與其他孩子相處的成功經驗，將有助於補償孩子不幸的家庭生活。

綜合上述的研究我們可總結正常的童年壓力，是以多種方式呈現並影響兒童的健全發展，培養一有彈性及毅力的孩子，不但可助其日後克服逆境，同時可對相似或相同的壓力事件產生免疫能力，並且也可幫助他成為一堅強的孩子。

二、學齡兒童之社會關係發展

大多數探索兒童社會發展及人格的理論皆強調親子互動及父母管教風格之關係，較少談及有關同儕關係的重要性，但自一九八〇年代後期，相關學者也開始強調同儕互動對兒童人格及行為之影響。學齡兒童接續著幼兒的遊戲期——喜歡與同性別之同儕在一起玩，並且能有組織地玩遊戲，且喜好與同伴在一起（Harper & Huie, 1985），而且與同伴在一起玩時也呈現出性別差異——男生較喜歡在戶外玩，而且玩伴較多，女性則較偏好在室內玩，大都為一至二位同性同伴在一起玩。直至小學階段，兒童仍喜歡與同性別的同儕玩在一起，而且不同性別之兒童彼此有著不同之地盤，此種行為具有高度儀式化及刻板化，這也是兒童的文化（childhood culture）。

O'Brien及Bierman（1988）曾詢問國小五年級、國中二年級及高中二

圖11-3 兒童定義同伴在共享活動、外表及共享態度的比例

資料來源：O'Brien, S. F. & Bierman, K. L. (1988).

年級的孩子何謂同伴，以及同伴在一起時一般做什麼呢？國小五年級認為同伴就是彼此在一起共同做一些事；國中二年級回答共享的態度及相似的外表（儀容）才是同伴的定義；而高中二年級則回答較重共享的態度（**圖11-3**）。

　　Robert Selman曾對三歲至十五歲之間的受試者做訪問，辨別出友誼發展的五個層次（Selman & Selman, 1979）（**表11-4**）。他發現幼兒園小朋友處於階段0及1之間、學齡兒童在階段2、青少年階段大約在階段3。學齡兒童在階段2中，瞭解自己與同儕的想法是不同的，已有自我概念之發展，覺得施與受是公平的，但是還是會以自我為出發點，要求同儕公平並能夠與同儕合作。

三、影響學齡兒童社會發展之因素

　　隨著年齡的成長，學齡兒童已發展出更好的社會能力及同伴互動，甚至有更多的利社會及利他行為，較少用衝動及攻擊行為來表達意圖。

表11-4　Selman的友誼發展五階段

階段	行為描述	例子
0階段：暫時性的玩伴（約3～7歲）	兒童常是自我中心及不能以別人觀點來看事情，此時友誼尚未分化。他們常考量他們的需要；大部分幼兒認為朋友是與他們一樣。	·小明住在我家隔壁。 ·小華有金剛怪獸。
1階段：單向的協助（約4～9歲）	友誼是單向的，好朋友是要聽別人要他做什麼。	小明不再是我的好朋友，因為我要他跟我玩，而他不要跟我玩。而小華是我的好朋友，因為我向他借玩具玩時，他總是答應借我。
2階段：雙向的公平性的合作（約6～12歲）	施與受是公平的，但是常限於個人之自我利益而不是雙方之共同利益。	小明與我是好朋友，我們常為對方做事情。好朋友只會陪你玩，而不會與別人玩。
3階段：親密、共同分享的相互關係（約9～15歲）	在此階段，個體視朋友是其生活的中一部分。朋友之間是互有要求及獨占的。友誼不僅是為他或與他一起做事情，是需要連續、有系統及相互承諾的關係。	需要花時間去交朋友，當他發現他會有其他朋友時，感覺是不舒服的。
4階段：自主相互依賴（12歲以後）	在這階段中，兒童為了彼此依賴及自主，相互尊重對方的需求。	好朋友是要有其真正的承諾，必須要支持、信任對方。

資料來源：Selman, R. L. & Selman A. P. (1979).

學齡兒童之社會發展除了有年齡差異及個別差異外，尚有性別、人望（popularity）、父母管教態度、情緒狀態、環境、友誼等影響因子，茲分述如下：

(一)性別

性別之分化最早發生在三歲左右，到了學齡期，這種分化會更為明顯（Ramsey & Lasquade, 1996）。男生與女生各玩不同之遊戲（Serbin et al., 1994），男生偏好玩狂野嬉鬧（rough-and-tumble）的遊戲，喜好在戶

外與較多同伴一起玩；女生則傾向在室內，玩較安靜之遊戲（Benenson, 1993）。除了活動外，與同儕分享玩物也呈現同性別在一起玩之趨勢。

(二)人望

一般較有人望之兒童善於社交、外表具吸引力、成績好、有運動才能、助人、對人眞誠、忠實；而被拒絕之兒童具有身材與情緒不成熟、對人不友善、常持批評之態度、退縮、具有負向如焦慮之情緒、對環境不適應等行爲表現（Bee, 1992）。

(三)父母管教態度

家庭中父母的行爲也深深影響兒童的社會行爲，尤其是幼兒深受父母對其同儕兒童之影響（Masten & Coatsworth, 1998）。較受歡迎之兒童與父母有較正向之關係，而父母也較呈現用民主威權方式來管教子女；相較之下，權威式之父母較可能會處罰或威脅孩子之行爲，而使得孩子模仿及類化此行爲模式，並用此方式來對待同儕。

(四)情緒狀態

情緒狀態與個人之氣質及社會能力有關，個體之快樂與悲傷狀態除了會影響個人之心情（Radkye-Yarrow & Zahn-Waxler, 1984），同時也關係著其與同儕相處的情形，例如Strayer（1980）就發現，快樂的孩子較具有同理心。

(五)環境

同儕環境與個體所處環境之氛圍有關，例如玩具之種類及數量多寡會影響幼兒之社會遊戲及行爲（Hartup, 1983）。家庭環境如兄弟姊妹之互動經驗會促進幼兒與同儕互動之反應；但父母卻是減少孩子與同儕互動之機會（Pellegrini, 1984）。Pellegrini（1984）發現，在幼兒園，同儕的出現可促進同儕互動，但成人的出現卻抑制同儕間之社會互動，所以說來，同儕的相似性及共同的增強是兒童社會行爲之決定要素。

(六)友誼

朋友對兒童意義非凡，其與個人受歡迎之程度（即人望）是不同的，受歡迎的程度是個人在團體的看法，但友誼卻是兒童與朋友間雙向互動的橋梁。朋友之間會相互結伴並嘗試維持雙向聯繫（Hartup, 1983）（**表11-4**）。

當兒童年齡漸長，由於語言及認知能力增加，他們較注重同伴之間的人際互動。然而，學齡兒童友誼之建立開始於共同的活動與期望，之後，大約在高年級時，他們則注重對規則相似價值之分享，其次才是注重彼此共同的瞭解、自我揭露及分享的興趣（O'Brien & Bierman, 1988）。

第六節 學齡兒童的性發展

隨著年齡增長，學齡期兒童大部分的發展目標都呈現了較穩定的情況，例如逐漸由性別角色的發展中反映了自我概念及對自我能力的評價。這些發展對學齡晚期及少年早期的孩童來說是極為重要的，因為這時期在性別角色的發展影響了其日後在兩性關係互動時的發展與行為。

在本節我們將先探討孩童心理上的性別（gender），並針對性別角色發展、性別特質等做一討論。其次，我們將探究生物學上的性（sex），以發展的角度來瞭解學齡期兒童在性發展上的變化。

一、性別角色發展

我們一般所稱的「性別」，包括了兩個部分：一是性別，另一則是性。在探討學齡兒童性別角色發展之前，我們可先經由性別定義來瞭解個體性別的意義。性別與性，是分別由社會建構和生物學觀點來討論性別，並藉由此觀點來看性別認同、性別角色和發展。

(一)性別的定義

　　性別，即我們常稱呼的男性（male）與女性（female）的形成原因，有些人認為是來自生物學的原因，例如染色體X或Y，由此來看是一種由性來區別的觀念；有人則認為性別是社會所建構而成的，亦即每一個社會、文化都會對男性與女性這兩個名詞加以創造出屬於該社會、文化的意義，例如在中國社會中的「男主外女主內」、「男兒有淚不輕彈」等，都是基於性別所產生的角色期待。

　　性與性別之間有什麼差異呢？在日常使用上，這兩個字多半是可以互換的，然而在許多重要的特質上，兩者仍然是相當不同的。性是生物學上的語彙，一個人是男性或者是女性，是受到其性器官及基因所決定的。相對來看，性別則是心理學上和文化上的語彙，是每個人對於自己或他所具有的、顯露的男性化與女性化特質的一種主觀感受（可視為性別認同），同時也可說明社會對男性行為及女性行為的一種評價（可視為性別角色）；個體的行為表現與社會上對男性化和女性化定義的相關程度，則稱為性別角色認同（gender role identity）或是性別類型（sex typing）（Basow, 1992）。例如一位中年男性每天出門前一定花半小時清理鬍渣及整理髮型，並且換上襯衫長褲才出門，只因為他所屬的社會文化中認為男性應梳理整齊與裝扮得體，才符合一中年上班族群的角色，並且他自己也如此認為，那麼我們會認為這位男性對於性別角色的認同是很高的。

　　想要區分性和性別的不同，必須先知道女孩和男孩在生物層面的差異，通常我們會假定男孩和女孩在外顯行為與性格方面之所以不同，是由於性的不同。例如，對一位任教高年級的小學教師來說，當班上一位女孩表示腹痛，老師多半會詢問：「是不是月經來了？」如果前來請假的是一位表示腹痛難耐的男孩，老師多半會問：「是不是吃壞肚子了？」而不會問他：「是不是月經來了？」這是因為面對學齡晚期及少年階段兒童的腹痛難耐行為，我們會先以性（生物學）的差別來作為對該行為的判斷或解析（劉秀娟，1997）。然而根據Basow（1992）的研究指出，男女兩性在

行爲及性格上的差異，大都是由社會因素所造成的，例如社會化、社會酬賞及他人期待等。

　　由上述的說明，我們可以理解，事實上我們常用的男性和女性稱謂，是含括了生物學的性及心理的、社會的及文化的性別層面，因此由這個角度去思考，我們可以瞭解，許多個體（包括我們自己）在生命初始受精的一刹那，生物上的性就已經在基因中決定了，而個體要瞭解到自己是男性或女性，以及如何形成性別概念，則必須透過成長、發展及社會化的歷程學習而來。

(二)性別認同與發展

　　從發展心理學的角度來看，性別認同是會隨著兒童認知能力的發展歷程而漸漸達成（Shaffer, 1996）。Newman和Newman（1986）指出，個體性別概念的理解與發展可分爲四個階段（郭靜晃、吳幸玲譯，1993；劉秀娟，1997）：(1)正確使用性別標誌；(2)理解性別是穩定的；(3)理解性別是恆定的；(4)性別是有生殖器官基礎的。學齡兒童的性別發展與認同正處於階段三與階段四（**表11-5**），現分述如下：

表11-5　性別認同與發展

階段	年齡	性別概念	Piaget認知發展能力	典型範例
一	學步期至二歲左右	性別標誌的使用	·象徵符號的認知（感覺動作期）已發展原始的符號，物體概念完備（如語言），界定人、物，並會預期結果。	豪豪玩車車是男生；柔柔穿裙子是女生。
二	四歲左右	性別是穩定的	·運思前期 單向思考，並集中在較明顯的外觀上；特定事物之間的推理。	豪豪是男生，長大了會變成父親。
三	五至七歲左右	性別是恆定的	·具體運思期 具可逆性及恆存概念。	豪豪即使穿了裙子仍然是男生。
四	七歲以上	性別具有生殖器基礎	·具體運思期 具可逆性及恆存概念；具可易（替代）概念。	豪豪因爲有陰莖，所以是男生。

資料來源：劉秀娟（1997）；Newman, B. & Newman, P. (1986).

◆**理解性別是恆定的**

　　在這一階段的孩童（約六、七歲），能理解性別是恆定一致的，不會因為個人的穿著、外表和情境的改變而改變。例如，豪豪即使穿了裙子、留了長髮，仍然是男生，孩童並不會因為豪豪的改變而認為他變成女生或長大以後變成母親，因為孩童在這個階段已開始具有物體恆存性的認知能力，他們已瞭解這些性別標誌的改變，是無法讓男生的豪豪變成女生。同樣地，柔柔玩小汽車或聖戰士（一般被稱為男孩玩的玩具）也不會因此變成男生。

◆**性別是有生殖器官基礎的**

　　七歲以上的孩童，會知道因為身體結構上的差異，所以與異性在性別上有所差別，也知道自己和同性之間的相同處。例如豪豪會知道自己因為有陰莖所以是男生，而柔柔沒有陰莖，但是有子宮和陰道，所以是女生，因為這些生物上（身體結構上）的不同，所以孩童會對性別概念有更深的理解，知道男生與女生除了性別標誌、穩定性和恆定性之外，仍有根本上的生殖器官差異存在。這也會使孩童對生殖器相同的同性產生性別認同，並且影響與性別有關的行為。

(三)性別刻板印象

　　由於性別角色是可以透過學習而來，因此，有些個體可能會在此學習歷程中，沒有自文化中學習到某些角色，或是部分的角色定義已經改變或重新定義與詮釋。例如單親家庭中的父親或母親角色缺位，都容易影響學齡兒童性別角色的發展；相對地，社會文化對於身為男孩或女孩的性別特質的態度和信念，也同樣對學齡兒童的性格（personality）產生一定程度的影響。

　　試著將你對男性化和女性化的描述詞語寫下來，如果你和大部分的人一樣立刻有某些想法，那麼看看**表11-6**所列的資料與自己的想法是否相吻合。

表11-6　台灣地區大學生認為適合於男性和女性的性格特質

男性項目	女性項目	男性項目	女性項目
粗獷的	溫暖的	膽大的	慈善的
剛強的	整潔的	好鬥的	甜蜜的
個人主義的	敏感的	豪放的	溫柔的
偏激的	順從的	穩健的	被動的
靠自己的	純潔的	自力更生的	端莊的
隨便的	心細的	善謀的	文雅的
冒險的	伶俐的	有雄心的	依賴的
冒失的	動人的	幹練的	純情的
獨立的	富同情心的	頑固的	輕聲細語的
武斷的	保守的	嚴肅的	拘謹的
浮躁的	膽小的	主動的	天真的
有主見的	討人喜歡的	行動像領袖的	矜持的
深沉的	文靜的	粗魯的	愛小孩的
自誇的	親切的	有領導才能的	害羞的
競爭的	愛美的	好支配的	善感的

資料來源：李美枝（1994），頁275。

　　對大多數的人來說，男性化的特質通常會和能力、工具性（instrumental）、活力等字眼有關。而女性化特質則會和溫暖、善表達、養育性等字眼相結合。這些語彙反映了社會中性別角色的標準（即個體要表現出符合其生物學上性的動機、行爲、價值觀等）。而典型的標準包括了男性的工具性角色，強調個體是果斷、獨立、進取、能力及目標導向的（Shaffer, 1996）。女性的角色標準則爲表達性（expressive），認爲個體應強調合作性、仁慈的、養育性的，並且對他人的需求敏感（Shaffer, 1996）。從一九六○年代末到一九七○年代的研究，的確發現男女兩性存在著不同的性別特質（Basow, 1992），即使是在不同文化的研究中，仍然可以發現男女兩性在這些特質上所表現的差別，如與男性有關的描述詞語有「冒險的」和「強壯的」等，而女孩則爲「多愁善感的」和「順從的」等特質的描述。

　　有關性別特質的描述，反映了個體對於性別角色及其行爲的信念與

519

態度，這與社會化歷程中文化及社會期許是密切相關的，然後形成一個固定的、刻板的看法及印象，也就是性別刻板印象（gender steroetypes）。這樣的刻板印象，在性別概念形成的初始就已經建立了，例如，一個八個月到兩歲左右的幼兒會區分穿裙子的人是女性；學齡期的孩童會因性別不同，而分成「女生國」、「男生國」等次級互動團體，或是指出「她們女生都愛打小報告、愛哭啦」、「我們班上那些男生都愛打球」等說詞。由於性別刻板印象與社會、文化密切相關，所以性別的刻板印象並不是固定不變的，它會隨著文化的變遷而改變，事實上這也是對傳統的刻板印象提出質疑與反省。

傳統上，我們將性別分為男性與女性兩種特質，例如慣常使用的是「一種男性化特質」，而不是「一群男性的特質」，男性化特質與女性化特質兩者是涇渭分明的，但是目前的研究已逐漸發現或使用「一群男性化特質」的觀念，因為其中強調了性別特質必須從跨種族、階級與性取向等多元向度的角度來定義。例如，傳統的男性刻板印象中包含了三個主要成分：地位（功成名就和受人尊重的需求）、堅強（力量及自我信賴）和反女性化（避免從事刻板的女性活動）。此外，傳統的男性被認為在性活動方面是十分活躍積極的，即使是年老男性仍是如此（劉秀娟，1997；簡春安，1997），女性的存在則使得如此的男性化印象更加凸顯。然而，在許多人的生活中，仍有一些男性並不具備如此刻板的性別特質。例如，在近來媒體中常出現的「新好男人」、「在家型男人」等角色形象，相信你我都不陌生，在我們平常生活中，的確可以發現一些男性具有非傳統的男性化特質，如溫柔的、敏感的、溫暖的等典型的女性化特質。

這些我們所具有的或難以抗拒的女性化、男性化刻板印象，對於學齡兒童性別角色的發展具有一定的影響，例如我們可能在學校班級中發現班長常是男孩（主導性），而副班長常是女孩（附屬性、輔助性）的現象，這些刻板印象的形成與孩童所屬環境（如班級、級任老師的性別角色刻板程度）有關，在此我們實可清楚瞭解性別角色發展及刻板印象對學齡兒童發展、行為及社會化歷程影響的深遠。

二、性發展

回想一下，你是否曾經探望過新生兒？或是否曾經有懷孕的親友告訴你，她在接受超音波檢查時順便發現胎兒的性別？他們都是如何形容的？你又會如何依據這些話語來形成對嬰兒、胎兒性別的印象？特別是胎兒，你難以對它有任何具體的性別概念（因為你沒看見，也許你可以用猜的，不過那不是科學的方法）。當孕婦告訴你在接受超音波檢查時，發現胎兒「十根手指頭之外多了一根」，你可能會立即想到：「哇，可能是男孩耶！」（當然，也有可能不是陰莖，而是真的多一根手指頭！）看到穿粉紅色衣服的新生兒時，你可能會說：「妹妹好可愛哦！」但當你在小娃娃換尿片時發現他是男孩，你可能會立刻想到：「哎呀，你們怎麼讓他穿粉紅色的衣服？」或「哦，他一定是穿姊姊以前的舊衣服！」如果這些想法和你的經歷或看法很類似，那麼，是什麼因素作為你對性及性別的判斷標準呢？

基本上，對大多數的人來說，性的判定是單純且明顯地決定於外生殖器（例如男生的陰莖），其他的判定標準則包括了內生殖器、激素及染色體。通常這些判斷的指標都是一致的，但也有部分的人並非如此，這些不尋常的情況（即性的異常），會凸顯性別分化的歷程。在先前的章節中，我們試圖對性與性別的差異做一些瞭解，隨後，我們將在本小節開始探討個體在性別發展的過程，如生理上性發展的情況，這些瞭解將有助於我們對學齡兒童兩性關係與發展的認識及探索。

個體在性生理發展上，有一些歷程是我們必須加以理解的，因此，在這個部分我們將先就染色體的角色及激素的角色，來討論個體在性生理的發展。之後，我們將分別就學齡期女孩及男孩的生殖器官和發育來比較其在生理上的差別。

(一)性生理發展的潛在力量

◆染色體的角色

在性生理的發展上，染色體是相當重要的，通常是由兩個X染色體塑造一位女性，由一個X和一個Y染色體塑造一位男性，這個最初的性別決定因子在受孕的一瞬間便已經決定，對受精後七個星期之內的男女胎兒來說，這是唯一僅有的差異。然後，Y染色體上的一個單獨基因（睪丸決定因子）開始形成了內生殖器的差異（Angier, 1990）。一般來說，如果這個基因確實存在，胎兒的生殖腺（性腺）將會發育為睪丸；假如缺乏這個基因，生殖腺便會發育成卵巢。因此，胎兒基本上具有兩種潛在特質，視基因的條件而發展出男性或女性器官。嚴格來說，除非擁有Y染色體，否則胎兒會發展成擁有女性器官的女性個體，所以，最基本的個體性別形式應是女性，因為要形成男性時必須增加某些變化：例如在胎兒期的第一階段，是發展Y染色體的特定基因；到了胎兒的下一個發展階段則是雄性激素。

◆激素的角色

在產前，激素對胎兒的性別分化是非常重要的。胚胎發育七週後，內生殖器官（睪丸或卵巢）的發育會因為Y染色體上睪丸決定因子的存在與否而定，一旦這些器官開始發育，激素便開始產生影響，使胎兒發生進一步的性別分化。

懷孕三個月內，如果產生二羥基睪丸素酮（一種男性激素），男性外生殖器（輸尿管、陰囊和陰莖）和男性導管（精囊、輸精管和射精管）將會發育，而女性腺管則會逐漸退化。假如沒有二羥基睪丸素酮的分泌，則會發育出女性性器官（小陰唇、大陰唇及陰蒂）和女性導管（子宮、輸卵管和陰道），而男性腺管會逐漸退化。除非有某種東西介入，如上述的睪丸素酮激素，否則個體將會發展成女性的構造。這個發展的關鍵階段是發生在懷孕後第二個月及第三個月之間。

　　如果激素的產量或敏銳性減弱，或者在這個關鍵性階段期間將激素注入母體，可能會發展出性異常的嬰兒（郭靜晃等，1994；劉秀娟，1997）。因此，假如一個遺傳因子為女性的嬰兒暴露在男性激素中，生理結構將會朝向男性的方向發展，亦即發展出男性外生殖器，此情況會在「腎上腺性生殖器症候群」中發生，這是由於腎上腺功能異常造成胎兒雄性激素額外增加所致，另外也會發生在「黃體素誘發的兩性人」（progrestin-induced hermaphroditism）的案例中。因此，基因對於生殖器官構造一致的發展來說，只是一種傾向而不是絕對的保護。

　　依照前述的資料來看，男性及女性胎兒在八週後便能根據其分泌的激素來加以區別；但是出生後到八歲左右的孩童，激素的分泌是極少且沒有功能的，換句話說，我們可以認為兩性在此期間是沒有什麼差別的。到了學齡晚期與青春期，男女兩性的性激素分泌量突然大增，男性通常比女性分泌較多的雄性生殖激素，而且這些雄性激素的分泌會變得相當規律且持續；至於女性則通常會比男性分泌更多的動情激素與黃體素，而且會有持續循環（月經週期）的現象。這個時期的激素會使個體產生第二性徵，例如男性會長出鬍鬚，性器官增大，聲音變低沉，而女性則是胸部增大及開始有月經。這種情形在學齡晚期即有部分孩童已經呈現，特別是女孩的發育比男孩早，在十歲左右即有此發育。

(二)學齡女童的性發展

　　當嬰兒經過分娩的歷程，多半的人才能確知嬰兒的性別是男孩或是女孩，因為外生殖器是我們判斷的顯明標準，而女性的外生殖器在胎兒即已發育（若欲獲得更進一步的資料，請參考一般的發展心理學、生理學之專書，Basow, 1992; Crooks & Baur, 1993; Shaffer, 1996；丁大田，1995；江漢聲，1995；黃德祥，1995）。

◆女性的第一性徵

　　1.外生殖器官：外生殖器官是指個體的生殖器官是可以由外觀辨別的部分，對女性而言，包括了大陰唇、小陰唇、陰道前庭、陰蒂、陰

道口、陰道、巴氏腺體等。

2.內生殖器官：女性的內生殖器官則是指相對於外生殖器官，從個體身軀外觀看不到而位於腹腔內的生殖器官，包括了子宮頸、子宮、輸卵管、卵巢等。

女性的第一性徵是與男性在生理結構上最早、最顯著的差別。隨著個體的發展，大約在八至十歲，個體就會發展第二性徵。

◆女性的第二性徵

女生的第二性徵與生殖沒有直接關係，卻是女性特有的表徵，而且也和女性激素有關。乳房是發育最早的第二性徵。隨著乳房的脂肪量增加、乳頭突起、乳腺增生、乳暈顏色變深且面積變大，而完成乳房發育。乳房的發育亦有個別差異存在。乳房的發育，也明顯具有社會期許的壓力，尤其在性別的判定上，社會價值的介入早已超越生理成熟的必然性，例如將乳房視為性吸引力及哺乳養育的表徵。此外，皮脂肪的增加（尤其是臀部），使身體輪廓與男性不同，皮膚也變得光滑，陰毛、腋毛也長出來，呈現女性在生理上的獨特特質。

除了第二性徵的發展之外，我們也必須注意，女性也會製造雄性激素，並且男性也會製造雌性激素，因此在判斷性別時（尤其是基於「性」來做判定時），不能因個體所分泌的激素就判別是男性或是女性。

◆月經週期和雌性激素

月經週期是許多兩性課題研究的焦點，而且受到許多爭議，因此，我們要加以詳細描述。一般來說這個週期平均約二十八天，其範圍可能會從十五天到四十五天，我們通常把月經來臨的第一天當作週期的開始，從這一天起，雌性激素的分泌會不斷增加，大約在第十二天會達到最高點，在此週期的第一部分中，子宮內壁增厚以接受受精卵。二十八天的週期中，基本上會在第十四天左右從卵巢排出一個卵，經過輸卵管而到達子宮。在這個過程中，假如卵子遇到精子，則極有可能因此而成為受精卵，

然後在變厚的子宮內壁著床；假如卵子沒機會受精，那麼雌性激素的分泌會減少，而黃體素的分泌會增加，在月經（子宮內壁的剝離）開始前幾天，兩種激素的分泌量都會突然減少，然後又開始另一個新的週期。

(三)學齡男童的性發展

◆男性的第一性徵

1. 外生殖器官：男性的外生殖器官可以分為兩大類，一為陰囊和其內器官：陰囊、睪丸、副睪丸、輸精管、精索；二為陰莖，陰莖的構造分為兩大部分，在其背部有兩個海綿體，充血之後能造成勃起，是男性性功能的基本反應；這種生理反應的歷程一直要到近年來醫學界才完全瞭解清楚。這樣的勃起歷程從嬰兒期就可以看到，到青少年時期則最為強烈。此外。睡眠中也會自然勃起是男性相當特別的生理現象。腹面則是尿道，尿道是尿液和精液的出口，陰莖的最前端為龜頭，是性敏感區，覆在陰莖表面的皮膚稱為包皮。

2. 內生殖器官：內生殖器官包括輸精管繞至膀胱後面所形成的儲精囊，儲精囊是生殖道最大的腺體，分泌70%的精液，大部分的成分是果醣。接下去是攝護腺，分泌2%的精液，功能是調節精液的酸鹼度，射精管道的開口在後尿道之處。精液中還混雜一些如考柏氏腺體分泌的少許潤滑液。

◆男性的第二性徵

男性的第二性徵多半在十歲左右開始發育，如喉結、陰毛的生長等。一般來說，女孩的發育比男孩早兩年，這差異在學齡晚期的孩童身上就已經十分明顯了。

學齡男童和女童在生理方面表現出相對和差異兩種模式。在生理範疇方面，性別差異在與兩性生殖角色有關的層面中是相當明確的，如構造與激素的分泌；在非生理範疇中，生活期待和運動行為方面的性別差異最為明顯，乃受到生物及社會因素的影響。

第七節　學齡兒童的心理發展之輔導

　　學齡期兒童的發展雖不如早期迅速，但仍朝向穩定中成長，男孩體格雖大於女孩，但女孩比男孩較早達到青春期的成長衝刺，所以到本階段發展末期，女孩之體格又稍大於男孩，但這之中仍存有很大的個別差異。醫藥科技的發展也使這一世代的兒童比往昔來得健康，但是現代父母較注重孩子的認知學習及媒體（例如電視）的影響，使得這一代的兒童缺乏運動或身體活動，也深深影響了兒童的健康及人格形塑，如肥胖症或身材矮小。基本上兒童有齲齒及近視的問題，尤其台灣學童普遍比亞洲鄰近國家及發展中國家的比例來得高。從認知發展層面，兒童正處於Piaget的具體運思期，他們已熟稔符號運用及善用心理表徵來進行心智活動，也逐漸發展保留概念的邏輯；在道德發展中，由於增加與成人和同儕的互動，也讓兒童漸漸發展習俗化的道德判斷與推理；兒童的社會發展已從家中轉移到學校，學校經驗（例如學習和人際關係）將影響個人之自尊、自信，以及日後生活形態，但有些身心障礙兒童和學習障礙的兒童因本身的缺陷或技巧不足，也使得他們面臨自卑感；兒童期已有一些情緒困擾，例如出軌行為、過動、尿床、遺便、抽搐、口吃、懼學症、憂鬱症、自閉症等行為特徵；學齡兒童性發展處於安穩平靜階段，但有些早熟學童會做出性遊戲，或面臨身體性徵變化感到好奇及困擾。

　　學齡兒童期的到來，讓他們更重視同伴團體，也增加他們與同儕相處的時間，同伴團體是兒童發展自我認定、態度和價值觀的催化劑，換言之，兒童是否受同儕歡迎也將影響其自我概念。此外，科技的日新月異及媒體傳播之影響，也將迫使他們面臨成長過速的壓力，尤其是父母的期望加上學校經驗和媒體傳播之影響，讓學齡兒童深深感受到更多壓力的童年，而童年壓力並深深影響他們的情緒發展及幸福感，故培養有彈性、毅力的孩子是我們成人社會的責任。近五年來，《講義雜誌》針對國小五、

六年級學童進行抽樣調查高年級學童之幸福感受，發現79%學童覺得自己現在幸福，比起過去四年來有稍微提升趨勢，以中部地區的學童最感到幸福（《聯合報》，2005年3月10日第12版）。此調查亦發現，有兩成四受訪學童對身體肥胖感到不舒服或很不舒服，若以全國六十三萬名國小學童推算，約有十五萬名學童有擔心肥胖之困擾。影響學童感到幸福之原因依序為：有溫暖的家、友情、父母有經濟基礎；而不幸福之原因依序是：被責罵、課業問題、缺乏愛與溫暖。有趣的是，小朋友連著三年來皆覺得父母不幸福，其原因包括為：父母忙碌、被孩子氣、父母離異分居，以及父母常吵架、打人；至於小朋友不幸福之宣洩管道，包括打娃娃、丟東西、看電視、聽音樂、唱歌、出去玩、告訴朋友、老師；他們最希望大人能傾聽「他們內心的感受」。

　　從促進兒童身心健康之觀點，成人在教養孩子時，可參考下列原則：

一、在父母方面

1. 瞭解孩子的先天氣質及個性，鑑賞孩子，用心傾聽孩子的需求及心靈感受。
2. 儘量用民主式的教養策略，教養孩子要以堅定的原則，但語氣要和緩，利用溝通、積極傾聽的方式與孩子互動。
3. 除了提供物質無匱乏的環境外，要感受孩子的心聲，以避免孩子有焦慮、恐懼之不幸福感受及成為「心貧兒」。
4. 注意孩子的飲食習慣，培養家庭運動習慣，必要時可利用行為修正方法改變兒童飲食習慣，以避免孩子成為過胖兒。
5. 建立相互支持的家庭氛圍，利用身教提供給孩子模仿，提供良好解決人際問題的處理模式。
6. 多鑑賞孩子，給予孩子多方面學習經驗，並給予肯定，以彌補孩子不幸福的感受。

二、在學校方面

1. 提供多元文化，無歧視（bias）及多元學習環境，破除刻板化性別角色期待，教導孩子在成功與失敗中因應之經驗，充權增能（empower）孩子解決問題及因應困境之能力，以增加孩子之毅力。

2. 重視德智體群並重的全人教育，鑑賞孩子的優點，以提升個人之自我概念，促進孩子有遊戲及同儕互動之時間與空間，讓兒童享受與人及物體之玩樂興趣，促進個人玩性之發揮。

3. 促進孩子擁有自我功效的體驗，多給予孩子勝任感（competence），促進孩子有自信以培養健康的自我概念。

4. 察覺孩子有負向互動（例如霸凌行為）之環境及經驗，提供解決人際困擾之因應策略，建立無霸凌行為之學校環境。

5. 破除對孩童人格之刻板化，瞭解兒童對追求獨立及人格實現有敏感性，提供廣泛之支持網絡，以協助兒童實現其獨特的才能與偏好。

6. 瞭解兒童情緒困擾之行為及其原因，建立輔導網絡，與社區中各種專業一起合作，組成團隊，提供必要的個別心理治療、家族治療、行為治療及藥物治療的處遇或干預方案，以幫助兒童培養健全的社會情緒發展。

三、在社會方面

1. 建立支持家庭的政策與制度，利用社會福利管道，提供弱勢及危機家庭的必要支持，例如經濟扶助、親職教育、兒童及家庭的諮詢、居家服務等方案，以支持及補充家庭功能，減少家庭危機的出現。

2. 倡導兒童權益，提供兒童最佳利益的成長環境，以善種、善生、善養、善教及善保之五善政策，發揮人溺己溺及幼吾幼以及人之幼之精神，培養良善之未來主人翁。

3.落實預防性及治療性的親職教育方案及服務，健全家庭功能，支持家庭善盡養育及教育之職責。

4.整合各個專業體系，建立社區輔導網絡，三級預防及處遇的輔導方案影響孩子不良因子的環境，減少對家庭產生不良影響之風險因素，例如貧窮、婚姻破裂、酒癮、毒癮之父母及犯罪的鄰里環境等。

 參考書目

一、中文部分

丁大田（1995）。〈生物學上的女性〉。江漢聲、晏涵文等主編，《性教育》。台北：性林。

行政院內政部警政署刑事警察局（1988）。《台灣刑案統計》。台北：內政部警政署刑事警察局。

江漢聲（1995）。〈生物學上的男性〉。江漢聲、晏涵文等主編，《性教育》。台北：性林。

吳敏而（1998）。〈語言的發展〉。輯於蘇建文等著，《發展心理學》。台北：心理。

李美枝（1994）。〈性別角色與性別差異〉。吳靜吉等著，《心理學》。台北：國立空中大學。

兒童福利聯盟（2004）。《校園霸凌現象調查》。台北：兒童福利聯盟。

林正文（1993）。《兒童行為觀察與輔導》。台北：五南。

林雨璇（2003）。〈國中生被害恐懼感與其所採行為策略，人際信任之關聯性研究〉。國立成功大學教育研究所碩士論文。

徐道昌等（1978）。《語言治療學》。台北：大學。

張欣戊等（1994）。《發展心理學》。台北：國立空中大學。

張欣戊（2001）。〈語言發展〉。輯於張欣戊等著，《發展心理學》。台北：國立空中大學。

張保光（1996）。〈從校園暴力談家庭教育〉。《桃縣文教》，2，2-4。

郭靜晃（2005）。〈學齡兒童的心理發展〉。輯於郭靜晃等著，《兒童發展與保育》。台北：揚智。

郭靜晃、吳幸玲譯（1993）。《兒童發展——心理社會理論與實務》。台北：揚智。

郭靜晃、吳幸玲（1994）。《兒童發展》。台北：揚智。

程小危（2001）。〈道德發展〉。輯於張欣戊等著，《發展心理學》。台北：國立空中大學。

黃德祥（1995）。《青少年發展與輔導》。台北：五南。

Sally Wendkos Olds、Diane E. Papalia著，黃慧真譯（1989）。《發展心理學》。台北：桂冠。

劉秀娟（1997）。《兩性關係與教育》。台北：揚智。

蔡德輝等（1999）。《青少年暴力犯罪成因與矯正處遇對策之研究》。國科會研究報告。

賴朝輝（1998）。〈國中生自我概念、行為困擾與校園暴力行為之相關研究〉。國立台中師範學院國民教育所碩士論文。

賴雅琦（2002）。〈國中生對校園犯罪之被害恐懼感研究〉。國立成功大學教育研究所碩士論文。

聯合報（2005.3.10）。〈小朋友79%幸福喔，24%為胖煩〉。《聯合報》，生活版A12。

簡春安（1997）。《婚姻與家庭》。台北：國立空中大學。

簡茂發（1983）。〈國小學童友伴關係的相關因素之分析〉。《教育心理學報》，16，71-88。

簡茂發、朱經明（1982）。〈國中學生的友伴關係及其相關因素之研究〉。《測驗年刊》，29，93-103。

二、英文部分

Achenbach, T. M. & Edelbrock, C. S. (1981). Behavioral problems and competencies reported by parents of normal and disturbed children aged four through sixteen. *Monographs of the Society for Research in Child Development, 46*, 1.

Achenbach, T. M. (1982). *Developmental Psychopathology* (2nd ed.). N. Y.: Wiley.

Angier, N. (1990). Scientists say gene on Y chromosome makes a man. *New York Times*, pp. A1, A19.

Asher, S. R., Oden, S. L., & Gottman, J. U. (1977). Children's friendship in school settings. In L. G. Katz (Eds.), *Current Topics in Early Childhood Education* (Vol. 1). Norwood, NJ: Ablex.

Atwater, E. (1992). *Adolescence*. NJ: Prentice Hall.

Ausubel, D. P., Sullivan, E. V., & Ives S. W. (1980). *Theory and Problems of Child Development* (3rd ed.). New York: Grune & Stratton.

Barker, P. (1979). *Basic Child Psychiatry* (3rd ed.). Baltimore: University Park Press.

Basow, S. A. (1992). *Gender Stereotypes and Roles*. CA : Brooks/ Cole.

Bee, H. L. (1992). *The Developing Child* (6th ed.). New York: Harper Collins College Publishers.

Benenson, J. F. (1993). Greater preference among females than males for dyadic interaction in early childhood. *Child Development, 64*, 544-555.

Berberian, K. E. & Snyder, S. S. (1982). The relationship of temperament and stranger reaction for younger and older infants. *Merril-Palmer Quarterly, 28*, 79-94.

Bernstein, G. A. & Garfinkel, B. D. (1988). Pedigrees, functioning, and psychopathology in families of school phobic children. New York: Random House.

Bootzin, R. R. & Acocella, J. R. (1988). *Abnormal Psychology* (5th ed.). New York : Random House.

Bowlby, J. (1980). *Attachment and Loss: Loss, Sadness, and Depression* (Vol. 3). New York: Basic Books.

Brainerd, C. J. (1977). Cognitive development and concept learning: An interpretive review. *Psychological Bulletin, 84*, 919-939.

Brittain, C. (1963). Adolescent choices and parent-peer cross-pressures. *American Sociological Review, 8*, 385-391.

Butterfield, E. C., Nelson, T. O. & Peck V. (1988). Developmental aspects of the feeling of knowledge. *Developmental Psychology, 24*, 654-663.

Carr, M., Kartyz, B. E., Schueider, W., Turner, L. H., & Borkowski, J. G. (1989). Strategy acquisition and transfer among American and German children: Environmental influnees on metacognitive development. *Developmental Psychology, 25*, 765-771.

Chapman, M. & McBride, M. L. (1992). Beyond competence and performance: Children's class inclusion strategies, superordinate class cues, and verbal justifications. *Developmental Psychology, 28*, 319-327。

Chomsky, C. S. (1969). *The Acquisition of Syntax in Children from Five to Ten*. Cambridge, MA : M. I. T.

Cicchetti, D. & Toth, S. L. (1998). The development of depression in children and adolescents. *American Psychologist, 53*, 221-241.

Cohn, D. A. (1990). Child-mother attachment of six-year-olds and social competence at school. *Child Development, 61*, 151-162.

Corsaro, W. (1981). Friendship in the nusery school: Social organization in a peer enveroment. In S. Asher & J. Gottman (Eds.), *The Development of Children's Friendships*. New York: Cambridge University Press.

Crooks, R. & Baur, K. (1993). *Our Sexuality* (5th ed.). New York : The Benjamin/ Cummings Publishing.

Cross, D. R., & Paris, S. G. (1988). Developmental and instructional analyses of children metacognition and reading comprehension. *Journal of Educational Psychology, 80*, 131-142.

Erikson, E. H. (1968). *Identity: Youth and Identity*. New York : Norton .

Flavell, J. H., Speer, J. R., Green, F. L., & August, D. L. (1981). The development of comprehension monitoring and knowledge about communication. *Monograph of the Society for Research in Child Development, 46*(5) , 192.

Frankel, K. A. & Bates, J. E. (1990). Mother-toddler problem solving: Antecedents in attachment, home behavior an temperament. *Child Development, 61*, 810-819.

Furman, W. & Masters, J. C. (1980). Peer interactions, sociometric status, and resistance to young children. *Development Psychology, 16*, 229-236.

Garner, P. W. & Power, T. G. (1996). Preschoolers' emotional control in the disappointment paradigm and its relation to temperancent, emotional knowledge, and family expressiveness. *Child Development, 67*, 1406-1419。

Garvey, C. (1974). Some properties of social play. *Merrill-Palmer Quarterly, 20*, 163-180.

Gorden, D. & Young, R. (1976). School phobia: A discussion of etiology, treatment, and evaluation. *Psychological Bulletin, 39*, 783-804.

Greenberg, M. T. & Speltz, M. L. (1988). Attachment and the ontogeny of conduct problem. In J. Belsky & T. Nezworski (Eds.), *Clinical Implications of Attachment* (pp. 177-218). Hillsdale, NJ: Erlbaum.

Gulko, J., Doyle, A., Serbin, L. A., & White, D. R. (1988). Conservation skills: A replicated study of order of acquisition across tasks. *Journal of Genetic Psychology, 149*, 425-439.

Halliman, M. T. (1981). Recent advances in sociometry. In S. R. Asher & J. M.

Gottman (Eds.), *The Development of Children's Friendship*. New York: Cambridge University Press.

Harper, L. V. & Huie, K. S. (1985). The effects of prior group experience, age, and familiarity on the quality and organization of preschooler's social relationships. *Child Development, 56*, 704-717.

Harter, S. (1996). Developmental changes in self-understanding across the 5 to 7 shift . In A. J. Sameroff & M. M. Haith (Eds.), *The Five to Seven Year Shift: The Age of Reason and Responsibility* (pp. 207-235). Chicago, IL: Chicago University Press.

Harter, S. (1998). The development of self-representations. In W. Damon (Series Ed.) & N. Eisenberg (Vol. Ed.), *Handbook of Child Psychology*: Vol. 3, Socail, emotional, and personality development (5th ed., pp. 553-617). New York: Wiley.

Hartup, W. W. (1983). The peer system. In E. M. Hetherington (Eds.), P. H. Mussen (Series Eds.), *Handbook of Child Psychology: Socialization, Personality, and Social Development*. New York: Wiley.

Hartup. W. W. (1984). The peer context in middle childhood. In W. A. Collins (Ed.), *Development During Middle Childhood: The Years from Six to Twelve* (pp. 240-282). Washington, DC: National Academy Press.

Holloway, S. D. (1988). Concepts of ability and effort in Japan and the United States. *Review of Education Research, 58*, 327-345.

Jacobson, T. & Hoffmann, V. (1997). Children's attachment representations : Longitudinal relations to school behavior and academic competency in middle childhood and adolescence. *Developmental Psychology, 33*, 703-710.

Kalish, C. W. & Gelman, S. A. (1992). On wooden pillows: Multiple classification and children category-based inductions. *Child Development, 63*, 1536-1557.

Kochenderfer, B. H. & Ladd, G. W. (1996). Peer victimization: Cause or consequence of school madadjustment ? *Child Development, 67*, 1305-1317.

Kuo, J. H. (1988). A muttidimensional analysis of quality of communication and well-being in families with adolescents: A cross-sectional and longitudinal comparison (Doctoral dissertation, Ohio State University). *Dissertation Abstracts International, 49*.

Laible, D. J. & Thompson, R. A. (1998). Attachment and emotional understanding in preschool children. *Developmental Psychology, 34*(5), 1038-1045.

Lieberman, J. N. (1977). *Playfulness: Its Relationship to Imagination and Creativity*. New York: Academic Press.

Lopez, A., Gelman, S. A., Gutheil, G., & Smith, E. (1992). The development of category-based inductions. *Child Development, 63*, 1070-1090.

Lutkenhaus, P., Grossmann, K. E., & Grossmann, K. (1985). Infant mother attachment at twelve months and style of interaction with a stranger at the age of three years. *Child Development, 56*, 1538-1542.

Malmquist, C. P. (1983). Major depression in childhood: Why don't we know more? American *Journal of Orthopsychiatry, 53*(2), 262-268.

Marvin, R. S. & Greenberg, M. T. (1982). Preschoolers' changing conceptions of their mothers: A social-cognitive study of mother-child attachment. *New Directions for Child Development, 18*, 47-60.

Masten, A. S. & Coatsworth, J. D. (1998). The development of competence in favorable and unfavorable environments. Lessons from research on successful children. *American Psychologist, 53*, 205-220.

Mates, L., Arend, R. A., & Sroufe, L. A. (1978). Continuity of adaptation in the second year: The relationship between quality of attachment and later competence. *Child Development, 49*, 547-556.

May, R. B. & Norton, J. M. (1981). Training-task orders and transfer inconservation. *Child Development, 52*, 904-913.

McCabe, A. E., Siegel, L. S., Spence, I., & Wilkinson, A. (1982). Class-inclusion, reasoning: Patterns of performance from three to eight years. *Child Development, 53*, 780-785.

Menyuk, P. (1988). *Language Development.* Glenview, IL : Scott, Foresman.

New York Times (1984, Sep. 23). Many see mercy in ending empty life.

Newman, B. & Newman, P. (1986). *Development Through Life: A Psycholsocial Approach* (5th ed.). New York: Brooks/Cole Publishing Company.

Newman, B. & Newman, P. (1999). *Development Through Life: A Psychosocial Approach* (7th ed.). New York : Brooks/Cole.

O'Brien, S. F. & Bierman, K. L. (1988). Conceptions and perceived influence of peer

group: Interviews with preadolescents and adolescents. *Child Development, 59*, 1360-1365.

Oden, S. (1982). Social development. In H. E. Mitzen et al. (Eds.), *Encyclopedia of Education Research* (5th ed.). New York: Free Press.

Offer, D., Ostrov, E., Howard, K. I., & Atkinson, R. (1988). *The Teenage World: Adolescents' Self-Image in Ten Countries*. New York: Plenum Medical Book Company.

Olweus, D. (1993). *Bullying at School: What We Know and What We Can Do*. Cambridge, MA : Blackwell Press.

Olweus, D. (1995). Bullying or peer abuse at school: Facts and intervention. *Current Directions in Psychological Science, 4*, 196-200.

O'Neil, D. K., & Gopnik, A. (1991). Young children's ability to identify the sources of their belifs. *Developmental Psychology, 27*, 390-397.

Papalia, D. E. & Olds, S. W. (1981). *Human Development* (2nd ed.). New York: McGraw-Hill.

Parke, R. (1977). Some effects of punishment on children's behavior-Revisited. In P. Cantor (Ed.), *Understanding a Child's World*. New York: McGraw-Hill.

Parten, M. (1932). Social participation among preschool children. *Journal of Abnormal and Social Psychology, 27*, 243-269.

Pellegrini, A. (1984). The social-cognitive ecology of preschool classrooms. *International Journal of Behavioral Development, 7*, 312-332.

Perret-Clermont, A., Perret, J., & Bell, N. (1991). The social construction of meaning and cognitive activity in elementary school children. In L. B. Resnick, J. M. Levine, & S. D. Teasley (Eds.), *Perspective on Social Shared Cognition* (pp. 41-62). Washington DC: American Psychological Association.

Piaget, J. & Inhelder, B. (1969). *The Psychology of the Child*. New York: Basic Books.

Piaget, J. (1983). Piaget's theory. In W. Kessen (ed.), *Handbook of Child Psychology*, (Vol. 1), History, theory and methods (4th ed.). New York: Wiley.

Pines, M. (1977). St-St-St-St-St-St-Stuttering. *The New York Times Magazine*, 261-262.

Plunkett, J. W., Klein, T., & Meisels, S. J. (1988). The relationship of preten infant-

mother attachment to stranger sociability at 3 years. *Infant Behavior and Development, 11*, 83-96.

Poznanski, E. O. (1982). The clinical phenomenology of childhood depression. *American Journal of Orthopsychiatry, 52*(2) , 308-313.

Radkye-Yarrow, M. & Zahn-Waxler, C. (1984). Roots, motives, and patterns in children's prosocial behavior. In E. Stanb, D. Bartal, J. Karlowski, & J. Keykowski (Eds.), *The Development and Maintenance of Prosocial Behavior*. New York: Plenum.

Ramsey, P. G. & Lasquade, C. (1996). Preschool children's entry attempts. *Journal of Applied Developmental Psychology, 17*, 135-150.

Reisman, J. M. & Schorr, S. I. (1978). Models of development and theories of development. In L. R. Goulet & P. B. Baltes (Eds.), *Life-span Development Psychology* (pp. 116-149). New York: Academic Press.

Rubin, K. H. (1980). Fantasy play: Its role in the development of social skill and social cognition. In K. H. Rubin (Ed.), *Children's Play* (pp. 69-84). San Francisco, CA : Jossey-Bass.

Rutter, M. & Garmetz, N. (1983). Development psychopathology. In P. H. Mussen & E. M. Hetherington (Eds.), *Handbook in Child Psychology* (4th ed.) (Vol. 4). New York: John Wiley and Sons.

Rutter, M. (1979). Separation experiences: A newlook at old topic. *Pediatrics, 95*(1) , 147-154.

Rutter, M. (1983). Stress, coping, and development: Some issues and some questions. In N. Garmezy et al. (Eds.), *Stress, Coping, and Development in Children*. New York: McGraw-Hill.

Rutter, M. (1984). Resilient children. *Psychology Today, 18*(3) , 57-65.

Saarni, C., Mumme, D. L., & Campos, J. J. (1998). Emotional development: Action, communication, and understanding. In W. Damon (Series Ed.) & N. Eisenberg (Vol. Ed.), *Handbook of Child Psychology*: Vol. 3. Social, emotional, and personality development (5th ed., pp. 237-309). New York: Wiley.

Schaefer, C. E. & Millman, H. L. (1988). *How to Help Children with Common Problems* (Vol. 5). New York: Litton Education Publishing.

Selman, R. L. & Selman, A. P. (1979). Children's ideas about friendship: A new

theory. *Psychology Today*, 71-80.

Serbin, L. A., Moller, L. G., Gulko, J., Powlishta, K. K., & Colburne, K. A. (1994). The emergence of gender segregation in toddler playgroups. In C. Leaper (Ed.), *Childhood Gender Segregation: Causes and Consequences* (New Direction for Child Development No. 65, pp. 7-17). San Francisco: Jossey-Bass.

Shaffer, D. R. (1996). *Development Psychology: Childhood and Adolescence* (4th ed.). New York: Brooks/Cole Publishing.

Shaffer, D. R. (Ed.) (1979). *Social and Personality Development*. California: Brooks & Cole Publishing Co.

Simon, S. B. & Olds, S. W. (1976). *Helping Your Child Learn Right from Wrong: A Guide to Values Clarification*. New York: Simon & Schuster.

Sroufe, L. A. (1989). Pathways to adaptation and maladaptation: Psycholopathology as developmental deviation. In D. Cicchetti (Ed.), *The Emergence of a Discipline: Rochester Symposium on Developmental Psychopathology* (Vol. 1, pp. 13-40). Hillsdale, NJ: Erlbaum.

Sroufe, L. A., Fox, N. E., & Pancake, V. R. (1983). Attachment and dependency in developmental perspective. *Child Development, 54*, 1615-1627.

Steinberg, L. (1990). Autonomy, conflict, and harmony in the family relationship. In S. S. Feldman & G. R. Elliott (Eds.), *At the Threshold: The Developing Adolescent* (pp. 255-277). Cambridge, MA: Harvard University Press.

Strayer, F. F. (1980). Social ecology of the preschool peer group. In A. Collins (Ed.), *Minnesota Symposium on Child Psychology* (Vol. 13, pp. 165-196). Hillsdale, NJ: Erlbaum.

Sullivan, H. S. (1953). *The Interpersonal Theory of Psychiatry*. New York: Norton.

Teti, D. M. & Ablard, K. E. (1989). Security of attachment and infantsibling relationships: A laboratory study. *Child Development, 60*, 1519-1528.

Tyler, L. (1983). The development of discourse mapping processes: The on-line interpretation of anaphoric expressions. *Cognition, 13*, 309-341.

U. S. Department of Health and Human Services (USDHHS) (1999). Mental health: A report of surgeon general. Rockville, MD: US Department of HHS, Substance Abuse and Mental Health Service Administration, NIH, NIMH.

Weiss, L. & Lowenthal, M. (1975). Life-course perspectives on friendship. In

M. Lowenthal, M. Thurner, & D. Chiriboga (Eds.), *Four Stages of Life*. San Francisco, CA: Jossey-Bass.

White, R. W. (1960). Competence and the psychosexual stages of development. In M. R. Jones (Ed.), *Nebraska Symposium on Motivation* (Vol. 8.). Lincoln : University of Nebraska Press.

Zastrow, C. & Kirst-Ashman, K. K. (1987). *Understanding Human Behavior and the Social Environment*. Chicago, IL: Nelson-Hall Publishers.

幼教叢書 29

兒童發展與輔導

作　　者 / 郭靜晃
出 版 者 / 揚智文化事業股份有限公司
發 行 人 / 葉忠賢
地　　址 / 22204 新北市深坑區北深路三段 260 號 8 樓
電　　話 / 02-8662-6826
傳　　真 / 02-2664-7633
網　　址 / http://www.ycrc.com.tw
 E-mail　 / service@ycrc.com.tw
 I S B N　 / 978-986-298-072-9
初版一刷 / 2013 年 1 月
初版二刷 / 2017 年 7 月
定　　價 / 新台幣 600 元

國家圖書館出版品預行編目（CIP）資料

兒童發展與輔導 / 郭靜晃著. -- 初版. -- 新北
市：揚智文化, 2013.01
面； 公分. --（幼教叢書；29）

ISBN 978-986-298-072-9（平裝）

1.兒童發展 2.兒童心理學 3.教育輔導

523.1   101026787

NOTE...

NOTE...